行业专利导航丛书

医疗器械行业专利分析报告

YILIAO QIXIE HANGYE
ZHUANLI FENXI BAOGAO

钱 龙 \ 主编

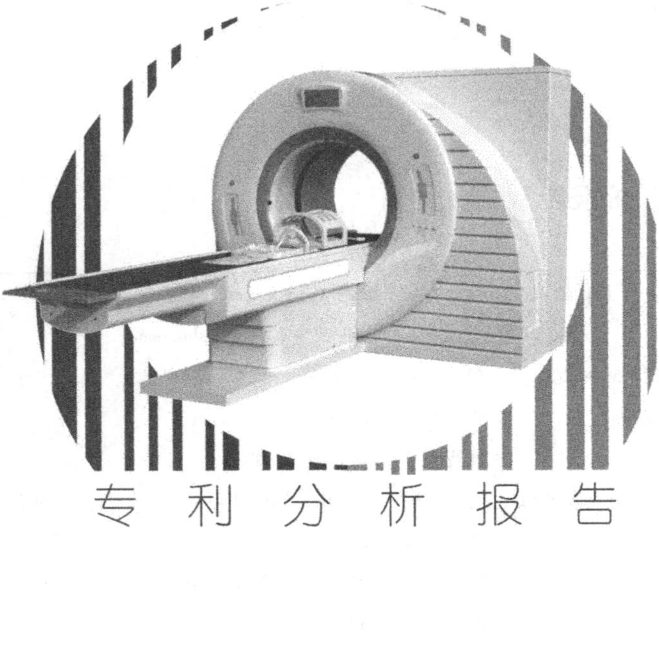

专 利 分 析 报 告

知识产权出版社
全国百佳图书出版单位
—北京—

图书在版编目（CIP）数据

医疗器械行业专利分析报告／钱龙主编. —北京：知识产权出版社，2022. 8
（行业专利导航丛书）

ISBN 978-7-5130-8222-8

Ⅰ. ①医… Ⅱ. ①钱… Ⅲ. ①医疗器械-制造工业-专利-研究报告-中国 Ⅳ. ①F426. 7-18

中国版本图书馆 CIP 数据核字（2022）第 108314 号

内容提要

本书利用相关数据分析工具，结合行业专家的意见，检索梳理了医疗器械行业主要的关键技术领域全球专利数据。从专利申请分布、主要申请人、竞争态势、专利 IPC 分布、国内外专利申请人分布、重要专利布局点等方面入手，剖析了医疗器械行业专利布局趋势，并对相关优势国家、重点企业、科研院所的重点专利进行了统计分析，为相关产业工作者提供参考资料，从而促进行业发展。

本书适合医疗器械行业相关从业人员阅读。

责任编辑：李婧　　　　**责任印制**：王浩霖

行业专利导航丛书

医疗器械行业专利分析报告

钱　龙　主编

出版发行：知识产权出版社有限责任公司	**网　　址**：http：// www. ipph. cn
电　　话：010－82004826	http：// www. laichushu. com
社　　址：北京市海淀区气象路 50 号院	**邮　　编**：100081
责编电话：010－82000860 转 8763	**责编邮箱**：laichushu@ cnipr. com
发行电话：010－82000860 转 8101	**发行传真**：010－82000893
印　　刷：北京中献拓方科技发展有限公司	**经　　销**：新华书店、各大网上书店及相关专业书店
开　　本：787mm×1092mm　1／16	**印　　张**：22. 75
版　　次：2022 年 8 月第 1 版	**印　　次**：2022 年 8 月第 1 次印刷
字　　数：470 千字	**定　　价**：138 元

ISBN 978-7-5130-8222-8

本书编辑委员会

主　　编　钱　龙

副 主 编　董　莎

编委成员　陆晶晶　施　军　杜　菁

前　言

医疗器械行业涉及医药、机械、电子等多个行业，是一个多学科交叉、知识密集、资金密集的高技术产业。随着我国经济快速发展及居民医疗消费水平的提高，国内医疗器械行业近年来呈现较快的发展势头。根据相关数据统计，2020 年全球医疗器械行业市场规模为 4774 亿美元，同比增长 5.63%，预计到 2024 年全球医疗器械行业规模将达近 6000 亿美元。纵观国内，截至 2020 年，中国医疗器械市场规模约为 7341 亿元人民币，同比增长 18.3%，接近全球医疗器械增速的 4 倍，而中国也已成为仅次于美国的全球第二大医疗器械市场，预计医疗器械领域的市场规模年均复合增长率约为 14%，至 2023 年将突破万亿人民币。

业内分析，无论从规模还是从质量上来看，医疗器械领域的发展都已迈入高质量发展的新阶段。伴随各类高新技术在该领域的广泛应用，质量安全领域的监管政策将适时配套发布，跨学科下的医疗器械医工转化路径将愈发清晰，技术的创新将为患者提供更精细化的医疗服务。

国内医疗器械领域的企业数量不少，但有专利申请及布局的很少，而且多数处于在高校、科研院所的研发待转化阶段，或者属于医疗器械领域的基础部分，更加侧重于日用保健方向。本书从专利视角对医疗器械行业的专利申请趋势、地域分布、技术分支等方面进行了分析。通过专利技术分析确定我国医疗器械产业的竞争地位及技术竞争优势、劣势，发挥专利信息预警对运行决策的引导作用，有利于实施产业布局和资源配置。

对于一个领域的专利分析可以跟踪最新的技术动态，在一定程度上了解行业技术发展趋势。本书通过国内外多个知名数据处理平台对医疗器械行业各相关子领域进行专利计量分析，并对分析结果进行一定程度的总结。本书通过对医疗器械行业的专利进行专利信息内容、数量、变化趋势的初步组合统计与分析，尝试从专利分析的角度提出一些有价值的分析结果。希望能够在一定程度上为我国医疗器械相关企业制订研发策略提供技术专利综合信息，揭示医疗器械市场的发展态势，为我国确定医疗器械行业发展提供参考依据。

医疗器械专利数量大且分类复杂，我们在分类上，依据行业专家的相关意见及行业协会的分类方式，将医疗器械相关的技术分为医疗诊断、监护及治疗设备制造，口腔科用设备及器具制造，医疗实验室及医用消毒设备和器具制造，医疗、外科及兽医用器械制造，机械治疗及病房护理设备制造，康复辅具制造，眼镜制造，其他医疗设备及器械制造 8 个子领域。通过对医疗器械行业 8 个子领域的专利计量分析，进行专利总体趋势、专利技术集中度、专利技术输出重点国家/地区/组织、专利申请合作及专利技术领域等方面的量化分析。

本书的专利分析是建立在中国国家知识产权局提供的专利文献数据及德温特专利数据库的基础上，结合行业内技术标准、行业信息等相关数据，各关键领域的定量及计量分析结合了领域专家的行业经验及实务判断。具体研究内容还包括专利技术整体态势分析、全球和中国专利申请分布状况、主要申请人专利申请状况、重要专利分析、专利摘要信息等多个方面。本书亦通过对重要专利文献的筛选解读，寻找技术链关键专利，并摘引其核心摘要，为实务研究者提供该技术领域的研究方向、技术演进等有价值的数据分析。

本书所使用的数据分析工具及全球专利数据主要来源于德温特专利数据库，其数据每周更新，包含多个国家和地区的发明专利、部分国家的实用新型和外观设计专利。其中代表性国家和地区专利组织机构包括中国、美国、欧洲、世界知识产权组织、日本、韩国、挪威和全球法律专利数据库。本书编写分工情况如下：钱龙负责本书框架设计，主要执笔前言、第1~2章及第3章中的3.1~3.4节；董莎参与本书框架设计，主要执笔第3章中的第5节；陆晶晶主要执笔第3章中的第6节；施军主要执笔第3章中的第7节，杜菁主要执笔第3章中的第8节。

在专利分析过程中，我们深刻体会到专利分析的复杂性，以及我们在专利分析研究深度上的欠缺，对本书存在的不足之处恳请读者指正。我们将不断修正研究方法、加大研究力度、拓展研究广度，以提供更好的情报服务。

CONTENTS 目录

第1章 医疗器械行业全球专利概况

1.1 全球专利申请趋势

图 1-1 展示的是医疗器械行业全球专利申请量的发展趋势。通过申请趋势可以从宏观层面把握分析对象在各时期的专利申请热度变化。申请数量的统计范围是已公开的专利。一般发明专利在申请后 3~18 个月公开，实用新型专利和外观设计专利在申请后 6 个月左右公开。

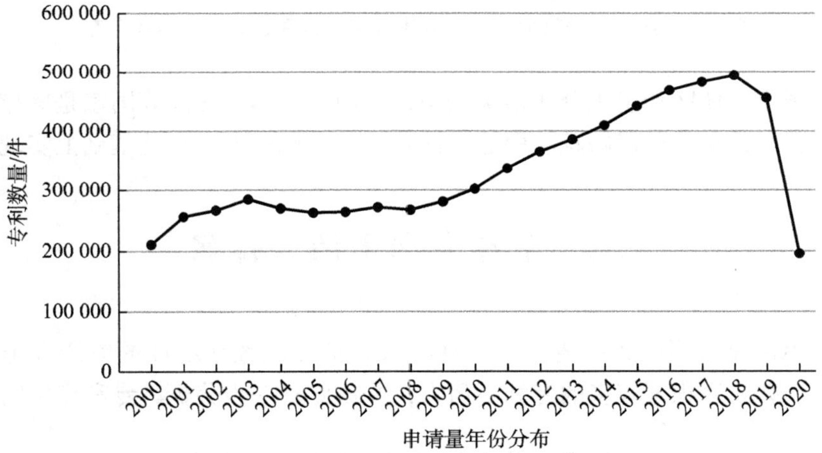

图 1-1　医疗器械行业全球专利申请趋势

如图 1-1 所示，2000—2009 年，医疗器械行业全球专利申请量总体趋势是缓慢增加，每年专利申请均在 300 000 件以下；2010—2019 年医疗器械行业全球专利申请量快速增加，2010 年医疗器械行业全球专利申请量为 302 295 件，到 2018 年达到峰值，当年专利申请量为 494 457 件。

1.2 全球专利申请分布

图 1-2 展示的是医疗器械行业在各个国家、地区和组织的专利数量分布情况。通过分

析可以了解分析对象在不同国家、地区和组织的不同技术创新的活跃情况，从而发现主要的技术创新来源国家、地区和重要的目标市场。

医疗器械行业专利申请国、地区和组织分布（图1-2）显示，中国、日本、美国三国是医疗器械行业专利重点申请国，数量分布为中国 2 047 124 件、日本 1 474 235 件、美国 1 375 937 件，欧洲专利局 816 094 件，世界知识产权组织 603 817 件等。

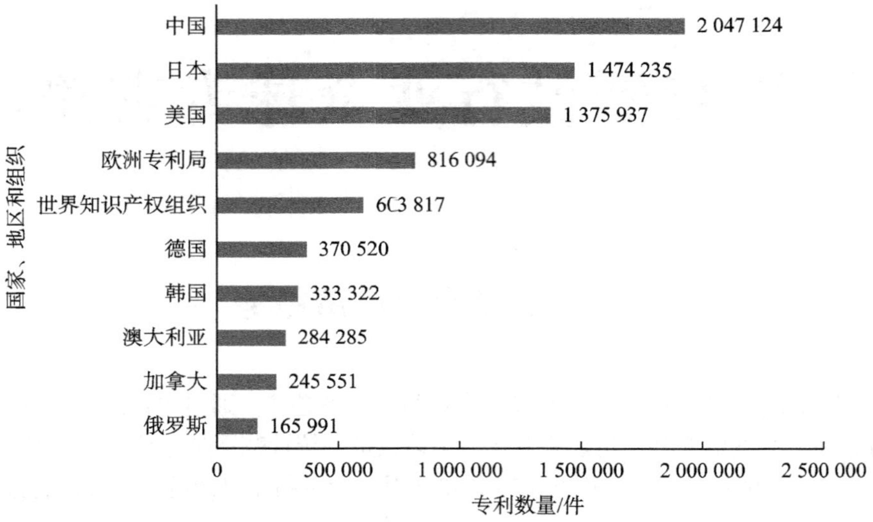

图 1-2　医疗器械行业全球专利主要申请国家、地区和组织分布

专利申请国家、地区和组织分布情况表明，中国、日本、美国等国家是医疗器械行业专利布局的主要区域，企业可以跟踪、引进和消化相关领域技术，在此基础上实现技术突破。

1.3　全球专利申请人排名

表1-1展示的是按照所属申请人（专利权人）的专利数量统计的申请人排名情况。该分析可以发现创新成果积累较多的专利申请人，并据此进一步分析其专利竞争实力。

表 1-1　医疗器械行业全球专利主要申请人排名　　单位：件

排名	申请人名称	专利数量
1	日立有限公司（Hitachi Ltd）	29 109
2	东芝公司（TOSHIBA CORP）	27 176
3	飞利浦公司（KONINKLIJKE PHILIPS N. V.）	26 647
4	美敦力公司（Medtronic Inc）	21 356
5	岛津公司（SHIMADZU CORP）	21 104
6	柯惠医疗（Covidien LP）	20 780
7	爱惜康内镜外科公司（Ethicon Endo Surgery Inc）	17 196
8	碧迪公司（Becton Dickinson and Company）	17 083

续表

排名	申请人名称	专利数量
9	奥林巴斯公司（OLYMPUS CORPORATION）	15 964
10	飞利浦电子公司（KONINKLIJKE PHILIPS ELECTRONICS N. V.）	15 553
11	奥林巴斯光学有限公司（OLYMPUS OPTICAL CO）	15 515
12	西门子公司（SIEMENS AG）	15 076
13	三星电子有限公司（Samsung Electronics Co Ltd）	15 065
14	泰尔茂公司（TERUMO CORP）	14 997
15	松下电器公司（MATSUSHITA ELECTRIC IND CO LTD）	13 391
16	富士胶片有限公司（FUJI PHOTO FILM CO LTD）	12 471
17	通用电气公司（General Electric Company）	12 344
18	加州大学董事会（The Regents of the University of California）	12 334
19	波士顿科学公司（Boston Scientific Scimed Inc）	12 140
20	爱惜康公司（Ethicon Inc）	12 014

1.4　技术构成

表 1-2 和图 1-3 展示的是医疗器械行业全球专利主要技术构成的数量分布情况。通过分析可以了解分析对象覆盖的技术类别，以及各技术分支的创新热度。

全球医疗器械行业专利按照国际专利分类号（IPC）进行统计结果显示，全球医疗器械行业专利 IPC 分布中，G01N（借助于测定材料的化学或物理性质来测试或分析材料）的专利数量最多达 1 937 426 件，其次是 A61B（诊断；外科；鉴定），专利数量为 1 663 431 件；第三是 A61M（将介质输入人体内或输到人体上的器械），另外还有 A61F（可植入血管内的滤器；假体；为人体管状结构提供开口、或防止其塌陷的装置，例如支架）、A61L（材料或消毒的一般方法或装置；空气的灭菌、消毒或除臭；绷带、敷料、吸收垫或外科用品的化学方面；绷带、敷料、吸收垫或外科用品的材料）等。

表 1-2　医疗器械行业全球专利主要技术构成　　单位：件

IPC 小类	专利数量
G01N（借助于测定材料的化学或物理性质来测试或分析材料）	1 937 426
A61B（诊断；外科；鉴定）	1 663 431
A61M（将介质输入人体内或输到人体上的器械）	758 395
A61F（可植入血管内的滤器；假体；为人体管状结构提供开口、或防止其塌陷的装置，例如支架）	620 598
A61L（材料或消毒的一般方法或装置……）	266 641
A61N（电疗；磁疗；放射疗；超声波疗）	259 953
A61H（理疗装置）	227 521

续表

IPC 小类	专利数量
A61K（医用、牙科用或梳妆用的配制品）	207 377
A61C（牙科；口腔或牙齿卫生的装置与方法）	193 195
A61G（专门适用于病人或残疾人的运输工具、专用运输工具或起居设施）	161 703

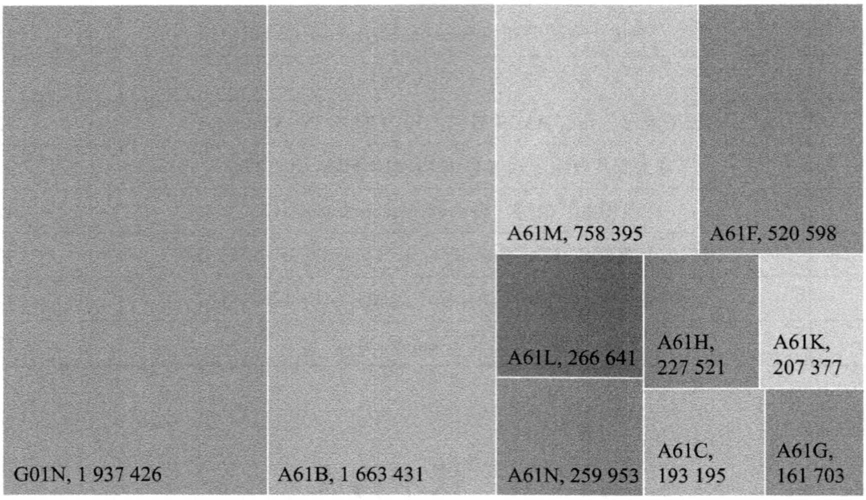

单位：件

图 1-3　医疗器械行业全球专利主要技术构成

第 2 章 医疗器械行业国内专利概况

2.1 专利申请趋势

图 2-1 展示的是专利申请量的发展趋势。通过申请趋势可以从宏观层面把握分析对象在各时期的专利申请热度变化。申请数量的统计范围是已公开的专利。

如图 2-1 所示，2002—2009 年医疗器械行业国内专利申请量在 50 000 件以下，2010—2013 年医疗器械行业国内专利申请量快速增长，2014—2019 年，医疗器械行业国内专利申请量增长迅速，2019 年医疗器械行业国内专利申请量达到 304 739 件。

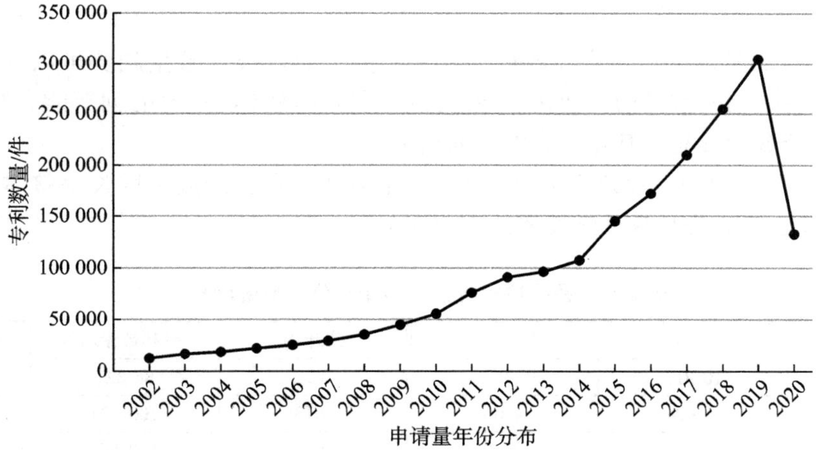

图 2-1 医疗器械行业国内专利申请趋势

2.2 专利公开趋势

图 2-2 展示的是专利公开量的发展趋势。通过公开趋势可以从宏观层面把握医疗器械行业在各时期的专利公开文献的数量变化。

将医疗器械行业的国内专利公开量按照年份进行统计分析，得到国内专利公开趋势

(图 2-2)。从图 2-2 中可以看到医疗器械行业国内专利公开数量整体呈上升态势。2002—2009 年，医疗器械行业国内专利公开数量均在 50 000 件以内，2010—2016 年医疗器械行业国内专利公开数量总体上快速增长，2017—2020 年医疗器械行业国内专利公开数量爆炸式增长，其中 2020 年医疗器械行业国内专利申请量达 376 203 件。

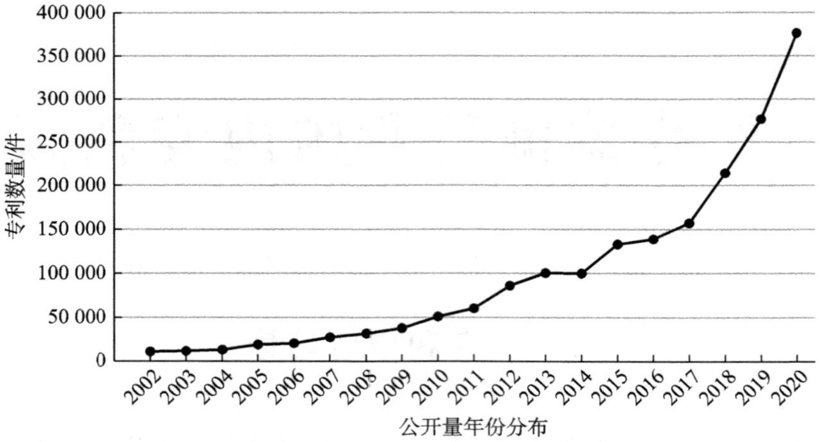

图 2-2　医疗器械行业国内专利公开趋势

2.3　专利公开数量增长率

表 2-1 展示的是每年专利公开数量的发展趋势。通过公开数量趋势可以从宏观层面把握分析对象在各时期的数量增长变化，通过分析可以了解分析对象的创新能力和发展潜力，不断上升的公开数量彰显了其竞争力的不断增强。

由表 2-1 可知，2002—2020 年医疗器械行业国内专利公开数量增长率整体呈现正增长趋势，其中 2005 年的公开数量增长率达 43. 59%。

表 2-1　医疗器械行业国内专利公开数量增长率

公开年	专利数量/件	增长率/%	公开年	专利数量/件	增长率/%
2002	10 917	0	2012	86 321	43. 13
2003	11 424	4. 64	2013	100 504	16. 43
2004	13 226	15. 77	2014	100 162	-0. 34
2005	18 991	43. 59	2015	132 871	32. 66
2006	20 673	8. 86	2016	139 115	4. 7
2007	27 350	32. 3	2017	157 379	13. 13
2008	31 791	16. 24	2018	214 108	36. 05
2009	37 880	19. 15	2019	276 757	29. 26
2010	50 869	34. 29	2020	376 203	35. 93
2011	60 310	18. 56	-	-	-

2.4　专利类型分布

图 2-3 展示的是医疗器械领域的专利类型，分为发明专利、实用新型专利、外观设计专利。根据发明专利授权与否，将发明细分为发明申请和发明授权。

在中国专利库中，经过检索获得医疗器械行业专利共 2 047 124 件。如图 2-3 所示，其中发明申请为 683 874 件，占总数的 33%；发明授权为 275 162 件，占总数的 14%；实用新型为 997 463 件，占总数的 49%；外观设计为 90 625 件，占总数的 4%。

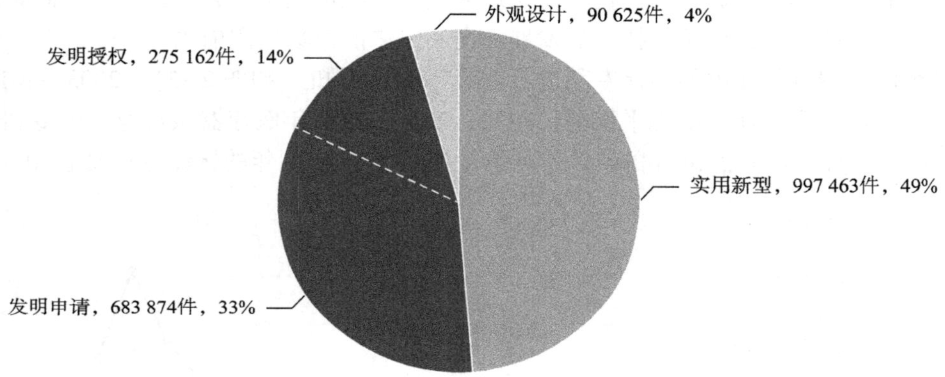

图 2-3　医疗器械行业国内专利类型分布

2.5　专利法律状态

图 2-4 展示的是专利权审中、有效、失效三种状态的占比情况，仅统计中国专利。通过该分析可以分别了解分析对象中当前已获得实质性保护、已失去专利权保护或正在审查中的专利数量分布情况，以从整体上掌握专利的权利保护和潜在风险情况，为专利权的法律性调查提供依据。筛选进入公知技术领域的失效专利，可以进行无偿使用或改进利用。

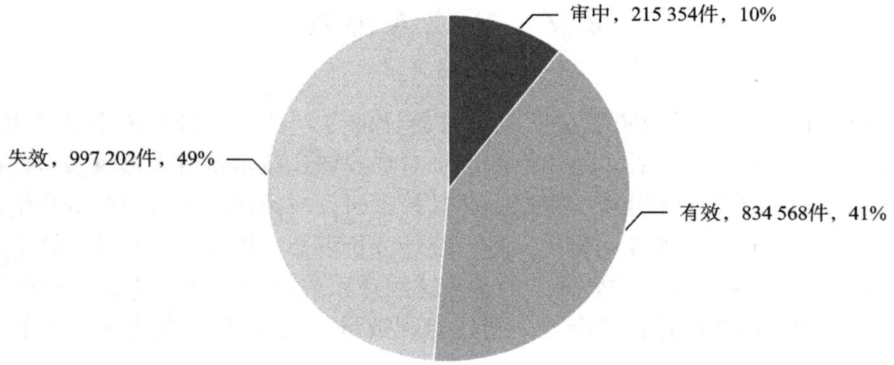

图 2-4　医疗器械行业国内专利法律状态分布

将医疗器械行业国内专利按照法律状态进行统计分析可知，其中审中专利 215 354 件，占总专利数的 10%；有效专利 834 568 件，占总专利数的 41%；失效专利 997 202 件，占总专利数的 49%。

2.6 转让趋势

图 2-5 展示的是医疗器械行业 2003—2021 年国内专利权利发生转移的专利数量变化趋势。通过分析可以了解分析对象在不同时期内的技术合作、转化、应用和推广的趋势，反映技术的运营和实施热度。通过分析技术转化量的变化情况可以了解分析对象在不同时段内成果转移的方向和热度，进而预测技术的发展方向和未来的市场应用前景。

对国内医疗器械行业内的转让专利进行转让年统计可知（如图 2-5），2003—2013 年医疗器械行业国内专利转让量呈现平稳增长趋势，2014—2020 年医疗器械行业国内专利转让趋势呈快速增长趋势，其中 2014 年的转让专利数是 7213 件，2020 年的转让专利数是 30 513 件。

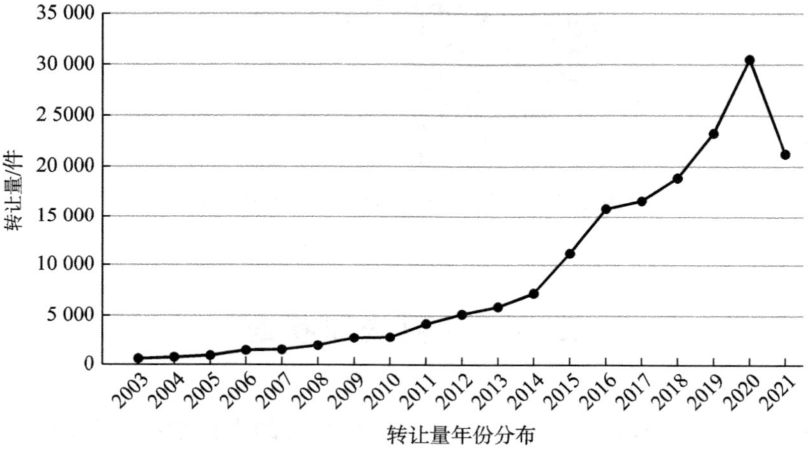

图 2-5　医疗器械行业国内专利转让趋势

2.7 转让人排名

表 2-2 展示的是医疗器械领域按照发生过转让的专利数量统计的专利权人排名情况。通过分析可以识别各创新主体技术输出活跃度，对寻找转让技术持有人提供参考依据。通过对转让主体转让的专利进一步分析，可以推测其技术研发或市场运营方向的变化情况。

对国内医疗器械行业内的专利转让人进行统计分析可知，株式会社东芝转让专利数量最多，转让专利数量是 2881 件；排名第二的是东芝医疗系统株式会社，转让专利数量是 2630 件；排名第三的奥林巴斯医疗株式会社，转让专利数量是 2230 件，其余转让人的转让专利数量均在 1000 件以内。

表 2-2　医疗器械行业国内专利转让人排名　　单位：件

排名	转让人名称	专利数量
1	株式会社东芝	2881
2	东芝医疗系统株式会社	2630
3	奥林巴斯医疗株式会社	2230
4	松下电器产业株式会社	814
5	埃西勒国际通用光学公司	550
6	诺华股份有限公司	549
7	凯希特许有限公司	504
8	株式会社日立医疗器械	462
9	松下健康医疗器械株式会社	452
10	武汉钢铁（集团）公司	441
11	广东高航知识产权运营有限公司	406
12	深圳迈瑞生物医疗电子股份有限公司	382
13	上海交通大学	378
14	北京泱深生物信息技术有限公司	370
15	上海微创医疗器械（集团）有限公司	313
16	清华大学	304
17	浙江大学	293
18	株式会社日立医药	289
19	日本阿洛卡医疗株式会社	281

2.8　受让人排名

表 2-3 展示的是医疗器械领域按照发生过转让的专利数量统计的专利受让人排名情况。通过分析可以看出各受让人的技术引进情况，以预测其下一步技术及市场部署的方向。

对国内医疗器械行业内的专利受让人进行统计分析可知，东芝医疗系统株式会社受让专利数量最多，受让专利数量 2765 件；排名第二的是奥林巴斯株式会社，受让专利数量 2248 件；排名第三的是株式会社日立制作所，受让专利数量 1187 件，其余受让人的受让专利数量均在 1000 件以内。

表 2-3　医疗器械行业国内专利受让人排名　　单位：件

排名	受让人名称	专利数量
1	东芝医疗系统株式会社	2765
2	奥林巴斯株式会社	2248
3	株式会社日立制作所	1187

续表

排名	受让人名称	专利数量
4	爱尔康公司	919
5	依视路国际公司	767
6	国医疗器械网公司	694
7	青岛大学附属医院	683
8	松下健康医疗器械株式会社	495
9	3M 创新知识产权公司	479
10	武汉钢铁有限公司	472
11	松下健康医疗控股株式会社	453
12	深圳迈瑞生物医疗电子股份有限公司	415
13	广东高航知识产权运营有限公司	409
14	深圳迈瑞科技有限公司	342
15	中国石油天然气集团有限公司	330
16	青岛市市立医院	309
17	青岛泱深生物医药有限公司	288
18	深圳超多维科技有限公司	247
19	中国人民解放军总医院	239

2.9 转让技术构成

表 2-4 展示的是医疗器械领域发生过转让的专利技术领域分布情况。通过分析可以了解哪些技术方向属于推广、成果转化、无形资产运营的热点，从而判断其市场成熟度，并预测未来的发展趋势。

对国内医疗器械行业转让专利排名前十的 IPC 小类通过转让年分析，得到表 2-4。其中 G01N（借助于测定材料的化学或物理性质来测试或分析材料）领域内，2020 年发生转让的专利最多，达 10 485 件；A61B（诊断；外科；鉴定）领域内，2020 年发生转让的专利最多，达 5540 件；A61M（将介质输入人体内或输到人体上的器械）领域内，2020 年发生转让的专利最多，达 3221 件。

表 2-4　医疗器械行业国内专利转让技术构成　　单位：件

年份	IPC 小类									
	A61K	A61G	C12M	A61N	A61H	A61F	A61L	A61M	A61B	G01N
2002	34	1	12	26	5	30	27	39	42	138
2003	89	10	16	31	11	59	67	110	73	234
2004	61	13	25	48	34	82	59	99	209	249

续表

年份	IPC 小类									
	A61K	A61G	C12M	A61N	A61H	A61F	A61L	A61M	A61B	G01N
2005	82	11	27	68	35	123	107	152	206	266
2006	133	11	32	55	33	250	160	207	397	393
2007	190	25	64	127	44	165	150	167	268	575
2008	203	50	68	108	96	222	193	237	381	700
2009	210	26	82	142	123	419	320	310	589	967
2010	206	58	88	177	123	289	278	359	591	921
2011	243	71	131	187	161	261	315	616	1 020	1 463
2012	222	86	194	291	266	362	332	592	840	2 126
2013	344	149	240	210	231	447	503	691	1 134	2 219
2014	276	142	306	255	345	499	657	773	1 653	2 623
2015	287	173	416	319	447	634	680	1 211	3 845	3 240
2016	315	407	520	576	781	905	1 085	1 665	5 491	4 447
2017	434	502	583	698	1 293	1 120	1 396	1 665	3 655	5 550
2018	447	741	776	767	1 592	1 290	1 530	1 880	3 619	6 158
2019	518	950	974	1 021	1 974	1 459	1 767	2 580	4 304	7 999
2020	594	1 518	1 107	958	2 686	2 183	2 636	3 221	5 540	10 485
2021	411	733	879	630	1 328	1 508	1 886	2 593	4 271	7 403

2.10 国内发明专利授权率

发明专利授权率是指发明授权与发明授权、驳回、撤回的专利总量的比率，以发明公开版本为基准计算。计算公式为发明授权率=发明授权数量/（发明授权数量+驳回数量+撤回或视为撤回数量）×100%，其中，授权数量既包括处于有效状态的专利，又包括曾授权、当前已失效或部分无效、全部无效、放弃的专利。发明专利授权率是宏观评价专利质量的重要指标之一。

对国内医疗器械行业内的发明专利进行授权率分析，如图2-6所示。2002—2017年医疗器械行业国内发明专利授权率总体呈缓慢下降趋势，其中2002年国内医疗器械行业发明专利授权率为61.76%，2017年医疗器械行业国内发明专利授权率为41.97%；2018—2019年医疗器械行业国内发明专利授权率呈上升趋势，其中2018年医疗器械行业国内发明专利授权率为51.82%，2019年医疗器械行业国内发明专利授权率为68.97%。2020年医疗器械行业国内发明专利授权率为55.41%。

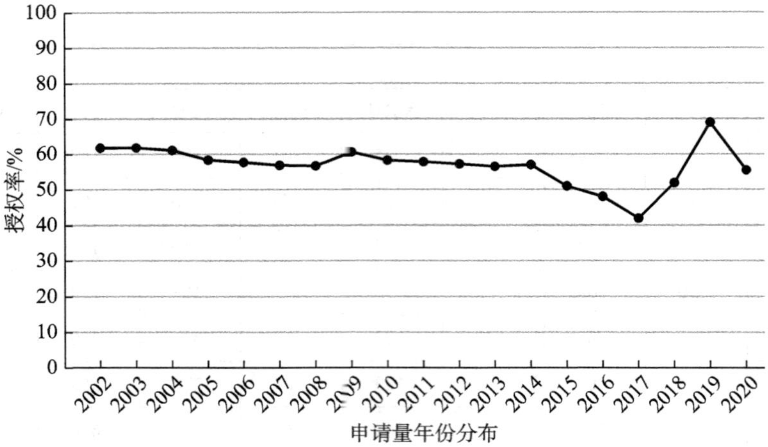

图 2-6　医疗器械行业国内发明专利授权率

2.11　国内专利有效率

有效率，是指获得授权的专利中，处于有效状态的专利所占比例，以发明专利、实用新型专利、外观设计专利公告版本为基准计算。计算公式为：有效率＝有效专利数量/授权专利数量×100%。专利有效率是宏观评价专利维持情况和专利质量的重要指标之一。

对国内医疗器械行业内的专利进行有效率分析，如图 2-7 所示。2002—2020 年医疗器械行业国内专利有效率总体呈上升趋势，其中 2002—2003 年医疗器械行业国内专利有效率均在 20% 以下，2004—2010 年医疗器械行业国内专利有效率在 20%～30%，2011—2015 年医疗器械行业国内专利有效率在 30%～60%，2016—2020 年医疗器械行业国内专利有效率在 60%～100%。

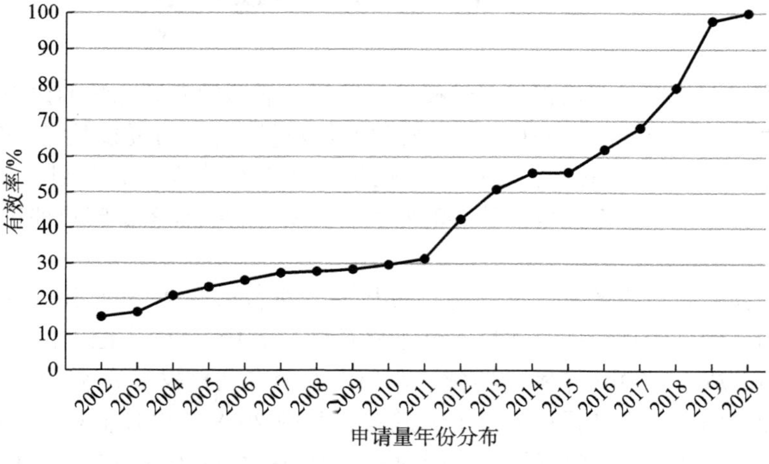

图 2-7　医疗器械行业国内专利有效率

2.12　专利申请人所在地区

表 2-5 展示的是医疗器械行业专利申请人所在地区的分布，仅统计中国专利。通过分析可以明晰创新主体所在地区，了解来自不同地区的申请人在中国申请保护的专利数量，从而可以了解各地区创新主体在中国的市场布局情况、保护策略及技术实力。

通过对中国专利文献的专利权人的国籍进行统计分析，得到医疗器械行业专利的申请人所在地区分布（表 2-5），可以看出：医疗器械行业中国专利的申请人主要来自中国、美国、日本，其中中国的专利申请人申请量为 1 822 406 件，美国的专利申请人申请量为 64 179 件，日本的专利申请人申请量为 46 000 件。

表 2-5　医疗器械行业中国专利申请人所属地区　　单位：件

申请人所属地区	专利数量
中国	1 822 406
美国	64 179
日本	46 000
德国	16 689
荷兰	8 853
韩国	8 434
瑞士	8 009
法国	5 820
英国	5 700
以色列	3 610

2.13　中国申请人类型构成

图 2-8 展示的是医疗器械领域专利申请人类型的分布，仅统计中国专利。通过分析可以清楚了解创新主体的类型，并通过创新实体的主体性质、研发实力和研发目的分析创新成果更偏向基础研究还是商业应用，定位技术在产业链中的位置和可能的运营模式，为进一步找出在产业内影响力大的不同类型的创新主体提供依据。

对国内医疗器械行业的中国申请人类型进行构成分析（图 2-8）可知，企业申请人共申请专利 908 748 件，占专利申请总量的 47.91%；个人申请人共申请专利 493 406 件，占专利申请总量的 24.10%；大专院校、机关团体、科研单位等其他申请人共申请专利 572 970 件，占专利申请总量的 27.99%。

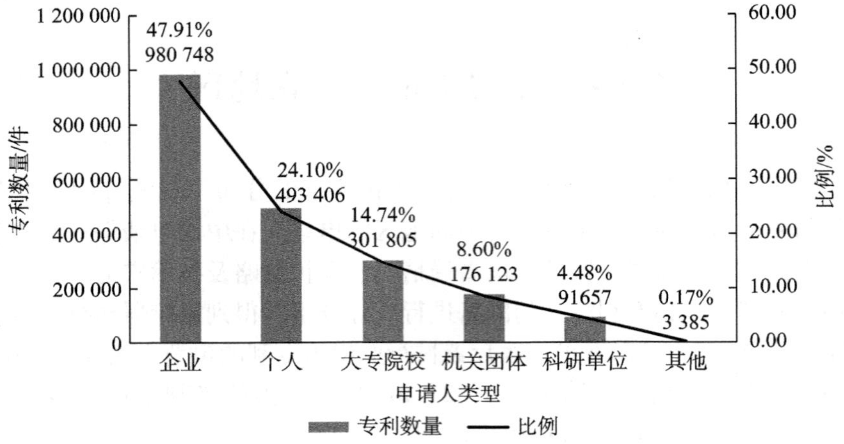

图 2-8　国内医疗器械行业中国申请人类型

2.14　国内专利技术领域分布

表 2-6 和图 2-9 展示的是医疗器械行业国内专利主要技术领域在各技术方向的数量分布情况。通过分析可以了解分析对象覆盖的技术类别及各技术分支的创新热度。

医疗器械行业国内专利按照国际专利分类号（IPC）进行统计，结果如表 2-6 和图 2-9 所示。国内医疗器械行业专利技术领域分布中，G01N（借助于测定材料的化学或物理性质来测试或分析材料）的专利数量最多，达 782 944 件；第二是 A61B（诊断；外科；鉴定）；第三是 A61M（将介质输入人体内或输到人体上的器械），专利数量 260 656 件。另外还有 A61L（材料或消毒的一般方法或装置）、A61F（可植入血管内的滤器；假体；为人体管状结构提供开口、或防止其塌陷的装置，如支架）等。

表 2-6　医疗器械行业国内专利主要技术领域分布　　单位：件

IPC 分类号（小类）	专利数量
G01N（借助于测定材料的化学或物理性质来测试或分析材料）	782 944
A61B（诊断；外科；鉴定）	415 569
A61M（将介质输入人体内或输到人体上的器械）	260 656
A61L（材料或消毒的一般方法或装置）	144 200
A61F（可植入血管内的滤器；假体；为人体管状结构提供开口、或防止其塌陷的装置）	144 062
A61H（理疗装置）	141 194
A61G（专门适用于病人或残疾人的运输工具、专用运输工具或起居设施）	99 852
A61N（电疗；磁疗；放射疗；超声波疗）	78 662
C12M（酶学或微生物学装置）	69 388
A61J（专用于医学或医药目的的容器；专用于把药品制成特殊的物理或服用形式的装置或方法；喂饲食物或口服药物的器具；婴儿橡皮奶头；收集唾液的器具）	41 594

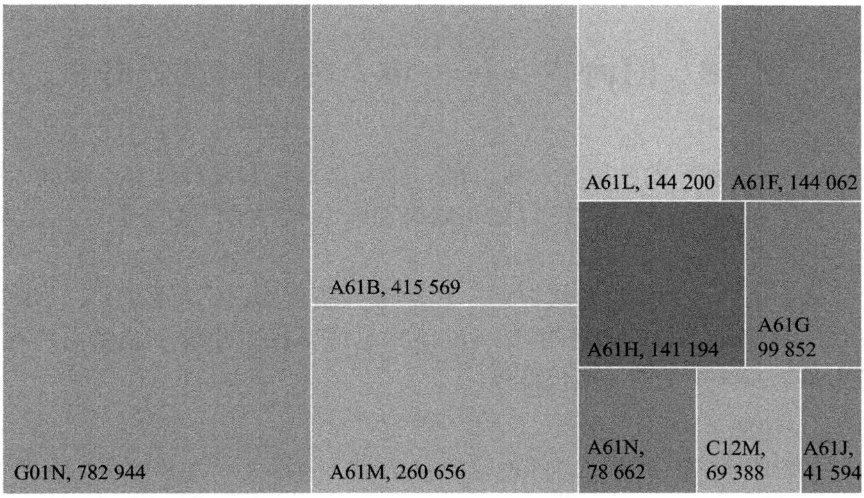

单位：件

图 2-9　医疗器械行业国内专利主要技术领域分布

2.15　国内专利省（区、市）分布

表 2-7 展示的是医疗器械行业在中国省级行政区域的分布情况，仅统计中国专利。通过分析可以了解在中国申请专利保护较多的省（区、市）及其创新活跃程度。

对国内医疗器械行业专利进行省（区、市）分布分析可知（表 2-7），江苏省以 232 343 件专利排名第一，山东省以 228 445 件专利排名第二，广东省以 225 097 件排名第三。北京市、浙江省、上海市在医疗器械行业的专利申请量均在 100 000~200 000 件，另外四川省、河南省、湖北省专利申请量均在 100 000 件以下。

表 2-7　医疗器械行业国内专利主要省（区、市）分布　　单位：件

申请人所属省（区、市）	专利数量
江苏省	232 343
山东省	228 445
广东省	225 097
北京市	163 940
浙江省	150 838
上海市	117 933
四川省	71 691
河南省	69 524
湖北省	65 225

2.16 国内省（区、市）专利申请趋势

图 2-10 和表 2-8 展示的是各省（区、市）专利申请量的发展趋势，仅统计中国专利。通过分析可以掌握各主要省（区、市）在不同时期内专利技术储备的数量及技术创新活跃程度的发展变化趋势。

对各省（区、市）专利申请量从 2011—2020 年分析可知，广东省 2011—2019 年专利申请量迅速增加；山东省 2011—2019 年专利申请量总体呈现平稳增长趋势。广东省 2011—2019 年专利申请量总体呈现迅速增长趋势。

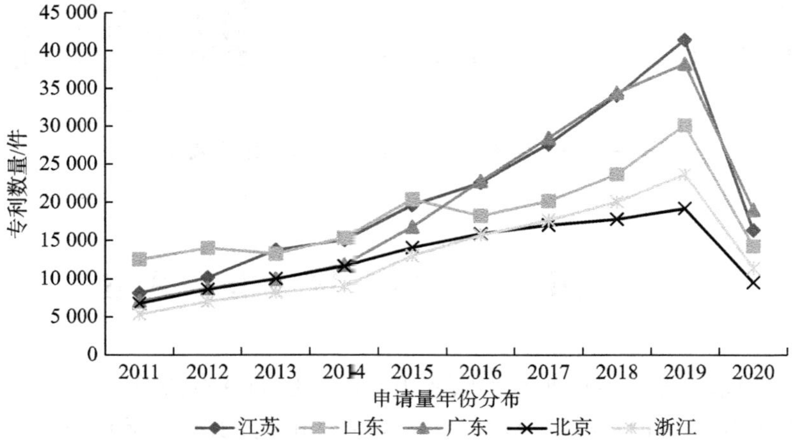

图 2-10 医疗器械行业国内省（区、市）专利申请趋势

表 2-8 医疗器械行业国内省（区、市）专利申请趋势 单位：件

年份	江苏省	山东省	广东省	北京市	浙江省	上海市	四川省	河南省	湖北省	安徽省
2002	580	1 087	942	1 264	520	974	279	313	324	109
2003	913	1 336	1 497	1 574	904	1203	346	299	402	161
2004	1 054	1 702	1 622	1 684	1 101	1 521	354	294	415	173
2005	1 275	2 533	1 949	2 100	1 472	1 736	421	419	442	195
2006	1 445	3 520	2 384	2 363	1 585	1 967	612	511	559	265
2007	2 197	4 925	2 683	2 818	1 798	2 574	641	592	746	289
2008	2 998	6 938	3 234	3 860	2 424	3 016	809	671	874	381
2009	4 045	7 926	4 458	4 811	3 552	3 751	1 452	884	1 224	671
2010	5 786	10 714	5 662	5 525	4 248	4 117	1 563	1 095	1 523	831
2011	8 151	12 501	7 053	6 755	5 333	5 292	2 050	1 717	1 850	1 490
2012	10 151	13 997	8 746	8 614	7 006	6 082	3 138	2 191	2 401	1 956
2013	13 732	13 242	9 969	9 990	8 186	6 670	3 274	2 713	2 894	2 640
2014	15 003	15 306	11 795	11 655	8 983	7 148	4 247	4 003	3 682	2 860
2015	19 588	20 363	16 759	14 017	12 955	8 918	5 885	5 433	5 253	4 495
2016	22 530	18 212	22 721	15 873	15 691	10 203	7 728	6 714	7 025	6 256
2017	27 589	20 132	28 390	17 017	17 642	11 329	9 383	8 174	8 338	7 433

续表

年份	江苏省	山东省	广东省	北京市	浙江省	上海市	四川省	河南省	湖北省	安徽省
2018	34 015	23 592	34 366	17 751	20 010	13 004	10 046	10 881	9 107	9 742
2019	41 363	30 050	38 186	19 133	23 582	15 254	12 099	14 368	12 280	9 525
2020	16 317	14 215	18 965	9 505	11 342	7 361	5 530	5 214	3 938	4 803

2.17　国内专利公开趋势

图 2-11 和表 2-9 展示的是各省（区、市）专利公开量的发展趋势，仅统计中国专利。通过分析可以掌握各主要省（区、市）专利技术在不同时期内公开或授权的专利数量及发展变化趋势。

对各省（区、市）专利公开量进行公开日（2011—2020 年）分析可知，广东省在 2011—2020 年专利公开量迅速增加；山东省在 2011—2020 年专利公开量总体呈现快速增长趋势。广东省在 2011—2020 年专利公开量总体呈现迅速增长趋势。

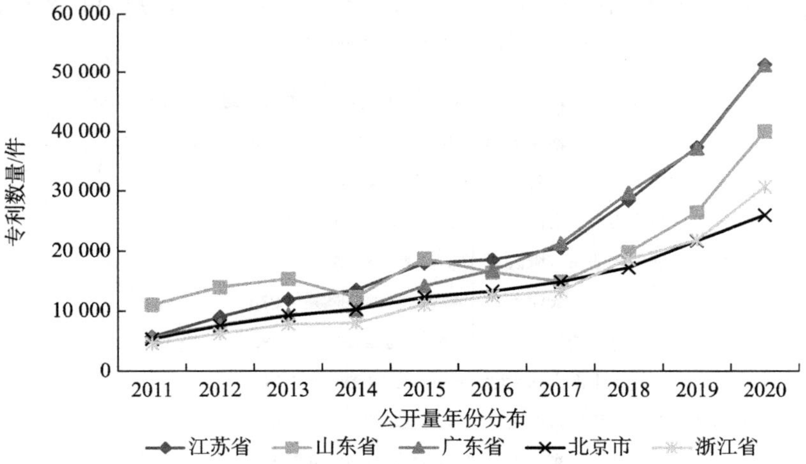

图 2-11　医疗器械行业国内省（区、市）专利公开趋势

表 2-9　医疗器械行业国内主要省（区、市）专利公开趋势　　单位：件

年份	江苏省	山东省	广东省	北京市	浙江省	上海市	四川省	河南省	湖北省	安徽省
2002	472	815	683	843	395	2 083	184	360	244	84
2003	544	1 033	885	1 092	526	907	248	299	306	98
2004	738	1 116	1 164	1 232	715	952	285	254	357	113
2005	988	1 544	1 499	1 618	1 039	1 487	337	298	390	177
2006	1 231	2 344	1 693	1 740	1 408	1 463	419	355	443	201
2007	1 444	3 985	2 327	2 313	1 611	1 878	581	542	558	242
2008	2 123	5 773	2 653	2 689	1 859	2 529	715	628	781	309
2009	2 782	7 291	3 400	3 592	2 593	2 919	853	636	886	416
2010	4 628	10 282	4 706	4 576	3 870	3 792	1 599	1 001	1 371	659

续表

年份	江苏省	山东省	广东省	北京市	浙江省	上海市	四川省	河南省	湖北省	安徽省
2011	5 795	11 060	5 749	5 411	4 608	4 194	1 484	1 290	1 509	1 021
2012	9 033	13 893	7 692	7 588	6 271	5 715	2 531	1 892	2 118	1 632
2013	11 880	15 277	9 342	9 236	7 834	6 310	3 078	2 453	2 609	2 425
2014	13 379	12 246	10 077	10 267	8 012	6 744	3 617	3 178	3 025	2 424
2015	17 879	18 729	14 101	12 277	11 037	7 940	5 412	4 754	4 233	4 017
2016	18 508	16 321	16 694	13 232	12 466	8 262	5 762	5 269	5 142	4 789
2017	20 512	14 850	21 305	14 819	13 252	9 453	6 836	6 096	6 288	5 882
2018	28 442	19 880	29 738	17 191	18 617	11 452	9 688	8 593	7 807	8 837
2019	37 509	26 511	37 231	21 790	21 955	16 095	10 868	11 974	10 696	8 980
2020	51 350	40 159	51 212	26 041	30 718	20 302	15 600	16 991	14 830	12 072

2.18 国内专利申请人排行

图 2-14 是医疗器械行业国内专利主要申请人排名情况。通过分析可以发现创新成果积累较多的专利申请人，并据此进一步分析其专利竞争实力。

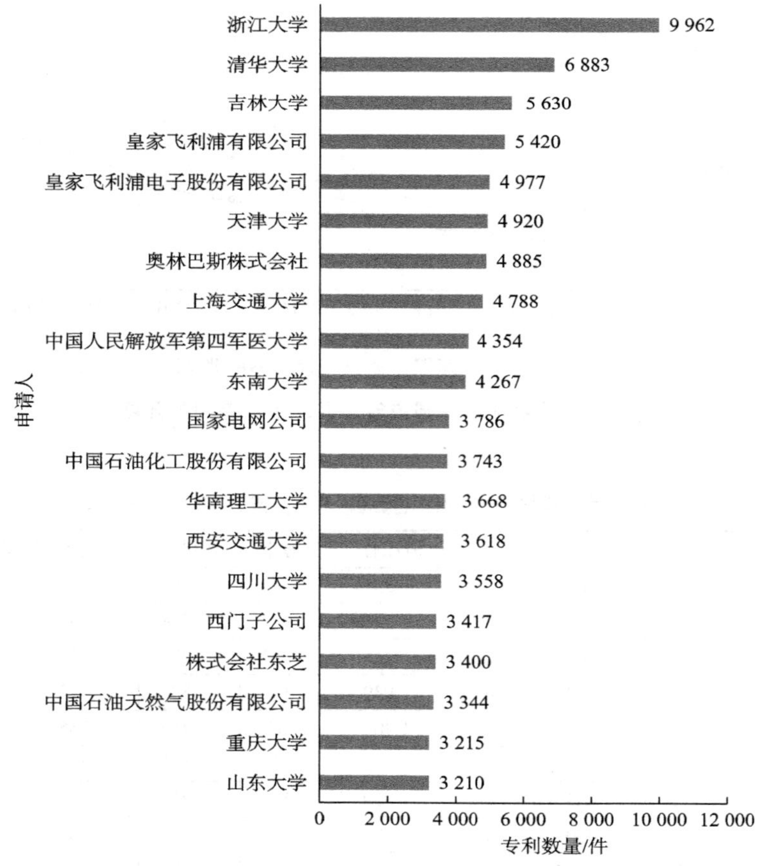

图 2-12　医疗器械行业国内专利主要申请人排名

第 3 章 医疗器械行业关键领域专利分析

3.1 医疗诊断、监护及治疗设备制造

3.1.1 全球专利概况

3.1.1.1 全球专利申请趋势

图 3-1 展示的是医疗诊断、监护及治疗设备制造领域全球专利申请量的发展趋势。通过申请趋势可以从宏观层面把握分析对象在各时期的专利申请热度变化。申请数量的统计范围是已公开的专利。

从图 3-1 中可以看出医疗诊断、监护及治疗设备制造领域在全球主要市场上的历年专利申请分布状况。2000—2003 年，医疗诊断、监护及治疗设备制造领域全球专利申请量平稳增加；2004—2006 年，该领域全球专利申请量小幅度减少；2007—2019 年，医疗诊断、监护及治疗设备制造领域全球专利申请量快速增加，2011 年医疗诊断、监护及治疗设备制造领域全球专利申请量 193 985 件，到 2018 年达到峰值，当年专利申请量达 306 029 件。

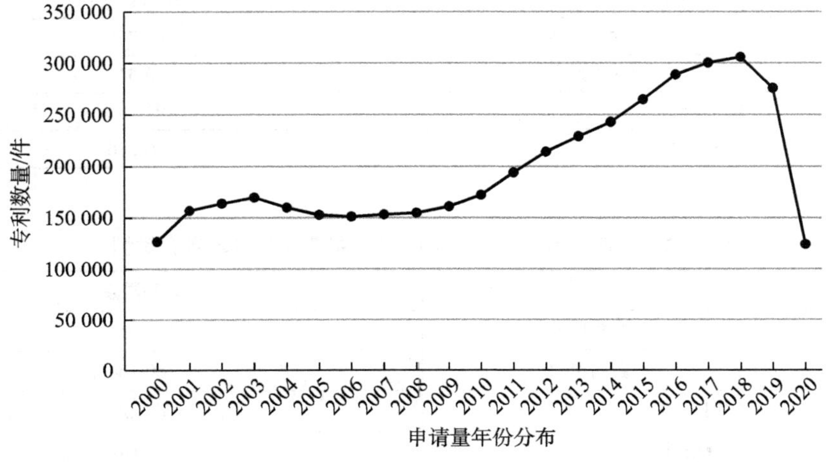

图 3-1 医疗诊断、监护及治疗设备制造领域全球专利申请趋势

3.1.1.2 全球专利申请分布

图 3-2 展示的是医疗诊断、监护及治疗设备制造领域在各个国家、地区和组织的专利数量分布情况。通过分析可以了解分析对象在不同国家、地区和组织技术创新的活跃情况，从而发现主要的技术创新来源国（或地区）和重要的目标市场。

专利申请分布可以体现专利权人想在哪些国家或地区保护医疗诊断、监护及治疗设备制造技术。这一参数也反映了该技术未来可能的实施国家或地区。医疗诊断、监护及治疗设备制造领域专利主要申请分布如图 3-2 所示。中国、日本、美国三国是医疗诊断、监护及治疗设备制造领域专利重点申请国家，专利数量分别为 1120 536 件、668 156 件、624 347 件。

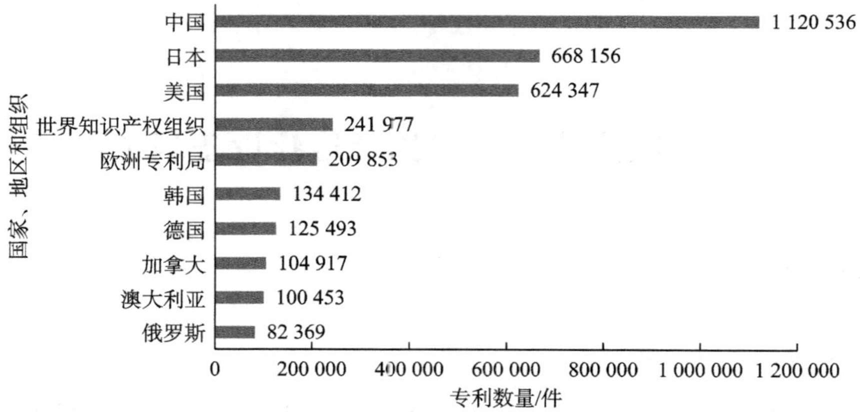

图 3-2 医疗诊断、监护及治疗设备制造领域全球专利主要申请国家、地区和组织分布

全球专利主要申请分布情况表明，中国、日本、美国是医疗诊断、监护及治疗设备制造领域专利布局的主要国家，企业可以跟踪、引进和消化相关领域技术，在此基础上实现技术突破。医疗诊断、监护及治疗设备制造领域的中国专业类型、日本专业类型、美国专利类型分别如表 3-1、表 3-2、表 3-3 所示。

表 3-1 医疗诊断、监护及治疗设备制造领域中国专利类型 单位：件

中国专利类型		专利数量
发明	发明申请	386 757
	发明授权	195 341
实用新型		492 152
外观设		46 286

表 3-2 医疗诊断、监护及治疗设备制造领域日本专利类型 单位：件

日本专利类型		专利数量
发明	发明申请	339 357
	发明授权	260 164
实用新型		53 559
外观设计		15 076

表 3-3 医疗诊断、监护及治疗设备制造领域美国专利类型 单位：件

美国专利类型		专利数量
发明	发明申请	406 371
	发明授权	211 344
外观设计		6 632

3.1.1.3 全球专利申请人排行

表 3-4 展示的是按照所属申请人（专利权人）的专利数量统计的申请人排名情况。通过分析可以发现创新成果积累较多的专利申请人，并据此进一步分析其专利竞争实力。

表 3-4 医疗诊断、监护及治疗设备制造领域全球专利数量前十位申请人排名 单位：件

排名	申请人名称	专利数量
1	日立有限公司（HITACHI LTD）	27 982
2	东芝公司（TOSHIBA CORP）	26 046
3	飞利浦公司（KONINKLIJKE PHILIPS N V）	22 322
4	岛津公司（SHIMADZU CORP）	20 847
5	美敦力公司（MEDTRONIC INC）	16 248
6	奥林巴斯光学有限公司（OLYMPUS OPTICAL CO）	14 194
7	奥林巴斯公司（OLYMPUS CORPORATION）	13 975
8	西门子公司（SIEMENS AG13500）	13 500
9	飞利浦电子公司（KONINKLIJKE PHILIPS ELECTRONICS N V）	13 380
10	三星电子有限公司（SAMSUNG ELECTRONICS CO LTD）	12 588

3.1.1.4 全球专利技术构成

表 3-5 和图 3-3 展示的是医疗诊断、监护及治疗设备制造领域在各技术方向的数量分布情况。通过该分析可以了解分析对象覆盖的技术类别，以及各技术分支的创新热度。

全球医疗诊断、监护及治疗设备制造领域专利按照国际专利分类号（IPC）进行统计，结果如表 3-5 和图 3-3 所示。全球医疗诊断、监护及治疗设备制造领域专利 IPC 分布中，G01N（借助于测定材料的化学或物理性质来测试或分析材料）的专利数量最多，达 3 111 218 件；第二是 A61B（诊断；外科；鉴定），专利数量 1 551 921 件；第三是 C12Q（包含酶或微生物的测定或检验方法），专利数量 425 373 件；另外还有 A61K（医用、牙科用或梳妆用的配制品）、C12N（微生物或酶；其组合物）等。

表 3-5 医疗诊断、监护及治疗设备制造领域全球专利主要技术构成 单位：件

IPC 分类号（小类）	专利数量
G01N（借助于测定材料的化学或物理性质来测试或分析材料）	3 111 218
A61B（诊断；外科；鉴定）	1 551 921

续表

IPC 分类号（小类）	专利数量
C12Q（包含酶或微生物的测定或检验方法）	425 373
A61K（医用、牙科用或梳妆用的配制品）	404 941
C12N（微生物或酶；其组合物）	403 929
A61N（电疗；磁疗；放射疗；超声波疗）	389 967
C07K（肽）	343 849
C12M（酶学或微生物学装置）	268 588
A61P（化合物或药物制剂的特定治疗活性）	223 315
A61F（可植入血管内的滤器；假体；为人体管状结构提供开口、或防止其塌陷的装置，例如支架）	189 456

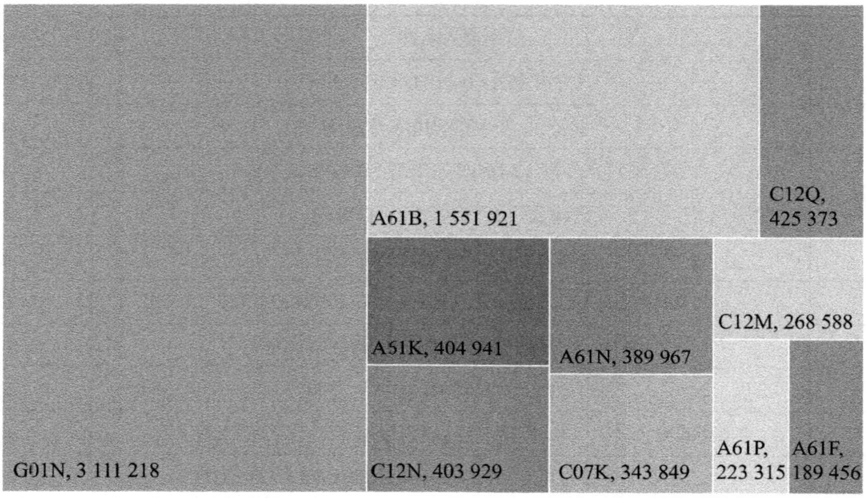

单位：件

图 3-3　医疗诊断、监护及治疗设备制造领域全球专利主要技术构成

3.1.2　国内专利概况

3.1.2.1　国内专利申请趋势

图 3-4 展示的是医疗诊断、监护及治疗设备制造领域国内专利申请量的发展趋势。通过申请趋势可以从宏观层面把握医疗诊断、监护及治疗设备制造领域在各时期的专利申请热度变化。申请数量的统计范围是已公开的专利。

由图 3-4 的医疗诊断、监护及治疗设备制造领域国内专利申请趋势可以看到，2000—2010 年，医疗诊断、监护及治疗设备制造领域专利申请量平稳增长；2011—2019 年医疗诊断、监护及治疗设备制造领域专利申请量增长迅速，2011 年专利申请量 53 947 件，2019 年达到 186 341 件。

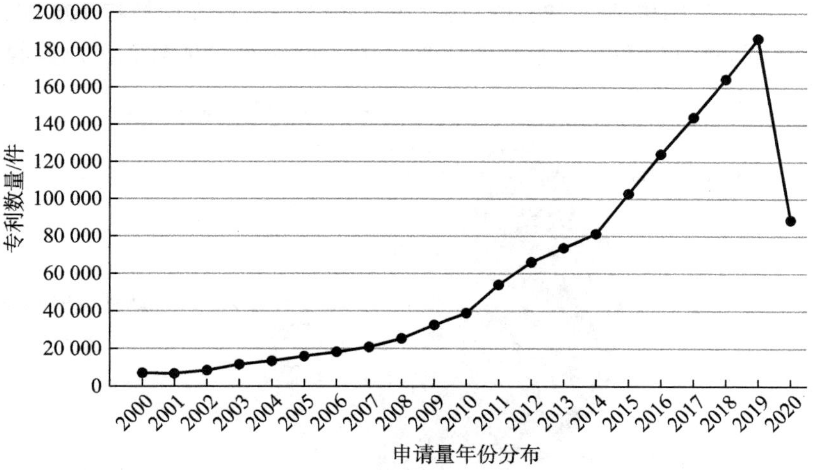

图 3-4　医疗诊断、监护及治疗设备制造领域国内专利申请趋势

3.1.2.2　国内专利公开趋势

图 3-5 展示的是医疗诊断、监护及治疗设备制造领域国内专利公开量的发展趋势。通过公开趋势可以从宏观层面把握分析对象在各时期的专利公开文献的数量变化。

将医疗诊断、监护及治疗设备制造领域的国内专利公开量按照年份进行统计分析，可知医疗诊断、监护及治疗设备制造领域国内专利公开数量整体呈上升态势。2000—2011 年专利公开量平稳增加，2012—2020 年呈现爆炸式增长，其中 2012 年专利公开量 58 941 件，2020 年专利公开量 249 845 件。

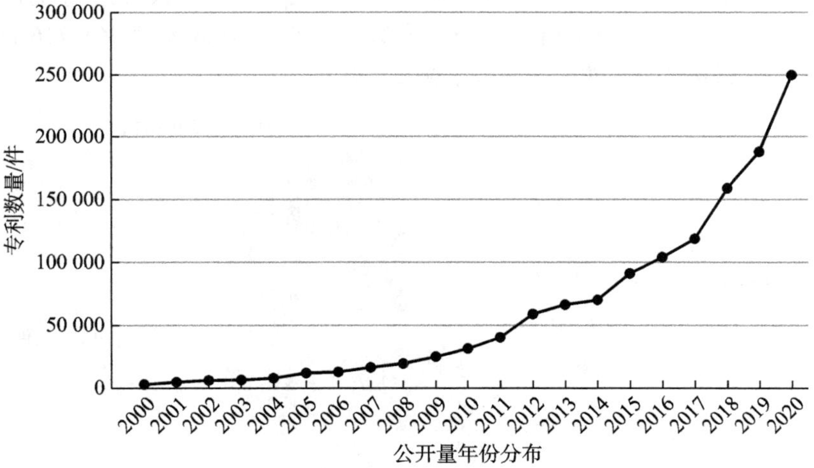

图 3-5　医疗诊断、监护及治疗设备制造领域国内专利公开趋势

3.1.2.3　国内专利类型分布

图 3-6 展示的是医疗诊断、监护及治疗设备制造领域的专利类型，分为发明专利、实用新型专利、外观设计专利。根据发明专利授权与否，将发明细分为发明申请和发明授权。

在中国专利中，经过检索获得医疗诊断、监护及治疗设备制造领域专利共 1 120 536 件。

如图 3-6 所示，其中发明申请达 386 757 件，占总数的 35%；发明授权 195 341 件，占总数的 17%；实用新型 492 152 件，占总数的 44%；外观设计 46 286 件，占总数的 4%。

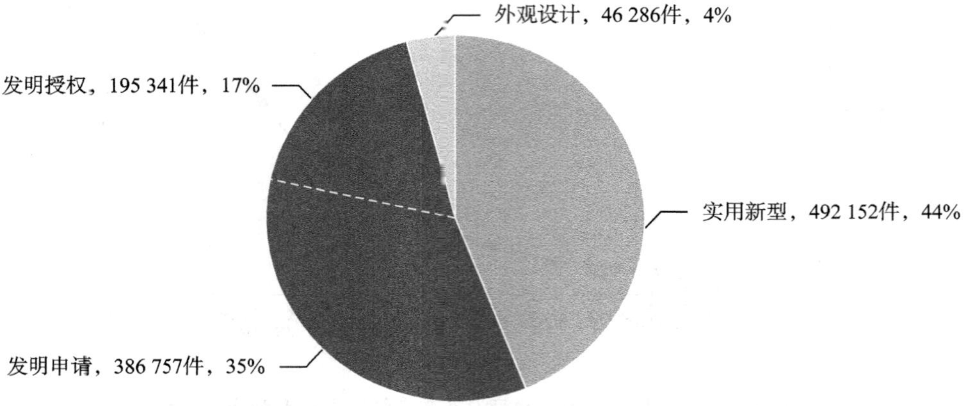

图 3-6　医疗诊断、监护及治疗设备制造领域国内专利类型分布

3.1.2.4　国内专利法律状态

图 3-7 展示的是专利审中、有效、失效三种状态的占比情况，仅统计中国专利。通过分析可以分别了解医疗诊断、监护及治疗设备领域当前已获得正在审查中、实质性保护、已失去专利权保护的专利数量分布情况，以从整体上掌握专利的权利保护和潜在风险情况，为专利权的法律性调查提供依据。筛选进入公知技术领域的失效专利，可以进行无偿使用或改进利用。

将医疗诊断、监护及治疗设备制造领域国内专利按照法律状态进行统计分析，得到图 3-7。其中，审中专利 162 936 件，占总专利数的 15%；有效专利 461 716 件，占总专利数的 41%；失效专利 495 884 件，占总专利数的 44%。

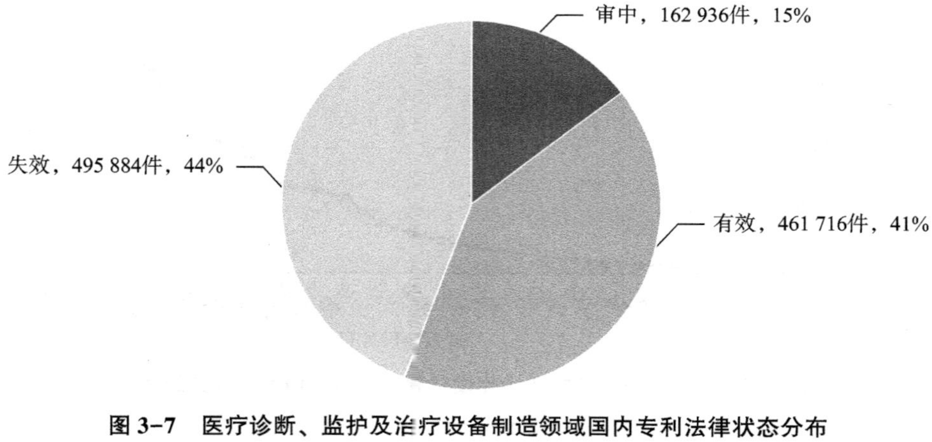

图 3-7　医疗诊断、监护及治疗设备制造领域国内专利法律状态分布

3.1.2.5　国内专利技术领域分布

表 3-6 和图 3-8 展示的是医疗诊断、监护及治疗设备制造领域在各技术方向的数量分布情况。通过该分析可以了解分析对象覆盖的技术类别及各技术分支的创新热度。

医疗诊断、监护及治疗设备制造领域国内专利按照国际专利分类号（IPC）进行统计，结果如表 3-6 和图 3-8 所示。医疗诊断、监护及治疗设备制造领域国内专利技术领域分布中，G01N（借助于测定材料的化学或物理性质来测试或分析材料）的专利数量最多，达 782 945 件；第二是 A61B（诊断；外科；鉴定），专利申请量 272 500 件；第三是 C12M（酶学或微生物学装置），专利申请量 69 388 件。另外，还有 A61N（电疗；磁疗；放射疗；超声波疗）、A61H（理疗装置，例如用于寻找或刺激体内反射点的装置；人工呼吸；按摩；用于特殊治疗或保健目的或人体特殊部位的洗浴装置）等。

表 3-6　医疗诊断、监护及治疗设备制造领域国内专利主要技术领域分布　　单位：件

IPC 分类号（小类）	专利数量
G01N（借助于测定材料的化学或物理性质来测试或分析材料）	782 945
A61B（诊断；外科；鉴定）	272 500
C12M（酶学或微生物学装置）	69 388
A61N（电疗；磁疗；放射疗；超声波疗）	68 473
A61H（理疗装置，例如用于寻找或刺激体内反射点的装置；人工呼吸；按摩；用于特殊治疗或保健目的或人体特殊部位的洗浴装置）	51 263
A61M（将介质输入人体内或输到人体上的器械）	32 107
A61F（可植入血管内的滤器；假体；为人体管状结构提供开口、或防止其塌陷的装置，例如支架）	30 368
C12Q（包含酶、核酸或微生物的测定或检验方法）	28 665
C12N（微生物或酶；其组合物）	27 377
G16H（医疗保健信息学）	26 483

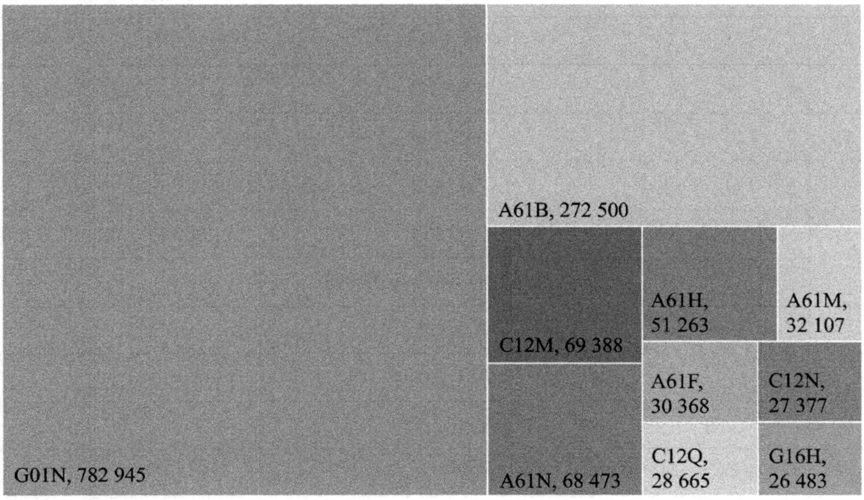

单位：件

图 3-8　医疗诊断、监护及治疗设备制造领域国内专利主要技术领域分布

3.1.2.6 国内专利省（区、市）分布

表3-7展示的是医疗诊断、监护及治疗设备领域在中国省级行政区域的分布情况，仅统计中国专利。通过分析可以了解在中国申请专利保护较多的省（区、市）及各省（区、市）的创新活跃程度。

对国内医疗诊断、监护及治疗设备制造领域专利进行省（区、市）分布分析，得到表3-7。表3-7显示江苏省以141 859件专利排名第一，广东省以136 078件专利排名第二，北京市以120 145件专利排名第三，山东省以100 134件专利排名第四。另外，浙江省、上海市、四川省、湖北省、河南省、安徽省等省市的专利申请量均在100 000件以下。

表3-7 医疗诊断、监护及治疗设备制造领域国内专利主要省（区、市）分布 单位：件

申请人省（区、市）	专利数量	申请人省（区、市）	专利数量
江苏省	141 859	上海市	77 035
广东省	136 078	四川省	43 553
北京市	120 145	湖北省	40 699
山东省	100 134	河南省	37 935
浙江省	82 891	安徽省	34 597

3.1.2.7 重点省（区、市）发明专利申请人布局

（1）江苏省申请人排名

表3-8是医疗诊断、监护及治疗设备制造领域江苏省国内发明专利主要申请人排名。

表3-8 医疗诊断、监护及治疗设备制造领域江苏省国内发明专利主要申请人排名 单位：件

排名	申请人名称	专利数量
1	东南大学	2 090
2	江南大学	1 588
3	河海大学	1 573
4	江苏大学	1 424
5	苏州艾杰生物科技有限公司	1 213
6	南京大学	1 014
7	中国矿业大学	965
8	南京航空航天大学	890
9	南京理工大学	759
10	苏州大学	653

(2) 北京市申请人排名

表 3-9 给出了医疗诊断、监护及治疗设备制造领域北京市国内发明专利申请人排名。可以看出，排名第一的是清华大学，排名第二的是中国石油天然气股份有限公司，排名第三的是中国石油化工股份有限公司。

表 3-9　医疗诊断、监护及治疗设备制造领域北京市国内发明专利主要申请人排名　单位：件

排名	申请人名称	专利数量
1	清华大学	3 240
2	中国石油天然气股份有限公司	1 576
3	中国石油化工股份有限公司	1 548
4	北京工业大学	1 291
5	北京航空航天大学	1 211
6	中国农业大学	1 106
7	北京理工大学	1 005
8	北京大学	901
9	国家电网公司	810
10	北京科技大学	783

(3) 广东省申请人排名

表 3-10 给出了医疗诊断、监护及治疗设备制造领域广东省国内发明专利主要申请人排名。

表 3-10　医疗诊断、监护及治疗设备制造领域广东省国内发明专利主要申请人排名　单位：件

排名	申请人名称	专利数量
1	华南理工大学	1575
2	深圳迈瑞生物医疗电子股份有限公司	1246
3	中山大学	1010
4	深圳大学	835
5	广东工业大学	729
6	深圳先进技术研究院	704
7	中国科学院深圳先进技术研究院	645
8	华南农业大学	531
9	华南师范大学	521
10	暨南大学	521

3.1.3 国内发明专利聚类分析

聚类分析是通过数据建模后简化并使数据可视化：提取专利文本中的关键词，从其相关度聚合出不同类别的文本关键词，并以圆环饼图的形式展示其分布情况，分析结果如图 3-9 所示，专利分析表如表 3-11 所示。

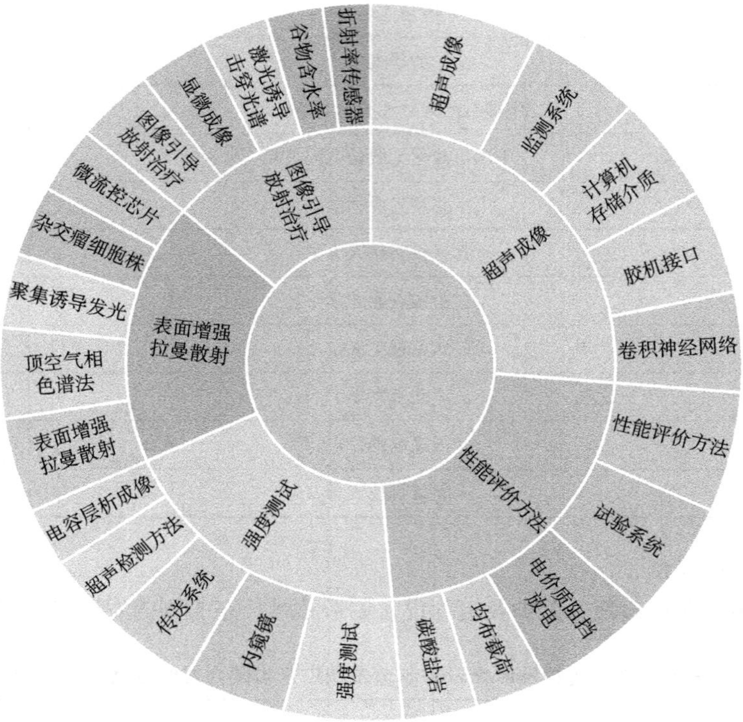

图 3-9 医疗诊断、监护及治疗设备制造领域专利聚类分析

表 3-11 医疗诊断、监护及治疗设备制造领域专利分析表

序号	申请号	标题	权利要求数量/个	技术功效 1 级	技术功效 TRIZ 参数	IPC 主分类
1	CN201680005845.7	针对具有减小的角范围的旋转 C 型臂计算机断层摄影的自适应分割	15	质量；完整性	27-可靠性	A61B6/00
2	CN201580067741.4	用于具有双 ECG 分析算法的自动体外除颤器（AED）的置信度分析器	14	确定性；特异性；中断；延迟；有效性；置信度	25-时间损失	A61N1/39

续表

序号	申请号	标题	权利要求数量/个	技术功效1级	技术功效TRIZ参数	IPC主分类
3	CN201680011023.X	具有集成式空气引导的医学成像	12	阻挡；空气；均匀性；必要性；供给；最小量；混合；层状；层状流；规则；操作区；治疗性	29-制造精度	A61B6/00
4	CN201610630202.3	数据处理方法和数据处理装置	9	重建；响应；复杂性	09-速度；36-系统的复杂性	G01T1/36
5	CN201810763844.X	一种烟气在线连续监测系统的测量时延修正方法	1	排放；准确性；适合性；实时性；时延；可靠性	28-测量精度；35-适应性、通用性；25-时间损失；27-可靠性	G01N33/00
6	CN201910006217.6	一种基于霍普金森压杆发射装置的动态粘结性能测试装置	8	复杂性；可靠性；便利性；紧固性；完成率	36-系统的复杂性；27-可靠性；33-操作流程的方便性	G01N19/04
7	CN201910148531.8	单髁膝关节置换术中股骨远端相对于假体垫片力线轨迹的测量方法与系统	8	移植；计算；复杂性；功耗	36-系统的复杂性；19-能耗	A61F2/46
8	CN201910180532.0	基于机器学习的机械密封状态判断方法、装置	11	参与；效率	39-生产率	G01N29/14
9	CN201910707471.9	交替光源X射线螺旋CT采样方法及装置	2	速度；复杂性；精度；信息；合理性；采集；可控性	09-速度；36-系统的复杂性；28-测量精度；24-信息损失；35-适应性、通用性；37-控制与测量的复杂性	G01N23/046
10	CN201910772417.2	一种新型压力传感器及其生理信号测量方法	8	体积；灵敏度；干扰；便利性；获取；精度；速度	07-体积；28-测量精度；30-作用于物体的有害因素；33-操作流程的方便性；09-速度	A61B5/02
11	CN201810755428.5	双模探测方法、控制器和系统	17	中子；精度	28-测量精度	G01N23/05

续表

序号	申请号	标题	权利要求数量/个	技术功效1级	技术功效TRIZ参数	IPC主分类
12	CN201911370420.8	一种纳米线生物传感器的制备方法及其应用	7	成本；复杂性；便利性；速度；释放；可检测性；小型化；粘附性；灵敏度；尺寸	39-生产率；36-系统的复杂性；33-操作流程的方便性；09-速度；28-测量精度；03-长度	G01N27/00
13	CN202010767579.X	一种基于醛基的手性氨基酸识别探针及其制备方法和应用	10	稳定性；基质；重现性；便利性；灵敏度；准确性；溶解性；成本；可检测性	13-稳定性；33-操作流程的方便性；28-测量精度；39-生产率	C07D207/16
14	CN202010903774.0	一种核酸扩增后处于灰区样本的确证方法	7	时间；复杂性；效率；正确性；速度；成本；扩增；特异性；灵敏度	15-时间；36-系统的复杂性；39-生产率；28-测量精度；09-速度	C12Q1/6848
15	CN201910568018.4	基于剂量场检测的辐射成像方法及装置	7	效率；成本	39-生产率	G01B15/02
16	CN202011203956.3	一种药材质量的初筛方法	6	稳定性；成本；信号；速度；复杂性；可检测性；溶剂	13-稳定性；39-生产率；09-速度；36-系统的复杂性；28-测量精度	G01N21/64
17	CN201910580964.0	一种控制多肽穿过纳米孔速度的方法及其应用	22	可控性	37-控制与测量的复杂性	G01N27/00
18	CN201910566051.3	物品空间剂量分布检测方法及装置	10	速度；合理性；效率；测试性；便利性	09-速度；35-适应性、通用性；39-生产率；37-控制与测量的复杂性；33-操作流程的方便性	G01T1/02
19	CN202011136152.6	一种基于隐空间重投影的遗传代谢病筛查方法	1	自动化	38-自动化程度	G16H50/80

续表

序号	申请号	标题	权利要求数量/个	技术功效 1 级	技术功效 TRIZ 参数	IPC 主分类
20	CN201980031651. 8	用于 MRI 的仿真模式	15	图像；对比度；集合；准确性；模式；充分性；调节；核实	28-测量精度	G01R33/54
21	CN201780031473. X	用于处理皮肤的冷等离子体设备	13	拉伸；多个；除臭；暴露；光滑性；感染	12-形状	A61N5/06
22	CN201811197916. 5	一种管内低温流体空泡率测量装置及方法	5	密封性；漂移；能力；密封面；杂散；屏蔽；强度；速度；复杂性；便利性	29-制造精度；14-强度；09-速度；36-系统的复杂性；33-操作流程的方便性	G01N27/24
23	CN201910025243. 3	基于电子鼻的侧柏受蛀干害虫为害时长检测模型及应用	3	准确性；预测	28-测量精度	G01N27/12
24	CN201910292012. 9	一种用于高血压药物治疗价格敏感度的识别方法及装置	9	依从性；高血压；经济性；选择；差异；意愿	39-生产率	G06F16/215
25	CN201911300398. X	一种制冷剂气相粘度测量装置及制冷剂气相粘度计算方法	9	稳定性；质量；平衡	13-稳定性；27-可靠性	G01N11/16
26	CN202010350419. 5	摩擦流体润滑在线测量装置、系统及方法	9	可测量度；实时性；结合；构件；改变	37-控制与测量的复杂性；25-时间损失	G01N21/3581
27	CN202011014274. 8	柔性足底压力检测装置、鞋	10	成本；灵敏度；效率；局限性；复用性；可测量度；稳定性；寿命	39-生产率；28-测量精度；37-控制与测量的复杂性；13-稳定性；27-可靠性	A61B5/103
28	CN202011052539. 3	起窖过程中窖池内酒糟含水量三维分布的检测方法及装置	10	可检测性；自动化；实时性；可控性	28-测量精度；38-自动化程度；25-时间损失；37-控制与测量的复杂性	G01N21/3554

续表

序号	申请号	标题	权利要求数量/个	技术功效1级	技术功效 TRIZ 参数	IPC 主分类
29	CN202010922275.6	一种基于光谱校正的车载植物养分光谱检测仪	7	便利性；校正；速度；可检测性	33-操作流程的方便性；28-测量精度；09-速度	G01N21/3563
30	CN202010919100.X	一种定量评估醇沉过程混合情况的方法	10	成本；复用性；清晰度；适合性	39-生产率；28-测量精度；35-适应性、通用性	G01N30/06
31	CN201980029938.7	用于组织弹性监测和显示的剪切波幅值重建	20	推动；边界；刚性；确定性	14-强度	A61B8/08
32	CN201980033632.9	使用根据电流传感器数据计算的经校正的K空间轨迹的磁共振成像	14	轨迹；可控性	37-控制与测量的复杂性	G01R33/385
33	CN201580030066.8	用于检测对象的呼吸暂停的设备、系统和方法	14	舒适性；定位；红外光；自动化	38-自动化程度	A61B5/00
34	CN201710760315.X	猪脂肪沉积相关UCP2 mRNA m6A甲基化单位点的鉴定方法和功能应用	2	位点；具体；保守；资源；序列	39-生产率	C12Q1/6858
35	CN201680046413.0	用于监测对象的眼睛的设备和系统	17	体积；眼睛	07-体积	A61B3/11
36	CN201910156056.9	肌肉力学参数的测量装置及方法、弹性成像方法	12	精度；便利性；可测量度；稳定性；准确性；获取；方向	28-测量精度；33-操作流程的方便性；37-控制与测量的复杂性；13-稳定性	A61B8/08
37	CN201910790844.3	血管生理参数测量方法、设备、计算机设备和存储介质	7	效率	39-生产率	A61B8/04
38	CN201911261770.0	跟踪系统和待由跟踪系统跟踪的标记装置	15	复杂性；频率；平衡；标记；磁场；接触；振荡	36-系统的复杂性	A61B34/20

续表

序号	申请号	标题	权利要求数量/个	技术功效 1 级	技术功效 TRIZ 参数	IPC 主分类
39	CN202010724948.7	一种特异性抗吡唑醚菌酯抗体的可变区序列及其重组全长抗体	9	抗体；稳定性；免疫力；活性	13-稳定性；30-作用于物体的有害因素	C07K16/44
40	CN201911261739.7	测量装置	15	确定性；磁矩；激励；磁场；精确性；平衡；复位	28-测量精度	G01D5/12
41	CN202010995525.9	一种智能梯度控温方法、系统、设备及可读存储介质	10	风险；数值；温差；梯度；防裂；温度；混凝土；衬砌	27-可靠性；26-物质或事物的数量；17-温度	G01N3/60
42	CN202010698695.0	一种基于连续切片、多色荧光和三维重建的组织器官立体成像与分析方法	7	传统；信息；清晰度；直观性；精细；准确性；可检测性	24-信息损失；28-测量精度；29-制造精度	G01N21/64
43	CN202010762173.2	一种基于分光谱技术的荧光寿命成像方法和装置	9	速度；堆积；准确性；光子；分辨率；体积；寿命；效率；复杂性	09-速度；28-测量精度；07-体积；27-可靠性；39-生产率；36-系统的复杂性	G01N21/64
44	CN202010940910.3	一种快速检测硫熏中药中二氧化硫残留的方法	10	环境；可检测性；复杂性；速度；成本；强度；能力；时间	28-测量精度；36-系统的复杂性；09-速度；39-生产率；14-强度；15-时间	G01N21/65
45	CN202010815859.3	一种枸杞多光谱采集系统	8	效率；速度；可靠性；获取；稳定性；便利性	39-生产率；09-速度；27-可靠性；13-稳定性；33-操作流程的方便性	G01N21/84
46	CN201910539621.X	后准直器、探测器装置及扫描设备	22	组合；重量；直器；难度；材料	01-重量；36-系统的复杂性；23-物质损失	G01N23/046
47	CN202011050908.5	一种再生水输配管网模拟装置、系统及再生水稳定性评价方法	7	稳定性	13-稳定性	G01N33/18

续表

序号	申请号	标题	权利要求数量/个	技术功效1级	技术功效TRIZ参数	IPC主分类
48	CN201910546489.5	用于制造闪烁体探测器的设备和方法	18	精度；精确性	28-测量精度	G01T1/202
49	CN201910540196.6	辐射分析方法、装置和计算机可读存储介质	14	准确性；运算量；可行性	28-测量精度	G01T1/29
50	CN202010808966.3	一种非小细胞肺癌患者疗效及预后预测系统	3	广泛性；能力；稳定性；速度；前景；便利性；预测	13-稳定性；09-速度；33-操作流程的方便性	G16H20/10
51	CN201580057336.4	动态波束成形器	8	硬化；重量；成形器；复杂性；不利	01-重量；36-系统的复杂性	A61B6/00
52	CN201680011840.5	针对MRI或CT的扫描几何结构规划方法	11	一致性；长度；适应性；自动化；速度；集中度	03-长度；35-适应性、通用性；38-自动化程度；09-速度	A61B5/055
53	CN201680020387.4	光学分析系统和方法	13	噪音	31-物质产生的有害因素	A61B5/024
54	CN201680022302.6	用于检测对象的心脏和/或呼吸疾病的设备、系统和方法	16	特异性；移动；可检测性	28-测量精度	A61B5/00
55	CN201680075440.0	毛发切割设备	24	折射率；贴合性；切割面；风险	27-可靠性	A61B18/20
56	CN202010243263.0	一种测试质子交换膜氧气传质系数的微电极系统和方法	6	面积；开放性；电流；时间；电；浓度；体积；稳定性；材料；复杂性；劳动强度	05-面积；15-时间；07-体积；13-稳定性；23-物质损失；36-系统的复杂性；39-生产率	G01N13/00
57	CN202010868952.0	异质纤维传感器	10	灵敏度	28-测量精度	G01D5/12
58	CN202010921834.1	一种液体表面张力与粘度同时在线测量的方法及装置	10	便利性；确定性；适合性；可测量度；分辨率；精确性	33-操作流程的方便性；35-适应性、通用性；37-控制与测量的复杂性；28-测量精度	G01N13/02

续表

序号	申请号	标题	权利要求数量/个	技术功效 1 级	技术功效 TRIZ 参数	IPC 主分类
59	CN202010705572.5	自热食品货架期预测方法、装置、计算机设备和存储介质	9	准确性	28-测量精度	G01N33/00
60	CN201980030799.X	用于确定血压测量结果的装置和方法以及计算机程序产品	14	确定性；准确性	28-测量精度	A61B5/022
61	CN201980031648.6	用于神经网络的超声成像平面对准指导及相关装置、系统和方法	20	自动化；准确性；效率；捕获	38-自动化程度；28-测量精度；39-生产率	A61B8/00
62	CN201980031652.2	使用神经网络的超声成像平面对准及相关装置、系统和方法	20	自动化；可控性；准确性；效率	38-自动化程度；37-控制与测量的复杂性；28-测量精度；39-生产率	A61B8/08
63	CN201980031261.0	基于口腔状况调节个人护理设备行为的方法和系统	14	自动化	38-自动化程度	A61C17/22
64	CN201980031967.7	用于成像检查的集中控制的智能调度器	20	效率；复杂性；可用性	39-生产率；36-系统的复杂性	G16H30/20
65	CN201580058876.4	用于使用在两种不同磁场强度下采集的图像对图像细节进行分割的 MRI 协议	7	精细；图像；诊断；表示；可控性；时间；系数；成像；平衡；萎缩；准则；处置	29-制造精度；37-控制与测量的复杂性；15-时间；26-物质或事物的数量	G01R33/54
66	CN201680069265.4	自适应辐射治疗规划	14	劳动强度；延迟；复杂性；效率	39-生产率；25-时间损失；36-系统的复杂性	A61N5/10
67	CN201811389333.2	一种海底深渊宏生物诱捕及保压取样装置	7	安全；逃脱；成功率；样品	30-作用于物体的有害因素；27-可靠性	A01K74/00
68	CN201811481727.0	高通量的古斯汉森位移型 SPR 传感器	8	成本；灵敏度；效率	39-生产率；28-测量精度	G01N21/552

续表

序号	申请号	标题	权利要求数量/个	技术功效 1 级	技术功效 TRIZ 参数	IPC 主分类
69	CN201811481728.5	采用放大结构的古斯汉森位移型 SPR 传感器	3	范围；成本；复杂性	35-适应性、通用性；39-生产率；36-系统的复杂性	G01N21/552
70	CN201811219092.7	一种基于心率与社交媒体微博的心理压力检测方法	4	健康；可检测性	28-测量精度	A61B5/16
71	CN201910157339.5	基于上转换和能量共振转移纳米颗粒的互相关检测系统	7	干扰；激发；精度；准确性	30-作用于物体的有害因素；28-测量精度	G01N15/10
72	CN201910399830.9	降噪自编码器的训练方法、心电信号的降噪方法及相关装置、设备	18	编码器；噪声；目标；阈值；难度	31-物质产生的有害因素；36-系统的复杂性	A61B5/0402
73	CN201910595812.8	一种基于脉搏波传导时间的胸口无创血压检测方法	6	便利性；舒适性；范围；价值；准确性；束缚；可测量度；复杂性；体积	33-操作流程的方便性；35-适应性、通用性；39-生产率；28-测量精度；37-控制与测量的复杂性；36-系统的复杂性；07-体积	A61B5/021
74	CN201911063831.2	非接触式心电实时监测设备	7	波形；信号；实时性	25-时间损失	A61B5/00
75	CN201910350647.6	基于递归分区计算的高血压用药推荐模型及其构建方法	8	速度	09-速度	G16H10/60
76	CN201911059718.7	一种用于埋地管道损伤诊断的低频声子发射监测装置	10	监测；接收；适合性；适用性；定位；频率；信号；集中度；实用性	37-控制与测量的复杂性；35-适应性、通用性	G01N29/14
77	CN202010978978.0	一种基于语音刺激下根据眼电信号的意识检测方法	10	监测；诱发；可靠性；干扰；便利性；采集	37-控制与测量的复杂性；27-可靠性；30-作用于物体的有害因素；33-操作流程的方便性	A61B5/16

续表

序号	申请号	标题	权利要求数量/个	技术功效 1 级	技术功效 TRIZ 参数	IPC 主分类
78	CN202010844670.7	一种 CT 机转速检测结构和方法	8	时间；准确性；中央；精度；摩擦力；精准性；计算；调节	15-时间；28-测量精度；10-力	A61B6/00
79	CN202011015068.9	用于植入式医疗设备的馈通组件及其制造方法	10	种类；可靠性；电容；金属圈；复杂性；接触；装配；难度；稳定性；外壁；连接器	27-可靠性；36-系统的复杂性；13-稳定性	A61N1/362
80	CN202010997390.X	一种可自识别损伤型光检测自愈合水凝胶的制备方法及应用	9	便利性；平衡；强度；自愈；环境；荧光；局限性；拉伸；复杂性；面	33-操作流程的方便性；14-强度；36-系统的复杂性	C08J3/075
81	CN202010862384.3	一种利用温度频域信息测量电池热物性参数的方法	2	精确性；准确性；精度；消耗；速度；价值；效率	28-测量精度；23-物质损失；09-速度；39-生产率	G01N25/20
82	CN202010829597.6	一种高通量筛选 DNA 损伤反应抑制剂的方法	8	鲁棒性；适应性；可维修性；自动化；便利性；分割；抑制剂；精度；时间	35-适应性、通用性；34-可维修性；38-自动化程度；33-操作流程的方便性；28-测量精度；15-时间	G06K9/62
83	CN201980030689.3	用于确定血压测量结果的装置	11	确定性；准确性	28-测量精度	A61B5/00
84	CN201980030759.5	用于食物加工设备或食物储存设备的营养分析模块	12	成本；可靠性；便利性；完成率；漂移；确定性	39-生产率；27-可靠性；33-操作流程的方便性	G01N21/552
85	CN201980030697.8	光子计数谱 CT	15	伪影；时间；可测量度；内插值；精度	15-时间；37-控制与测量的复杂性；28-测量精度	G01T1/17
86	CN201310741368.9	珠宝玉石鉴定方法及装置	9	准确性；效率；防护性；便利性	28-测量精度；39-生产率；33-操作流程的方便性	G01N21/65

续表

序号	申请号	标题	权利要求数量/个	技术功效 1 级	技术功效 TRIZ 参数	IPC 主分类
87	CN201610638429.2	重建探测器所探测的能谱的方法和设备	15	准确性；探测器；失真	28-测量精度	G01T7/00
88	CN201811521160.5	管道内稳态下在线多点气体取样分析系统及测试方法	2	可控性；复杂性；成本；适合性；可靠性；准确性；时间	37-控制与测量的复杂性；36-系统的复杂性；39-生产率；35-适应性、通用性；27-可靠性；28-测量精度；15-时间	G01N1/24
89	CN201910411756.8	一种输氢管道服役性能测试装置及测试方法	7	安全；紧固性；连通；真实性；压力；氢气	30-作用于物体的有害因素；10-力	G01N3/36
90	CN201910580655.3	粮仓漏气及三维温度的空中与仓壁无线联动检测装置和方法	6	可靠性；速度；自动化；可控性；安全；延性	27-可靠性；09-速度；38-自动化程度；37-控制与测量的复杂性；30-作用于物体的有害因素	G01N33/00
91	CN201910589639.8	一种基于双密度小波变换的P波检测方法	6	光滑性	12-形状	A61B5/0452
92	CN201910870481.4	一种主仪器向从仪器光谱模型传递的光谱检测优化方法	4	精度；能力；样品	28-测量精度	G01N21/31
93	CN201911140242.X	一种单像素质谱成像方法和系统	6	高通量；速度；通量	09-速度	G01N27/62
94	CN201911192072.X	一种基于并行探测的多图像重建显微成像方法和装置	6	分辨率；空间；扩展；激发	07-体积	G01N21/64
95	CN202010005566.9	一种基于涡旋对光束的光镊系统	7	旋转率；精准性；实时性；可控性；精确性；空间	25-时间损失；37-控制与测量的复杂性；28-测量精度；07-体积	G02B27/00
96	CN202010078681.9	一种骨料弹性模量的检测方法及应用	9	时间；稳定性；准确性；获取	15-时间；13-稳定性；28-测量精度	G01N29/07

续表

序号	申请号	标题	权利要求数量/个	技术功效 1 级	技术功效 TRIZ 参数	IPC 主分类
97	CN202010962092.7	一种基于多维度特征空间的光学相干血流造影方法与系统	10	静态；连续性；可靠性；区域；血管；信号	27-可靠性	A61B5/00
98	CN202010721328.8	一种用于穴位电特性检测的柔性电极	4	可测量度；佩戴；获取；精度	37-控制与测量的复杂性；28-测量精度	A61B5/053
99	CN202010928360.3	基于柔性塑料基片的双面丝网印刷电极及其方法	10	精度；不适感；电极；尺寸	28-测量精度；03-长度	A61B5/145
100	CN202010963394.6	一种内分泌科用糖尿病病情检测装置	6	疼痛感；劳动强度；消毒；效率；一体化	39-生产率	A61B5/157
101	CN202010923672.5	基于体表极低频电势差特征的情绪判断穿戴式设备和方法	10	研究；解决；佩戴；准确性；体积	28-测量精度；07-体积	A61B5/16
102	CN202010983959.7	一种带有气体氛围保护的高温金属液滴发生装置	1	反应；稳定性；体积；均匀性；复用性；可控性；复杂性；氧化	13-稳定性；07-体积；29-制造精度；39-生产率；37-控制与测量的复杂性；36-系统的复杂性；30-作用于物体的有害因素	G01N13/02
103	CN202010902914.2	微流控化学发光检测装置及方法	10	质量；效率；速度	27-可靠性；39-生产率；09-速度	G01N21/76
104	CN202010934565.2	一种评估 XLPE 平板试样或电缆适宜脱气时间的方法	10	便利性；手段；成本；适合性；普适性；复杂性；时间；效率；准确性	33-操作流程的方便性；39-生产率；35-适应性、通用性；36-系统的复杂性；15-时间；28-测量精度	G01N25/20
105	CN201980029944.2	用于组织弹性监测和显示的剪切波幅值重建	20	确定性；效率；轮廓；刚性；清晰度	39-生产率；14-强度；28-测量精度	A61B8/08

续表

序号	申请号	标题	权利要求数量/个	技术功效 1 级	技术功效 TRIZ 参数	IPC 主分类
106	CN201980029300.3	使用介入 X 射线图像和深度学习的交互式冠状动脉标记	15	报告；自动化；准确性；模型	38-自动化程度；28-测量精度	G16H30/40
107	CN201710061588.5	剪切波弹性成像方法和装置	9	精度；适用性；范围；准确性	28-测量精度；35-适应性、通用性	A61B8/00
108	CN201710322308.1	一种医疗处方自动转移方法	1	自动化；适合性；硬件；可操作性；空间	38-自动化程度；35-适应性、通用性；33-操作流程的方便性；07-体积	G16H15/00
109	CN201711345493.2	一种具有还原响应性的水溶性壳聚糖基聚集诱导发光荧光探针的制备方法	2	聚集诱导发光；水溶性；成像；稳定性；灵敏度；强度；还原	13-稳定性；28-测量精度；14-强度	C08B37/08
110	CN201910132670.1	一种固体氧化物燃料电池的薄膜电极的测试设备及方法	9	效率；灵活性；电阻；损坏；便利性；可控性；适应性；空间；精确性	39-生产率；35-适应性、通用性；27-可靠性；33-操作流程的方便性；37-控制与测量的复杂性；07-体积；28-测量精度	G01N27/04
111	CN201910108857.8	自闭症儿童早期语言与认知能力筛查的方法及装置	1	自发性；发展；复杂性；任务；准确性；局限性；完整性	36-系统的复杂性；28-测量精度	A61B5/16
112	CN201911206260.3	硬质合金材料的弹性模量测试装置及方法	8	便利性；复杂性；速度；均匀性；噪音；强度；成本	33-操作流程的方便性；36-系统的复杂性；09-速度；29-制造精度；31-物质产生的有害因素；14-强度；39-生产率	G01N29/07
113	CN201911166956.8	土工离心模型中连续可调梯形或锥形不均匀沉降控制设备	6	实时性	25-时间损失	G01N3/02

续表

序号	申请号	标题	权利要求数量/个	技术功效 1 级	技术功效 TRIZ 参数	IPC 主分类
114	CN201911328790.5	一种旋转平台河口羽流试验装置及方法	10	实时性；便利性；准确性；效率；均匀性；成本；试验；复杂性；稳定性；整体性；广泛性；灵活性；可操作性；可靠性；补充	25-时间损失；33-操作流程的方便性；28-测量精度；39-生产率；29-制造精度；36-系统的复杂性；13-稳定性；35-适应性、通用性；27-可靠性	G01M10/00
115	CN202010383034.9	柔性超声波疲劳损伤检测装置及其制造方法	9	轻薄；复杂性；柔软度；可靠性	36-系统的复杂性；27-可靠性	G01N29/04
116	CN202010863388.3	一种基于三维打印的动物皮肤扩张装置	8	完成率；深入；短暂；成本；便利性；稳定性；皮肤；重量；强度	39-生产率；33-操作流程的方便性；13-稳定性；01-重量；14-强度	A61B90/00
117	CN202010922694.X	基于 TOFD 探伤装置的焊缝跟踪系统及其焊缝跟踪方法	8	复杂性；效率；成本；可靠性；实时性；精度；探伤	36-系统的复杂性；39-生产率；27-可靠性；25-时间损失；28-测量精度	G01N29/06
118	CN202011061068.2	可同时快速分析土壤中 41 种持久性有机物的 GC-MS 定量方法	7	洁净度；完成率；提取；速度	31-物质产生的有害因素；09-速度	G01N30/02
119	CN201980028020.0	标记在显示器上的精确定位	15	高度；直观性	03-长度	G06F3/0488
120	CN201580063119.6	口腔护理器具	9	非线性；体验；效率	39-生产率	A61C17/34
121	CN201680014600.0	用于口腔清洁设备定位的方法及系统	6	精度；反馈	28-测量精度	A61C17/22
122	CN201680031160.X	使用非热等离子体治疗皮肤的装置	15	体积；安全；成本；适合性	07-体积；30-作用于物体的有害因素；39-生产率；35-适应性、通用性	A61B18/04

续表

序号	申请号	标题	权利要求数量/个	技术功效1级	技术功效TRIZ参数	IPC主分类
123	CN201711023256.4	基于局部圆拟合的超疏水固体表面接触角测量方法及系统	5	准确性	28-测量精度	G01N13/00
124	CN201910310368.0	钢-混组合结构界面粘结滑移的实时监测系统	10	精度；健康；实时性；组成；广泛性；成本；速度；复杂性	28-测量精度；25-时间损失；39-生产率；09-速度；36-系统的复杂性	G01N29/04
125	CN202010874368.6	多功能植入式探针及其制备方法	12	干扰；照明；连续性；效率；阻挡；对齐；集成度；错位；刺激；正确性；传递	30-作用于物体的有害因素；18-照度；39-生产率；36-系统的复杂性；28-测量精度	A61N1/05
126	CN202010862936.0	一种全过程土壤自动压片装置	10	清洁性；移动；体积；污染；尺寸；粉末化；热；携带；复杂性；干燥；完成率	31-物质产生的有害因素；07-体积；03-长度；17-温度；36-系统的复杂性	B30B11/04
127	CN202010795978.7	一种用于区分检测金属离子的荧光阵列传感器及其制备方法	9	锁；发展；复杂性；区分；准确性；效率；小型化；成本；可靠性；延伸；传感器；集成度	36-系统的复杂性；28-测量精度；39-生产率；27-可靠性	C09K11/02
128	CN202010923486.1	用于循环肿瘤细胞高效捕获及释放的双层脉状功能化微流控芯片	10	结合；细胞；损失；修饰；研究；效率；充分性；牢固性	23-物质损失；39-生产率；27-可靠性	C12M1/00
129	CN202010824712.0	基于CRISPR和Cas的数字化核酸扩增检测方法和集成化检测系统	8	扩增；核酸；试剂；CRISPR；体积；复杂性；普适性；准确性；便利性；污染；灵敏度	07-体积；36-系统的复杂性；28-测量精度；33-操作流程的方便性；31-物质产生的有害因素	C12M1/38

续表

序号	申请号	标题	权利要求数量/个	技术功效 1 级	技术功效 TRIZ 参数	IPC 主分类
130	CN202010744113.8	一种基于色差和紫外光谱的茶叶等级快速鉴别方法	8	复杂性；鉴别；价值；准确性；速度	36-系统的复杂性；39-生产率；28-测量精度；09-速度	G01N21/25
131	CN202010894811.6	土壤高光谱检测探头及其全时侵入检测装置和检测方法	10	速度；可靠性；实时性	09-速度；27-可靠性；25-时间损失	G01N21/47
132	CN202010687023.X	一种双波长海洋激光雷达探测的波长择优方法	8	精度	28-测量精度	G01S17/88
133	CN201980028226.3	针对医学环境中的用户的人体工程学支撑设备	14	防护性；辐射；负担；复杂性；灵活性；张力；安全；适应性；选项；支撑	39-生产率；36-系统的复杂性；35-适应性、通用性；10-力；30-作用于物体的有害因素	A61B6/10
134	CN201980027163.X	自适应超声扫描	20	效率；制定	39-生产率	A61B8/08
135	CN201680026176.1	用于电外科手术设备的光学组织反馈设备	14	确定性；清洁性；可测量度；清洁度；遮挡；可靠性；设施	31-物质产生的有害因素；37-控制与测量的复杂性；27-可靠性	A61B18/14
136	CN201710654372.X	一种无外场情况下液态金属表面张力的调控系统及方法	6	范围；便利性；浸润性	35-适应性、通用性；33-操作流程的方便性	G01N13/02
137	CN201680073391.7	用于确定患者特异性局部变化边界的方法	14	处置；自动化；可耐；保守；独立；适合性；确定性；复杂性；平衡	38-自动化程度；35-适应性、通用性；36-系统的复杂性	A61B5/055
138	CN201810835797.5	一种用于气固反应动力学实时精确测量的流化床热重分析系统	7	反应物；可行性；可测量度	37-控制与测量的复杂性	G01N5/00
139	CN201910105163.9	利用溴化镧探测器测量中子辐射场中子能谱的方法	3	可测量度	37-控制与测量的复杂性	G01T3/06

续表

序号	申请号	标题	权利要求数量/个	技术功效1级	技术功效TRIZ参数	IPC主分类
140	CN201910160691.4	一种获取合金材料塑性成形工艺及性能关系的高通量实验方法	8	测试性；效率；理论；速度	37-控制与测量的复杂性；39-生产率；09-速度	G01N1/28
141	CN201910359382.X	二维各向异性纳米材料的热扩散率测定方法	9	可测量度；扩散性；覆盖；热；准确性；单原子；灵敏度	37-控制与测量的复杂性；17-温度；28-测量精度	G01N25/18
142	CN201910953760.7	同时原位测量二维薄膜材料温度和热应力的拉曼光谱方法	16	可控性；便利性；可测量度；复用性；适合性；复杂性；温度；准确性	37-控制与测量的复杂性；33-操作流程的方便性；39-生产率；35-适应性、通用性；36-系统的复杂性；17-温度；28-测量精度	G01D21/02
143	CN201810862836.0	细胞内检测生物分子间相互作用及其调控因子的方法与所用试剂	13	便利性；灵敏度；成本；适用性	33-操作流程的方便性；28-测量精度；39-生产率；35-适应性、通用性	G01N33/53
144	CN202010935029.4	一种复合静脉导管及实时监测中心静脉压的控制系统	10	实时性；准确性；寿命；相容性；速度；复杂性；安全；成本	25-时间损失；28-测量精度；27-可靠性；09-速度；36-系统的复杂性；30-作用于物体的有害因素；39-生产率	A61B5/0215
145	CN202010927196.4	一种Tr＊ger´s碱衍生物及其制备方法和机械诱导荧光增强特性的测试方法	10	强度；复杂性；诱导；测试性；稳定性；修饰；堆叠	14-强度；36-系统的复杂性；37-控制与测量的复杂性；13-稳定性	C07D471/08
146	CN202010789557.3	一种预测大坝低热水泥全级配混凝土真实强度性能的方法	9	强度	14-强度	G01N3/08
147	CN202010791766.1	利用光阱捕获微粒进行微生物快速检测的方法及装置	7	灵敏度；复杂性；便利性；速度	28-测量精度；36-系统的复杂性；33-操作流程的方便性；09-速度	G01N5/00

续表

序号	申请号	标题	权利要求数量/个	技术功效 1 级	技术功效 TRIZ 参数	IPC 主分类
148	CN202010761603.9	带转接头的棒位测量承压壳及控制棒水压驱动系统	10	稳定性；工艺；灵活性；可靠性；安全；可测量度；流出	13-稳定性；35-适应性、通用性；27-可靠性；30-作用于物体的有害因素；37-控制与测量的复杂性	G21C17/10
149	CN201980024119.3	用于超声成像探头的导热材料层和内部结构	19	探头；热消散；速度；导热性；复杂性；热；成本	09-速度；17-温度；36-系统的复杂性；39-生产率	A61B8/00
150	CN201980026283.8	超声处理单元和方法以及成像系统	18	信息	24-信息损失	A61B8/08
151	CN201980028148.7	光疗系统和方法	15	确定性；光照量；数量	26-物质或事物的数量	A61N5/06
152	CN201680038975.0	用于使用霍尔效应传感器提取用户的运动特性以向用户提供反馈的方法和系统	14	反馈；效率；清洁性	39-生产率；31-物质产生的有害因素	A46B15/00
153	CN201680034261.2	在磁共振成像中使用 B0 不均匀性图的骨骼成像	14	复杂性；磁共振；区域；准确性	36-系统的复杂性；28-测量精度	G01R33/48
154	CN201810924884.8	一种非对称方酸菁材料及其制备方法和应用	10	复杂性；空穴；传感；稳定性；可控性；工艺	36-系统的复杂性；13-稳定性；37-控制与测量的复杂性	C07D207/335
155	CN201811547207.5	一种工程结构表面裂缝识别与投影修正方法及系统	9	拼接；可靠性；准确性；真实性；修正；识别性	27-可靠性；28-测量精度；37-控制与测量的复杂性；	G01N21/892
156	CN201711159335.8	光学材料的热弛豫时间的测量方法和装置以及测量设备	11	精度；复杂性；速度	28-测量精度；36-系统的复杂性；09-速度	G01N21/17
157	CN201910001098.5	一种基于密集生成对抗神经网络的磁瓦表面缺陷检测方法	5	精度；质量；速度；成本	28-测量精度；27-可靠性；09-速度；39-生产率	G06T7/00

续表

序号	申请号	标题	权利要求数量/个	技术功效 1 级	技术功效 TRIZ 参数	IPC 主分类
158	CN201910313816.2	一种用于抗肿瘤药物筛选的高通量 3D 细胞阻抗传感器及检测方法	7	实时性；筛选；肿瘤	25-时间损失	G01N33/50
159	CN201911125098.2	材料力学属性信息的测量方法、装置及系统	13	适合性；换能器	35-适应性、通用性	G01N29/04
160	CN202010728115.8	功能电刺激和电机混合驱动的下肢外骨骼装置及控制方法	10	能力；传感器；消耗；复杂性	23-物质损失；36-系统的复杂性	A61N1/36
161	CN202010812847.5	一种卡那霉素的检测方法	10	比值；信号；灵敏度；吸附；摩尔比	28-测量精度	G01N21/64
162	CN202010790894.4	双光束光阱中重复捕获微球的方法及装置	7	完成率；可控性；微球；捕获	37-控制与测量的复杂性	G01N21/84
163	CN202010941442.1	一种高通量数字病理切片自动扫描装置	9	复杂性；难度；效率	36-系统的复杂性；39-生产率	G01N21/84
164	CN202010713397.4	海底管道超声导波全向聚焦声透镜柔性换能器及检测方法	10	智能化；强度；聚焦	14-强度	G01N29/22
165	CN202010844004.3	一种用于液体燃料湍流火焰传播速度测量的定容燃烧弹	3	耐温；温度；适应性；紧固性；速度；绝缘；密封性；长度；均匀性；可控性	17-温度；35-适应性、通用性；09-速度；29-制造精度；03-长度；37-控制与测量的复杂性	G01N31/12
166	CN201980023032.4	用于与可穿戴袖带一起使用的装置	16	多个；可测量度；获取；压力；阈值；精度；局限性	37-控制与测量的复杂性；10-力；28-测量精度	A61B5/00
167	CN201980023811.4	用于 3D 扫描的系统和方法	12	捕获；强度；光源	14-强度	A61B5/00
168	CN201980027882.1	肿瘤边缘评估	13	稀疏；变异性；相关性；次数；末端	26-物质或事物的数量	A61B5/00

续表

序号	申请号	标题	权利要求数量/个	技术功效 1 级	技术功效 TRIZ 参数	IPC 主分类
169	CN201980025095.3	控制可穿戴袖带	15	局限性；伪影；速度；准确性	09-速度；28-测量精度	A61B5/021
170	CN201980014144.3	多模态融合靶向活检期间的自动路径校正	20	可行性；校正	28-测量精度	A61B8/08
171	CN201980024255.2	用于管腔内成像设备的柔性支撑构件及相关联的设备、系统和方法	19	可控性	37-控制与测量的复杂性	A61B8/12
172	CN201980026674.X	用于向用户提供个性化口腔护理反馈的系统和方法	15	健康；反馈；速度；可控性	09-速度；37-控制与测量的复杂性	A61C17/22
173	CN201980026810.5	用于基于睡眠架构模型向用户递送感官刺激的系统和方法	15	经济性	39-生产率	G16H40/67
174	CN201580030090.1	用于脊椎层面的成像系统	13	确定性；可靠性	27-可靠性	A61B6/00
175	CN201680012106.0	用于处理用在对对象的生命体征进行监测中的加速度计信号的处理设备、系统和方法	13	可靠性；体征；确定性；准确性；调节	27-可靠性；28-测量精度	A61B5/024
176	CN201680061542.7	支持对对象的处置的系统	14	疗效；准确性	28-测量精度	A61N7/00
177	CN201680079634.8	制造纳米尺寸的凹陷的方法	21	凹陷；均匀性；纳米；确定性	29-制造精度	G01N33/487
178	CN201811179763.1	基于介电高弹聚合物的小分子代谢物 SERS 检测装置和方法	9	实时性；复杂性	25-时间损失；36-系统的复杂性	G01N21/65
179	CN201910101478.6	表征二维材料缺陷的方法及其应用	8	直观性；敏感性；寿命；效率；速度	27-可靠性；39-生产率；09-速度	G01N21/64

续表

序号	申请号	标题	权利要求数量/个	技术功效 1 级	技术功效 TRIZ 参数	IPC 主分类
180	CN201910497500. 3	一种基于荧光差分法的晶格光切片荧光显微成像装备及方法	9	分辨率；均匀性	29-制造精度	G01N21/64
181	CN201910601342. 1	一种基于响应性薄膜材料的pH值检测方法	9	稳定性；能源；可检测性；环境；复杂性；便利性；保存；精度；数量；色卡；可推广性；适合性	13-稳定性；19-能耗；28-测量精度；36-系统的复杂性；33-操作流程的方便性；26-物质或事物的数量；39-生产率；35-适应性、通用性	G01N21/55
182	CN201910640997. X	一种基于偶次谐波的吸收率函数复现方法	1	精度；结合；过程；吸收；频率；函数	28-测量精度	G01N21/39
183	CN201910898854. 9	基于质谱的磷脂酰胆碱中 sn 异构体的解析方法及其用途	10	精确性；复杂性；定量分析；改造；方向；解析	28-测量精度；36-系统的复杂性	G01N30/72
184	CN201911328839. 7	一种适用于南海冷涡区的人工上升流固碳装置及方法	9	便利性；尺寸；成本；充分性；浓度；消耗	33-操作流程的方便性；03-长度；39-生产率；23-物质损失	B01D53/84
185	CN202010143922. 3	一种测量不同硫化反应程度下橡胶体积变化的装置及方法	10	便利性；复杂性	33-操作流程的方便性；36-系统的复杂性	G01B11/00
186	CN202010922312. 3	一种微藻培养用光生物反应器	9	速度；利用率；剪切力；产量；面积；便利性；强度；损失；培养；循环性；时间	09-速度；39-生产率；05-面积；33-操作流程的方便性；14-强度；23-物质损失；15-时间	C12M1/00
187	CN202010815891. 1	一种可适配多型号紧固件的摩擦型多角度拉剪试验装置	4	高强；便利性；多角度；试验；可测量度；紧固性	33-操作流程的方便性；37-控制与测量的复杂性	G01N3/08
188	CN202010796182. 3	一种水泥基材料宾汉姆流变参数分析方法	1	精确性；加速；副作用	28-测量精度；31-物质产生的有害因素	G01N11/14

续表

序号	申请号	标题	权利要求数量/个	技术功效1级	技术功效TRIZ参数	IPC主分类
189	CN202010763687.X	一种镀锌钢板坏点检测装置	10	成本；效率；便利性；准确性；成品率；速度	39－生产率；33-操作流程的方便性；28-测量精度；29－制造精度；09-速度	G01N21/88
190	CN202010733919.7	可移动式多段直线光源CT成像系统及方法	10	精度；适合性；完备；强度；安全；振动；滑环；噪音；灵活性；速度；可靠性；获取；适应性	28-测量精度；35-适应性、通用性；14-强度；30-作用于物体的有害因素；31-物质产生的有害因素；09-速度；27－可靠性；	G01N23/046
191	CN202010824706.5	一种基于倏逝波的无损准确可重复捕获微球的方法和装置	9	光捕；无损；光热；效率；准确性	39－生产率；28-测量精度	G21K1/00
192	CN202010824711.6	一种全封闭式圆片式倏逝波重复捕获微球的光阱装置	10	倏逝场；成本；体积；稳定性；污染；效率	39－生产率；07-体积；13-稳定性；31-物质产生的有害因素	G21K1/00
193	CN201980026473.X	用于支持在心肺复苏期间检测自发循环的恢复的设备、系统和方法	14	脉搏；按压；中断；可检测性；自发性；决策	28-测量精度	A61B5/021
194	CN201980025899.3	用于管腔内感测设备的电磁控制以及相关联的设备、系统和方法	18	自动化；局限性；有利地；可控性	38－自动化程度；37-控制与测量的复杂性	A61B8/12
195	CN201980026823.2	磁共振成像中的自动伪影检测和脉冲序列修改	15	概率；完成率；数值；得分；列表；质量；扫描；健康	26-物质或事物的数量；27－可靠性	G01R33/56

续表

序号	申请号	标题	权利要求数量/个	技术功效 1 级	技术功效 TRIZ 参数	IPC 主分类
196	CN201980021521. 6	经由闭环医师反馈的用于辐射治疗规划增强的快速且个性化的推荐系统	20	建议；成本；时间量	39-生产率	G16H40/20
197	CN201580038312. 4	投影数据采集装置	12	质量	27-可靠性	A61B6/00
198	CN201580050122. 4	基于光的胶原测量系统和皮肤处理系统	17	可靠性；稳定性；光；激光源；准确性；副作用；变性	27-可靠性；13-稳定性；18-照度；28-测量精度；31-物质产生的有害因素	A61B5/00
199	CN201580062912. 4	用于在生命体征采样频率有限时的分数置信度区间估计的方法	14	有效性；准确性	28-测量精度	A61B5/00
200	CN201710583123. 3	一种便携式微流控芯片成像系统	3	质量；携带；成本；一致性；安全；抖动；困扰；准确性；令人满意；体积；复用性	27-可靠性；39-生产率；30-作用于物体的有害因素；28-测量精度；07-体积	H04N5/225
201	CN201810054055. 9	一种微型静力触探探杆	7	准确性；刚性；成本；复杂性；响应；直径；长度；扰动；尺寸	28-测量精度；14-强度；39-生产率；36-系统的复杂性；09-速度；03-长度	G01N3/02
202	CN201810697392. X	基于病历文本的病人相似性度量装置及方法	8	成本	39-生产率	G16H10/60
203	CN201810960953. 0	一种液压材料试验机控制模式的在线跟踪平滑切换方法	4	光滑性；冲击；标准	12-形状	G05B13/04
204	CN201710813664. 3	动态磁检测系统、检测方法及电磁控阵方法	9	精度；稳定性	28-测量精度；13-稳定性	G01N27/83
205	CN201910063542. 6	螺旋扫查模式下超声数据与位置数据同步融合的方法	3	效率；适用性	39-生产率；35-适应性、通用性	G01N29/04

续表

序号	申请号	标题	权利要求数量/个	技术功效1级	技术功效TRIZ参数	IPC主分类
206	CN201910285362.2	一种智能土工离心模型饱和装置	5	智能化；饱和；可控性；空气泡；远程化；监测；质量	37-控制与测量的复杂性；27-可靠性	G01N1/28
207	CN201910468468.6	评价3-氯-1，2-丙二醇及其酯短期暴露的巯基尿酸加合物检测方法及应用	2	消耗；数量；复杂性；效率；长度；精度；干扰；可检测性	23-物质损失；26-物质或事物的数量；36-系统的复杂性；39-生产率；03-长度；28-测量精度；30-作用于物体的有害因素	G01N30/02
208	CN202010640318.1	全集成仿生精子筛选芯片及其制备方法	6	复杂性；适合性；体积	36-系统的复杂性；35-适应性、通用性；07-体积	C12M1/00
209	CN202010553845.9	一种快速获得渣土工程性和污染性的智能检测系统和方法	6	效率；实时性；复杂性；自动化；速度；灵活性；可靠性；过程；运输；工程性；高清	39-生产率；25-时间损失；36-系统的复杂性；38-自动化程度；09-速度；35-适应性、通用性；27-可靠性	G01N27/04
210	CN202010878572.5	信号处理装置及信号处理方法	10	确定性；扩展；功耗；面积	19-能耗；05-面积	G11C13/00
211	CN201980022072.7	提供三维超声图像	14	信息；能力；认知	24-信息损失	A61B8/06
212	CN201680011589.2	脉搏血氧计的多状态夹式固定方法	10	稳定性；态铰链；完成率；分离；坏死；容易性；舒适性；疼痛；确定性	13-稳定性	A61B5/0205
213	CN201811548266.4	一种基于神经网络的肝包虫病灶分割方法及系统	10	精度；精确性；误诊；漏诊；效率	28-测量精度；39-生产率	G06T7/11
214	CN201910197202.2	一种判断各向异性纳米晶体择优取向性组装结果的方法	7	判断；速度	09-速度	G01N23/04

续表

序号	申请号	标题	权利要求数量/个	技术功效1级	技术功效TRIZ参数	IPC主分类
215	CN201911032588.8	一种软性双面神经探针及其制备方法	5	鲁棒性；范围；缺失；局限性；准确性；复杂性；精度；厚度；质量	35-适应性、通用性；28-测量精度；36-系统的复杂性；03-长度；27-可靠性	A61B5/0478
216	CN201911288921.1	一种基于电化学发光自干涉测量溶液中发光层厚度及发光分子与电极之间距离的方法	9	分辨率；照明；速度；便利性；背景	18-照度；09-速度；33-操作流程的方便性	G01B11/06
217	CN202010818436.7	脑成像检测装置	11	配合；复杂性；舒适性；重量；调节；便利性	36-系统的复杂性；01-重量；33-操作流程的方便性	A61B5/00
218	CN202010778642.X	一种高Q高FoM的金属介质辅助GMR的折射率传感芯片	9	便利性；传感	33-操作流程的方便性	G01N21/41
219	CN202010594787.4	CHCHD10在促进AChR亚基基因表达和维持NMJ稳定中的应用	9	聚集；诱导；正确性	28-测量精度	G01N33/68
220	CN201980024917.6	经改进的图像采集	13	修改；获取；分离；采集；增益；电流；读出；射线管；噪声；速度	31-物质产生的有害因素；09-速度	A61B6/03
221	CN201880085444.6	使用体内剂量计的近距离放射治疗质量保证	15	区域；先进；复杂性	36-系统的复杂性	A61N5/10
222	CN201980025136.9	基于机器学习的血管成像中的分辨和操纵决策焦点	15	规则；输入；透明度；多个；自动化；计算	38-自动化程度	G16H30/40
223	CN201580067113.6	辐射发射成像系统和方法	15	定量；质量	27-可靠性	A61B6/00

续表

序号	申请号	标题	权利要求数量/个	技术功效 1 级	技术功效 TRIZ 参数	IPC 主分类
224	CN201710777039.8	具有发射功率自适应调节功能的经皮无线充电系统和方法	9	功率	21-功率	A61N1/378
225	CN201710479121.2	促伤口愈合电子敷贴及其使用方法	5	复杂性；愈合；恢复	36-系统的复杂性	A61N1/36
226	CN201680037586.6	正压脉冲心肺复苏设备	17	脉冲；ITP；体积；压力	07-体积；10-力	A61H31/00
227	CN201680072691.3	皮肤治疗设备	22	成本；复杂性	39-生产率；36-系统的复杂性	A61B18/20
228	CN201910053705.2	一种检测赭曲霉毒素 A 的荧光传感器制备方法及应用	2	特异性；速度；灵敏度；稳定性；可检测性；猝灭	09-速度；28-测量精度；13-稳定性	C09K11/88
229	CN201911313145.6	一种结构光照明超分辨显微芯片的成像方法	6	适合性；芯片；成本；集成化	35-适应性、通用性；39-生产率	G01N21/64
230	CN201911417803.6	一种双试纸条左旋多巴检测系统及其方法	10	成本；干扰；可检测性；复杂性	39-生产率；30-作用于物体的有害因素；28-测量精度；36-系统的复杂性	G01N27/26
231	CN202010652142.1	基于多任务学习三维卷积编解码网络的双示踪剂 PET 分离方法	8	能力；完成率；信息；精确性；重建	24-信息损失；28-测量精度	A61B6/03
232	CN202010876293.5	一种杂交瘤细胞对和其分泌的单克隆抗体对及其在检测 G10-EPSPS 蛋白中的应用	10	成本；单克隆抗体；复杂性；精准性；灵敏度；长度；可靠性；准确性；效价；速度	39-生产率；36-系统的复杂性；28-测量精度；03-长度；27-可靠性；09-速度	C12N5/20
233	CN202010905122.0	一种发动机台架试验机油取样装置	10	准确性；停机	28-测量精度	G01N1/14

续表

序号	申请号	标题	权利要求数量/个	技术功效1级	技术功效TRIZ参数	IPC主分类
234	CN202010646149.2	钢材缺陷磁成像装置及方法	10	成本；复杂性；反演；速度；效率；体积；磁化；功耗	39-生产率；36-系统的复杂性；09-速度；07-体积；19-能耗	G01N27/82
235	CN201980022608.5	用于提取指示对象的至少一个生命体征的生理信息的设备、系统和方法	15	可靠性	27-可靠性	A61B5/00
236	CN201980023261.6	检测具有呼吸紊乱的对象	15	准确性	28-测量精度	A61B7/00
237	CN201980024199.2	超声成像系统和方法	15	观看；复杂性；直观性	36-系统的复杂性	A61B8/08
238	CN201980023002.3	用于规划体积调制弧形辐射治疗流程的规划系统	15	序列；质量	27-可靠性	A61N5/10
239	CN201980020183.4	用于重建对象的感兴趣区域的谱图像的设备、系统、方法和计算机程序	13	重建；数值；噪音；时间	26-物质或事物的数量；31-物质产生的有害因素；15-时间	G01T1/29
240	CN201710711221.3	一种超声共振谱仪低温测试装置	6	成本；效率；复杂性；易拆卸；运输；可维护性；可靠性；便利性	39-生产率；36-系统的复杂性；34-可维修性；27-可靠性；33-操作流程的方便性	G01N29/12
241	CN201710060888.1	微流体测定装置及使用其的测定方法	29	污染；进样；复杂性；理解；劳动强度；包覆；可检测性	31-物质产生的有害因素；36-系统的复杂性；39-生产率；28-测量精度	G01N35/00
242	CN201810534629.2	一种单相电源阵列式双相电刺激反馈系统	5	耐压；可靠性；开关；稳定性；便利性；速度；反馈；舒适性；积聚	27-可靠性；13-稳定性；33-操作流程的方便性；09-速度	A61N1/36

续表

序号	申请号	标题	权利要求数量/个	技术功效1级	技术功效TRIZ参数	IPC主分类
243	CN201811157816.X	一种用于激光击穿光谱的自吸收效应修正方法	1	适合性；精度	35-适应性、通用性；28-测量精度	G01N21/73
244	CN201810708064.5	一种气溶胶电迁移率粒径谱测量系统和方法	6	精度；准确性；复杂性	28-测量精度；36-系统的复杂性	G01N15/02
245	CN201811314951.0	一种磷酸盐缓蚀剂抑制供水管网铁释放效果的检测方法	8	释放；可检测性	28-测量精度	G16C20/10
246	CN201811519265.7	心理压力问题的感知方法及装置	8	获取；劳动强度；反映；准确性	39-生产率；28-测量精度	G16H50/20
247	CN201910204475.5	材料弯曲性能的检测方法	7	成本；广泛性	39-生产率	G01N3/20
248	CN201910666785.9	氢化环带［8］芳烃化合物及其制备方法	10	便利性；范围；成本；稳定性；分离；实用性	33-操作流程的方便性；35-适应性、通用性；39-生产率；13-稳定性	C07C13/70
249	CN201911220992.8	一种UDP网络协议实现浏览器显示心电图的装置和方法	8	成本；采样；适合性；手机；高速性；电脑	39-生产率；35-适应性、通用性	H04L29/08
250	CN202010787996.0	一种带安全警示标识的消化电子内窥镜附件器械，及其基于风险管理的使用方法	10	区分；可控性；可靠性；机率；安全	37-控制与测量的复杂性；27-可靠性；30-作用于物体的有害因素	A61B1/273
251	CN202010669160.0	希浦系统植入性心脏再同步化起搏除颤仪	5	便利性；感知；纠正；成本；正确性；连接；疗效；插孔；囊袋	33-操作流程的方便性；39-生产率；28-测量精度	A61N1/375
252	CN201911043381.0	一种还原氧化石墨烯膜及其制备方法	6	噪音；导电性；分子；均匀性；拍照；复杂性；层间；便利性；漂移；曝光	31-物质产生的有害因素；29-制造精度；36-系统的复杂性；33-操作流程的方便性	C01B32/184

续表

序号	申请号	标题	权利要求数量/个	技术功效 1 级	技术功效 TRIZ 参数	IPC 主分类
253	CN202010570224.1	耐油液腐蚀动态吸-脱水高分子复合敏感材料及制备方法	10	复合物；能量；耐腐蚀性；反应；灵敏度；稳定性；能力；热；作用力；蒸发	19-能耗；30-作用于物体的有害因素；28-测量精度；13-稳定性；17-温度	C08G73/10
254	CN201910380114.6	一种用于循环肿瘤细胞富集的惯性微流控芯片	10	复杂性；粒子；聚焦；粒径；外侧；分选；稳定性；高通量；成本；距离	36-系统的复杂性；13-稳定性；39-生产率；03-长度	C12M1/00
255	CN202010609312.8	靶向细胞表面抗原 MFI2 蛋白的核酸适配体及应用	3	亲和性；稳定性；免疫力	13-稳定性；30-作用于物体的有害因素	C12N15/115
256	CN202010646475.3	CCDC157 基因及其突变基因作为分子标志物在诊断男性不育疾病中的应用	8	活性；能力；标志物；靶点；试剂盒；表达量；数量	26-物质或事物的数量	C12Q1/6883
257	CN201910384187.2	基于新型酶-无定形金属有机骨架复合物的活细胞胞内葡萄糖浓度的检测方法	10	复杂性；毒性；成本；活力；浓度；普适性；区分	36-系统的复杂性；39-生产率	G01N21/64
258	CN201911043802.X	一种还原氧化石墨烯膜在冷冻电镜中的应用	7	噪音；均匀性；层间；漂移；便利性；复杂性；膜；分子；导电性	31-物质产生的有害因素；29-制造精度；33-操作流程的方便性；36-系统的复杂性	G01N23/2005
259	CN202010696974.3	一种室内突发污染物智能实时溯源方法及系统	10	输入；准确性；前期；精准性；时效性；计算	28-测量精度	G01N33/00
260	CN201980022579.2	用于可视化周期性移动的解剖结构的装置、系统和方法	15	实时性；自动化；稳定性	25-时间损失；38-自动化程度；13-稳定性	A61B8/08

续表

序号	申请号	标题	权利要求数量/个	技术功效 1 级	技术功效 TRIZ 参数	IPC 主分类
261	CN201980022430.4	用于测量口弓几何形状和基于口弓测量选择牙套的系统和方法	15	准确性；确定性	28-测量精度	A61C15/04
262	CN201980021780.9	用于跨多个在空间上分开的级执行模数转换的系统和方法	15	数量	26-物质或事物的数量	H03M3/00
263	CN201480059834.8	提供对象的 X 射线图像数据	15	灵活性；视场；移除；实用性；图像；分离；成像	35-适应性、通用性	A61B6/00
264	CN201580028058.X	使用多通道 PPG 信号的运动伪影降低	14	程序；适合性；伪影；强地	35-适应性、通用性	A61B5/00
265	CN201580058482.9	对超声图像的序列进行可视化的方法、计算机程序产品和超声系统	13	复杂性；可控性；诊断	36-系统的复杂性；37-控制与测量的复杂性	A61B8/08
266	CN201580061106.5	计算机断层扫描系统	16	质量；品质	27-可靠性；29-制造精度	A61B6/03
267	CN201810186044.6	带有预反应功能的多指标分析芯片及其使用方法	16	串扰；覆盖；挥发；凝结；流阻；污染；完成率；距离；分配	31-物质产生的有害因素；03-长度	G01N35/00
268	CN201810469303.6	样品定量单元和具有它的微流控芯片	7	效率；精度	39-生产率；28-测量精度	G01N35/00
269	CN201811414487.2	光声探头和应用于光声成像的光学系统	9	可操作性；重量；光能	33-操作流程的方便性；01-重量	A61B5/00
270	CN201910514567.3	一种基于摩擦发电的伤口愈合装置	4	复杂性；成本；风险；安全；长度；便利性；进程；效率；速度；携带	36-系统的复杂性；39-生产率；27-可靠性；30-作用于物体的有害因素；03-长度；33-操作流程的方便性；09-速度	A61N1/36

续表

序号	申请号	标题	权利要求数量/个	技术功效1级	技术功效TRIZ参数	IPC主分类
271	CN201910537646.6	一种用于无细胞蛋白质连续合成的装置和方法	8	集成度；效率；可控性；速度；灵活性；纯化	36-系统的复杂性；39-生产率；37-控制与测量的复杂性；09-速度；35-适应性、通用性	C12M1/40
272	CN201910789063.2	一种使用飞行器检测工程结构表面裂缝的方法	9	清洁性；裂缝；准确性	31-物质产生的有害因素；28-测量精度	G01N21/95
273	CN202010836413.9	对子宫活动信号的自动分析以及在增强生产与分娩经历上的应用	13	信息	24-信息损失	A61B5/00
274	CN202010547421.1	一种煤焦油轻质组分中芳香化合物全组分分布表征方法	10	效率	39-生产率	C10C1/04
275	CN202010735827.2	一种辐射成像探测方法和装置	10	成分；图像；剂量；获取；强度；分辨率	26-物质或事物的数量；14-强度	G01T1/16
276	CN202010543080.0	一种光学元件体缺陷的提取方法	7	干扰；可检测性；清晰度；范围；速度	30-作用于物体的有害因素；28-测量精度；35-适应性、通用性；09-速度	G06T7/00
277	CN201980020585.4	确定医学成像时间表	15	确定性；信息	24-信息损失	A61B6/03
278	CN201980019586.7	使用医学图像数据估计生理参数的方法	15	实时性；退化；适合性	25-时间损失；35-适应性、通用性	G16H30/40
279	CN201480068719.7	具有水/脂肪分离的相位敏感的反转恢复MRI	7	贡献；分离；可控性；定相；区分；水；复杂性；地图；意识	37-控制与测量的复杂性；23-物质损失；36-系统的复杂性	G01R33/48
280	CN201580064128.7	数字减影血管造影术	14	校正；考虑	28-测量精度	A61B6/00

续表

序号	申请号	标题	权利要求数量/个	技术功效 1 级	技术功效 TRIZ 参数	IPC 主分类
281	CN201580071919.2	用于急救医学设备的高级警告指示器	15	寿命	27-可靠性	G16H20/40
282	CN201580058857.1	用于控制温度的系统和方法	20	扩展；可控性；安全；健康；小型化	37-控制与测量的复杂性；30-作用于物体的有害因素	A61B5/1455
283	CN201710807110.2	IGHG1 基因突变体及其应用	3	准确性；双链；可检测性；筛选；抗体；疗效；反应性	28-测量精度	C12N15/13
284	CN201810149653.4	一种带有盘曲耗氧监测槽的呼吸耗氧量实时监测装置	5	自动化；缺氧；精度；劳动强度；灵敏度；精准性；实时性；准确性；消耗；长度	38-自动化程度；28-测量精度；39-生产率；25-时间损失；23-物质损失；03-长度	A61B5/08
285	CN201810498062.8	基于阵列式压力传感器的密封件唇部表面质量检测系统	4	可测量度；复杂性；自动化；效率；劳动强度	37-控制与测量的复杂性；36-系统的复杂性；38-自动化程度；39-生产率	G01N19/08
286	CN201710337487.6	一种用于检测密度的双块环形磁铁磁悬浮检测方法	9	可测量度；观测；成本；复杂性	37-控制与测量的复杂性；39-生产率；36-系统的复杂性	G01N9/00
287	CN201910063588.8	一种基于扫频微波穿透法的谷物含水率测量装置	7	信息；反射；灵敏度；精度	24-信息损失；28-测量精度	G01N22/04
288	CN201811589999.2	基于波前整形的多模光纤超分辨成像装置及其光斑校正方法	8	调制；激发；质量；广泛性	27-可靠性	G02B27/58
289	CN201910496301.0	适用于铝板缺陷检测的 SV 超声体波单侧聚焦换能器	8	精度；强度	28-测量精度；14-强度	G01N29/04

续表

序号	申请号	标题	权利要求数量/个	技术功效1级	技术功效TRIZ参数	IPC主分类
290	CN201910625806.2	三维显微层析计算摄像方法及装置	4	采集；耦合；速度；显微层；噪音；稀疏；扫描；照明；精度	09-速度；31-物质产生的有害因素；18-照度；28-测量精度	G01N21/64
291	CN201910371912.2	基于有源波导声发射技术的滑坡监测方法	9	自动化；监测；模拟；噪音；参数；确定性	38-自动化程度；37-控制与测量的复杂性；31-物质产生的有害因素	G01N29/14
292	CN201910588235.X	一种流式单细胞质谱分析仪及其使用方法	9	损失；广泛性；速度；通量；效率	23-物质损失；09-速度；39-生产率	G01N27/64
293	CN201910783766.4	一种掺氟氧化锡镀膜玻璃的光学参数检测方法	6	精准性；可检测性；膜系；实时性；便利性；速度；时间	28-测量精度；25-时间损失；33-操作流程的方便性；09-速度；15-时间	G01N21/21
294	CN202010722519.6	一种机载飞行员生理数据接收转发系统	9	实时性；独立；飞行	25-时间损失	A61B5/0205
295	CN202010625219.6	一种用于法医复杂样本精子快速分离的方法及其分离装置	3	便利性；复杂性；速度；分离；时间；体积；精子	33-操作流程的方便性；36-系统的复杂性；09-速度；15-时间；07-体积	C12M1/42
296	CN202010567845.4	基于偏振调制空心光斑照明的三维亚十纳米定位方法和装置	10	干涉；速度；完美	09-速度	G01B11/00
297	CN202010601232.8	一种高放大倍率广角医用内窥光学变焦镜头	5	广泛性；数量；高倍率；清晰度；成像；复杂性；精度；良品率；杂散光；尺寸；大视场；拍摄；体积	26-物质或事物的数量；28-测量精度；36-系统的复杂性；29-制造精度；03-长度；07-体积	G02B23/24
298	CN202010719276.0	基于深度表征学习的反事实推理设备	9	确定性；准确性；预测	28-测量精度	G06N5/04

续表

序号	申请号	标题	权利要求数量/个	技术功效 1 级	技术功效 TRIZ 参数	IPC 主分类
299	CN202010617160.6	闸机系统以及闸机系统的控制方法	24	长度；可控性；成本	03-长度；37-控制与测量的复杂性；39-生产率	G07C9/25
300	CN201980020671.5	包括传感器阵列的医疗装置和用于测量的系统	16	面积；不适感；可制造性；确定性；倾斜；可操作性；宽度；连接性；获取；精度；定向	05-面积；32-可制造性；33-操作流程的方便性；03-长度；28-测量精度	A61B8/00

3.2　口腔科用设备及器具制造

3.2.1　全球专利概况

3.2.1.1　全球专利申请趋势

图 3-10 展示的是口腔科用设备及器具制造领域全球专利申请量的发展趋势。通过申请趋势可以从宏观层面把握分析对象在各时期的专利申请热度变化。申请数量的统计范围是已公开的专利。

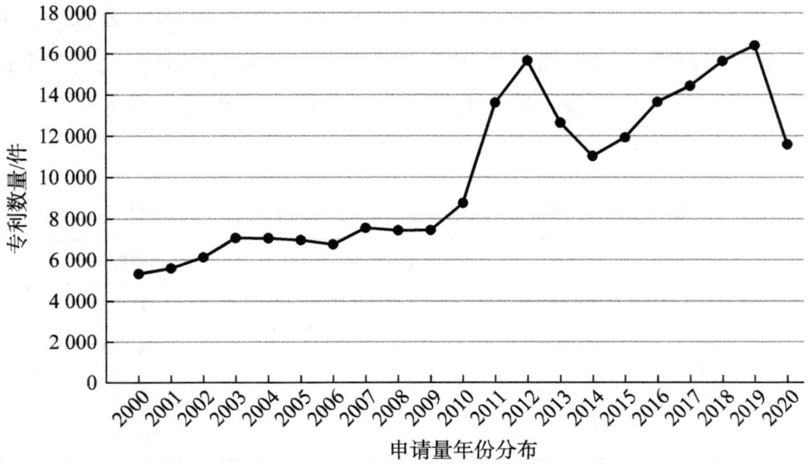

图 3-10　口腔科用设备及器具制造领域全球专利申请趋势

从图 3-10 中可以看出口腔科用设备及器具制造领域在全球主要市场上的历年专利申请分布状况。2000—2009 年，口腔科用设备及器具制造领域全球专利申请量缓慢增加，2010—2012 年口腔科用设备及器具制造领域全球专利申请量快速增加，2012 年口腔科用设备及器具制造领域全球专利申请量 15 642 件，2013—2014 年专利申请量有所回落，2015—2019 年专利申请量逐年增加，2019 年专利申请量 16 387 件。

3.2.1.2 全球专利申请分布

图 3-11 展示的是口腔科用设备及器具制造领域在各个申请主体的专利数量分布情况。通过分析可以了解分析对象在不同国家或地区技术创新的活跃情况，从而发现主要的技术创新来源国家、地区和重要的目标市场。

专利申请分布可以体现专利权人想在哪些国家或地区保护口腔科用设备及器具制造技术，也反映了该技术未来可能的实施国家或地区。图 3-11 显示，中国、日本、美国三国是口腔科用设备及器具制造领域专利重点申请国家，数量分别为中国 75 976 件、日本 36 154 件、美国 33 467 件。

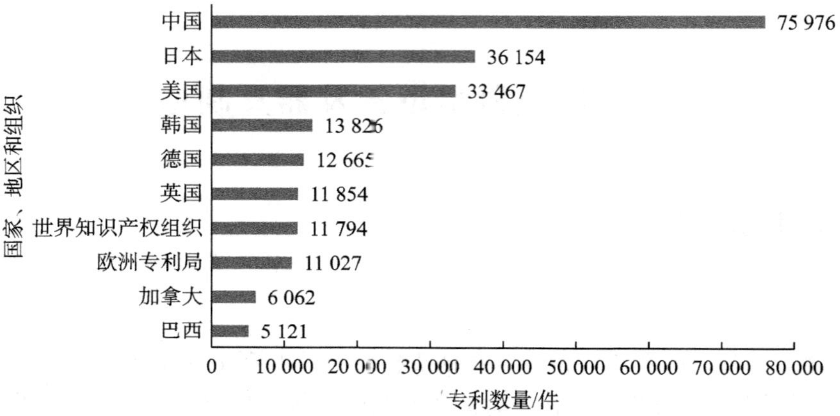

图 3-11 口腔科用设备及器具制造领域全球专利主要申请国家、地区和组织分布

全球专利申请分布情况表明，中国、日本、美国是口腔科用设备及器具制造领域专利布局的主要国家，企业可以跟踪、引进和消化相关领域技术，在此基础上实现技术突破。口腔科用设备及器具制造领域中国专利类型、日本专利类型、美国专利类型如表 3-12、表 3-13、表 3-14 所示。

表 3-12 口腔科用设备及器具制造领域中国专利类型

单位：件

专利类型		专利数量
发明	发明申请	7 845
	发明授权	3 662
实用新型		18 183
外观设计		46 286

表 3-13　口腔科用设备及器具制造领域日本专利类型　　单位：件

专利类型		专利数量
发明	发明申请	9 686
	发明授权	7 422
外观设计		15 076
实用新型		3 970

表 3-14 口腔科用设备及器具制造领域美国专利类型　　单位：件

专利类型		专利数量
发明	发明申请	17 622
	发明授权	9 213
外观设计		6 632

3.2.1.3　全球专利申请主体排行

表 3-15 展示的是按照所属申请人（专利权人）的专利数量统计的申请人排名情况。该分析可以发现创新成果积累较多的专利申请人，并据此进一步分析其专利竞争实力。

表 3-15　口腔科用设备及器具制造领域全球专利数量排名前十的申请人　　单位：件

排名	申请人名称	专利数量
1	3M 创新公司（3M INNOVATIVE PROPERTIES COMPANY）	1 386
2	艾利科技公司（ALIGN TECHNOLOGY INC）	1 276
3	高露洁棕榄公司（COLGATE PALMOLIVE COMPANY）	1 260
4	飞利浦公司（KONINKLIJKE PHILIPS N V）	1 139
5	博朗公司（BRAUN GMBH）	1 025
6	义获嘉伟瓦登特公司（IVOCLAR VIVADENT AG）	904
7	西诺德牙科设备有限公司（SIRONA DENTAL SYSTEMS GMBH）	860
8	COLGATE PALMOLIVE CO	809
9	卡尔腾巴赫及沃伊克特公司（KALTENBACH VOIGT）	756
10	皓齿制品有限公司（ULTRADENT PRODUCTS INC）	641

3.2.1.4　全球专利技术构成

表 3-16 和图 3-12 展示的是口腔科用设备及器具制造领域在各技术方向的数量分布情况。通过分析可以了解分析对象覆盖的技术类别及各技术分支的创新热度。

口腔科用设备及器具制造领域专利按照国际专利分类号（IPC）进行统计，结果如图 3-12 和表 3-16 所示。口腔科用设备及器具制造领域专利 IPC 分布中，A61C（牙科；口腔或牙齿卫生的装置或方法）的专利数量最多，达 171 162 件，其次是 A61B（诊断；外科；鉴定)，专利数量为 19 915 件，再次是 A46B（刷类)，专利数量为 11 847 件。

表 3-16 口腔科用设备及器具制造领域全球专利主要技术构成 单位：件

IPC 分类号（小类)	专利数量
A61C（牙科；口腔或牙齿卫生的装置或方法)	171 162
A61B（诊断；外科；鉴定)	19 915
A46B（刷类)	11 847
A61K（医用、牙科用或梳妆用的配制品)	11 495
A61L（材料或消毒的一般方法或装置；空气的灭菌、消毒或除臭；绷带、敷料、吸收垫或外科用品的化学方面；绷带、敷料、吸收垫或外科用品的材料)	8 203
A61F（可植入血管内的滤器；假体；为人体管状结构提供开口、或防止其塌陷的装置，例如支架)	8 162
A61M（将介质输入人体内或输到人体上的器械)	4 021
A61N（电疗；磁疗；放射疗；超声波疗)	2 911
A61Q（化妆品或类似梳妆用配制品的特定用途〔8〕)	2 726
B65D（用于物件或物料贮存或运输的容器)	2 410

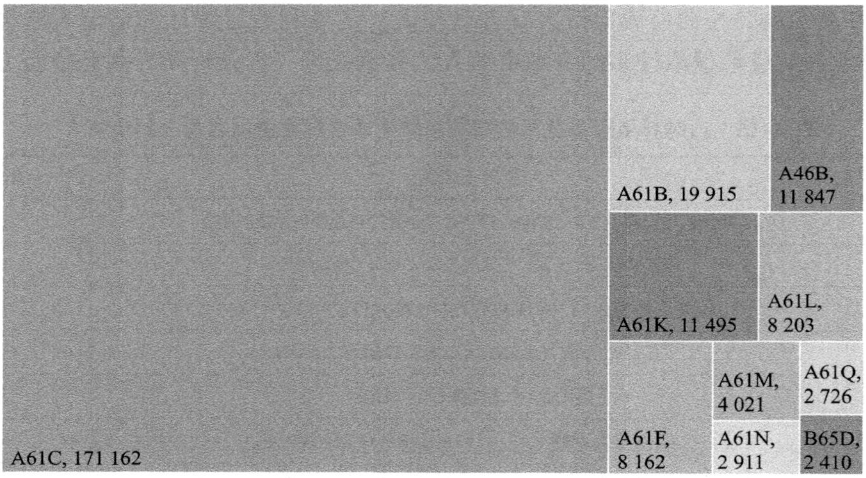

单位：件

图 3-12 口腔科用设备及器具制造领域全球专利主要技术构成

3.2.2 国内专利概况

3.2.2.1 国内专利申请趋势

图 3-13 展示的是口腔科用设备及器具制造领域国内专利申请量的发展趋势。通过申请趋势可以从宏观层面把握口腔科用设备及器具制造领域在各时期的专利申请热度变化。申请数量的统计范围是目前已公开的专利。

由图 3-13 的口腔科用设备及器具制造领域国内专利申请趋势可以看到，2000—2010

年，口腔科用设备及器具制造领域专利申请量增长缓慢，2011—2012 年口腔科用设备及器具制造领域专利申请量增长迅速，2013—2014 年专利申请量有所回落，2015—2019 年专利申请量逐年增加，2015 年专利申请量 4546 件，2019 年达到 10 398 件。

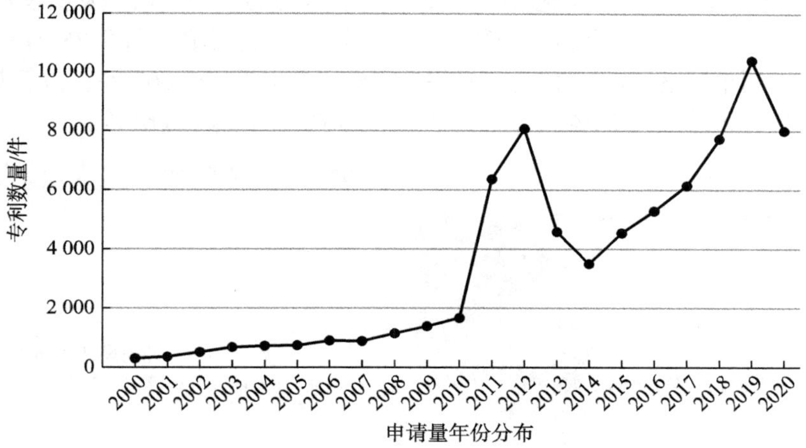

图 3-13　口腔科用设备及器具制造领域国内专利申请趋势

3. 2. 2. 2　国内专利公开趋势

图 3-14 展示的是口腔科用设备及器具制造领域国内专利公开量的发展趋势。通过公开趋势可以从宏观层面把握分析对象在各时期的专利公开文献的数量变化。

将口腔科用设备及器具制造领域的国内专利公开量按照年份进行统计分析可知，国内口腔科用设备及器具制造领域专利公开数量整体呈上升态势。2000—2010 年，口腔科用设备及器具制造领域国内专利公开数量增长缓慢；2011—2012 年，口腔科用设备及器具制造领域国内专利公开数量快速增长；2013—2014 年，专利公开量有所回落；2015—2020 年口腔科用设备及器具制造领域国内专利公开量快速增长，其中 2015 年专利公开量 4163 件，2020 年专利公开量 16 322 件。

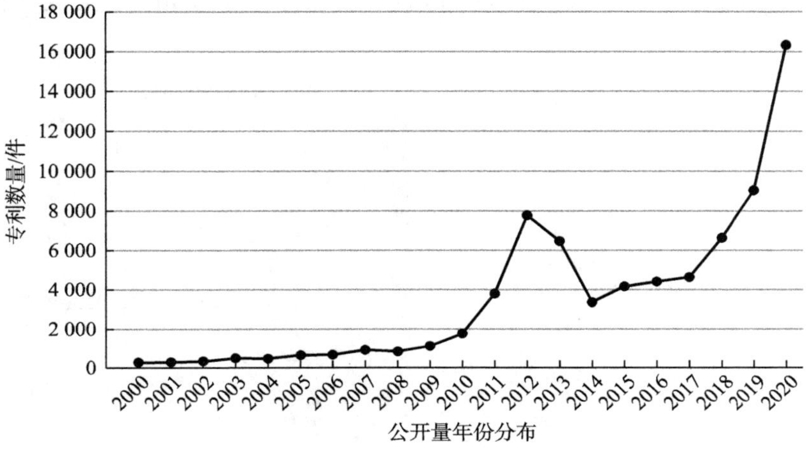

图 3-14　口腔科用设备及器具制造领域国内专利公开趋势

3.2.2.3 国内专利类型分布

图3-15展示的是口腔科用设备及器具制造领域的专利类型分为发明专利、实用新型专利、外观设计专利。根据发明专利授权与否，将发明细分为发明申请和发明授权。

在中国专利中，经过检索获得口腔科用设备及器具制造领域专利共75 976件。如图3-15所示，其中发明申请达7 845件，占总数的10%；发明授权3 662件，占总数的5%；实用新型18 183件，占总数的24%；外观设计46 286件，占总数的61%。

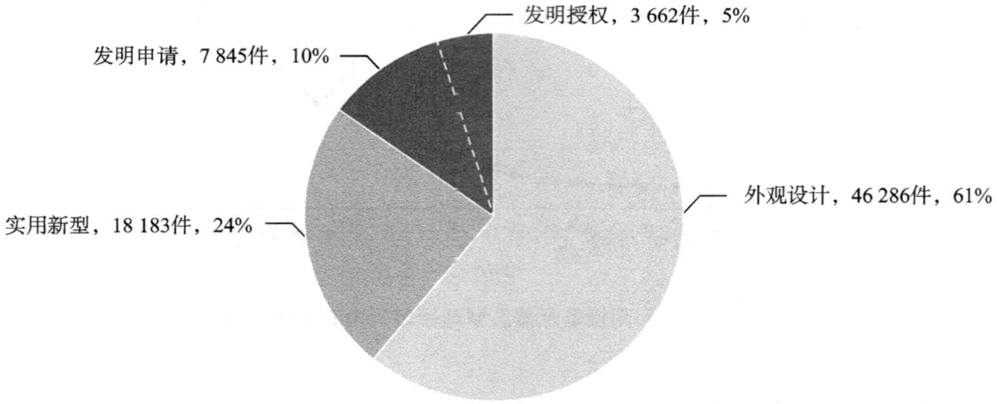

图3-15 口腔科用设备及器具制造领域国内专利类型分布

3.2.2.4 国内专利法律状态

图3-16展示的是专利审中、有效、失效三种状态的占比情况，仅统计中国专利。通过分析可以分别了解口腔科用设备及器具制造领域当前正在审查中、已获得实质性保护、已失去专利权保护的专利数量分布情况，以从整体上掌握专利的权利保护和潜在风险情况，为专利权的法律性调查提供依据。筛选进入公知技术领域的失效专利，可以进行无偿使用或改进利用。

将口腔科用设备及器具制造领域国内专利按照法律状态进行统计分析可知，审中专利3 169件，占总专利数的4%；有效专利35 146件，占总专利数的46%；失效专利37 661件，占总专利数的50%。

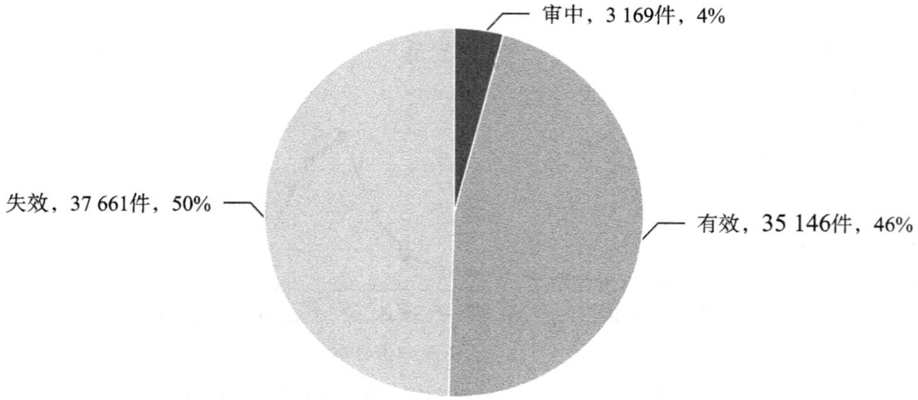

图3-16 口腔科用设备及器具制造领域国内专利法律状态分布

3.2.2.5　国内专利技术领域分布

图 3–17 展示的是口腔科用设备及器具制造领域在各技术方向的数量分布情况。通过分析可以了解分析对象覆盖的技术类别，以及各技术分支的创新热度。

图 3–17　口腔科用设备及器具制造领域专利主要技术构成

国内口腔科用设备及器具制造领域专利按照国际专利分类号（IPC）进行统计，结果如表 3–17 和图 3–17 所示。口腔科用设备及器具制造领域国内专利技术领域分布中，第一是 A61C（牙科；口腔或牙齿卫生的装置或方法）的专利数量最多，达 29 690 件；第二是 A61B（诊断；外科；鉴定），专利申请量 2 201 件；第三是 A46B（刷类），专利申请量 1 403 件。

表 3–17　口腔科用设备及器具制造领域专利主要技术构成　　单位：件

IPC 分类号（小类）	专利数量
A61C（牙科；口腔或牙齿卫生的装置或方法）	29 690
A61B（诊断；外科；鉴定）	2 201
A46B（刷类）	1 403
A61M（将介质输入人体内或输到人体上的器械）	772
A61L（材料或消毒的一般方法或装置；空气的灭菌、消毒或除臭；绷带、敷料、吸收垫或外科用品的化学方面；绷带、敷料、吸收垫或外科用品的材料）	770
A61K（医用、牙科用或梳妆用的配制品）	554
A61H（理疗装置）	413
A61F（可植入血管内的滤器；假体；为人体管状结构提供开口、或防止其塌陷的装置，例如支架）	384
A61N（电疗；磁疗；放射疗；超声波疗）	345
B33Y（增材制造，即三维〔3D〕物品制造）	246

3.2.2.6 国内专利省（区、市）分布

表3-18展示的是口腔科用设备及器具制造领域在中国省级行政区域的分布情况，仅统计中国专利。通过分析可以了解在中国申请专利保护较多的省（区、市），以及各省（区、市）的创新活跃程度。

对口腔科用设备及器具制造领域国内专利进行省（区、市）分布分析可知，广东省以15 834件专利排名第一，黑龙江省以11 145件专利排名第二，浙江省以5 713件专利排名第三。另外浙江省、江苏省、山东省、上海市、北京市、河南省、四川省、重庆市等省市的专利申请量均在10 000件以下。

表3-18 口腔科用设备及器具制造领域国内专利主要省（区、市）分布 单位：件

申请人省（区、市）	专利数量
广东省	15 834
黑龙江省	11 145
浙江省	5 773
江苏省	5 628
山东省	4 362
上海市	3 577
北京市	3 461
河南省	2 213
四川省	1 937
重庆市	1 399

3.2.2.7 重点省（区、市）发明专利申请人布局

（1）广东省申请人排名

表3-19给出了口腔科用设备及器具制造领域广东省国内发明专利申请人排名。

表3-19 口腔科用设备及器具制造领域广东省国内发明专利主要申请人排名 单位：件

排名	申请人	专利数量
1	广州市健齿生物科技有限公司	35
2	广州瑞通生物科技有限公司	28
3	深圳市云顶信息技术有限公司	24
4	佛山科学技术学院	23
5	深圳市倍康美医疗电子商务有限公司	22
6	广州医科大学附属口腔医院（广州医科大学羊城医院）	20
7	广州皓醒湾科技有限公司	18
8	深圳市康泰健牙科器材有限公司	18
9	舒可士（深圳）科技有限公司	17
10	佛山市佛冠义齿有限公司	15

(2) 浙江省申请人排名

表 3-20 给出了口腔科用设备及器具制造领域浙江省国内发明专利申请人排名。可以看出，排名第一的是浙江大学，排名第二的是浙江工业大学，排名第三的是宁波和平鸽口腔医疗器材有限公司。

表 3-20　口腔科用设备及器具制造领域浙江省国内发明专利主要申请人排名　　单位：件

申请人	专利数量
浙江大学	29
浙江工业大学	27
宁波和平鸽口腔医疗器材有限公司	24
浙江隐齿丽医学技术有限公司	24
温州医科大学附属口腔医院	18
杭州一牙数字口腔有限公司	16
宁波赛嘉电器有限公司	14
余姚莹华电器有限公司	12
杭州西湖生物材料有限公司	10
杭州美齐科技有限公司	9

(3) 江苏省申请人排名

表 3-21 给出了口腔科用设备及器具制造领域江苏省国内发明专利申请人排名。可以看出，排名第一的是南京医科大学附属口腔医院，排名第二的是无锡时代天使医疗器械科技有限公司，排名第三的是南京市口腔医院。

表 3-21　口腔科用设备及器具制造领域江苏省国内发明专利主要申请人排名　　单位：件

申请人	专利数量
南京医科大学附属口腔医院	45
无锡时代天使医疗器械科技有限公司	32
南京市口腔医院	25
东南大学	18
苏州卫生职业技术学院	16
佳世达科技股份有限公司	14
常州百康特医疗器械有限公司	14
苏州华恒医用器械有限公司	14
苏州迪凯尔医疗科技有限公司	13
常州赛乐医疗技术有限公司	12

3.2.3 国内发明专利聚类分析

聚类分析是通过数据建模后简化并使数据可视化：提取专利文本中的关键词，从其相关度聚合出不同类别的文本关键词，并以圆环饼图的形式展示其分布情况，分析结果如图 3-18 所示，专利分析列表如表 3-22 所示。

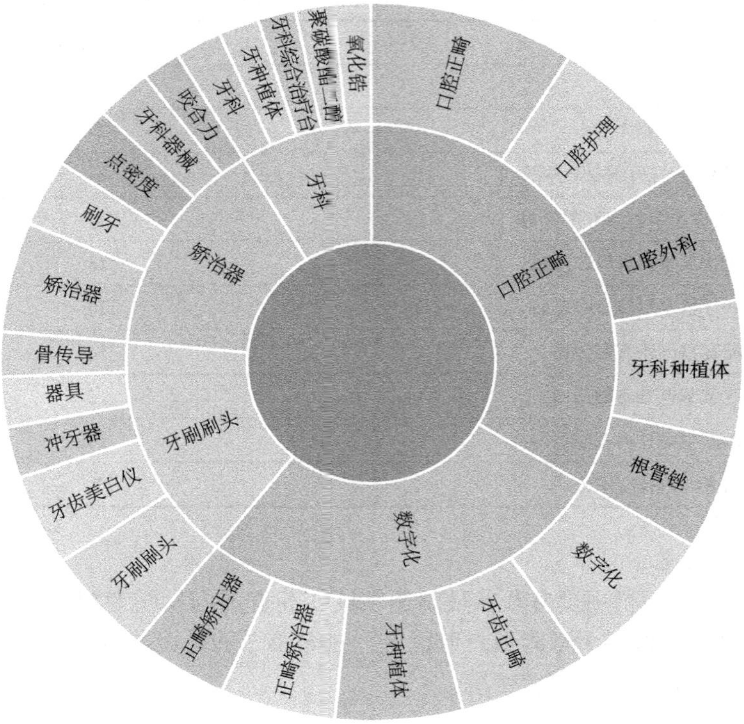

图 3-18 口腔科用设备及器具制造领域专利聚类分析

表 3-22 口腔科用设备及器具创造领域专利分析列表

序号	申请号	标题	权利要求数量/个	技术功效 1 级	技术功效 TRIZ 参数	IPC 主分类
1	CN201680073686.4	牙科手术引导系统	15	张开；毫米；精密度	29-制造精度	A61C1/08
2	CN201810332777.6	一种检测 3D 打印种植牙咬合力的传感系统及方法	5	复杂性；医生；能源；效率；环境；寿命；病人；康复；依从性；可维修性；追踪；地位；打印	36-系统的复杂性；19 - 能耗；39-生产率；27 - 可靠性；34-可维修性	A61C8/00

续表

序号	申请号	标题	权利要求数量/个	技术功效1级	技术功效TRIZ参数	IPC主分类
3	CN201810513678.8	一种纳米齿雕牙齿美白方法	2	清洁性；亮度；稳定性；硬度；完成率；速度；面；耐磨性；均匀性；密度；洁净度；刮；复杂性；美观性；染色	31-物质产生的有害因素；18-照度；13-稳定性；14-强度；09-速度；30-作用于物体的有害因素；29-制造精度；36-系统的复杂性	A61C19/06
4	CN201780011663.5	可拆卸的种植体结合假体	3	可操作性；便利性；变化；成本；断裂；松开；牙齿；复杂性；结合；假体	33-操作流程的方便性；39-生产率；27-可靠性；36-系统的复杂性	A61C8/00
5	CN201810684483.X	用于获取口内数字化印模的系统和方法	10	修复体；精度	28-测量精度	A61C9/00
6	CN201810684583.2	用于获取口内数字化印模的系统和方法	10	修复体；精度	28-测量精度	A61C9/00
7	CN201810684582.8	用于获取口内数字化印模的系统和方法	9	修复体；精度	28-测量精度	A61C9/00
8	CN201811162858.2	一种牙齿着色风险评估方法	7	劳动强度；副作用；紧固性；夹持；锁定；牙刷；时间；风险；复杂性；便利性；过程；安全	39-生产率；31-物质产生的有害因素；15-时间；27-可靠性；36-系统的复杂性；33-操作流程的方便性；30-作用于物体的有害因素	A61C19/04
9	CN201910199275.5	一种减少细菌附着率的牙合垫	8	环境；耐磨性；成膜性；延展性；疏水；硬度；粘附力；粗糙度	30-作用于物体的有害因素；14-强度	A61C7/36
10	CN201810304770.3	电动牙刷主体驱动结构	10	体积；收益；动力；稳定性；强度；复杂性；便利性	07-体积；13-稳定性；14-强度；36-系统的复杂性；33-操作流程的方便性	A61C17/26

续表

序号	申请号	标题	权利要求数量/个	技术功效 1 级	技术功效 TRIZ 参数	IPC 主分类
11	CN201911291841. 1	一种正畸钳加工工艺	6	效率；适配性；连接；精度；运动	39-生产率；28-测量精度	B24B1/00
12	CN202010045642. 9	患者口腔中的唾液被引出的胃镜检查护理装置	2	器械；窒息；正确性；衣服；活动；舒适性；发现；及时性	28-测量精度；25-时间损失	A61B1/273
13	CN202010973883. X	数字化牙冠设计方法及设备	10	时间；便利性；劳动强度；复杂性；效率	15-时间；33-操作流程的方便性；39-生产率；36-系统的复杂性	A61C5/77
14	CN202010813820. 8	根据初始位和最终位对牙齿移动进行智能化分步的方法	5	合理性；自动化；智能化；精力；时间	35-适应性、通用性；38-自动化程度；15-时间	A61C7/00
15	CN202011111239. 8	一种磁力髁突软骨成骨功能障碍预防矫正装置	5	获取；复杂性；经济性；确定性；适合性；便利性；成本；障碍；疼痛感；灵活性	36-系统的复杂性；39-生产率；35-适应性、通用性；33-操作流程的方便性	A61C7/06
16	CN202011137443. 7	一种正畸矫治器	5	舒适性；充分性；矫治器；完整性；疼痛感；寿命；长度	27-可靠性；03-长度	A61C7/08
17	CN202011137972. 7	一种正畸平导器、正畸矫治装置	8	畸矫治；长度；牙合；矫治；覆盖	03-长度	A61C7/08
18	CN201910577123. 4	兼具光学导航功能的数字化种植导板及其使用方法	9	准确性；神经；误判	28-测量精度	A61C8/00
19	CN202011178775. X	种植牙基台多功能辅助工具及使用方法	6	时间；成本；长度；可操作性；速度；稳定性；效率；紧固性	15-时间；39-生产率；03-长度；33-操作流程的方便性；09-速度；13-稳定性	A61C8/00

续表

序号	申请号	标题	权利要求数量/个	技术功效 1 级	技术功效 TRIZ 参数	IPC 主分类
20	CN202011065409.3	一种具有加热功能的便携式洗牙器及水加热控制方法	9	效率；水；电阻；成本；复杂性；便利性；功率；可控性；安全；热	39-生产率；23-物质损失；36-系统的复杂性；33-操作流程的方便性；21-功率；37-控制与测量的复杂性；30-作用于物体的有害因素；17-温度	A61C17/02
21	CN202011091648.6	一种对牙齿表面自动打磨清洁设备	5	清洁性；自动化；紧固性	31-物质产生的有害因素；38-自动化程度	A61C17/22
22	CN202011139557.5	一种用于口腔治疗时隔绝飞沫传播的隔离装置	7	稳定性；舒适性；细胞；变形；医疗；扩展；复杂性；生长；蛋白	13-稳定性；12-形状；36-系统的复杂性	A61C19/00
23	CN202011009367.1	一种牙颌间垂直位置关系的测量方法	7	一致性；可测量度；准确性	37-控制与测量的复杂性；28-测量精度	A61C19/04
24	CN202011024834.8	一种楔形的韧性剔牙片及其制造方法	10	资源；空间；光滑性；成型；清洁性；自动化；摩擦力；复杂性；剔牙；挤压；强度；体积；成本	39-生产率；07-体积；12-形状；31-物质产生的有害因素；38-自动化程度；10-力；36-系统的复杂性；14-强度	C08L23/12
25	CN202010969993.9	一种基于多任务学习的口腔健康自我检测模型的建模方法	8	预测；智能化；精度；鲁棒性；准确性	28-测量精度	G06T7/00
26	CN201980033291.5	医疗仪器	15	可靠性；防滑性；重量；使用者	27-可靠性；01-重量	A61B17/00
27	CN201980033937.X	用于增白牙齿的新型聚合物、组合物、方法及套件	14	定期；可维修性；美观性	34-可维修性	C08F212/14

续表

序号	申请号	标题	权利要求数量/个	技术功效1级	技术功效TRIZ参数	IPC主分类
28	CN201680041548.8	牙科用种植体	3	旋转率；复杂性；分离；自动化；缓冲性；脱离；便利性；种植体；针对	36-系统的复杂性；38-自动化程度；33-操作流程的方便性	A61C8/00
29	CN201711396079.4	一种完全数字化定制牙科修复体的方法	1	关系；可制造性；定制；精确性；完成率；可维修性；暗光；复杂性	32-可制造性；28-测量精度；34-可维修性；36-系统的复杂性	A61C19/04
30	CN201810541088.6	一种牙科卡片及基于牙科卡片对比测量牙模尺寸的方法	9	精度；成本；便利性；标准；复杂性	28-测量精度；39-生产率；33-操作流程的方便性；36-系统的复杂性	A61C19/04
31	CN201810682291.5	口腔科搅拌刀清洗消毒装置	5	强度；速度；复杂性；效率；医护	14-强度；09-速度；36-系统的复杂性；39-生产率	A61C19/00
32	CN201811354273.0	牙列运动轨迹指示器及示踪方法	11	便利性；舒适性；稳定性；准确性；接触；固位；紧固性；轨迹；异物感；面积；脱落	33-操作流程的方便性；13-稳定性；28-测量精度；05-面积	A61C19/04
33	CN202010945349.8	通过磁变量测量摆动角度及压力的控制方法、装置和介质	9	监测	37-控制与测量的复杂性	A61C17/22
34	CN202011013800.9	一种牙刷及其使用方法	11	智能化；便利性；清洁性；适合性；效率	33-操作流程的方便性；31-物质产生的有害因素；35-适应性、通用性；39-生产率	A46B7/04
35	CN202011092752.7	一种针对牙齿间缝隙进行填补装置	4	便利性	33-操作流程的方便性	A61C3/025
36	CN202011052985.4	一种牙齿正畸隐型矫治器的三维数据生成方法	9	效率；精准性；空间；牙列三维；速度；重建	39-生产率；07-体积；09-速度	A61C7/00

续表

序号	申请号	标题	权利要求数量/个	技术功效 1 级	技术功效 TRIZ 参数	IPC 主分类
37	CN202010990747.1	一种用于牙种植体制备的表面喷砂处理装置	10	完成率；清洁性	31-物质产生的有害因素	A61C13/00
38	CN202011041036.6	一种冲牙器	10	稳定性；顺畅；受力；相互作用；喷嘴；舒适性；灵敏度；卡簧；插拔；转动；偏移	13-稳定性；10-力；28-测量精度	A61C17/02
39	CN202011089110.1	一种检测出血的牙科治疗器械	7	可检测性	28-测量精度	A61C19/06
40	CN201980033385.2	口腔护理装置	18	释放；电势；可控性；健康；味觉	37-控制与测量的复杂性	A46B9/04
41	CN201980022304.9	混合式正畸矫治器	27	移动；矫治器；数量；有效性；韧性	26-物质或事物的数量；11-应力、压强	A61C7/10
42	CN201980029536.7	利用基于治疗领域特定的方案的治疗模板来管理定制的运行显示元素的系统和方法	105	计划；适应性；生理；受试者；牙弓	35-适应性、通用性	A61C13/00
43	CN201810559926.2	一种自锁托槽	10	紧固性；稳定性；难度；清洁性；复杂性；摩擦力；数量；洁净度；便利性；牢固性	13-稳定性；36-系统的复杂性；31-物质产生的有害因素；10-力；26-物质或事物的数量；33-操作流程的方便性；27-可靠性	A61C7/30
44	CN202010885470.6	一种用于口腔内科牙髓治疗装置	8	劳损；可操作性；固定和防护；充分性	33-操作流程的方便性	A61B90/16
45	CN202011130044.8	一种电磁夹管阀及洁牙装置	10	集成度；稳定性；复杂性	36-系统的复杂性；13-稳定性	A61C1/00

续表

序号	申请号	标题	权利要求数量/个	技术功效1级	技术功效TRIZ参数	IPC主分类
46	CN202011073256.7	一种快拆式小型口腔牙科手机	3	速度	09-速度	A61C1/12
47	CN201910544942.9	一种假牙的种钉打孔机	6	回收；效率；防爆性	39-生产率；27-可靠性	A61C3/02
48	CN201910552794.5	电动、智能拔牙钳	4	死角；医术；速度；智能化；疼痛	09-速度	A61C3/14
49	CN202011111912.8	电动牙刷	8	细菌；口腔；清洁性；美白；功能性	30-作用于物体的有害因素；31-物质产生的有害因素	A61C17/34
50	CN202011001790.7	采集和处理用户健康数据的系统和方法	10	效率；成本；智能化；收集；便利性；健康；速度；采集；可推广性	39-生产率；33-操作流程的方便性；09-速度	A61C19/04
51	CN201910544954.1	一种假牙清洗装置	6	使用者；清洁性；规律；复杂性	31-物质产生的有害因素；36-系统的复杂性	B08B3/12
52	CN201980032138.0	用于构造钻孔样板的方法	19	自动化	38-自动化程度	A61C1/08
53	CN201510828468.4	用于生成隐形矫正器数据的装置	8	差异；校正；长度；复杂性	28-测量精度；03-长度；36-系统的复杂性	A61B6/03
54	CN201510137190.6	组合型牙齿矫治系统及其制造方法	12	材料；效率；矫治；错颌；劳动强度；成本；类型；负作用；阶段；长度；舒适性	23-物质损失；39-生产率；03-长度	A61C7/08
55	CN201810388683.0	一种口腔正畸用结扎丝末端推进器	3	便利性；器械	33-操作流程的方便性	A61C7/28
56	CN201810706560.7	一种牙齿清理修复装置	1	便利性；灵活性；复杂性	33-操作流程的方便性；35-适应性、通用性；36-系统的复杂性	A61C15/00

续表

序号	申请号	标题	权利要求数量/个	技术功效1级	技术功效TRIZ参数	IPC主分类
57	CN201811061864.9	一种口腔模型制作方法和系统	10	精度；成本	28-测量精度；39-生产率	A61C8/00
58	CN201911136745.X	一种家用的个人护理牙结石去除装置	5	清洁性	31-物质产生的有害因素	A61C17/16
59	CN202010049976.3	可以调节固定张合角度的口腔支撑护理装置	6	角度；牙齿；肌肉；压力；调节；撕裂；面积	10-力；05-面积	A61B1/24
60	CN202011115649.X	一种烤瓷贴面制作方法	3	贴面；满意度；耐火；完成率；确定性；精确性；配合；舒适性；精度	28-测量精度	A61C5/20
61	CN202011013220.X	根管冲洗干燥充填一体化装置	5	污染；根管；补充；冲洗；愈合；稳定性；成本；便利性；感染；复杂性；注射器；病变	31-物质产生的有害因素；13-稳定性；39-生产率；33-操作流程的方便性；36-系统的复杂性	A61C5/50
62	CN202010770787.5	一种带有牵引附件的隐形牙套及其制作方法	7	牵引；变形；舒适性	12-形状	A61C7/08
63	CN202011073554.6	印模筛选方法、印模筛选治具的制作方法及印模筛选治具	10	批量化；成功率	27-可靠性	A61C9/00
64	CN202010606390.2	一种具有记录刷牙习惯功能的遥感牙刷及刷牙习惯记录方法	8	习惯；便利性；纠正；耗电	33-操作流程的方便性；19-能耗	A61C17/34
65	CN202010957537.2	一种根管锉自动生产线	8	紧固性；自动化；可组装性；完成率	38-自动化程度；32-可制造性	B05C5/02

续表

序号	申请号	标题	权利要求数量/个	技术功效1级	技术功效TRIZ参数	IPC主分类
66	CN201910520385.7	用于清洁常规手术器械的方法及适于实施所述方法的装置	20	可操作性；研磨；消毒；表面；生物；持久度；粘着；效率	33-操作流程的方便性；39-生产率	B24C1/08
67	CN202010931469.2	压膜系统	37	数量；效率	26-物质或事物的数量；39-生产率	B29C63/00
68	CN202010882409.6	一种治疗牙齿错颌畸形的附件的加工工艺	5	干扰；复杂性；可控性；效率；时间；材料；医生	30-作用于物体的有害因素；36-系统的复杂性；37-控制与测量的复杂性；39-生产率；15-时间；23-物质损失	B29C64/393
69	CN202011085694.5	一种降噪防漏耐用的脉冲冲牙器泵体构件	7	封闭；接触；溢出；水柱；紧固性；噪音；损耗；碰撞；稳定性；防水性	31-物质产生的有害因素；23-物质损失；30-作用于物体的有害因素；13-稳定性	F04B17/03
70	CN201980031041.8	用于骨内牙种植体的基牙	16	复杂性；可调节性；锁定；假体	36-系统的复杂性	A61C8/00
71	CN201980030919.6	基于扫描的自动异位牙齿检测	78	自动化	38-自动化程度	A61C9/00
72	CN201980031261.0	基于口腔状况调节个人护理设备行为的方法和系统	14	自动化	38-自动化程度	A61C17/22
73	CN201680026791.2	用于储存医疗器械的盒	13	多个；固持力；凹槽；移位；清洁性；复杂性；相关联；平坦；细菌；破坏盒；完成率	31-物质产生的有害因素；36-系统的复杂性；30-作用于物体的有害因素	A61B50/30
74	CN201680040796.0	利用电子图书馆的牙科种植牙用修复体及其制造方法	2	可操作性；精密度；计算；时间；复杂性；整合度；安全；成本	33-操作流程的方便性；29-制造精度；15-时间；36-系统的复杂性；30-作用于物体的有害因素；39-生产率	A61C13/00

续表

序号	申请号	标题	权利要求数量/个	技术功效1级	技术功效TRIZ参数	IPC主分类
75	CN201680038155.1	用于口腔位置检测的牙刷	30	益处；精度	28-测量精度	A61C17/22
76	CN201811048585.9	一种便于重复利用的环保牙签	6	清洁性；复用性；环境；携带；牙签；操持；事故；成本；长度；稳定性；安全	31-物质产生的有害因素；39-生产率；27-可靠性；03-长度；13-稳定性；30-作用于物体的有害因素	A61C15/02
77	CN202010998317.4	一种辅助隐形矫治近中移动磨牙的装置及矫治方法	10	偏转；长度；施加；脱落；过程；复杂性；矫治；力；磨牙；移动	03-长度；36-系统的复杂性；10-力	A61C7/00
78	CN202010999201.2	一种用于阻生磨牙牵引的悬臂簧及牵引装置与方法	10	适应症；长度；成本；副作用；舒适性；效率；支抗；时间；患者；准确性；疗效	03-长度；39-生产率；31-物质产生的有害因素；15-时间；28-测量精度	A61C7/00
79	CN201910534079.9	种植导板定位器	2	改变；稳定性；感染；准确性；成本	13-稳定性；28-测量精度；39-生产率	A61C8/00
80	CN202011089659.0	一种GBR中骨膜钉位置和方向定位导板及其制作方法	10	便利性；安全；精准性；稳定性	33-操作流程的方便性；30-作用于物体的有害因素；13-稳定性	A61C8/00
81	CN202010898848.6	一种危重病人口腔护理装置	8	清洁性；成本；循环性；适应性；适合性	31-物质产生的有害因素；39-生产率；35-适应性、通用性	A61C17/16
82	CN202011072705.6	一种口腔科儿童专用防脱式开口器及其使用方法	9	便利性；脱落；体积；脱臼；合理性；紧固性	33-操作流程的方便性；07-体积；35-适应性、通用性	A61C19/00
83	CN202011041799.0	牙科手机机头部件的加工工艺	5	消耗；好感；寿命；噪音	23-物质损失；27-可靠性；31-物质产生的有害因素	B23P15/00
84	CN202011070151.6	振动机芯及电动牙刷	10	摆幅；转子；体积；扭矩	07-体积	H02K33/00

续表

序号	申请号	标题	权利要求数量/个	技术功效 1 级	技术功效 TRIZ 参数	IPC 主分类
85	CN201711420287. 3	正姿高效能牙刷	3	清洁性；健康；时间；稳定性；间距；劳动强度；口腔；完成率；密度；转速；安全；洁净度	31-物质产生的有害因素；15-时间；13-稳定性；03-长度；39-生产率；09-速度；30-作用于物体的有害因素	A61C17/24
86	CN201911176123. X	一种自动喷砂洗牙装置	3	完成率；便利性；复杂性；运动；自动化；充分性；疲惫	33-操作流程的方便性；36-系统的复杂性；38-自动化程度	A61C17/02
87	CN202010015803. X	一种口腔手术器械清洗装置	3	便利性；安全；完成率；复杂性	33-操作流程的方便性；30-作用于物体的有害因素；36-系统的复杂性	A61C19/00
88	CN202010085556. 0	一种口腔牙髓护理消毒装置	1	清洁性；散发	31-物质产生的有害因素	A61C19/00
89	CN202010085012. 4	正畸微螺钉导板的制造方法及正畸微螺钉导板	8	精准性；种植；风险；损坏；效率；手术；难度；模型；植入	27-可靠性；39-生产率；36-系统的复杂性	A61C7/00
90	CN202010049997. 5	一种胃镜手术用内科护理辅助装置	6	实用性；舒适性；便利性；劳动强度；摆动；安全；适合性；扭曲；感染	35-适应性、通用性；33-操作流程的方便性；39-生产率；30-作用于物体的有害因素	A61B90/16
91	CN202011089929. 8	水平骨增量中原位取骨植骨指示导板及其制作方法	10	效率；创伤；风险	39-生产率；27-可靠性	A61B17/17

续表

序号	申请号	标题	权利要求数量/个	技术功效 1 级	技术功效 TRIZ 参数	IPC 主分类
92	CN202011103925.0	一种后盖内置导电片的弯机头及根管预备机	10	紧固性；延伸；易拆卸；装配；寿命；接触；预备机；速度；松动；耐磨性；压缩；弯机头；根管；牢固性	34－可维修性；27－可靠性；09－速度；31－物质产生的有害因素；30－作用于物体的有害因素	A61C1/12
93	CN201910499177.3	电镐样振动逆向牵拉作用拔牙器	4	疼痛；创伤；并发症；确定性；长度；心理	03－长度	A61C3/14
94	CN201910499485.6	一种口腔牙体牙髓病治疗辅助设备	7	准确性	28－测量精度	A61C5/50
95	CN201910442334.7	一种游离牵引钩专用钳	9	便利性；稳定性；时间；挂钩；劳动强度；复杂性；牵引	33－操作流程的方便性；13－稳定性；15－时间；39－生产率；36－系统的复杂性	A61C7/04
96	CN202010991595.7	一种通过全程种植导板转移种植替代体位置的装置和方法	9	光滑性	12－形状	A61C8/00
97	CN202011089428.X	用于指导钛条弯制及准确就位的骨增量导板及其制作方法	10	准确性；难度；时间；手术；复杂性	28－测量精度；36－系统的复杂性；15－时间	A61C8/00
98	CN202011090241.1	一种上颌窦提升侧壁开窗指示导板及其制作方法	10	体积；开窗；确定性；颌窦；精准性；风险；范围；导向；并发症；效率	07－体积；27－可靠性；35－适应性、通用性；39－生产率	A61C8/00
99	CN202010978741.2	连接体生成方法、终端及存储介质	10	效率	39－生产率	A61C9/00
100	CN202010929295.6	一种口腔清洁器具手柄及口腔清洁器具	10	复杂性	36－系统的复杂性	A61C17/22

续表

序号	申请号	标题	权利要求数量/个	技术功效 1 级	技术功效 TRIZ 参数	IPC 主分类
101	CN202010950057.3	智能匹配刷牙模式的控制方法、装置、设备及存储介质	10	模式；切换；智能化；体验；自动化	38-自动化程度	A61C17/22
102	CN202010913693.9	一种根管锉自动生产工艺	10	自动化；效率；劳动强度；经济性	38-自动化程度；39-生产率	B05B13/02
103	CN202010904270.0	一种适用于隐形矫治器自动化生产线的流转盘	5	精准性；精度；效率；适合性	28-测量精度；39-生产率；35-适应性、通用性	B29C31/08
104	CN202010896066.9	具有仿生梯度模量局域功能化的牙种植体及其制备方法	7	风险；局部；速度；放疗；材料；成本；稳定性；可推广性；应力；牢固性；基台；复杂性；成功率	27-可靠性；09-速度；23-物质损失；39-生产率；13-稳定性；11-应力、压强；36-系统的复杂性	B29C64/314
105	CN202010931478.1	壳状牙齿矫治器的制备方法	21	精准性；准确性；真实性；掌控；矫治器；可操作性	28-测量精度；33-操作流程的方便性	G06T17/20
106	CN201880091801.X	牙科材料用容器	6	复杂性	36-系统的复杂性	A61C19/10
107	CN201580025957.4	具有可分离的特征部的模具	20	咬边；移除；弱化；独立；复杂性	36-系统的复杂性	A61C7/08
108	CN201580082321.3	多化学品分配器	18	复杂性	36-系统的复杂性	A61C19/06
109	CN201810132187.9	家庭旅行装电动牙刷	5	便利性；失灵；独立；复杂性；封闭；清洁性；隔离；渗入；日用品；面；摩擦力；进入；感染；韧性；速度；有序；频率；耐磨性	33-操作流程的方便性；36-系统的复杂性；31-物质产生的有害因素；10-力；11-应力、压强；09-速度；30-作用于物体的有害因素	A61C17/34

续表

序号	申请号	标题	权利要求数量/个	技术功效1级	技术功效TRIZ参数	IPC主分类
110	CN201811558207.5	一种口腔用高速牙科电动磨牙机	3	充电口；锈化；清洁性；脱落	31-物质产生的有害因素	A61C17/26
111	CN201811610929.0	多刷头电动牙刷机构	7	灵活性；失真	35-适应性、通用性	A61C17/26
112	CN202010072378.8	一种颌位记录托盘及确定颌位关系的方法	9	精确性；诱导；难度；复杂性；准确性；敏感性	28-测量精度；36-系统的复杂性	A61C9/00
113	CN202010981250.3	一种拔牙系统工具	9	病患；便利性；有害	33-操作流程的方便性；30-作用于物体的有害因素	A61C3/14
114	CN202010893399.6	一种根管预备机及其控制方法	10	安全	30-作用于物体的有害因素	A61C5/42
115	CN202010930916.2	一种可摘戴的残根牵引矫正器及其制作方法	8	速度；患者；便利性；舒适性；调节	09-速度；33-操作流程的方便性	A61C7/10
116	CN202011053034.9	一种基于3D打印的数字化托槽间接粘接方法	6	精度；成本；便利性；能力；失败；平衡；倒凹；效率；牙龈	28-测量精度；39-生产率；33-操作流程的方便性	A61C7/28
117	CN202010772796.8	一种种植基台上部定位器的3D打印制备方法	7	效率	39-生产率	A61C8/00
118	CN202010776437.X	一种旋转夹持型种植机刀库及自动化换刀方法	9	便利性；换刀；效率；成本；精度；稳定性；夹持；自动化；换刀键	33-操作流程的方便性；39-生产率；28-测量精度；13-稳定性；38-自动化程度	A61C8/00
119	CN202010998745.7	一种牙周膜牵张成骨近中移动磨牙的装置及矫治方法	13	支抗；复诊；副作用；舒适性；吸收；健康；长度；恢复；时间；依从性；难度；成本	31-物质产生的有害因素；03-长度；15-时间；36-系统的复杂性；39-生产率	A61C8/00

续表

序号	申请号	标题	权利要求数量/个	技术功效1级	技术功效TRIZ参数	IPC主分类
120	CN202011000277.6	一种牙科用口腔种植系统	4	确定性；价值；适合性；可靠性；合理性；完成率；脱出；安全	39-生产率；35-适应性、通用性；27-可靠性；30-作用于物体的有害因素	A61C8/00
121	CN202011026264.6	一种双向卡针固定的种植牙结构	10	难度；便利性；稳定性；基块；散置	36-系统的复杂性；33-操作流程的方便性；13-稳定性	A61C8/00
122	CN202011030555.2	一种种植上部修复预粘接基台代型及其制备方法	6	时间；疼痛；并发症；安全；清洁性；洁净度	15-时间；30-作用于物体的有害因素；31-物质产生的有害因素	A61C8/00
123	CN202011030884.7	一种气压式卡针固定种植牙结构	10	复杂性；便利性；回缩；入体；均匀性；稳定性；速度；所述卡；效率	36-系统的复杂性；33-操作流程的方便性；29-制造精度；13-稳定性；09-速度；39-生产率	A61C8/00
124	CN202011068861.5	一种带有分支根的种植体	10	便利性；松动；长度；寿命；烦恼；扩展；均匀性；面积；稳定性；耐用性	33-操作流程的方便性；31-物质产生的有害因素；03-长度；27-可靠性；29-制造精度；05-面积；13-稳定性	A61C8/00
125	CN202011074505.4	一种能语音控制的种植牙机	5	效率；识别性；精准性；牙机	39-生产率；37-控制与测量的复杂性	A61C8/00
126	CN202011078833.1	一种牙种植体及牙种植体制造方法	10	适合性；结合；屏蔽；生物	35-适应性、通用性	A61C8/00
127	CN201910490490.0	一种数字口腔扫描仪及成像系统	10	小型化；重量；复杂性；精度	01-重量；36-系统的复杂性；28-测量精度	A61C9/00
128	CN202010787347.0	一种利用扫描杆制造桩核的方法	10	精度；准确性；精确性；匹配	28-测量精度	A61C9/00

续表

序号	申请号	标题	权利要求数量/个	技术功效1级	技术功效TRIZ参数	IPC主分类
129	CN202010920821.2	一种口腔功能颌垫的制备方法	8	成本；效率；复杂性；适应性；精度；弹性；便利性；准确性；手续；颌架；周期	39-生产率；36-系统的复杂性；35-适应性、通用性；28-测量精度；33-操作流程的方便性；15-时间	A61C11/00
130	CN202011084386.0	一种临时牙预制方法	7	速度；精准性；便利性；时间；效率；光敏；适配性；佩戴；美观性；光滑度；复杂性；舒适性；接触	09-速度；33-操作流程的方便性；15-时间；39-生产率；36-系统的复杂性	A61C13/00
131	CN202010968455.8	牙齿清洁设备	10	环境污染；成本；清洁性	39-生产率；31-物质产生的有害因素	A61C15/04
132	CN202010924567.3	一种口腔用喷洗设备	10	喷洗；清洁性；范围；损坏；压力	31-物质产生的有害因素；35-适应性、通用性；27-可靠性；10-力	A61C17/02
133	CN202011045127.7	输液设备	10	利用率；清洁性；防滑性；负担；回流；压力；液流管；咬合	39-生产率；31-物质产生的有害因素；10-力	A61C17/02
134	CN202011046053.9	输液设备	10	清洁性；负担；不适；成本；能力	31-物质产生的有害因素；39-生产率	A61C17/02
135	CN201910493255.9	可视洁牙机	22	安全；便利性；视野；舒适性；准确性；清晰度；清洁性；实时性；打磨；可操作性；口腔	30-作用于物体的有害因素；33-操作流程的方便性；28-测量精度；31-物质产生的有害因素；25-时间损失	A61C17/16
136	CN201910493765.6	可安装在牙科器械上的微型内窥镜	13	便利性；准确性；清晰度；强度；安全；舒适性；成本；疲劳度	33-操作流程的方便性；28-测量精度；14-强度；30-作用于物体的有害因素；39-生产率	A61C17/16

续表

序号	申请号	标题	权利要求数量/个	技术功效 1 级	技术功效 TRIZ 参数	IPC 主分类
137	CN202011083890.9	种植修复空间和袖口深度二合一测量尺及测量方法	10	后果；精巧；复杂性；准确性；效率；实用性；便利性	36-系统的复杂性；28-测量精度；39-生产率；35-适应性、通用性；33-操作流程的方便性	A61C19/04
138	CN202011074808.6	一种附着于牙体组织的负压装置	7	便利性；清洁性；脱落；完成率；实用性；确定性；干燥；可操作性；复杂性	33-操作流程的方便性；31-物质产生的有害因素；35-适应性、通用性；36-系统的复杂性	A61C19/06
139	CN202011075943.2	一种检测 pH 值的牙科治疗器械	7	可检测性	28-测量精度	A61C19/06
140	CN202011025234.3	一种能同时对牙模原料与石膏进行快速充分搅拌的装置	4	凝固；充分性；自动化；劳动强度；成本；损耗；效率	38-自动化程度；39-生产率；23-物质损失	B01F11/00
141	CN202010957534.9	一种根管锉自动生产工艺	10	效率；自动化；价值；经济性；可组装性	39-生产率；38-自动化程度；32-可制造性	B05C5/02
142	CN202010957536.8	一种根管锉自动生产工艺	9	自动化；可组装性；劳动强度；效率；复杂性；良品率	38-自动化程度；32-可制造性；39-生产率；36-系统的复杂性；29-制造精度	B05C5/02
143	CN202010797557.8	一种适用于无托槽隐形矫治器生产压膜底座及压制方法	5	精度；压力	28-测量精度；10-力	B29C51/10
144	CN202010900796.1	牙龈形变获取方法、系统及电子设备	16	形变；精度；计算量；计算；效率	28-测量精度；39-生产率	G06T17/00
145	CN201980022302.X	弹性正畸矫治器	28	稳定性；材料；矫治器；支抗；力加载	13-稳定性；23-物质损失	A61C7/08

续表

序号	申请号	标题	权利要求数量/个	技术功效1级	技术功效TRIZ参数	IPC主分类
146	CN201880093039.9	种植体表面改性处理装置	13	时间；复杂性；长度；污染	15－时间；36－系统的复杂性；03－长度；31－物质产生的有害因素	A61C8/02
147	CN201610928697.8	一种口腔种植牙可重构导板及制作方法	5	过程；疗效；便利性；时间；精度；浪费；长度；广泛性；成本	33－操作流程的方便性；15－时间；28－测量精度；03－长度；39－生产率	A61C8/00
148	CN201580063119.6	口腔护理器具	9	非线性；体验；效率	39－生产率	A61C17/34
149	CN201680008697.4	用于促进和稳定植入的牙植入物	27	植入；稳定性	13－稳定性	A61C8/00
150	CN201680014600.0	用于口腔清洁设备定位的方法及系统	6	精度；反馈	28－测量精度	A61C17/22
151	CN201680049759.6	用于正畸规划的图像处理方法、装置和用于该方法的记录介质	8	图像；便利性；时间；规划；适应性	33－操作流程的方便性；15－时间；35－适应性、通用性	A61C7/00
152	CN201810544238.9	一种口腔科牙根管清洁锉	5	痛感；突出；清洁性；贴合；质量；截面；层；空间；复杂性；便利性；实用性；通过率	31－物质产生的有害因素；27－可靠性；07－体积；36－系统的复杂性；33－操作流程的方便性；35－适应性、通用性	A61C5/42
153	CN201810659597.9	一种口腔护理清洁装置	5	复杂性；利用率；便利性；口腔；清洁性；适合性；效率；变更	36－系统的复杂性；39－生产率；33－操作流程的方便性；31－物质产生的有害因素；35－适应性、通用性	A61C17/34
154	CN201811008757.X	一种智能的集中取放装置	1	散热	17－温度	A61C19/02

续表

序号	申请号	标题	权利要求数量/个	技术功效 1 级	技术功效 TRIZ 参数	IPC 主分类
155	CN201811588014.4	一种弓丝弯制方法	9	形状；弓丝；精度；成本；复杂性；热；可操作性	12-形状；28-测量精度；39-生产率；36-系统的复杂性；17-温度；33-操作流程的方便性	B21F1/00
156	CN201910126068.7	下颌后牙压低装置	3	便利性；压低	33-操作流程的方便性	A61C7/10
157	CN201910465710.4	一种可调节周期性下颌前伸牵引装置	9	自动化；舒适性；安全；缓冲性；稳定性；可推广性；卧姿势；智能化；灵活性；调节；牵引；适合性；笔直	38-自动化程度；30-作用于物体的有害因素；13-稳定性；39-生产率；35-适应性、通用性	A61C7/06
158	CN202010968152.6	一种智能流量调节电动口罩的控制系统及方法	10	可靠性；警示；传递；功耗；安全；心理；调节；消耗；耗电；复用性；衰减	27-可靠性；19-能耗；30-作用于物体的有害因素；23-物质损失；39-生产率	A61B5/0205
159	CN202010960488.8	一种牙科用医护手臂稳定装置	10	稳定性；不适感；便利性；舒适性	13-稳定性；33-操作流程的方便性	A61B90/60
160	CN202010774299.1	一种根管治疗机手柄及根管治疗机	9	可操作性	33-操作流程的方便性	A61C5/42
161	CN202010826687.X	一种牙套的自动切割方法及装置	10	适合性；光滑性；平顺；自动化；广泛性；精度；稳定性；舒适性；切割	35-适应性、通用性；12-形状；38-自动化程度；28-测量精度；13-稳定性	A61C7/00
162	CN202010886672.2	牙齿正畸所需间隙的确定方法、装置及存储介质	10	准确性；标准；确定性	28-测量精度	A61C7/00

续表

序号	申请号	标题	权利要求数量/个	技术功效1级	技术功效TRIZ参数	IPC主分类
163	CN202010920694.6	基于CAD/CAM的数字化树脂*板、制备方法及应用	10	干扰；时间；精确性；结合；速度；固位；高点；松动；稳定性；成本	30-作用于物体的有害因素；15-时间；28-测量精度；09-速度；31-物质产生的有害因素；13-稳定性；39-生产率	A61C7/00
164	CN202010852580.2	一种分层施压牙齿矫正装置	10	安全；稳定性；确定性；缓冲保护；损失；脱落；可控性；不适感；紧固性；施力温；防滑性	30-作用于物体的有害因素；13-稳定性；23-物质损失；37-控制与测量的复杂性	A61C7/08
165	CN202010756843.X	一种实现自动换刀的种植机刀库及自动化换刀方法	9	成本；刀键；换刀；配合；调节；自动化；按压；效率；容量	39-生产率；38-自动化程度；07-体积	A61C8/00
166	CN202010891743.8	一种种植体的定位方法、装置、设备及存储介质	9	复杂性；暴露；速度	36-系统的复杂性；09-速度	A61C8/00
167	CN202010920602.4	一种与正畸种植体支抗结合使用的多用途辅助装置	7	复杂性；便利性；牵引力；稳定性；支撑力；成本；效率	36-系统的复杂性；33-操作流程的方便性；13-稳定性；39-生产率	A61C8/00
168	CN202010930995.7	具有语音反馈交互功能的手术电机	6	可控性；可操作性；便利性；防水性；防灰；安全	37-控制与测量的复杂性；33-操作流程的方便性；30-作用于物体的有害因素	A61C8/00
169	CN202011034998.9	一种翼板种植定位导向装置	10	精准性；固位；充分性；合理性；实用性；风险；可靠性	35-适应性、通用性；27-可靠性	A61C8/00
170	CN202011042044.2	预成帽及种植固定修复咬合记录制取的方法	12	稳定性；精确性	13-稳定性；28-测量精度	A61C8/00
171	CN202010926897.6	一种医用口腔冲洗器	6	效率	39-生产率	A61C17/02

续表

序号	申请号	标题	权利要求数量/个	技术功效 1 级	技术功效 TRIZ 参数	IPC 主分类
172	CN202010976442. 5	一种拔牙后的口腔柔和清洁装置	5	质量；漱口；舒适性；风险	27-可靠性	A61C17/02
173	CN202011001786. 0	一种恒温即热式冲牙器及其控制方法	10	温度；体验；过敏；合理性	17-温度；35-适应性、通用性	A61C17/02
174	CN202010884441. 8	一种口腔医用吸唾管	9	效率；吸唾管；黏膜；应力	39-生产率；11-应力、压强	A61C17/06
175	CN202011031497. 5	一种多功能电动牙刷、鞋刷驱动装置	8	除污；速度；便利性；实用性；效率	09-速度；33-操作流程的方便性；35-适应性、通用性；39-生产率	A61C17/22
176	CN202010834747. 2	一种电动牙齿清洁装置	8	牙膏；牙齿；清洁性；体验；合理性	31-物质产生的有害因素；35-适应性、通用性	A61C17/34
177	CN202010901566. 7	骨传导音频电动牙刷	10	清洁性	31-物质产生的有害因素	A61C17/34
178	CN202011049108. 1	一种口腔挡舌护唇开口器	9	口腔；稳定性	13-稳定性	A61C19/00
179	CN202010655271. 6	一种基于双目视觉获得人体牙弓曲线的方法	8	可能性；时间；曲线；牙齿；安全；便利性；精准性；过程	15-时间；30-作用于物体的有害因素；33-操作流程的方便性	A61C19/04
180	CN201910482254. 4	牙齿扫描数据的咬合方法、装置、存储介质和处理器	10	复杂性	36-系统的复杂性	A61C19/05
181	CN202010903908. 9	一种半导体激光治疗仪防护方法、装置及其存储介质	9	稳定性；安全；卡住；紧固性	13-稳定性；30-作用于物体的有害因素	A61C19/06
182	CN202010961465. 9	一种用于牙科恢复过程的引导组件	9	组织；适应性	35-适应性、通用性	A61C19/06

续表

序号	申请号	标题	权利要求数量/个	技术功效1级	技术功效TRIZ参数	IPC主分类
183	CN202010845224.8	一种牵引术用支架的定位件	10	便利性；支架；灵活性；适应性；患者；复杂性；准确性	33-操作流程的方便性；35-适应性、通用性；36-系统的复杂性；28-测量精度	A61F5/042
184	CN202011112777.9	一种口腔治疗椅	4	浪费；便利性；实用性；转动；角度；复杂性；成本；效率	33-操作流程的方便性；35-适应性、通用性；36-系统的复杂性；39-生产率	A61G15/04
185	CN202011041800.X	一种口腔喷雾装置	16	按压；便利性；环境；稳定性；连接；晃动；循环性；间隙；美观性；摩擦力	33-操作流程的方便性；13-稳定性；10-力	A61M11/00
186	CN202010718973.4	一种自动固定并定量推料的口腔外用药膏出料装置	7	静止；实用性；便利性；解除；完成率；联动性；挤药；药膏	35-适应性、通用性；33-操作流程的方便性	A61M31/00
187	CN202010939749.8	一种可生物降解塑料及塑料牙签	10	食物；便利性；牙垢；降解	33-操作流程的方便性	C08L67/04
188	CN201880072177.9	成型体的制造方法	14	精度	28-测量精度	A61C13/00
189	CN201980027187.5	用于牙科模型的牙桩、牙科模型、用于生产牙桩的方法和用于生产牙科模型的方法	93	适应性；独立；喜欢；牙桩；复杂性；可靠性	35-适应性、通用性；36-系统的复杂性；27-可靠性	A61C13/36
190	CN201880092667.5	用于引导组织再生的基于无张力金属经编织物的钛基质	9	弹性；塑性；风险；附着力；引导；最小化	27-可靠性；10-力	A61L27/06
191	CN201480083854.9	一种通过舌图像处理的牙痕评价指标导出装置及方法	9	复杂性；灵活性	36-系统的复杂性；35-适应性、通用性	A61B5/103

续表

序号	申请号	标题	权利要求数量/个	技术功效 1 级	技术功效 TRIZ 参数	IPC 主分类
192	CN201810384878.8	一种多功能装配式吸唾管	1	便利性；灵活性；构思；压持；吸引；压力；复杂性；损失；视野；空间	33-操作流程的方便性；35-适应性、通用性；10-力；36-系统的复杂性；23-物质损失；07-体积	A61C17/06
193	CN201811360918.1	一种静止状态下记录咬合关系的方法	4	稳定性；敏感性；无牙区；精度；静止；偏移；准确性；便利性；适用性	13-稳定性；28-测量精度；33-操作流程的方便性；35-适应性、通用性	A61C19/05
194	CN201910187725.9	一种避免二次手术的口腔植入装置及植入方法	3	手术；体积；适合性；稳定性；贴合度；准确性；结合性；创伤；并发症；移植；痛感；实用性	07-体积；35-适应性、通用性；13-稳定性；28-测量精度	A61C8/00
195	CN201910150082.0	一种抗旋转抗脱位的口腔种植体系统	9	支点；脱位；体旋转；旋转率；断裂；稳定性	27-可靠性；13-稳定性	A61C8/00
196	CN201910750637.5	一种人类口腔种植牙适配器的制备方法	1	复杂性；易拆卸；时间；韧性；增塑；效率；细菌；便利性；阻水性；强度；成本；成膜性	36-系统的复杂性；34-可维修性；15-时间；11-应力、压强；39-生产率；30-作用于物体的有害因素；33-操作流程的方便性；14-强度	A61C7/00
197	CN201910460033.7	拔牙装置	11	拔牙；复杂性；力量；工具；可操作性；便利性；劳动强度	36-系统的复杂性；33-操作流程的方便性；39-生产率	A61C3/14

续表

序号	申请号	标题	权利要求数量/个	技术功效1级	技术功效TRIZ参数	IPC主分类
198	CN202010799495.4	一种复合瓷贴面工艺	7	盐分；移除；完成率；确定性；树脂；麻烦；活化；残留物；固化；安全；时间	31-物质产生的有害因素；30-作用于物体的有害因素；15-时间	A61C5/20
199	CN202010895760.9	牙齿矫治信息的获取方法及系统	17	便利性；调节；障碍；矫治；联动；效率	33-操作流程的方便性；39-生产率	A61C7/00
200	CN202010931445.7	配膜方法及系统	12	自动化	38-自动化程度	A61C7/00
201	CN202010851884.7	一种球囊水压型牙齿矫正装置	10	安全；稳定性；复杂性；针对性；便利性；反应；脱落；紧固性；防滑性；准确性	30-作用于物体的有害因素；13-稳定性；36-系统的复杂性；33-操作流程的方便性；28-测量精度	A61C7/08
202	CN202010858796.X	一种便携式种植设备	6	电源线；便利性；可操作性	33-操作流程的方便性	A61C8/00
203	CN202010855867.0	一种牙体修复临床用口腔异物吸附装置	10	清洁性	31-物质产生的有害因素	A61C17/00
204	CN202011086955.5	一种含抽吸功能的医疗口腔开口装置	5	便利性；时间；疗效；抖动；复杂性	33-操作流程的方便性；15-时间；36-系统的复杂性	A61C17/10
205	CN201910457281.6	声波类电动清洁护理器具、用于该类器具的压力报警装置	11	灵敏度；体积；精度；成本；清洁性；可检测性；报警	28-测量精度；07-体积；39-生产率；31-物质产生的有害因素	A61C17/20
206	CN202011023741.3	一种伸缩式震感电动牙刷	10	滑柱；摩擦力；体验；稳定性；滑轨	10-力；13-稳定性	A61C17/26
207	CN201910457364.5	口腔矫正用开口定位器	8	清晰度；观察；医护；确定性	28-测量精度	A61C19/00
208	CN202010881488.9	一种根管锉自动生产线	9	劳动强度；自动化；效率；可靠性；资源	39-生产率；38-自动化程度；27-可靠性	B05B13/02

续表

序号	申请号	标题	权利要求数量/个	技术功效1级	技术功效TRIZ参数	IPC主分类
209	CN202010881490.6	一种根管锉自动生产工艺	10	可靠性；稳定性；自动化；效率	27-可靠性；13-稳定性；38-自动化程度；39-生产率	B05B13/04
210	CN202010796463.9	一种牙科膜片裁断辅助设备及操作方法	6	自动化；准确性；效率；利用率	38-自动化程度；28-测量精度；39-生产率	B26D1/06
211	CN201980014069.0	吸引头	9	软组织；面积；吸引；可能性；阻隔	05-面积	A61C17/06
212	CN201710553770.2	种植牙上颌窦内提升扩孔钻	3	安全；扩孔；成功率	30-作用于物体的有害因素；27-可靠性	A61C8/00
213	CN201680038975.0	用于使用霍尔效应传感器提取用户的运动特性以向用户提供反馈的方法和系统	14	反馈；效率；清洁性	39-生产率；31-物质产生的有害因素	A46B15/00
214	CN201810341261.8	一种多功能口腔护理刷	3	接触；便利性；清洁性	33-操作流程的方便性；31-物质产生的有害因素	A61C17/22
215	CN201680078316.X	牙科装置	10	完成率；适合性	35-适应性、通用性	A61C1/00
216	CN201711026327.6	一种根尖手术导板的数字设计制作方法	5	可控性；难度；精确性；效率；风险	37-控制与测量的复杂性；36-系统的复杂性；28-测量精度；39-生产率；27-可靠性	A61C1/08
217	CN201810575704.X	一种口腔科洗消柜	6	清洁性；自动化；时间	31-物质产生的有害因素；38-自动化程度；15-时间	A61C19/00
218	CN201810787477.7	一种便捷式刷牙装置	4	刷洗；清洁性	31-物质产生的有害因素	A61C17/26
219	CN201810646232.2	口腔扫描机	9	辨识；确定性；品质	29-制造精度	H04N1/028

续表

序号	申请号	标题	权利要求数量/个	技术功效1级	技术功效TRIZ参数	IPC主分类
220	CN201910180443.6	一种植骨导板及其制作方法	8	稳定性；形态；精度；复杂性；速度	13-稳定性；28-测量精度；36-系统的复杂性；09-速度	A61C8/00
221	CN202010035270.1	一种无石膏化的新型数字化桩核印模采集和模型建立方法	4	目标；多样化；直观性；切削；准确性；精度；可控性；时间；完成率；石膏化；便利性；精确性	28-测量精度；37-控制与测量的复杂性；15-时间；33-操作流程的方便性	A61C9/00
222	CN202010119864.0	一种基于齿科金属颊面管弓丝孔的扩孔装置	1	正确性；冲击；偏位；适用性；速度；自动化；便利性；成本；可控性；效率；可操作性	28-测量精度；35-适应性、通用性；09-速度；38-自动化程度；33-操作流程的方便性；39-生产率；37-控制与测量的复杂性	A61C7/12
223	CN202010904173.1	义齿铸造喷砂机	7	复杂性；便利性；清洁性；高度；弥漫	36-系统的复杂性；33-操作流程的方便性；31-物质产生的有害因素；03-长度	A61C3/025
224	CN202010827783.6	一种牙套切割线自动生成方法及应用	10	平顺；光滑性；自动化；适合性；精度；切割线；舒适性；高平顺性	12-形状；38-自动化程度；35-适应性、通用性；28-测量精度	A61C7/00
225	CN202010997933.8	一种压低上前牙矫正器和矫正方法	10	广泛性；创伤；柔和；压迫；压低；成本	39-生产率	A61C7/10
226	CN202010871320.X	间接粘贴的托槽转移导板及其安装分离方法	10	稳定性；复杂性；介质；价值	13-稳定性；36-系统的复杂性；39-生产率	A61C7/14
227	CN202011019434.8	一种新型多角度调节的牙模咬合架	10	便利性；适合性；复杂性；可制造性；实用性；契合度	33-操作流程的方便性；35-适应性、通用性；36-系统的复杂性；32-可制造性	A61C11/08

续表

序号	申请号	标题	权利要求数量/个	技术功效 1 级	技术功效 TRIZ 参数	IPC 主分类
228	CN202011025244. 7	一种用于口腔医疗的清洁牙龈装置	5	速度；洁净度；便利性；复杂性	09-速度；31-物质产生的有害因素；33-操作流程的方便性；36-系统的复杂性	A61C17/02
229	CN202010890280. 3	一种口腔手术时使用的组织牵开装置	5	适用性；自动化；视野；便利性；复杂性	35-适应性、通用性；38-自动化程度；33-操作流程的方便性；36-系统的复杂性	A61C19/00
230	CN202010983018. 3	一种无牙颌系带加深术辅助装置及其制造方法	10	失败；手术；表面；完整性；范围；吸附性；清洁性	35-适应性、通用性；31-物质产生的有害因素	A61C19/00
231	CN202010833278. 2	一种口腔齿槽打磨用口部辅助撑开装置	8	完成度；舒适性；稳定性；打磨；紧固性；细菌；防滑性；可操作性	13-稳定性；30-作用于物体的有害因素；33-操作流程的方便性	A61C19/06
232	CN202010829067. 1	一种充电端子组件及动力组件	10	紧固件；便利性；接触；成本	33-操作流程的方便性；39-生产率	H01R13/62
233	CN202010895758. 1	一种根管定位仪及其测量根管长度的方法	8	滤除；准确性；稳定性；激励	28-测量精度；13-稳定性	H03M1/66
234	CN201980024794. 6	一种用于牙科的种植体的固定装置	15	组织；准确性；种植体；暴露；预期；诱导；精确性；抑或；扩散性；疗效；精准性；密闭性；侧壁；牢固性	28-测量精度；27-可靠性	A61C8/00
235	CN201980026674. X	用于向用户提供个性化口腔护理反馈的系统和方法	15	健康；反馈；速度；可控性	09-速度；37-控制与测量的复杂性	A61C17/22
236	CN201710337602. X	根管器械及其制造方法	22	超弹性；接触；清洁性；手柄	31-物质产生的有害因素	A61C5/42

续表

序号	申请号	标题	权利要求数量/个	技术功效1级	技术功效TRIZ参数	IPC主分类
237	CN201810413635.2	一种口腔科拔牙辅助装置	3	复杂性；舒适性；用力；进入；拔牙；效率；实用性；柱滑脱；支撑；便利性；酸胀	36-系统的复杂性；39-生产率；35-适应性、通用性；33-操作流程的方便性	A61C19/06
238	CN201810794433.7	一种设置有多段螺纹的牙种植体	5	广泛性；进入；稳定性；松动；应力；融合；吸收；结实	13-稳定性；31-物质产生的有害因素；11-应力、压强	A61C8/00
239	CN201910112138.3	一种口腔正畸隐形舌侧扣硅胶套	5	舒适性；树脂；实用性；便利性；漏出；线；收集；速度；稳定性；变更；正确性	35-适应性、通用性；33-操作流程的方便性；09-速度；13-稳定性；28-测量精度	A61C7/16
240	CN202010015427.4	一种牙齿清洁设备	1	成本；清洁度；便利性；清洁性；牙齿	39-生产率；33-操作流程的方便性；31-物质产生的有害因素	A61C17/34
241	CN201910433729.0	防倾倒口腔清洁用具的替换结构	10	环境；成本；清洁性；风干；速度；便利性	39-生产率；31-物质产生的有害因素；09-速度；33-操作流程的方便性	A46B5/00
242	CN202010556719.9	五官及外科医疗数据采集分析诊断机器人，平台	10	效率；可检测性；健康；智能化；机器人；精度；识别性	39-生产率；28-测量精度；37-控制与测量的复杂性	A61B5/00
243	CN202010895499.2	隐形矫治器摘取器	4	便利性；适应性；复杂性；弧形板；密封性	33-操作流程的方便性；35-适应性、通用性；36-系统的复杂性；29-制造精度	A61C7/02
244	CN202010937268.3	一种多功能口腔正畸钳	10	复杂性；便利性；多样；畸钳；舒适性；疲劳度；难度；矫正；灵活性；实用性	36-系统的复杂性；33-操作流程的方便性；35-适应性、通用性	A61C7/02

续表

序号	申请号	标题	权利要求数量/个	技术功效1级	技术功效TRIZ参数	IPC主分类
245	CN202010652222.7	各项厚度可控的隐形矫治器及其制备方法	10	可控性；长度；矫治；效果；偏薄；体验	37-控制与测量的复杂性；03-长度	A61C7/08
246	CN202010652242.4	无附件隐形矫治器及其制备方法	17	便利性；酸蚀；体验；清洁性；复杂性；舒适性；色素	33-操作流程的方便性；31-物质产生的有害因素；36-系统的复杂性	A61C7/08
247	CN202010749142.3	一种用于口腔种植修复附着龈增宽的装置及方法	10	计算量；光滑度；精度；效率；准确性；形状	28-测量精度；39-生产率；12-形状	A61C8/00
248	CN202010911180.4	种植导板及其制作方法	10	完成度；确定性；相撞；种植；液及；血液；冷却；安全；患者；时间；灵活性；唾液；直观性	17-温度；30-作用于物体的有害因素；15-时间；35-适应性、通用性	A61C8/00
249	CN202010880764.X	一种3D打印义齿生产工艺	10	修正；确定性；打印；细菌；义齿；能力；多样性	30-作用于物体的有害因素	A61C13/00
250	CN201910432658.2	一种电加热刮蜡器	7	空间；间歇性；时间；复杂性；速度；效率；灵活性；便利性	07-体积；15-时间；36-系统的复杂性；09-速度；39-生产率；35-适应性、通用性；33-操作流程的方便性	A61C13/34
251	CN201910562878.7	电动牙刷	1[illegible]	便利性；复杂性	33-操作流程的方便性；36-系统的复杂性	A61C17/34
252	CN201910564141.9	电动牙刷	11	便利性；广泛性；复杂性	33-操作流程的方便性；36-系统的复杂性	A61C17/34
253	CN202010722523.2	一种调合导板制作方法	2	速度；调合	09-速度	A61C19/05

续表

序号	申请号	标题	权利要求数量/个	技术功效1级	技术功效TRIZ参数	IPC主分类
254	CN202010799159. X	一种抗菌正畸弓丝及其制造方法	5	细菌；口腔；柔和；合金；超弹性；持久度；正畸；摩擦系数	30-作用于物体的有害因素	C22C30/02
255	CN202010896867. 5	一种电动牙刷电机	10	精准性；损坏；噪音；寿命；碰撞	27-可靠性；31-物质产生的有害因素；30-作用于物体的有害因素	H02K1/12
256	CN202010895593. 8	一种冲刷一体振动马达	10	损失；牙刷；变化；清洁性	23-物质损失；31-物质产生的有害因素	H02K7/00
257	CN201980026533. 8	具有处理力测量单元的个人卫生装置	15	牢固性；清洁性	27-可靠性；31-物质产生的有害因素	A46B15/00
258	CN201980026353. X	将种植牙、牙基台和牙上层结构附接至彼此	22	连接；经济性；集中度；连接件	39-生产率	A61C8/00
259	CN201680011695. 0	通过修正牙齿位置而制造校准器的方法	21	施加；精确性；移动	28-测量精度	A61C7/08
260	CN201710993762. X	个性化牙面酸蚀定位器及制造方法	6	过长；环境；酸蚀；时间；复杂性；疗效；配合；有害；准确性；长度；不适性	15-时间；36-系统的复杂性；30-作用于物体的有害因素；28-测量精度；03-长度	A61C7/00
261	CN201810306579. 2	一种可调节套筒冠及其安装方法	3	清洁性；脱落；松动；精度；牢固性；稳定性；复杂性；便利性；摩擦力	31-物质产生的有害因素；28-测量精度；27-可靠性；13-稳定性；36-系统的复杂性；33-操作流程的方便性；10-力	A61C5/77
262	CN201810790030. 5	封闭式刷牙器	8	稳定性；振动感；紧固性；舒适性	13-稳定性	A61C17/02
263	CN201910102520. 6	一种儿科清洗装置	4	抽吸；负担；效率	39-生产率	A61C17/02

续表

序号	申请号	标题	权利要求数量/个	技术功效 1 级	技术功效 TRIZ 参数	IPC 主分类
264	CN201911122600. 4	一种口腔治疗辅助用的嘴部定型装置	7	环境；可靠性	27-可靠性	A61C19/06
265	CN202010294275. 6	一种具有吸水喷气的口镜	8	体验；成本；弱吸管	39-生产率	A61B1/253
266	CN202010809532. 5	一种牙科种植体和种植牙及其制备方法	10	增殖；细菌；疏水性；附着；粘附	30-作用于物体的有害因素	A61C8/00
267	CN202010745228. 9	一种根管治疗机头无级旋转快拆结构	2	疼痛；便利性；舒适性；复杂性；清洁性；旋转率；效率；松动	33-操作流程的方便性；36-系统的复杂性；31-物质产生的有害因素；39-生产率	A61C1/08
268	CN202010865207. 0	一种牙套用修复装置	8	校正；可维修性；清洁性；速度；压力；消毒	28-测量精度；34-可维修性；31-物质产生的有害因素；09-速度；10-力	A61C7/00
269	CN202010766011. 6	颞下颌关节髁突发育诱导器及其制备方法	10	可推广性；健康；正确性；干预；发育；便利性	39-生产率；28-测量精度；33-操作流程的方便性	A61C11/00
270	CN202010960871. 3	一种冲牙器	10	缩入；合理性；复杂性；便利性；防水性；抽水；可制造性；进入；牢固性；流畅	35-适应性、通用性；36-系统的复杂性；33-操作流程的方便性；30-作用于物体的有害因素；32-可制造性；27-可靠性	A61C17/02
271	CN202010863251. 8	一种口腔外科临床引流装置	8	便利性；吸取；清洁性；污染物；及时性；堆积；抽取	33-操作流程的方便性；31-物质产生的有害因素；25-时间损失	A61C17/06
272	CN202010886704. 9	一种口腔持续负压吸引管及吸引系统	1C	吸引；姿态；紧固性；形状；孔；分泌物	12-形状	A61C17/06

续表

序号	申请号	标题	权利要求数量/个	技术功效 1 级	技术功效 TRIZ 参数	IPC 主分类
273	CN202010953990. 6	一种充电机构以及电动牙刷	10	复杂性；稳定性；脱落；牢固性；灰尘；空间；合理性；防水性；防护性；进入；密封性；可制造性	36-系统的复杂性；13-稳定性；27-可靠性；31-物质产生的有害因素；07-体积；35-适应性、通用性；30-作用于物体的有害因素；29-制造精度；32-可制造性	A61C17/22
274	CN202010981476. 3	蓝牙电动牙刷美牙仪	8	美白；便利性；自动化	33-操作流程的方便性；38-自动化程度	A61C17/26
275	CN202010862323. 7	一种基于口腔种植用固定支架	7	便利性；美观性；防护性；稳定性；范围	33-操作流程的方便性；13-稳定性；35-适应性、通用性	A61C19/00
276	CN202010864015. 8	一种口腔修复用下颚撑开装置	8	便利性；延误；可维修性；医护；效率；口腔；不适；搬运；舒适性	33-操作流程的方便性；34-可维修性；39-生产率	A61C19/00
277	CN202010975023. X	多功能正畸器械杀菌柜	10	清洁性；效率	31-物质产生的有害因素；39-生产率	A61C19/00
278	CN202010863789. 9	一种口腔外科器械盒	8	存放盒；电控箱；细菌；可控性；感染；便利性；错位；无菌	30-作用于物体的有害因素；37-控制与测量的复杂性；33-操作流程的方便性	A61C19/02
279	CN202010863235. 9	一种基于口腔种植用口腔消毒装置	8	安全；防护性；损失；有害；病菌	30-作用于物体的有害因素；23-物质损失	A61C19/06
280	CN202010863592. 5	一种口腔外科用上药器	8	恢复；换药；便利性；可操作性；观察；精准性	33-操作流程的方便性	A61C19/06
281	CN202010961974. 1	治疗机管路系统以及牙科治疗机	10	便利性；效率；及时性	33-操作流程的方便性；39-生产率；25-时间损失	A61C19/06

续表

序号	申请号	标题	权利要求数量/个	技术功效 1 级	技术功效 TRIZ 参数	IPC 主分类
282	CN202010862328. X	一种基于口腔种植用工具放置架	8	摆放；变更；工具；实用性；使用者；放置	35-适应性、通用性	A61G15/16
283	CN202010863607. 8	一种口腔修复用夹取装置	8	拿取；麻烦；时间；适应性；稳定性	31-物质产生的有害因素；15-时间；35-适应性、通用性；13-稳定性	A61G15/16
284	CN202010728494. 0	一种种植体表面形貌处理装置	10	喷砂；稳定性；效率	13-稳定性；39-生产率	B24C3/04
285	CN201980025289. 3	可释放的腭扩张器	28	舒适性；移除；复杂性；自动化	36-系统的复杂性；38-自动化程度	A61C7/10
286	CN201980025248. 4	用于将增白凝胶和其他口腔护理化合物施加到嘴部件的歧管组件	15	准确性；可控性；均匀性	28-测量精度；37-控制与测量的复杂性；29-制造精度	A61C19/06
287	CN201580023691. X	口腔内传感器、支架和口腔内感测系统	2	牙齿；电缆；时间；体积	15-时间；07-体积	A61B6/14
288	CN201810516519. 3	一种冲牙器	7	自动化；可操作性；适合性；清洁性；病毒	38-自动化程度；33-操作流程的方便性；35-适应性、通用性；31-物质产生的有害因素	A61C17/02
289	CN201910604342. 7	适用于牙科机器人种植手机的装夹装置	8	可靠性；可制造性；复杂性	27-可靠性；32-可制造性；36-系统的复杂性	A61B34/00

续表

序号	申请号	标题	权利要求数量/个	技术功效 1 级	技术功效 TRIZ 参数	IPC 主分类
290	CN202010785691.6	一种口腔种植辅助定位装置及其定位方法	6	稳定性；体偏移；易拆卸	13 - 稳定性；34-可维修性	A61C3/02
291	CN202010809780.X	一种具有防回吸的牙科手机	6	复杂性；实用性；复用性；速度；回吸	36-系统的复杂性；35 - 适应性、通用性；39-生产率；09-速度	A61C3/02
292	CN202010920402.9	一种正畸用上颌磨牙远中移动装置	6	加力；支撑；便利性；移动	33-操作流程的方便性	A61C7/00
293	CN202010929069.8	一种口腔正畸辅助设备	10	舒适性；便利性；效率；自由度；海绵层；广泛性	33-操作流程的方便性；39 - 生产率	A61C7/02
294	CN202010636716.6	一种矫治器及其制造方法	10	硬度	14-强度	A61C7/08
295	CN202010756725.9	一种数字化矫治器的制备方法、制备系统及矫治方法	10	劳动强度；时间；精度；复杂性；效率	39 - 生产率；15-时间；28 - 测量精度；36-系统的复杂性	A61C7/08
296	CN202010666308.5	一种具有导水功能的数字化口腔种植导板	6	疼痛；风险；概率；成功率	27-可靠性	A61C8/00
297	CN202010868141.0	一种免用排龈线的气枪取模方法	9	可维修性；修复体	34-可维修性	A61C9/00
298	CN202010841739.0	一种数字化基台切削控制方法、系统及存储介质	10	可维修性；精准性	34-可维修性	A61C13/00
299	CN202010841751.1	一种个性化基台制作方法、系统及存储介质	10	可维修性；适合性；碰撞；精准性	34 - 可维修性；35-适应性、通用性；30-作用于物体的有害因素	A61C13/00
300	CN202010699585.6	一种牙周刮治器	7	便利性；变形；锋利；活动性；刮	33-操作流程的方便性；12-形状	A61C17/00

3.3 医疗实验室及医用消毒设备和器具制造

3.3.1 全球专利概况

3.3.1.1 全球专利申请趋势

图 3-19 展示的是医疗实验室及医用消毒设备和器具制造领域全球专利申请量的发展趋势。通过申请趋势可以从宏观层面把握分析对象在各时期的专利申请热度变化。申请数量的统计范围是已公开的专利。

从图 3-19 中可以看出医疗实验室及医用消毒设备和器具制造领域在全球主要市场上的历年专利申请分布状况。2000—2014 年，医疗实验室及医用消毒设备和器具制造领域全球专利申请量平稳增加，2015—2019 年医疗实验室及医用消毒设备和器具制造领域全球专利申请量快速增加；2015 年医疗实验室及医用消毒设备和器具制造领域全球专利申请量 21 515 件，到 2019 年达到峰值，当年专利申请量达 30 985 件。

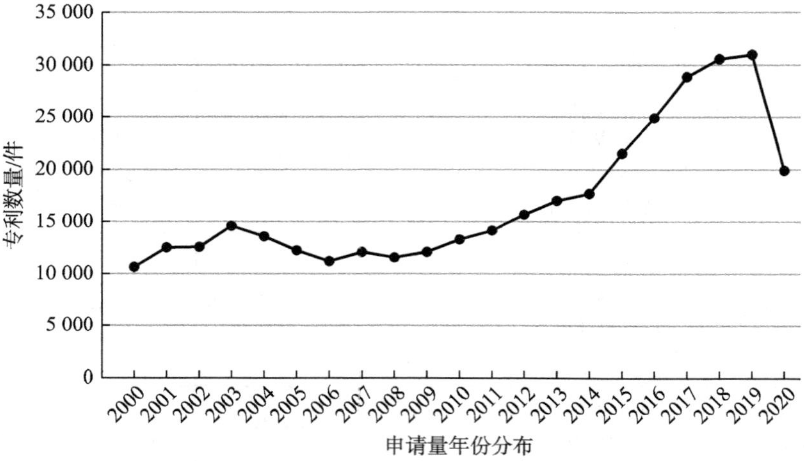

图 3-19 医疗实验室及医用消毒设备和器具制造领域全球专利申请趋势

3.3.1.2 全球专利申请分布

图 3-20 展示的是医疗实验室及医用消毒设备和器具制造领域在各个申请国家、地区和组织的专利数量分布情况。通过分析可以了解分析对象在不同国家、地区和组织技术创新的活跃情况，从而发现主要的技术创新来源国家、地区和重要的目标市场。

全球专利申请分布可以体现专利权人想在哪些国家或地区保护医疗实验室及医用消毒设备和器具制造技术。这一参数也反映了该技术未来可能的实施国家或地区。医疗实验室及医用消毒设备和器具制造领域专利主要申请分布（图 3-20）显示，中国、日本、美国是医疗实验室及医用消毒设备和器具制造领域专利重点申请国家，数量分布中国为 129 983 件、日本为 59 786 件、美国为 35 968 件。另外韩国 19 075 件，英国 18 133 件等。

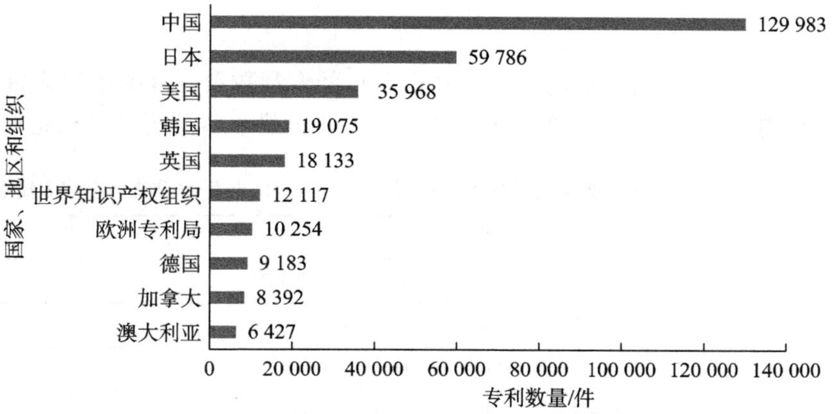

图 3-20　医疗实验室及医用消毒设备和器具制造领域全球专利主要申请主体分布

全球专利申请分布情况表明，中国、日本、美国是医疗实验室及医用消毒设备和器具制造领域专利布局的主要国家，企业可以跟踪、引进和消化相关领域技术，在此基础上实现技术突破。医疗实验室及医用消毒设备和器具制造领域中国、日本、美国的专利类型分布如表 3-23、表 3-24、表 3-25 所示。

表 3-23　医疗实验室及医用消毒设备和器具制造领域中国专利类型　　单位：件

专利类型		专利数量
发明	发明申请	31 176
	发明授权	8 021
实用新型		62 095
外观设计		28 691

表 3-24　医疗实验室及医用消毒设备和器具制造领域日本专利类型　　单位：件

专利类型		专利数量
发明	发明申请	21 047
	发明授权	12 539
实用新型		6 175
外观设计		19 665

表 3-25　医疗实验室及医用消毒设备和器具制造领域美国专利类型　　单位：件

专利类型		专利数量
发明	发明申请	8 774
	发明授权	15 177
外观设计		12 017

3.3.1.3 全球专利申请人排行

表 3-26 展示的是按照所属申请人（专利权人）的专利数量统计的申请人排名情况。通过分析可以发现创新成果积累较多的专利申请人，并据此进一步分析其专利竞争实力。

表 3-26 医疗实验室及医用消毒设备和器具制造领域全球专利数量前十申请人排名 单位：件

排名	申请人名称	专利数量
1	卡尔史托斯公司（KARL STORZ SE CO KG）	1 862
2	爱惜康公司（ETHICON INC）	1 663
3	庄臣公司（S C JOHNSON SON INC）	1 549
4	爱惜康有限责任公司（ETHICON LLC）	1 484
5	碧迪公司（BECTON DICKINSON AND COMPANY）	1 418
6	宝洁公司（THE PROCTER GAMBLE COMPANY）	1 401
7	PROCTER GAMBLE	1 237
8	JOHNSON SON INC S C	1 207
9	蛇牌股份有限公司（AESCULAP AG）	1 033
10	3M 创新公司（3M INNOVATIVE PROPERTIES COMPANY）	944

3.3.1.4 全球专利技术构成

表 3-27 和图 3-21 展示的是医疗实验室及医用消毒设备和器具制造领域在各技术方向的数量分布情况。通过分析可以了解分析对象覆盖的技术类别及各技术分支的创新热度。

医疗实验室及医用消毒设备和器具制造领域专利按照国际专利分类号（IPC）进行统计，结果如图 3-21 和表 3-27 所示。医疗实验室及医用消毒设备和器具制造领域专利 IPC 分布中，A61L（材料或消毒的一般方法或装置；空气的灭菌、消毒或除臭；绷带、敷料、吸收垫或外科用品的化学方面；绷带、敷料、吸收垫或外科用品的材料）的专利数量最多，达 337 097 件，其次是 B01D（分离），专利数量为 34 002 件，再次是 A61K（医用、牙科用或梳妆用的配制品），专利数量为 30 632 件。

表 3-27 医疗实验室及医用消毒设备和器具制造领域全球专利主要技术构成 单位：件

IPC 分类号（小类）	专利数量
A61L（材料或消毒的一般方法或装置；空气的灭菌、消毒或除臭；绷带、敷料、吸收垫或外科用品的化学方面；绷带、敷料、吸收垫或外科用品的材料）	337 097
B01D（分离）	34 002
A61K（医用、牙科用或梳妆用的配制品）	30 632
A01N（人体、动植物体或其局部的保存）	27 547
C02F（水、废水、污水或污泥的处理）	20 359

续表

IPC 分类号（小类）	专利数量
B01J（化学或物理方法，例如，催化作用或胶体化学；其有关设备［2］）	19 438
F24F（空气调节；空气增湿；通风；空气流作为屏蔽的应用）	18 827
B08B（一般清洁；一般污垢的防除）	15 127
A61M（将介质输入人体内或输到人体上的器械）	14 253
A61B（诊断；外科；鉴定）	13 637

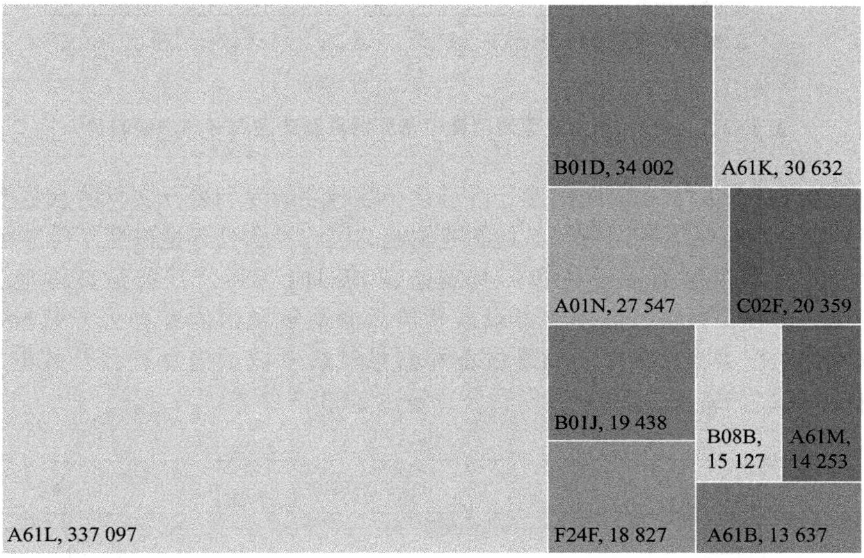

单位：件

图 3-21　医疗实验室及医用消毒设备和器具制造领域全球专利主要技术构成

3.3.2　国内专利概况

3.3.2.1　国内专利申请趋势

图 3-22 展示的是医疗实验室及医用消毒设备和器具制造领域国内专利申请量的发展趋势。通过申请趋势可以从宏观层面把握医疗实验室及医用消毒设备和器具制造领域在各时期的专利申请热度变化。申请数量的统计范围是目前已公开的专利。

由图 3-22 可以看到，2000—2014 年，医疗实验室及医用消毒设备和器具制造领域专利申请量平稳增长；2015—2019 年，，医疗实验室及医用消毒设备和器具制造领域专利申请量增长迅速，2015 年专利申请量 8 241 件，2019 年达到 21 679 件。

3.3.2.2　国内专利公开趋势

图 3-23 展示的是医疗实验室及医用消毒设备和器具制造领域国内专利公开量的发展趋

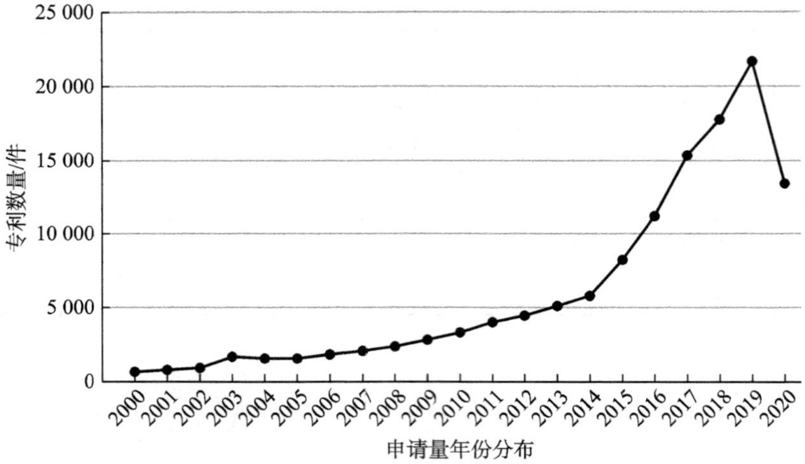

图 3-22　医疗实验室及医用消毒设备和器具制造国内专利申请趋势

势。通过公开趋势可以从宏观层面把握分析对象在各时期的专利公开文献的数量变化。

将医疗实验室及医用消毒设备和器具制造领域的国内专利公开量按照年份进行统计分析可知，医疗实验室及医用消毒设备和器具制造领域国内专利公开数量整体呈上升态势。2000—2014 年，医疗实验室及医用消毒设备和器具制造领域国内专利公开数量平稳增长；2015—2020 年，医疗实验室及医用消毒设备和器具制造领域国内专利公开数量增长迅速，2015 年专利公开量 7 068 件，2020 年专利公开量达 32 365 件。

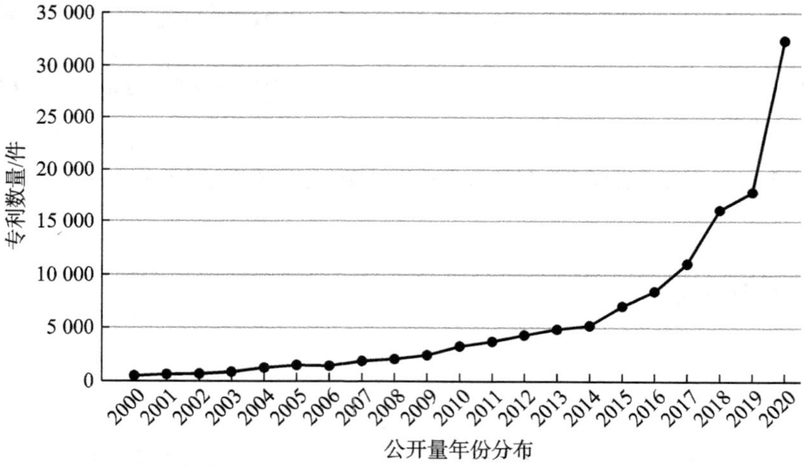

图 3-23　医疗实验室及医用消毒设备和器具制造领域国内专利公开趋势

3.3.2.3　国内专利类型分布

图 3-24 展示的是医疗实验室及医用消毒设备和器具制造领域的专利类型，分为发明专利、实用新型专利、外观设计专利。根据发明专利授权与否，将发明细分为发明申请和发明授权。

在中国专利中，经过检索获得医疗实验室及医用消毒设备和器具制造领域专利共

129 983 件。如图 3-24 所示，其中发明申请 31 176 件，占总数的 24%；发明授权 8 021 件，占总数的 6%；实用新型 62 095 件，占总数的 48%；外观设计 28 691 件，占总数的 22%。

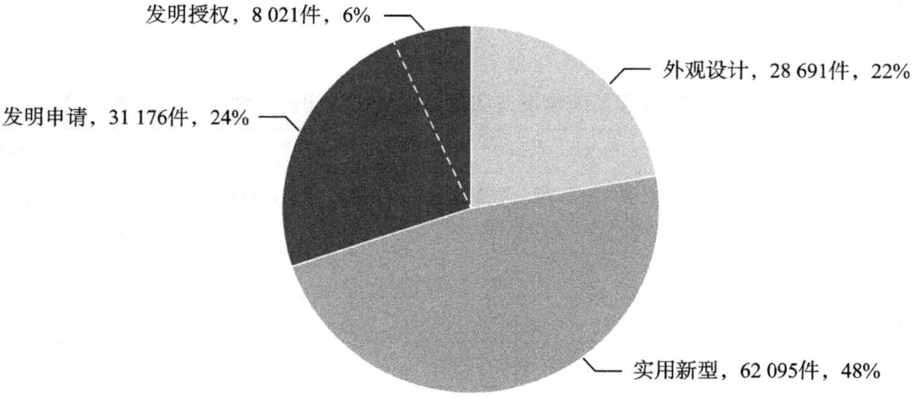

图 3-24　医疗实验室及医用消毒设备和器具制造领域国内专利类型分布

3.3.2.4　国内专利法律状态

图 3-25 展示的是专利审中、有效、失效三种状态的占比情况，仅统计中国专利。通过该分析可以分别了解医疗实验室及医用消毒设备和器具制造领域当前正在审查中已获得实质性保护、已失去专利权保护的专利数量分布情况，以从整体上掌握专利的权利保护和潜在风险情况，为专利权的法律性调查提供依据。筛选进入公知技术领域的失效专利，可以进行无偿使用或改进利用。

将国内医疗实验室及医用消毒设备和器具制造领域专利按照法律状态进行统计分析，得到图 3-25。其中，审中专利 11 061 件，占总专利数的 9%；有效专利 53 531 件，占总专利数的 41%；失效专利 65 391 件，占总专利数的 50%。

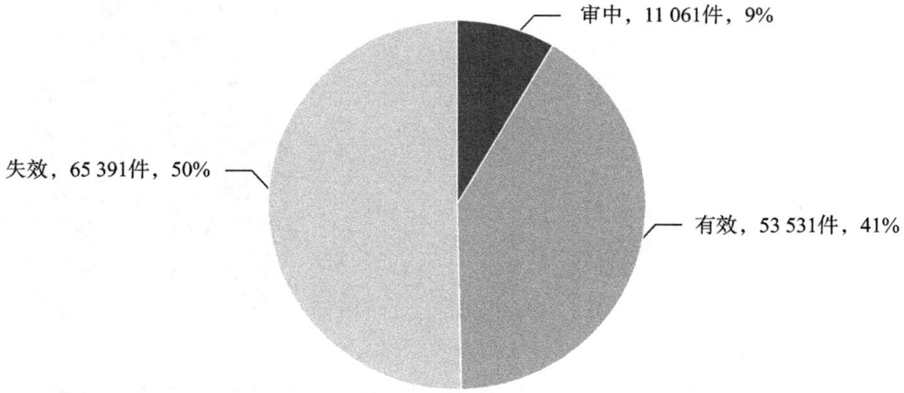

图 3-25　医疗实验室及医用消毒设备和器具制造领域国内专利法律状态分布

3.3.2.5　国内专利技术领域分布

表 3-28 和图 3-26 展示的是医疗实验室及医用消毒设备和器具制造领域在各技术方向的数量分布情况。通过分析可以了解分析对象覆盖的技术类别及各技术分支的创新热度。

国内医疗实验室及医用消毒设备和器具制造领域主要专利技术领域分布中，A61L（材料或消毒的一般方法或装置；空气的灭菌、消毒或除臭；绷带、敷料、吸收垫或外科用品的化学方面；绷带、敷料、吸收垫或外科用品的材料）的专利数量最多，达 101 292 件；第二是 B01D（分离），专利申请量为 9 391 件；第三是 B08B（一般清洁；一般污垢的防除），专利申请量 8 583 件。

表 3-28 医疗实验室及医用消毒设备和器具制造领域国内专利主要技术领域分布 单位：件

IPC 分类号（小类）	专利数量
A61L（材料或消毒的一般方法或装置；空气的灭菌、消毒或除臭；绷带、敷料、吸收垫或外科用品的化学方面；绷带、敷料、吸收垫或外科用品的材料）	101 292
B01D（分离）	9 391
B08B（一般清洁；一般污垢的防除）	8 583
F24F（空气调节；空气增湿；通风；空气流作为屏蔽的应用）	6 258
F26B（从固体材料或制品中消除液体的干燥）	6 237
A61B（诊断；外科；鉴定）	3 837
A47B（桌子；写字台；办公家具；柜橱；抽屉；家具的一般零件）	3 230
A61M（将介质输入人体内或输到人体上的器械）	2 614
A01N（人体、动植物体或其局部的保存）	2 557
F21V（照明装置或其系统的功能特征或零部件；不包含在其他类目中的照明装置和其他物品的结构组合物）	2 306

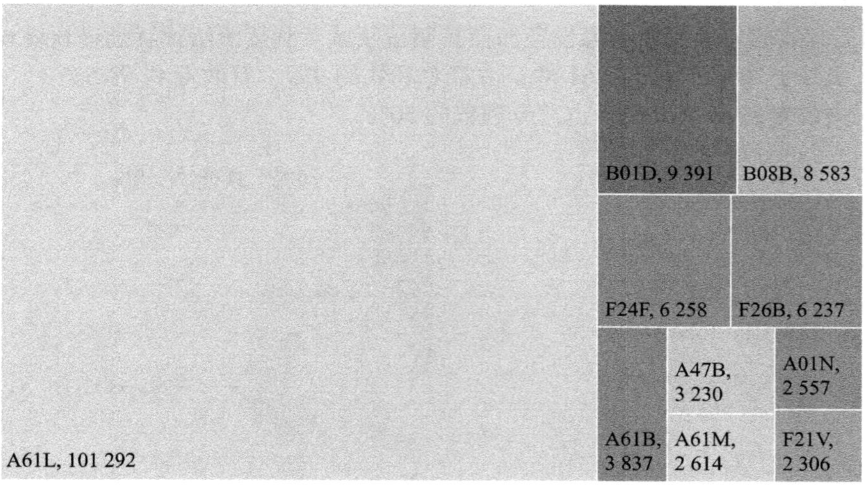

单位：件

图 3-26 医疗实验室及医用消毒设备和器具制造领域国内专利主要技术领域分布

3.3.2.6 国内专利省（区、市）分布

表 3-29 展示的是医疗实验室及医用消毒设备和器具制造领域在中国省级行政区域的分布情况，仅统计中国专利。通过分析可以了解在中国申请专利保护较多的省（区、市），以及各省（区、市）的创新活跃程度。

对医疗实验室及医用消毒设备和器具制造领域国内专利进行主要省（区、市）分布分析可知，广东省以 20 971 件专利排名第一；江苏省以 14 607 件专利排名第二；山东省以 12 977 件专利排名第三。上海市、北京市、安徽省、河南省、福建省、四川省的专利申请量均在 10 000 件以下。

表 3-29　医疗实验室及医用消毒设备和器具制造领域国内专利主要省（区、市）分布 单位：件

申请人省（区、市）	专利数量
广东省	20 971
江苏省	14 607
山东省	12 977
浙江省	12 897
上海市	5 017
北京市	4 983
安徽省	4 854
河南省	4 497
福建省	4 328
四川省	4 096

3.3.2.7　重点省（区、市）发明专利申请人布局

(1) 江苏省申请人排名

表 3-30 给出了医疗实验室及医用消毒设备和器具制造领域江苏省国内发明专利申请人排名。

表 3-30　医疗实验室及医用消毒设备和器具制造领域江苏省国内发明专利主要申请人排名

单位：件

排行	申请人名称	专利数量
1	昆山市圣光新能源科技有限公司	69
2	博西华电器（江苏）有限公司	45
3	江阴天鸿环境科技有限公司	40
4	BSH 家用电器有限公司	34
5	连云港佑源医药设备制造有限公司	27
6	张家港市嘉瑞制药机械有限公司	26
7	江苏神农灭菌设备股份有限公司	26
8	万盛精密钣金江苏有限公司	24
9	南通大学	23
10	南通市第一人民医院	23

（2）广东省申请人排名

表3-31给出了医疗实验室及医用消毒设备和器具制造领域广东省国内发明专利申请人排名。

表3-31　医疗实验室及医用消毒设备和器具制造领域广东省国内发明专利主要申请人排名

单位：件

排行	申请人名称	专利数量
1	珠海格力电器股份有限公司	129
2	美的集团股份有限公司	86
3	广东美的厨房电器制造有限公司	44
4	广东美的制冷设备有限公司	37
5	圆融健康科技（深圳）有限公司	32
6	中山市丰申电器有限公司	24
7	佛山市顺德区美的洗涤电器制造有限公司	24
8	华南理工大学	19
9	华帝股份有限公司	19
10	中山市元亨家居用品有限公司	17

（3）浙江省申请人排名

表3-32给出了医疗实验室及医用消毒设备和器具制造领域浙江省国内发明专利申请人排名。

表3-32　医疗实验室及医用消毒设备和器具制造领域浙江省国内发明专利主要申请人排名

单位：件

排行	申请人名称	专利数量
1	宁波方太厨具有限公司	212
2	浙江大学	55
3	宁波欧琳厨具有限公司	17
4	东阳杏泊电子科技有限公司	15
5	浙江理工大学	15
6	温州智创科技有限公司	15
7	杭州国瑞光电有限公司	13
8	龙泉市起超医疗器械有限公司	12
9	杭州华慧医药科技有限公司	10
10	杭州老板电器股份有限公司	10

3.3.3　国内发明专利聚类分析

聚类分析是通过数据建模后简化并使数据可视化：提取专利文本中的关键词，从其相关度聚合出不同类别的文本关键词，并以圆环饼图的形式展示其分布情况，分析结果图 3-27 所示，专利分析表如表 3-33 所示。

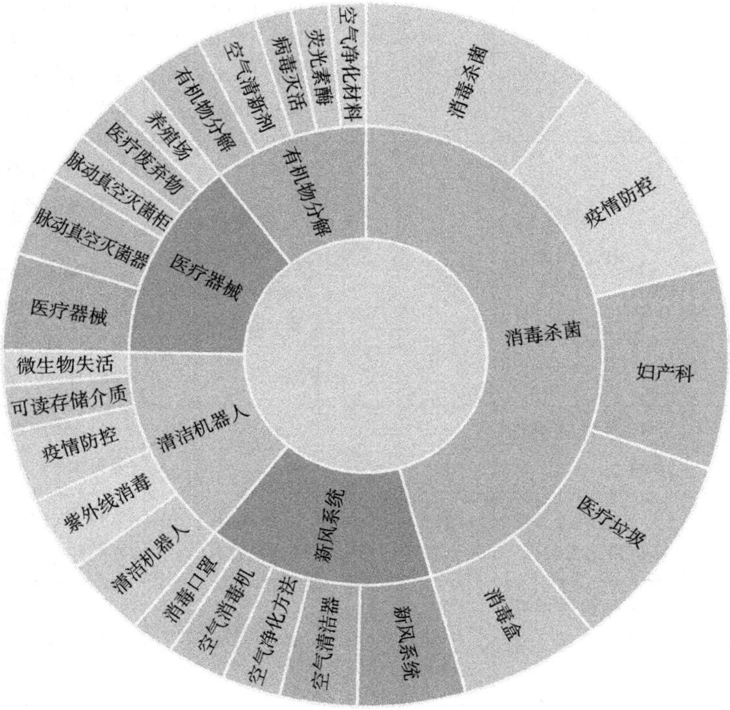

图 3-27　医疗实验室及医用消毒设备和器具制造领域专利聚类分析

表 3-33　医疗实验室及医用消毒设备和器具制造领域专利分析列表

序号	申请号	标题	权利要求数量/个	技术功效 1 级	技术功效 TRIZ 参数	IPC 主分类
1	CN201910199575.3	一种带有紫外线杀菌和烘干的智能鞋柜	6	存储量；清洁性；烘干；便利性；麻烦；空气；细菌；异味	31-物质产生的有害因素；33-操作流程的方便性；30-作用于物体的有害因素	A47B61/04
2	CN201910373536.0	一种高效智能控制的消毒装置	6	便利性；气流；均匀性；完成率；效率；可靠性；速度	33-操作流程的方便性；29-制造精度；39-生产率；27-可靠性；09-速度	A61L2/10
3	CN201910805822.X	一种新型肿瘤内科护理消毒装置	7	质量；效率；强度	27-可靠性；39-生产率；14-强度	A61L2/18

续表

序号	申请号	标题	权利要求数量/个	技术功效 1 级	技术功效 TRIZ 参数	IPC 主分类
4	CN201911194892.2	一种自动控温的分层消毒柜	5	循环性；细菌	30-作用于物体的有害因素	A61L2/04
5	CN201911384192.X	一种环保型垃圾处理装置	4	污染；共振；异味；安全；环境；焚烧；便利性；标准；体积；噪音；杂质；细菌	31-物质产生的有害因素；30-作用于物体的有害因素；33-操作流程的方便性；07-体积	B09B3/00
6	CN202010061249.9	一种衣物消毒装置	1	安全；自动化；便利性；复杂性；有害；泄露；通入	30-作用于物体的有害因素；38-自动化程度；33-操作流程的方便性；36-系统的复杂性；31-物质产生的有害因素	A61L2/04
7	CN202010100081.8	一种针管消毒设备	3	污染	31-物质产生的有害因素	A61L2/18
8	CN202010180030.0	一种细胞实验室口罩消毒设备	2	便利性；消毒；沾染	33-操作流程的方便性	A61L2/18
9	CN202010212470.X	一种口腔医疗器械用消毒干燥一体装置	5	劳动强度；机器	39-生产率	B08B3/02
10	CN202010237247.0	一种空气的消毒、除尘、加湿或干燥装置	1	自动化；潮湿；速度；便利性	38-自动化程度；09-速度；33-操作流程的方便性	F24F6/00
11	CN202010462882.9	一种含消毒功能的自助安检设备	1	劳动强度；便利性；复杂性	39-生产率；33-操作流程的方便性；36-系统的复杂性	G07C9/10
12	CN202010793070.2	一种废气排放处理设备	8	洁净度；数量；温度；废气；实用性；可靠性；损坏；长度；吸附；完成率；便利性	31-物质产生的有害因素；26-物质或事物的数量；17-温度；35-适应性、通用性；27-可靠性；03-长度；33-操作流程的方便性	B01D46/00

续表

序号	申请号	标题	权利要求数量/个	技术功效 1 级	技术功效 TRIZ 参数	IPC 主分类
13	CN202011061335.6	猫砂及其制备方法	10	异味；除臭；细菌；污染；水；持久度；清洁度；感染；防虫；环境；灰尘	30-作用于物体的有害因素；31-物质产生的有害因素；23-物质损失	A01K1/01
14	CN202011020640.0	一种阻止非洲猪瘟传播的猪舍	8	概率；细菌；经济性；滤网；损失；高度；猪瘟；企业；洁净度；病毒；速度	30-作用于物体的有害因素；39-生产率；23-物质损失；03-长度；31-物质产生的有害因素；09-速度	A01K29/00
15	CN202011128419.7	一种捕鼠器	10	灵敏度；复杂性；成本；智能化；细菌；效率；便利性；强度；范围；概率；可操作性	28-测量精度；36-系统的复杂性；39-生产率；30-作用于物体的有害因素；33-操作流程的方便性；14-强度；35-适应性、通用性	A01M23/04
16	CN201910439287.0	一种便捷式移动雾化驱蚊器	9	插拔电；正确性；局限性；约束	28-测量精度	A01M29/12
17	CN201910571088.5	一种新型净化驱虫除菌的假体盆栽	6	面积；环境；清洁性；成本；美观性；复杂性	05-面积；31-物质产生的有害因素；39-生产率；36-系统的复杂性	A01M29/12
18	CN202010658986.7	一种多孔石墨烯负载弱光光触媒-纳米银复合抗病毒粉体的制备	7	效率；长度；细菌；杀菌率；能力；光催化	39-生产率；03-长度；30-作用于物体的有害因素	A01N59/16
19	CN201910567622.5	一种智能衣柜	8	自动化；准确性；可控性；智能化；自由度；调节；霉变；获取；便利性；柜门	38-自动化程度；28-测量精度；37-控制与测量的复杂性；33-操作流程的方便性	A47B61/00
20	CN202010938601.2	一种集成式的智能床头柜及其控制系统	10	速度；床头柜	09-速度	A47B79/00

续表

序号	申请号	标题	权利要求数量/个	技术功效 1 级	技术功效 TRIZ 参数	IPC 主分类
21	CN202011064762. X	一种自动穿衣的智能衣架	7	细菌；病毒；安全	30-作用于物体的有害因素	A47G25/90
22	CN202010952173. 9	一种具有防潮除菌功能的一体化浴室柜	10	潮湿；细菌	30-作用于物体的有害因素	A47K1/02
23	CN202010552461. 5	洗面装置	6	清洁性；舒适性	31-物质产生的有害因素	A47K10/48
24	CN202011155609. 8	一种乳腺外科病理检测装置	10	便利性；细菌；清洁性	33-操作流程的方便性；30-作用于物体的有害因素；31-物质产生的有害因素	A61B5/00
25	CN202010925187. 1	一种 MRI 设备主磁体均匀度检测分析装置及其方法	9	自动化；寿命；安稳；舒适性；成型；乱动；洁净度；病人	38-自动化程度；27-可靠性；31-物质产生的有害因素	A61B5/055
26	CN202011143004. 7	咽拭子取样安全防护操作装置	5	确定性；完成率；复杂性；安全；流出	36-系统的复杂性；30-作用于物体的有害因素	A61B10/00
27	CN202011023381. 7	一种女性腹腔镜检查用气腹针处理装置	7	接触；摩擦力；消毒；自动化；细菌；概率；效率；脱离；感染；损失	10-力；38-自动化程度；30-作用于物体的有害因素；39-生产率；23-物质损失	A61B17/34
28	CN202010875934. 5	一种适用于吞咽障碍病人的针灸康复训练装置	9	针灸针；便利性；细菌；适合性；实用性；均匀性	33-操作流程的方便性；30-作用于物体的有害因素；35-适应性、通用性；29-制造精度	A61H39/08
29	CN202010900570. 1	一种沉香蒸馏水的制备方法	5	复杂性；淡化；抗皱；美白；均匀性；充分性	36-系统的复杂性；29-制造精度	A61K8/9789
30	CN202011104809. 0	一体式智能消毒机	9	美观性；搬运；坚实；复杂性；机外；原料；耐用性；成本；便利性	36-系统的复杂性；23-物质损失；13-稳定性；39-生产率；33-操作流程的方便性	A61L2/03

续表

序号	申请号	标题	权利要求数量/个	技术功效1级	技术功效TRIZ参数	IPC主分类
31	CN201910569602.1	一种消毒柜	10	便利性；密封性；物品；效率	33-操作流程的方便性；29-制造精度；39-生产率	A61L2/10
32	CN202010856326.X	一种学校实验室抗疫专用智能型多功能消毒装置及方法	10	便利性；效率；消毒；接触；监控；安全；频率；体验；风险；灵活性	33-操作流程的方便性；39-生产率；30-作用于物体的有害因素；27-可靠性；35-适应性、通用性	A61L2/10
33	CN202010892635.2	一种5G智能消杀系统	6	细菌；便利性；死角；劳动强度；安全；完成率；行为；消毒液；有害；车	30-作用于物体的有害因素；33-操作流程的方便性；39-生产率	A61L2/10
34	CN202011154728.1	彩条内衣生产用杀菌设备	10	细菌；内衣；充分性；确定性；清洁性；取衣；洁净度；效率；便利性；疲劳感；放衣	30-作用于物体的有害因素；31-物质产生的有害因素；39-生产率；33-操作流程的方便性	A61L2/10
35	CN202010973475.4	一种检验科设备清洁消毒装置	9	便利性；检验科；安全；干燥；清洁性；收集；细菌；污染；范围	33-操作流程的方便性；30-作用于物体的有害因素；31-物质产生的有害因素；35-适应性、通用性	A61L2/18
36	CN202010983794.3	一种智能化消毒清洗装置及其控制方法	10	消毒；复杂性；消耗；成本；适应性	36-系统的复杂性；23-物质损失；39-生产率；35-适应性、通用性	A61L2/18
37	CN202010995563.4	一种具有自动消毒功能的养殖场进出口货车消毒装置	6	消毒；喷洒；进入；畜禽；有害	30-作用于物体的有害因素	A61L2/18
38	CN202011040228.5	自走式医院楼梯扶手消毒装置	8	负担；脱离；稳健；便利性；完成率；消毒；密封性	39-生产率；33-操作流程的方便性；29-制造精度	A61L2/18

续表

序号	申请号	标题	权利要求数量/个	技术功效1级	技术功效TRIZ参数	IPC主分类
39	CN202010601431.9	便携式臭氧化设备	11	适应性；正确性；有害；复杂性；相关联；直观性；安全	35-适应性、通用性；28-测量精度；30-作用于物体的有害因素；36-系统的复杂性	A61L2/20
40	CN202011001639.3	基于次氯酸的消毒方法	10	表面；均匀性；消耗；清洁性；次氯酸微粒	29-制造精度；23-物质损失；31-物质产生的有害因素	A61L2/22
41	CN202011052682.2	一种用于肉鸡养殖的消毒装置	10	便利性；成本；电；寿命；震感；及时性；稳定性	33-操作流程的方便性；39-生产率；27-可靠性；25-时间损失；13-稳定性	A61L2/22
42	CN202011058874.4	一种基于人工智能原理的家庭消毒机器人装置	7	健康；合理性；污染；消毒剂；消灭；获取	35-适应性、通用性；31-物质产生的有害因素	A61L2/22
43	CN202011105834.0	一种用于写字楼的防疫系统及其防疫方法	10	防疫；拥堵；写字楼；正确性；接触	28-测量精度	A61L2/22
44	CN202010570253.8	一种智能消毒及烘干方法	10	消毒；可控性；智能化；选择；能源	37-控制与测量的复杂性；19-能耗	A61L2/24
45	CN202011028933.3	一种智能自动杀菌衣柜及其杀菌控制方法、可读存储介质	10	智能化；柜门；自动化；细菌	38-自动化程度；30-作用于物体的有害因素	A61L2/24
46	CN201910564236.0	一种消毒柜	10	安全；死角；放置；稳定性	30-作用于物体的有害因素；13-稳定性	A61L2/26
47	CN201910571793.5	凝胶空气清新剂及其制备方法	10	成本；空间；香量；挥发；速度；加香量	39-生产率；07-体积；09-速度	A61L9/012
48	CN201910558208.8	一种益微生物除味颗粒胶囊及其制备方法	10	污染；舒适性；成本；胶囊；繁殖；合理性；洁净度；浪费；异味；扩散性；效率；负担	31-物质产生的有害因素；39-生产率；35-适应性、通用性	A61L9/013

续表

序号	申请号	标题	权利要求数量/个	技术功效 1 级	技术功效 TRIZ 参数	IPC 主分类
49	CN202011008932.2	手持低压电离臭氧消毒机	8	损耗；臭氧水；噪音；时间；死角；损失；能源；电磁波；寿命；过敏症；密封性；便利性	23-物质损失；31-物质产生的有害因素；15-时间；19-能耗；27-可靠性；29-制造精度；33-操作流程的方便性	A61L9/16
50	CN202011037036.9	一种等离子体空气灭菌消毒设备	4	进入；洁净度；细菌	31-物质产生的有害因素；30-作用于物体的有害因素	A61L9/22
51	CN202011019565.6	一种胸外科手术用胰管内引流支架	10	能力；效率；贴合；实用性；便利性；速度；感染；可靠性；受阻；清洁性	39-生产率；35-适应性、通用性；33-操作流程的方便性；09-速度；27-可靠性；31-物质产生的有害因素	A61M1/00
52	CN202011100954.1	一种具有消毒功能的紧急吸痰设备	9	防滑性；摇曳；可靠性；干扰；环境；无用；实用性；紧固性；可控性；冲洗；能源；安全	27-可靠性；30-作用于物体的有害因素；35-适应性、通用性；37-控制与测量的复杂性；19-能耗	A61M1/00
53	CN201910565897.5	一种智能远红外线光波疗房	6	防腐防潮；可靠性；温度；安全；复杂性；潮湿；牢固性；拆装；健康	27-可靠性；17-温度；30-作用于物体的有害因素；36-系统的复杂性	A61N5/06
54	CN202011053592.5	一种电气自动化设备用具有循环过滤结构的除尘装置	9	均匀性；灰尘；主体；干扰；应气；过滤；缓冲性；效率；高度；消毒	29-制造精度；31-物质产生的有害因素；30-作用于物体的有害因素；39-生产率；03-长度	B01D46/12
55	CN202011169252.9	一种光触媒空气除菌脱臭机	7	洁净度；擦拭	31-物质产生的有害因素	B01D46/12

续表

序号	申请号	标题	权利要求数量/个	技术功效1级	技术功效TRIZ参数	IPC主分类
56	CN202010918641.0	一种除臭剂及其制备方法	9	品质；稳定性；沉淀；溶解度；适合性；分解；冲击；干燥；有效期；臭气；透明度；腐蚀；颗粒；液滴	29-制造精度；13-稳定性；35-适应性、通用性	B01D53/78
57	CN202010942152.9	一种有机肥生产用干湿物料粉碎混合机及其混合工艺	9	便利性；均匀性；充分性；自动化	33-操作流程的方便性；29-制造精度；38-自动化程度	B01F7/18
58	CN202010981845.9	一种具有光热催化生产的负氧离子活性材料	10	掌握；均匀性；复杂性；材料；人群；效率；活性；稳定性；细菌	29-制造精度；36-系统的复杂性；23-物质损失；39-生产率；13-稳定性；30-作用于物体的有害因素	B01J31/38
59	CN202010777616.5	一种喷雾器及其维护方法	10	污染；液安瓶；成本；浪费；细菌；液体；接触；液能；漏出；概率；便利性；洁净度；清洁性；消毒；稳定性；动作；可靠性；残留；消耗；卫生性；购买欲；能源；完成率；挥发；松动；长度	31-物质产生的有害因素；39-生产率；30-作用于物体的有害因素；33-操作流程的方便性；13-稳定性；27-可靠性；23-物质损失；19-能耗；03-长度	B05B7/04
60	CN202010882373.1	一种医疗器械声波震动辅助消毒设备	10	隐蔽；清洁性	31-物质产生的有害因素	B08B1/02
61	CN202011051924.6	一种用于预灌封注射器包装盒的自动清洁消毒设备	9	清洁性；可验证性；可操作性；复用性	31-物质产生的有害因素；33-操作流程的方便性；39-生产率	B08B9/28

续表

序号	申请号	标题	权利要求数量/个	技术功效1级	技术功效 TRIZ 参数	IPC 主分类
62	CN202011041400.9	一种具有节能作用的医药瓶内外壁清洁杀毒装置	6	偏移；能源；感染	19-能耗	B08B9/36
63	CN202011068656.9	清洗机	7	细菌；便利性；蛋白质；合理性；延伸	30-作用于物体的有害因素；33-操作流程的方便性；35-适应性、通用性	B08B13/00
64	CN202010912366.1	一种智能超市用的购物车排队装置	9	便利性；自动化；细菌；购物车；稳定性；复杂性；灵活性；防滑性；附着；双手；放置	33-操作流程的方便性；38-自动化程度；30-作用于物体的有害因素；13-稳定性；36-系统的复杂性；35-适应性、通用性	B62B5/00
65	CN202011104818.X	一种次氯酸钠消毒装置	7	便利性；稳定性；寿命；精确性；原料；成本；纯度	33-操作流程的方便性；13-稳定性；27-可靠性；28-测量精度；23-物质损失；39-生产率；29-制造精度	C25B1/26
66	CN202011033730.3	阳台综合干衣柜	4	收藏；太阳能；干燥；便利性；健康；速度；能源	33-操作流程的方便性；09-速度；19-能耗	D06F58/10
67	CN202011032579.1	垃圾收集装置	7	充分性；垃圾；合理性；水；隔离；污物；密闭性；用水量；成本；消耗；经济性	35-适应性、通用性；23-物质损失；39-生产率	E03D9/00
68	CN202011136890.0	一种新型节水智能马桶	4	面积；美观性；智能化；水；空间；适合性；实用性；便利性；死角	05-面积；23-物质损失；07-体积；35-适应性、通用性；33-操作流程的方便性	E03D11/02

续表

序号	申请号	标题	权利要求数量/个	技术功效1级	技术功效 TRIZ 参数	IPC 主分类
69	CN202011057723.7	一种具有紫外线消毒功能的蹲便器	10	复杂性；成本；残留；传播率；光照；合盖；清洁性；阻隔；阻断	36-系统的复杂性；39-生产率；31-物质产生的有害因素	E03D11/04
70	CN202011234864.1	用保护气及消毒液进行雾化喷淋消毒的医护通道	8	安全；负担；疼痛；配套；成本；经济性；难度；舒适性	30-作用于物体的有害因素；39-生产率；36-系统的复杂性	E04H1/12
71	CN202010706374.0	一种呼吸科负压消毒输液诊室	7	消毒；无菌性；阻断；自动化；传递；数量	38-自动化程度；26-物质或事物的数量	E04H3/08
72	CN202010831605.0	一种装配式病房	7	连通；消毒；病区；锁定；隔离；开合；可控性；独立	37-控制与测量的复杂性	E04H3/08
73	CN202011067857.7	一种自扩孔型周向无叶出风器	10	安全；溢出；出风量；通风量；效率；健康；形变；重力；复杂性；自动化；难度；速度；总量；智能化；消毒	30-作用于物体的有害因素；39-生产率；36-系统的复杂性；38-自动化程度；09-速度	F04D29/70
74	CN202010960188.X	一种消声杀菌消毒自净化空气净化机	6	洁净度；催化；扩散性；复杂性；能力；消耗；细菌；噪音	31-物质产生的有害因素；36-系统的复杂性；23-物质损失；30-作用于物体的有害因素	F24F3/16
75	CN202010961584.4	一种可变换组合的空气净化系统	9	效率；洁净度；除臭；紧固性	39-生产率；31-物质产生的有害因素	F24F3/16
76	CN202011044770.8	空气在线监测设备	7	准确性	28-测量精度	G01N1/24
77	CN202010792820.4	一种城市湖泊水质处理用检测装置及其工作方法	10	准确性	28-测量精度	G01N33/18

续表

序号	申请号	标题	权利要求数量/个	技术功效 1 级	技术功效 TRIZ 参数	IPC 主分类
78	CN202011048710.3	一种基于边缘计算和无人机的空间人员流动密集检测与消毒方法	4	健康；有害；均匀性；智能化；喷洒；消毒；效率；可控性；防疫；准确性；自动化；安全	30-作用于物体的有害因素；29-制造精度；39-生产率；37-控制与测量的复杂性；28-测量精度；38-自动化程度	G05D1/02
79	CN202011324035.2	一种智能身份识别系统	10	识别性；发出；确定性；可能性；发送；成功率；可测量度；传递；采集	37-控制与测量的复杂性；27-可靠性	G07C1/10
80	CN201980034372.7	由劣化次氯酸盐得到新型氯氧化物组合物的制造方法	52	成本；细菌；气味；负担；复杂性	39-生产率；30-作用于物体的有害因素；36-系统的复杂性	A01N59/08
81	CN201980034393.9	消毒行为跟踪和排名	66	功率；细菌；安全；强度；长度；时间；中断；触摸；平均值；确定性；皮肤；网络；循环性；可控性；紫外线；眼睛；降解；剂量；额外	21-功率；30-作用于物体的有害因素；14-强度；03-长度；15-时间；37-控制与测量的复杂性；26-物质或事物的数量	A61L2/10
82	CN201980033311.9	吸水处理材料及其制造方法	30	成本；恶臭	39-生产率	A61L9/01
83	CN201910021635.2	一种高效节能烘干设备	3	散失；成本；面积；结块；稳定性；收益；恒定值；充分性；能源；速率；溢出；细菌；利用率；效率	39-生产率；05-面积；13-稳定性；19-能耗；09-速度；30-作用于物体的有害因素	F26B11/16
84	CN201910875698.4	手术室护理用具消毒装置	6	自动化；复杂性；实用性；消毒；单一	38-自动化程度；36-系统的复杂性；35-适应性、通用性	A61L2/18

续表

序号	申请号	标题	权利要求数量/个	技术功效1级	技术功效TRIZ参数	IPC主分类
85	CN201911048262.4	一种多功能的护理用体温计存放器	10	复杂性；安全；空间；便利性；携带	36-系统的复杂性；30-作用于物体的有害因素；07-体积；33-操作流程的方便性	G01K5/22
86	CN202010092446.7	一种地铁列车空气消毒装置	10	消毒；流动性；微生物；健康；富集；传递；不舒适感；不良；面积；效率；浪费；病毒	05-面积；39-生产率	B61D27/00
87	CN202010105454.0	一种蒸汽衣物消毒装置	[illegible]	速度；烫伤；便利性	09-速度；33-操作流程的方便性	A61L2/07
88	CN202010122574.1	一种可以防静电的加湿器	5	安全；健康；潮湿；阻断；质量；静电	30-作用于物体的有害因素；27-可靠性；31-物质产生的有害因素	F24F6/14
89	CN202011037177.0	一种具有消毒功能的鸡养殖用养鸡笼及其养殖方法	6	质量；复杂性；产蛋率；健康；细菌；消毒；热；距离；效率；密封性；范围	27-可靠性；36-系统的复杂性；30-作用于物体的有害因素；17-温度；03-长度；39-生产率；29-制造精度；35-适应性、通用性	A01K31/00
90	CN202010929918.X	一种养殖厂用家禽粪便环保清理设备	10	可推广性；实用性；清洁性；复杂性；环境；成本；负担；效率	39-生产率；35-适应性、通用性；31-物质产生的有害因素；36-系统的复杂性	A01K31/04
91	CN202010960248.8	一种即食黄花菜的制作方法	5	长久；细菌；营养；速度；适口性	30-作用于物体的有害因素；09-速度	A23L19/00
92	CN202011211438.6	一种新型的电子烟烟盒	5	细菌；电子烟	30-作用于物体的有害因素	A24F40/95
93	CN202011003705.0	循环再生医用防护口罩、制备方法及循环再生方法	10	口罩；干燥；复用性；循环性；充电荷；消杀	39-生产率	A41D13/11

续表

序号	申请号	标题	权利要求数量/个	技术功效1级	技术功效TRIZ参数	IPC主分类
94	CN202010998579.0	一种便于移动的可调式智能洗头机	9	可操作性；酸胀感；灵活性；舒适性；可维护性；细菌；复杂性；便利性；适应性；支撑；清洁性；选择；检修	33-操作流程的方便性；35-适应性、通用性；34-可维修性；30-作用于物体的有害因素；36-系统的复杂性；31-物质产生的有害因素	A45D19/10
95	CN202010988556.1	一种智能衣柜及其使用方法	10	成本；便利性；智能化；衣物；效率；复杂性；关门；自动化；细菌；时间	39-生产率；33-操作流程的方便性；36-系统的复杂性；38-自动化程度；30-作用于物体的有害因素；15-时间	A47B61/00
96	CN202011017865.0	一种智能消毒衣柜	9	风险；细菌；消毒	27-可靠性；30-作用于物体的有害因素	A47B61/00
97	CN202011027098.1	一种智能衣柜	10	速度；可靠性；适应性；便利性；复杂性	09-速度；27-可靠性；35-适应性、通用性；33-操作流程的方便性；36-系统的复杂性	A47B61/00
98	CN202010706125.1	餐饮专用消毒鞋柜	9	消毒；清洁性；效率；便利性；均匀性；确定性；速度	31-物质产生的有害因素；39-生产率；33-操作流程的方便性；29-制造精度；09-速度	A47B61/04
99	CN202010999030.3	一种多功能家用智能药品柜	6	便利性；稳定性；灵活性；接触；智能化；存放	33-操作流程的方便性；13-稳定性；35-适应性、通用性	A47B67/02
100	CN202011126420.6	一种厨房厨具用装配式多功能橱柜	10	空间；厨具；美观性；便利性；清洁性；利用率	07-体积；33-操作流程的方便性；31-物质产生的有害因素；39-生产率	A47B77/04

续表

序号	申请号	标题	权利要求数量/个	技术功效1级	技术功效TRIZ参数	IPC主分类
101	CN202011139530.6	一种多功能消化内镜治疗装置	10	安放；放置；取放；观察；便利性；器具；喷洒；牢固性；污染；拆装	33-操作流程的方便性；27-可靠性；31-物质产生的有害因素	A61B1/273
102	CN202010954237.9	一种使用便捷的心电图检查床	10	防护性；便利性；时间；消毒；复杂性	33-操作流程的方便性；15-时间；36-系统的复杂性	A61B5/0402
103	CN202010982748.1	一种多功能麻醉科手术用推车	9	完整性；水；循环性	23-物质损失	A61B50/13
104	CN202011084328.8	一种用于神经内科诊断工具的收纳盒	8	细菌；安全；不适感；照明；导光；盒芯；稳定性；均匀性	30-作用于物体的有害因素；18-照度；13-稳定性；29-制造精度	A61B50/30
105	CN202011048355.X	一种手术器械快速灭菌设备	4	成本；污染；节点；效率；速度；防护性	39-生产率；31-物质产生的有害因素；09-速度	A61B90/70
106	CN202010990747.1	一种用于牙种植体制备的表面喷砂处理装置	10	完成率；清洁性	31-物质产生的有害因素	A61C13/00
107	CN202011093524.1	一种防交叉感染的医疗护理车	7	感染；混乱；实用性；便利性；槽内；自动化；放置	35-适应性、通用性；33-操作流程的方便性；38-自动化程度	A61G12/00
108	CN202011216330.6	一种多功能医院基础护理装置	8	便利性；安全；消毒；细菌；挥发	33-操作流程的方便性；30-作用于物体的有害因素	A61G12/00
109	CN202011006480.4	一种智能电动截肢手术台	5	便利性；切割；抖动；偏差；调节；自动化	33-操作流程的方便性；28-测量精度；38-自动化程度	A61G13/06
110	CN202010985099.0	一种餐饮用餐具消毒柜	6	可控性；适应性；细菌	37-控制与测量的复杂性；35-适应性、通用性；30-作用于物体的有害因素	A61L2/07

续表

序号	申请号	标题	权利要求数量/个	技术功效 1 级	技术功效 TRIZ 参数	IPC 主分类
111	CN202011007998. X	一种自动补水且避免医疗器械二次污染的消毒装置	7	消毒；自动化；污染	38-自动化程度；31-物质产生的有害因素	A61L2/07
112	CN202010828767. 9	一种使用γ射线的土壤消毒方法及其附属装置	10	完成率；优值；可靠性；便利性；效率；确定性；容量；方向；体积；均匀性；装载量；圈数	27-可靠性；33-操作流程的方便性；39-生产率；07-体积；29-制造精度	A61L2/08
113	CN202010888437. 9	种蛋表面的电子束辐照灭菌工艺	6	穿透；完成率；安全；效率	30-作用于物体的有害因素；39-生产率	A61L2/08
114	CN202010836411. X	一种车载灭菌系统	4	稳定性；复杂性；便利性	13-稳定性；36-系统的复杂性；33-操作流程的方便性	A61L2/10
115	CN202010915652. 3	一种消毒柜	13	消毒；光线；细菌；均匀性；角度	30-作用于物体的有害因素；29-制造精度	A61L2/10
116	CN202010969092. X	一种西药房用具连续消毒一体化装置	6	感染；传染；细菌；有害	30-作用于物体的有害因素	A61L2/10
117	CN202010995990. 2	一种消毒柜	13	灯珠；均匀性；角落；充分性；消耗	29-制造精度；23-物质损失	A61L2/10
118	CN202011005978. 9	一种紫外线灭菌杀毒设备	3	便利性；品质	33-操作流程的方便性；29-制造精度	A61L2/10
119	CN202011059601. 1	一种肿瘤护理用品	7	安全；速度；细菌	30-作用于物体的有害因素；09-速度	A61L2/10
120	CN202011059623. 8	一种消毒柜	11	范围	35-适应性、通用性	A61L2/10
121	CN202011059639. 9	一种消毒柜	20	消毒；范围；强度；便利性；可控性	35-适应性、通用性；14-强度；33-操作流程的方便性；37-控制与测量的复杂性	A61L2/10

续表

序号	申请号	标题	权利要求数量/个	技术功效1级	技术功效TRIZ参数	IPC主分类
122	CN202011064361.4	一种消毒柜	12	范围	35-适应性、通用性	A61L2/10
123	CN202011064365.2	一种消毒柜	11	范围；消毒；场景；强度；可控性；便利性	35-适应性、通用性；14-强度；37-控制与测量的复杂性；33-操作流程的方便性	A61L2/10
124	CN202011068943.X	一种消毒柜	12	消毒；范围；强度；可控性；便利性	35-适应性、通用性；14-强度；37-控制与测量的复杂性；33-操作流程的方便性	A61L2/10
125	CN202011076268.5	一种防止餐具破坏且全面消毒的装置	15	效率；完成率；完好性	39-生产率	A61L2/10
126	CN202011112784.9	一种用于通风系统可旋转式紫外消毒灯	10	复杂性；消毒；面积；成本；试剂；繁殖；效率；病毒；数量；细菌；灯管；便利性；速度	36-系统的复杂性；05-面积；39-生产率；26-物质或事物的数量；30-作用于物体的有害因素；33-操作流程的方便性；09-速度	A61L2/10
127	CN202011160817.7	一种大空间场所环境及空气消毒装置和系统	10	细菌；清洁性；防蛀；便利性；滑移；稳定性；消毒；发霉；范围	30-作用于物体的有害因素；31-物质产生的有害因素；33-操作流程的方便性；13-稳定性；35-适应性、通用性	A61L2/10
128	CN201910546765.8	一种人胎盘提取液的病毒灭活方法	10	灭活；成本；完成率；安全；温和；稳定性；效率；催化；污染	39-生产率；30-作用于物体的有害因素；13-稳定性；31-物质产生的有害因素	A61L2/18
129	CN202010962481.X	一种液位自平衡的线缆消毒装置	10	价格；消毒；平衡；实用性；复杂性；便利性；效率；合理性	39-生产率；35-适应性、通用性；36-系统的复杂性；33-操作流程的方便性	A61L2/18

续表

序号	申请号	标题	权利要求数量/个	技术功效1级	技术功效TRIZ参数	IPC主分类
130	CN202011006225.X	一种具有减震防护功能的医用磁共振自动消毒装置	10	稳定性；清洁性；效率；消毒；便利性；调节；软管；受损	13-稳定性；31-物质产生的有害因素；39-生产率；33-操作流程的方便性	A61L2/18
131	CN202011035923.2	一种具有自动调配消毒液功能的消毒装置	6	自动化；均匀性；正确性	38-自动化程度；29-制造精度；28-测量精度	A61L2/18
132	CN202011067135.1	一种口罩消毒设备	9	清洁性；面积	31-物质产生的有害因素；05-面积	A61L2/18
133	CN202011242765.8	一种医疗用器械消毒设备	6	实用性；完成率；可控性；医护；适合性	35-适应性、通用性；37-控制与测量的复杂性	A61L2/18
134	CN202011106604.6	一种物品消毒柜	4	初步消毒；效率；浓度；质量；面积；消毒	39-生产率；27-可靠性；05-面积	A61L2/20
135	CN201910548425.9	喷雾消毒装置	11	雾化；体积；效率；导线；空间；便利性；复杂性	07-体积；39-生产率；33-操作流程的方便性；36-系统的复杂性	A61L2/22
136	CN202010708603.2	一种消毒通道以及使用方法	5	完成率；泄露；程序；消毒；漏洞	31-物质产生的有害因素	A61L2/22
137	CN202011014797.2	全自动多用途口罩雾化消毒系统	10	清洁性；消毒	31-物质产生的有害因素	A61L2/22
138	CN202011130118.8	一种加热装置	10	成本；延伸；喷嘴；稳定性；可维修性；面积；耐腐蚀性；寿命；泄露；耐用性；压强；消毒液；导热性；酸碱；复杂性；牢固性；可观性；体积	39-生产率；13-稳定性；34-可维修性；05-面积；30-作用于物体的有害因素；27-可靠性；31-物质产生的有害因素；11-应力、压强；17-温度；36-系统的复杂性；07-体积	A61L2/22

续表

序号	申请号	标题	权利要求数量/个	技术功效1级	技术功效TRIZ参数	IPC主分类
139	CN202011145911.5	用于急诊手术室的节能型消毒剂量选择系统	9	复杂性；便利性；浪费；实用性	36-系统的复杂性；33-操作流程的方便性；35-适应性、通用性	A61L2/24
140	CN202011060491.0	VHP灭菌效果判断方法、装置、电子设备及存储介质	10	VHP；冷凝；细菌；汽化；均匀性	30-作用于物体的有害因素；29-制造精度	A61L2/28
141	CN202011141683.4	一种可自动更换填充物的自动除味装置	6	自动化	38-自动化程度	A61L9/14
142	CN202010986440.4	多模式自主杀菌装置	10	便利性；安全；清洁性；概率；电梯；细菌；洁净度	33-操作流程的方便性；30-作用于物体的有害因素；31-物质产生的有害因素	A61L9/20
143	CN202010938764.0	一种单螺纹正负离子管	6	消毒；死亡；品质	29-制造精度	A61L9/22
144	CN202011013510.4	一种呼吸装置及吸痰器	10	过滤；消毒；污染；便利性；洁净度；灵活性	31-物质产生的有害因素；33-操作流程的方便性；35-适应性、通用性	A61M16/06
145	CN202010382130.1	一种个体化佩戴微型呼吸循环隔离消毒机	5	通气；复杂性；局限性；效率；细菌；污染；精准性；个体化；完成率	36-系统的复杂性；39-生产率；30-作用于物体的有害因素；31-物质产生的有害因素	A62B18/02
146	CN202011011529.5	一种清除甲醛并释放负离子的汽车精华素及其制备方法	6	安全；质量；稳定性；完成率；健康；距离；范围；异味；舒适性；洁净度	30-作用于物体的有害因素；27-可靠性；13-稳定性；03-长度；35-适应性、通用性；31-物质产生的有害因素	B01D53/72
147	CN202010644342.2	一种智能厨房湿垃圾处理回收系统	10	速度；干燥	09-速度	B02C18/12

续表

序号	申请号	标题	权利要求数量/个	技术功效1级	技术功效TRIZ参数	IPC主分类
148	CN202010954438.9	一种医疗用重症监护护理消毒装置	8	粘附；自动化；劳动强度；便利性；器械；时间；清洁性	38-自动化程度；39-生产率；33-操作流程的方便性；15-时间；31-物质产生的有害因素	B08B1/02
149	CN202010860709.4	一种塑料制品清洗装置	8	自动化；效率；准确性；浪费；劳动强度；广泛性；清洁性；污渍；便利性；复杂性；独立	38-自动化程度；39-生产率；28-测量精度；31-物质产生的有害因素；33-操作流程的方便性；36-系统的复杂性	B08B1/04
150	CN202010931792.X	一种活检钳用清洗装置	7	洁净度；完成率	31-物质产生的有害因素	B08B3/08
151	CN202010953636.3	一种铝合金回收清洗设备	5	成本；铝合金；脱落；难度；污染；自动化；消毒；清洁性；清洗液	39-生产率；36-系统的复杂性；31-物质产生的有害因素；38-自动化程度	B08B3/08
152	CN202011006097.9	一种鼠标垫处理装置	9	速度；脏物；清洁性	09-速度；31-物质产生的有害因素	B08B3/10
153	CN202010804809.5	一种医疗器械消毒方法	5	安心；复杂性；消毒；可操作性；细菌	36-系统的复杂性；33-操作流程的方便性；30-作用于物体的有害因素	B08B3/12
154	CN202010914667.8	一种药用玻璃瓶回收装置	7	复用性	39-生产率	B08B9/28
155	CN202010912761.X	一种试管清洗消毒烘干一体机	6	安全；时间；速度；破碎；碰撞；效率	30-作用于物体的有害因素；15-时间；09-速度；39-生产率	B08B9/36
156	CN202010969705.X	生物安全防控式病死动物收集处理方法	10	环境；循环性；损坏	27-可靠性	B09B3/00
157	CN202011140940.2	一种全自动洗车设备及洗车方法	10	清洁性；及时性；除臭；消毒	31-物质产生的有害因素；25-时间损失	B60S3/00

续表

序号	申请号	标题	权利要求数量/个	技术功效1级	技术功效TRIZ参数	IPC主分类
158	CN202011118763.8	一种具有紫外线消毒功能的放疗体膜自动存取装置	9	便利性；独立；院感；污染；清洁性；利用率；有害；形变；稳定性；复杂性；感染；系统化；体膜	33-操作流程的方便性；31-物质产生的有害因素；39-生产率；30-作用于物体的有害因素；13-稳定性；36-系统的复杂性	B65D25/02
159	CN202011097181.6	一种输液袋分拣机	10	无菌化；便利性；体积；效率；安全；计数；复杂性；紫外灯	33-操作流程的方便性；07-体积；39-生产率；30-作用于物体的有害因素；36-系统的复杂性	B65G37/00
160	CN202010832808.1	一种替换式电梯按键	10	按键区；风险；感染；可操作性；按键；陌生感	27-可靠性；33-操作流程的方便性	B66B1/46
161	CN202011018306.1	一种按压式滚动杀菌电梯按钮	8	感染；细菌	30-作用于物体的有害因素	B66B1/46
162	CN202011014010.2	一种带有消毒装置的电梯轿厢及其使用方法	10	效率；安全；速度；环境；屏蔽；侵害；传递；臭氧	39-生产率；30-作用于物体的有害因素；09-速度	B66B11/02
163	CN202011015877.X	一种静电紫外杀菌轿厢照明装置	8	功能性；洁净度；细菌；可推广性；有害	31-物质产生的有害因素；30-作用于物体的有害因素；39-生产率	B66B11/02
164	CN201910553485.X	一种过氧化氢蒸发模块	10	利用率；通道；效率；体积	39-生产率；07-体积	C01B15/013
165	CN202010942145.9	一种有机肥生产用搅齿造粒机及其造粒工艺	9	充分性；完成率；自动化	38-自动化程度	C05G5/12
166	CN202010977606.6	一种饲料发酵自检测设备	4	健康；经济性；中毒；循环性；效率	39-生产率	C12M1/00
167	CN202010828321.6	一种液位检测装置、控制方法、蒸汽盒组件及洗衣机	10	寿命；耐腐蚀性；长度	27-可靠性；30-作用于物体的有害因素；03-长度	D06F33/43

续表

序号	申请号	标题	权利要求数量/个	技术功效1级	技术功效TRIZ参数	IPC主分类
168	CN202011036392.9	一种可移动烘干杀菌设备以及应用有该设备的干衣机	16	便利性；灵活性；细菌；体积；实用性；烘干	33-操作流程的方便性；35-适应性、通用性；30-作用于物体的有害因素；07-体积	D06F58/10
169	CN202011108240.5	净化装置安装结构、净化模块及净化风机	10	稳定性；裸露；复杂性；效率；结合；杂乱无章	13-稳定性；36-系统的复杂性；39-生产率	F24F3/16
170	CN202011108843.5	净化风机	10	细菌	30-作用于物体的有害因素	F24F3/16
171	CN202010968102.8	一种新型供氧新风换气机	7	清洁性；流速；除臭；冷却；空气；过滤网	31-物质产生的有害因素；09-速度；17-温度	F24F7/007
172	CN202011093647.5	一种蓝莓冷藏装置	7	冷藏；便利性；确定性；质量；果汁；损坏；冻；适合性；复杂性	33-操作流程的方便性；27-可靠性；17-温度；35-适应性、通用性；36-系统的复杂性	F25D11/00
173	CN202011015309.X	一种口罩消毒烘干装置	6	烘干；成本；寿命；浪费	39-生产率；27-可靠性	F26B11/18
174	CN202010997910.7	一种化妆品瓶烘干杀菌装置	10	存放；定位；便利性；烘干；损坏；接触；洁净度；消毒；速度	33-操作流程的方便性；27-可靠性；31-物质产生的有害因素；09-速度	F26B15/14
175	CN202010912495.0	一种智能超市用具有监控功能便于维护的安检装置	8	防滑性；滑轨；便利性；消毒；堵塞；间距；进入；浪费；偷取；脱落；通畅；拥堵；记录；稳定性	33-操作流程的方便性；31-物质产生的有害因素；03-长度；13-稳定性	G01D21/02
176	CN202010683503.9	一种耐刮擦抗紫外线镜片	7	辐射；细菌；单一	30-作用于物体的有害因素	G02B1/14

续表

序号	申请号	标题	权利要求数量/个	技术功效1级	技术功效TRIZ参数	IPC主分类
177	CN202010799044.0	一种具有杀菌消毒功能的智能安防设备	10	实用性；细菌；智能化；效率；凝结；湿气；联动	35-适应性、通用性；30-作用于物体的有害因素；39-生产率	G06K9/00
178	CN202010994071.3	智能认证核验测温消毒装置	5	完成率；一致性；智能化；复杂性	36-系统的复杂性	G07C9/00
179	CN202011096110.4	一种用于医疗护理教学用工作台	9	便利性；理解；学习	33-操作流程的方便性	G09B5/02
180	CN202011089339.5	自助显示终端	10	清洁性；感染；细菌；自动化；正确性；体验	31-物质产生的有害因素；30-作用于物体的有害因素；38-自动化程度；28-测量精度	G09F9/35
181	CN202010995952.7	一种利用电流变体实现防脱落的USB接口	6	接受；灰尘；接口；脱落；进入；老化；健康	31-物质产生的有害因素	H01R13/639
182	CN201980022907.9	无菌医疗植入物的保护容器	20	实用性；稳定性；透明度；区域；安全；密封剂	35-适应性、通用性；13-稳定性；30-作用于物体的有害因素	A61B50/30
183	CN201980033117.0	在辐射灭菌过程中保护生物活性分子	27	安全；有害；细菌；辐射；干燥	30-作用于物体的有害因素	A61L2/00
184	CN201980017773.1	包括包含了蒸汽发生器和待喷洒的消毒剂箱的喷枪的用于清洁、杀菌和消毒各种类型物体的自主便携式装置	17	便利性；细菌；完成率；消毒；精确性；空气量；清洁性	33-操作流程的方便性；30-作用于物体的有害因素；28-测量精度；31-物质产生的有害因素	A61L2/07
185	CN201980033515.2	抗细菌粘附的表面	85	安全；细菌；制品；人类；材料；动物；污染；粘附	30-作用于物体的有害因素；23-物质损失；31-物质产生的有害因素	C09D5/16

续表

序号	申请号	标题	权利要求数量/个	技术功效 1 级	技术功效 TRIZ 参数	IPC 主分类
186	CN201980033357.0	等离子体施加器	15	确定性；复杂性；屏蔽；独立；可制造性；短路；整合	36-系统的复杂性；32-可制造性	H05H1/24
187	CN201911048261.X	一种具有紫外线消毒功能的体温计存放器	10	复杂性；安全；空间；便利性；携带	36-系统的复杂性；30-作用于物体的有害因素；07-体积；33-操作流程的方便性	B65D25/10
188	CN201910935427.3	医院内洗消中心污物传递通道	7	感染；安全	30-作用于物体的有害因素	A61L2/18
189	CN201911050668.6	一种便于回收雾化消毒液的妇科产室用消毒装置	7	污染；连贯；浓度；消毒；速度；正确性；消毒液	31-物质产生的有害因素；09-速度；28-测量精度	A61L2/22
190	CN201911196033.7	一种医疗实验用试管自动消毒装置	4	自动化；复杂性；效率；毛刷；实用性；清洁性	38-自动化程度；36-系统的复杂性；39-生产率；35-适应性、通用性；31-物质产生的有害因素	B08B9/36
191	CN201911349815.X	一种自动化效率高的高端装备清洁器	8	复杂性；效率；便利性；清洁性	36-系统的复杂性；39-生产率；33-操作流程的方便性；31-物质产生的有害因素	B08B3/02
192	CN202010126084.9	一种液体消毒机	1	效率；残留；质量	39-生产率；27-可靠性	A61L2/18
193	CN201911347105.3	一种手术器械台器械摆放架	8	速度；细菌；复杂性；自动化；缠绕；盒；密封性；紧固性	09-速度；30-作用于物体的有害因素；36-系统的复杂性；38-自动化程度；29-制造精度	A61B50/24
194	CN202010109241.5	一种人工智能的口罩回收装置	1	成本；存放；熨烫	39-生产率	A61L2/18
195	CN202010020317.7	一种医疗消毒处理设备	2	安全；便利性	30-作用于物体的有害因素；33-操作流程的方便性	A61L2/06

续表

序号	申请号	标题	权利要求数量/个	技术功效1级	技术功效TRIZ参数	IPC主分类
196	CN202010136741.8	一种医院移动式清洁消毒装置	5	传递；附着；干燥；消毒；清洁性；黏性	31-物质产生的有害因素	A61L2/22
197	CN202010210065.4	一种移动式洁净分诊工作站	9	阻断；舒适性；清洁性；灵活性；效率；安全	31-物质产生的有害因素；35-适应性、通用性；39-生产率；30-作用于物体的有害因素	B01D46/00
198	CN202010456379.2	一种医疗可重复使用器械清洗装置	1	劳动强度；干燥；安全；效率	39-生产率；30-作用于物体的有害因素	B08B3/08
199	CN202011036254.0	口罩加工用输送装置	7	可推广性；转运；质量；换向；设计性；消毒；复杂性；运输；叠放；折叠	39-生产率；27-可靠性；36-系统的复杂性	A41H43/02
200	CN202011003339.9	一种动物疫病防控用养殖装置	7	安全；感染；实用性；动力源；进入；完成率；清洁性	30-作用于物体的有害因素；35-适应性、通用性；31-物质产生的有害因素	A01K1/01
201	CN202011041280.2	一种肉鸡养殖的鸡舍异味处理装置	7	面积；便利性；质量；层；吸附；效率；除臭剂；吸附层	05-面积；33-操作流程的方便性；27-可靠性；39-生产率	A01K31/00
202	CN202010814628.0	一种粮仓害虫取样装置	10	硬度；难度；壁上；耐腐蚀性	14-强度；36-系统的复杂性；30-作用于物体的有害因素	A01M1/02
203	CN202011141555.X	一种高植物蛋白面条及其制备方法	10	稳定性；蠕动；清热；贫血；效率；污染；免疫力；自动化；健康；环境；湿度	13-稳定性；39-生产率；31-物质产生的有害因素；30-作用于物体的有害因素；38-自动化程度	A23L7/109

续表

序号	申请号	标题	权利要求数量/个	技术功效 1 级	技术功效 TRIZ 参数	IPC 主分类
204	CN201910540725. 2	一种除湿储物柜	6	时间；便利性；面积；清晰度；灵活性；自动化；消毒；直观性；烘干；发霉；调节	15-时间；33-操作流程的方便性；05-面积；28-测量精度；35-适应性、通用性；38-自动化程度；30-作用于物体的有害因素	A47B43/00
205	CN202010872214. 3	一种高效节能的餐具消毒柜	6	效率；成本；资源；细菌；餐具；洁净度	39-生产率；30-作用于物体的有害因素；31-物质产生的有害因素	A47B81/04
206	CN201910545407. 5	一种外科手术用工具存放装置	7	单一；时间；选择	15-时间	A61B50/13
207	CN202011135384. X	一种供应室护理用器械便捷回收装置	8	开合；便利性；稳定性；速度；器械；面积；护理；适应性	33-操作流程的方便性；13-稳定性；09-速度；05-面积；35-适应性、通用性	A61B50/31
208	CN202010877836. 5	眼部喷洒给药装置和其眼部给药方法	42	浪费；污染；便利性；安全；压力；药性；眼药水	31-物质产生的有害因素；33-操作流程的方便性；30-作用于物体的有害因素；10-力	A61F9/00
209	CN202011002725. 6	一种丹参粉制备工艺及其烘干装置	5	可操作性；时间；复杂性；转移；浪费；效率；原药；适合性	33-操作流程的方便性；15-时间；36-系统的复杂性；39-生产率；35-适应性、通用性	A61K36/537
210	CN202010820886. X	消毒控制方法、系统、消毒设备及计算机可读存储介质	10	安全；体验	30-作用于物体的有害因素	A61L2/10
211	CN202011037890. 5	一种纺织品消毒装置	8	完成率；布料；效率；充分性；消毒；照明；局限性；均匀性	39-生产率；18-照度；29-制造精度	A61L2/10
212	CN202011060725. 1	一种医用消毒柜及使用方法	0	浓度；效率；时间	39-生产率；15-时间	A61L2/10

续表

序号	申请号	标题	权利要求数量/个	技术功效 1 级	技术功效 TRIZ 参数	IPC 主分类
213	CN202010967665.5	一种血液检测用试管杀菌装置	7	细菌；效率；复杂性；标准；完成率	30-作用于物体的有害因素；39-生产率；36-系统的复杂性	A61L2/18
214	CN202011023487.7	一种肝胆普外手术设备	5	量控制；感染；疗效；清洁性	31-物质产生的有害因素	A61L2/18
215	CN202011050782.1	一种口内扫描仪探头套筒消毒方法	10	效率；进入；消毒；充分性；完成率；水渍；感染；污染	39-生产率；31-物质产生的有害因素	A61L2/18
216	CN202010818000.8	一种消毒机器人	10	残留；范围；体验；顺畅；效率	35-适应性、通用性；39-生产率	A61L2/20
217	CN202010758479.0	一种用于用后口罩的消毒收纳装置	10	复杂性；口罩；资源；成本	36-系统的复杂性；39-生产率	A61L2/22
218	CN202011015929.3	一种多功能消毒通道	8	完整性；完成率；细菌；防控；充分性；防护性；均匀性；单一	30-作用于物体的有害因素；29-制造精度	A61L2/22
219	CN202011051661.9	一种肿瘤内科用的便利性消毒支架	7	便利性；效率；安全；稳定性；干涉；清洁性	33-操作流程的方便性；39-生产率；30-作用于物体的有害因素；13-稳定性；31-物质产生的有害因素	A61L2/26
220	CN202011083565.2	一种检测医用防护服质量的消毒装置	7	均匀性	29-制造精度	A61L2/26
221	CN201910531893.5	一种垃圾车异味消除剂	9	除臭；环境；臭源；速度；异味；清洁性；掩盖	09-速度；31-物质产生的有害因素	A61L9/013
222	CN201911152369.3	一种植物源复配除臭剂	7	环境；除臭；污染；人体；抑菌	31-物质产生的有害因素	A61L9/14

续表

序号	申请号	标题	权利要求数量/个	技术功效1级	技术功效TRIZ参数	IPC主分类
223	CN202011095072.0	一种香薰装置	10	便利性；废热；扩散性；速度；流出；可控性；损毁；移动；寿命；溅落	33-操作流程的方便性；09-速度；37-控制与测量的复杂性；27-可靠性	A61L9/14
224	CN202011013022.3	高效捕获杀灭空气中新冠病毒装置	4	速度；病毒；可靠性；健康；捕获；效率；风险；风阻	09-速度；27-可靠性；39-生产率；30-作用于物体的有害因素	A61L9/20
225	CN202011040001.0	基于摩擦热对医疗废弃物消毒灭菌的装置及工艺	9	完成率；确定性；细菌	30-作用于物体的有害因素	A61L11/00
226	CN202011051070.1	一种具有高防护性的智能头罩	10	视线；舒适性；防护性；传递；智能化；听觉；便利性；可操作性；劳动强度；听力	33-操作流程的方便性；39-生产率	A62B7/10
227	CN202010992000.X	一种工业化工生产用室内除尘装置	9	可调节性；吸尘；灰尘；消毒；泄露；污染	31-物质产生的有害因素	B01D50/00
228	CN202010925521.3	一种植物型杀菌除臭剂及其制备方法	9	除臭；异味；细菌；洁净度；张力；质量；抑菌性；香精；效率；有害；安全；空气	30-作用于物体的有害因素；31-物质产生的有害因素；10-力；27-可靠性；39-生产率	B01D53/78
229	CN202010965064.0	一种用于鬃毛刷生产的猪鬃毛清洗装置	6	清洁性；损失；扩散性；安全	31-物质产生的有害因素；23-物质损失；30-作用于物体的有害因素	B08B3/02
230	CN202010971274.0	一种妇产科用上药器械消毒清洗装置	6	便利性；消毒；复杂性；实用性；清洁性；适应性；细菌；完成率	33-操作流程的方便性；36-系统的复杂性；35-适应性、通用性；31-物质产生的有害因素；30-作用于物体的有害因素	B08B3/02

续表

序号	申请号	标题	权利要求数量/个	技术功效 1 级	技术功效 TRIZ 参数	IPC 主分类
231	CN202011091677.2	一种门框式清洁降尘机	3	清洁性；灰尘；功效；便利性	31-物质产生的有害因素；33-操作流程的方便性	B08B3/02
232	CN202010900903.0	一种清洗装置及智能清洗消毒净化系统	10	排水；自动化；污染；可控性；便利性；智能化；水；翻滚	38-自动化程度；31-物质产生的有害因素；37-控制与测量的复杂性；33-操作流程的方便性；23-物质损失	B08B3/08
233	CN201910544954.1	一种假牙清洗装置	6	使用者；清洁性；规律；复杂性	31-物质产生的有害因素；36-系统的复杂性	B08B3/12
234	CN202010806403.0	一种便于消毒清洗的自循环洗瓶机	6	消耗；自动化；洗瓶机；成本；时间；清洁性；消毒	23-物质损失；38-自动化程度；39-生产率；15-时间；31-物质产生的有害因素	B08B9/28
235	CN201910543389.7	一种车载式湿物料处置装置	11	通风；流失率；成本；烘干；效率；输料；物料；便利性	39-生产率；33-操作流程的方便性	B09B3/00
236	CN202010958592.3	一种建筑垃圾存储装置	7	污染；潮湿；粉碎；清洁性；风险；浪费；回收；安全；数量；干燥；消毒	31-物质产生的有害因素；27-可靠性；30-作用于物体的有害因素；26-物质或事物的数量	B09B3/00
237	CN201910538859.0	一种车辆高温消毒清洗装置	10	细菌；温度；可能性；清洁性	30-作用于物体的有害因素；17-温度；31-物质产生的有害因素	B60S3/04
238	CN202010973474.X	一种检验科尿液检测运输架	7	紧固性；清洁性；洒落；便利性；准确性；运输架；晃动；死角；合理性	31-物质产生的有害因素；33-操作流程的方便性；28-测量精度；35-适应性、通用性	B65D25/24

续表

序号	申请号	标题	权利要求数量/个	技术功效1级	技术功效TRIZ参数	IPC主分类
239	CN202011024651.6	一种废旧物资回收处理再利用装置	7	能力；附着；稳定性；安全；物资	13-稳定性；30-作用于物体的有害因素	B65G23/04
240	CN202010865290.1	一种灌装设备用灭菌装置及灭菌方法	10	缓冲性；细菌；过滤；安全；成本；沉淀；晃动；观察；热；易拆卸；密封性	30-作用于物体的有害因素；39-生产率；17-温度；34-可维修性；29-制造精度	B67C3/22
241	CN202011026260.8	一种流彩釉陶生产用原料预处理装置	6	过滤；自动化	38-自动化程度	C04B33/10
242	CN202010806050.4	一种医疗器械用的除锈装置	5	效率；劳动强度；除锈	39-生产率	C23G3/00
243	CN202011053796.9	干热式消毒杀螨烘干器	7	便利性；均匀性；自动化；准确性；潮湿；可靠性；可控性；烘干；干燥；电器化；发霉	33-操作流程的方便性；29-制造精度；38-自动化程度；28-测量精度；27-可靠性；37-控制与测量的复杂性；30-作用于物体的有害因素	D06F58/10
244	CN202010985209.3	一种车站安检排队单向滚闸门	9	效率；浪费；时间；清洁性；均匀性；安全；堵塞；干燥；资源	39-生产率；15-时间；31-物质产生的有害因素；29-制造精度；30-作用于物体的有害因素	E01F13/10
245	CN202010929882.5	一种空气净化设备的杀菌消毒机构	10	细菌；稳定性；速度	30-作用于物体的有害因素；13-稳定性；09-速度	F24F3/16
246	CN202010988756.7	针对流道截面及气流优化的光触媒网结构	6	效率；稳定性；噪音；面积	39-生产率；13-稳定性；31-物质产生的有害因素；05-面积	F24F3/16
247	CN201911073208.5	除螨杀菌机器人控制系统	10	可靠性；速度；稳定性；便利性；可控性；适合性；规范性；消费者	27-可靠性；09-速度；13-稳定性；33-操作流程的方便性；37-控制与测量的复杂性；35-适应性、通用性	G05D1/02

续表

序号	申请号	标题	权利要求数量/个	技术功效 1 级	技术功效 TRIZ 参数	IPC 主分类
248	CN202010992038.7	一种用于医院的具有指纹识别功能的智能门禁	10	稳定性；电子；安全；寿命；识别性；清洁性；消毒；精度	13-稳定性；30-作用于物体的有害因素；27-可靠性；37-控制与测量的复杂性；31-物质产生的有害因素；28-测量精度	G07C9/37
249	CN202010768545.2	一种支持人脸识别的自助政务服务一体机及其使用方法	8	喷洒；消毒；复杂性；使用者；自动化	36-系统的复杂性；38-自动化程度	G07F17/26
250	CN202011002523.1	一种便携式回转多工位镊子加热器	7	处在；顺手；温度；精度；效率	17-温度；28-测量精度；39-生产率	H05B1/00
251	CN201980032640.1	使用通过 H2O2 和 NO2-的反应原位形成的消毒剂的消毒方法	16	健康；可靠性；假定；时间	27-可靠性；15-时间	A61L2/18
252	CN201910379292.7	一种工程塑料的处理装置	6	稳定性；淤堵；调速	13-稳定性	B29B17/04
253	CN201910821451.4	一种医疗护理床废旧被褥处理设备	3	进给；速度；条状；切割	09-速度	B26D1/15
254	CN202010103358.2	一种用于餐具消毒的装置	4	密封性；细菌；自动化；清洁性；消毒	29-制造精度；30-作用于物体的有害因素；38-自动化程度；31-物质产生的有害因素	A61L2/04
255	CN202010104750.9	一种医用玻璃瓶使用前擦拭消毒处理方法	6	自动化；擦拭；稳定性；完成率；晃动	38-自动化程度；13-稳定性	A61L2/16
256	CN202010095387.9	一种泌尿专用器械高温消毒的装置	7	密封性；摩擦力；紧固性	29-制造精度；10-力	A61L2/07
257	CN202010485001.5	一种可自动消毒的汽车座椅	6	自动化；座椅	38-自动化程度	B60N2/90
258	CN202011075930.5	一种具有翻盖功能的电子烟充电盒	6	细菌；防滑性	30-作用于物体的有害因素	A24F40/95

续表

序号	申请号	标题	权利要求数量/个	技术功效 1 级	技术功效 TRIZ 参数	IPC 主分类
259	CN202011025174. 5	一种消毒杀菌型轻薄口罩的制备方法	2	质量；防水性；透气；合理性	27－可靠性；30-作用于物体的有害因素；35-适应性、通用性	A41D13/11
260	CN202010945177. 4	一种多功能智能衣柜	10	合理性；细菌；便利性；自动化；充分性；安全；质感；质量；舒适性；空间；移动；老人；长度；消毒；复杂性	35-适应性、通用性；30-作用于物体的有害因素；33-操作流程的方便性；38-自动化程度；27－可靠性；07－体积；03-长度；36-系统的复杂性	A47B61/00
261	CN202010827457. 5	一种使用便捷的智能鞋柜	8	复杂性；稳定性；安全；便利性；寿命；速度；鞋子；实用性	36-系统的复杂性；13-稳定性；30-作用于物体的有害因素；33-操作流程的方便性；27-可靠性；09-速度；35－适应性、通用性	A47B61/04
262	CN202011033619. 4	一种具有真菌杀除以及异味去除的鞋柜装置	6	生长；发霉；存放；细菌	30-作用于物体的有害因素	A47B61/04
263	CN202011008954. 9	一种智能化消毒病历柜及其控制方法	10	放置；清洁性；细菌；时间；劳动强度；精准性；摩擦力；安全；丢失；完成率	31-物质产生的有害因素；30-作用于物体的有害因素；15-时间；39－生产率；10-力	A47B63/00
264	CN202011091807. 2	一种便捷式消毒耗材投放盒及消毒拖把	10	便利性；速度	33-操作流程的方便性；09-速度	A47L13/22
265	CN202011047757. 8	一种临床防感染隔离装置及操作方法	3	流畅；转动；清洁性；扩散性；安全；易拆卸；变更；细菌；氧气；密封性；稳定性；平衡；次数；空气；可控性；泄露；污染；强度；完成率	31-物质产生的有害因素；30-作用于物体的有害因素；34-可维修性；29－制造精度；13－稳定性；26-物质或事物的数量；37-控制与测量的复杂性；14-强度	A61G1/02

续表

序号	申请号	标题	权利要求数量/个	技术功效1级	技术功效TRIZ参数	IPC主分类
266	CN202011034584.6	一种用于小儿外科手术的体位固定装置	7	成本；细菌；复杂性；便利性；灵活性	39-生产率；30-作用于物体的有害因素；36-系统的复杂性；33-操作流程的方便性；35-适应性、通用性	A61G13/00
267	CN202010772655.6	独活鲜切加工工艺	5	洁净度；独活；品质；杀死；完成率；干燥；清洁性；复杂性	31-物质产生的有害因素；29-制造精度；36-系统的复杂性	A61K36/232
268	CN202011000772.7	一种具备静态超高压与动态超高压功能的液态超高压设备	4	平衡；稳定性；膨化；灵活性；细菌；高压；适合性；撞击；剪切；便利性；可操作性；物料；效率	13-稳定性；35-适应性、通用性；30-作用于物体的有害因素；33-操作流程的方便性；39-生产率	A61L2/02
269	CN202010871435.9	一种手术用具用消毒清洗设备	7	实时性；清洁性；效率；异物	25-时间损失；31-物质产生的有害因素；39-生产率	A61L2/07
270	CN202011008003.1	一种医疗器械清洗之后可以对其进行消毒烘干的装置	8	消毒；便利性	33-操作流程的方便性	A61L2/07
271	CN202010798760.7	自动档案消毒机	6	自动化；防护性	38-自动化程度	A61L2/08
272	CN202010826358.5	一种便携式医疗工具消毒杀菌装置	8	细菌；效率	30-作用于物体的有害因素；39-生产率	A61L2/10
273	CN202010868481.3	一种基于光感控制的家庭厨房用消毒柜	7	水量；寿命；重力；干燥；自动化；潮氧化；便利性	27-可靠性；38-自动化程度；33-操作流程的方便性	A61L2/10
274	CN202010934296.X	消毒设备	7	效率；消毒	39-生产率	A61L2/10
275	CN202010958990.5	杀菌组件	10	浪费；开启；细菌；损坏；确定性；正确性；时长；可控性	30-作用于物体的有害因素；27-可靠性；28-测量精度；37-控制与测量的复杂性	A61L2/10

续表

序号	申请号	标题	权利要求数量/个	技术功效1级	技术功效TRIZ参数	IPC主分类
276	CN202011125778.7	一种紫外半导体并联的UVC LED全无机或半无机封装结构	10	细菌；均匀性；寿命	30-作用于物体的有害因素；29-制造精度；27-可靠性	A61L2/10
277	CN202011225468.2	一种复合型消毒机	10	消毒；细菌	30-作用于物体的有害因素	A61L2/10
278	CN202010888560.0	用于公厕烘干机的低温等离子体消毒杀菌装置	8	细菌；体积；阻断；抗药性；环境；路径；成本；便利性；人；速度；复杂性	30-作用于物体的有害因素；07-体积；39-生产率；33-操作流程的方便性；09-速度；36-系统的复杂性	A61L2/14
279	CN202010785767.5	一种医疗器械消毒清洁设备	6	紧固性；安全；清洁性；防护性	30-作用于物体的有害因素；31-物质产生的有害因素	A61L2/18
280	CN202010839256.7	一种医疗废弃胶布的消毒装置	7	便利性；安全；消毒；自动化；效率	33-操作流程的方便性；30-作用于物体的有害因素；38-自动化程度；39-生产率	A61L2/18
281	CN202010934180.6	一种医疗器械用清洗装置	9	效率	39-生产率	A61L2/18
282	CN202010936664.4	一种医疗气管内部刷洗消毒装置	6	洁净度；完成率；便利性	31-物质产生的有害因素；33-操作流程的方便性	A61L2/18
283	CN202010942718.8	一种温度计消毒归零装置	7	时间；便利性；劳动强度	15-时间；33-操作流程的方便性；39-生产率	A61L2/18
284	CN202010951277.8	一种消毒通道用人体腋下胯下等死角处消毒方法	9	浪费；移动；消毒；用品；恢复；实用性	35-适应性、通用性	A61L2/18
285	CN202010964730.9	一种消毒结构及其医疗器械消毒柜	6	效率；消毒；清洁性；便利性	39-生产率；31-物质产生的有害因素；33-操作流程的方便性	A61L2/18

续表

序号	申请号	标题	权利要求数量/个	技术功效1级	技术功效TRIZ参数	IPC主分类
286	CN202011035993.8	分体柜式医用清洗消毒机	6	成本；垃圾；温度；效率；环境；补充；复杂性；复用性	39-生产率；17-温度；36-系统的复杂性	A61L2/18
287	CN202011148855.0	一种集成消毒装置及洗碗机	9	压力；充分性	10-力	A61L2/18
288	CN201910520065.1	一种智能餐具消毒柜	4	污染；便利性；智能化；自动化	31-物质产生的有害因素；33-操作流程的方便性；38-自动化程度	A61L2/20
289	CN202011209119.1	一种异型复合结构器械熏蒸装置	3	复杂性；寿命；可靠性；便利性；湿热	36-系统的复杂性；27-可靠性；33-操作流程的方便性	A61L2/20
290	CN202011078117.3	一种重症监护室医疗消毒喷雾机	10	喷雾器；摩擦力；消毒；速度；细致；时间；完成率；均匀性；喷雾量；高度	10-力；09-速度；15-时间；29-制造精度；03-长度	A61L2/22
291	CN202010838037.7	一种医用磁共振消毒装置	9	消毒；便利性；清洁性；调节；效率；软管；适用性	33-操作流程的方便性；31-物质产生的有害因素；39-生产率；35-适应性、通用性	A61L2/24
292	CN202010897089.1	一种含二氧化氯便携式缓释除菌包	9	稳定性；使用期；可控性；便利性；保质期；异味；平缓	13-稳定性；37-控制与测量的复杂性；33-操作流程的方便性	A61L9/04
293	CN202010821553.9	一种公共车间小型雾炮喷淋消毒车	10	体积；便利性；行程；确定性；颗粒；清洁性；有害；面积；抗共振；完成率；稳定性；气溶胶；长久；传递	07-体积；33-操作流程的方便性；31-物质产生的有害因素；30-作用于物体的有害因素；05-面积；13-稳定性	A61L9/14
294	CN202011036511.0	一种便携式磁吸精油腔的赏香仪	7	便利性；速度；成本；复杂性	33-操作流程的方便性；09-速度；39-生产率；36-系统的复杂性	A61L9/14

续表

序号	申请号	标题	权利要求数量/个	技术功效 1 级	技术功效 TRIZ 参数	IPC 主分类
295	CN202011029176.1	一种半导体热电片空气杀菌净化的方法及系统	10	利用率；细菌；效率；换热；功率；时间；洁净度；适用性；过滤；面积	39－生产率；30－作用于物体的有害因素；17－温度；21－功率；15－时间；31－物质产生的有害因素；35－适应性、通用性；05－面积	A61L9/16
296	CN202011087682.6	一种妇科用清洗辅助装置	8	灵活性；清洁性；便利性；完成率；调节；易拆卸；时间	35－适应性、通用性；31－物质产生的有害因素；33－操作流程的方便性；34－可维修性；15－时间	A61M3/02
297	CN202011032792.2	一种新生儿无创呼吸机管道护理设备	7	污染；细菌；复杂性；便利性；灵活性；循环性	31－物质产生的有害因素；30－作用于物体的有害因素；36－系统的复杂性；33－操作流程的方便性；35－适应性、通用性	A61M16/00
298	CN202011042558.8	一种具有消毒功能的药膏均匀涂抹装置	7	均匀性；自身；感染；接触；复杂性	29－制造精度；36－系统的复杂性	A61M35/00
299	CN202010811121.X	一种红松菓分解 TVOC 等异味的功能液体及其制备方法	8	分解；异味；细菌；适合性	30－作用于物体的有害因素；35－适应性、通用性	B01D53/78
300	CN202011049999.0	一种修复面膜用精华液的调制装置及方法	7	质量；不良；安全	27－可靠性；30－作用于物体的有害因素	B01F13/08

3.4 医疗、外科及兽医用器械制造

3.4.1 全球专利概况

3.4.1.1 全球专利申请趋势

图 3-28 展示的是医疗、外科及兽医用器械制造领域全球专利申请量的发展趋势。通过申请趋势可以从宏观层面把握分析对象在各时期的专利申请热度变化。申请数量的统计范围是已公开的专利。

从图 3-28 中可以看出医疗、外科及兽医用器械制造领域在全球主要市场上的历年专利申请分布状况。2000—2003 年，医疗、外科及兽医用器械制造领域全球专利申请量快速增加，2004—2005 年该领域全球专利申请量小幅度减少；2006—2007 年该领域全球专利申请量缓慢增加；2008 年该领域全球专利申请量小幅度减少；2009—2019 年医疗、外科及兽医用器械制造领域全球专利申请量快速增加，2010 年医疗、外科及兽医用器械制造领域全球专利申请量为 111 290 件，到 2018 年达到峰值，当年专利申请量达 166 625 件。

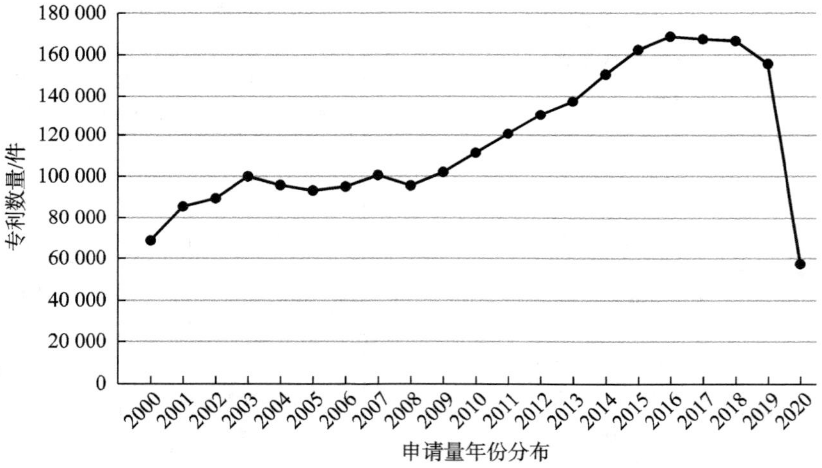

图 3-28　医疗、外科及兽医用器械制造领域全球专利申请趋势

3.4.1.2 全球专利申请分布

图 3-29 展示的是医疗、外科及兽医用器械制造领域在各个国家或地区的专利数量分布情况。通过分析可以了解分析对象在不同国家或地区技术创新的活跃情况，从而发现主要的技术创新来源国家、地区和重要的目标市场。

全球专利申请分布可以体现专利权人想在哪些国家或地区保护医疗、外科及兽医用器械制造技术。这一参数也反映了该技术未来可能的实施国家或地区。医疗、外科及兽医用器械制造领域专利申请分布（图 3-29）显示，中国、美国、日本是医疗、外科及兽医用器械制造领域专利重点申请国家，中国为 618 706 件、美国为 402 296 件、日本为 285 910 件。

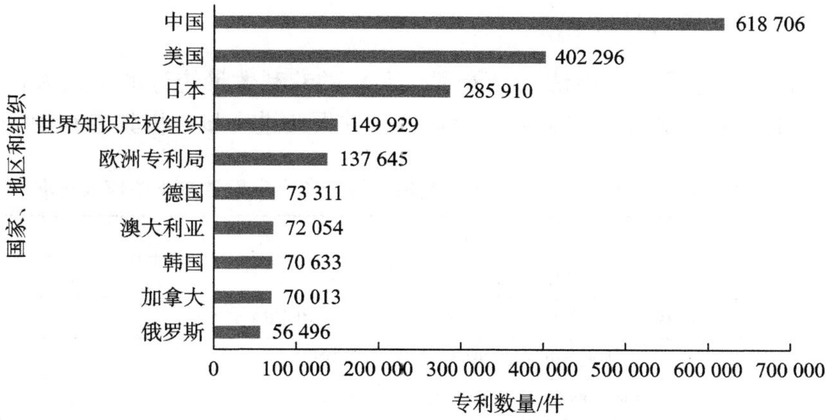

图 3-29　医疗、外科及兽医用器械制造领域全球专利主要申请国家、地区和组织分布

全球专利申请分布情况表明，中国、美国、日本是医疗、外科及兽医用器械制造领域专利布局的主要国家，企业可以跟踪、引进和消化相关领域技术，在此基础上实现技术突破。医疗、外科及兽医用器械制造领域中国、美国、日本的专利类型如表 3-34、表 3-35、表 3-36 所示。

表 3-34　医疗、外科及兽医用器械制造领域中国专利类型　　单位：件

专利类型		专利数量
发明	发明申请	157 787
	发明授权	71 696
实用新型		378 030
外观设计		11 193

表 3-35　医疗、外科及兽医用器械制造领域美国专利类型　　单位：件

专利类型		专利数量
发明	发明申请	135 387
	发明授权	262 607
外观设计		4 302

表 3-36　医疗、外科及兽医用器械制造领域日本专利类型　　单位：件

专利类型		专利数量
发明	发明申请	134 167
	发明授权	115 584
实用新型		25 920
外观设		10 239

3.4.1.3 全球专利申请人排行

表3-37展示的是按照所属申请人（专利权人）的专利数量统计的申请人排名情况。通过分析可以发现创新成果积累较多的专利申请人，并据此进一步分析其专利竞争实力。

表3-37 医疗、外科及兽医用器械制造领域全球专利数量前十申请人排名 单位：件

排名	申请人名称	专利数量
1	柯惠医疗（COVIDIEN LP）	17 208
2	爱惜康内镜外科公司（ETHICON ENDO SURGERY INC）	15 897
3	飞利浦公司（KONINKLIJKE PHILIPS N V）	13 280
4	奥林巴斯公司（OLYMPUS CORPORATION）	12 725
5	奥林巴斯光学有限公司（OLYMPUS OPTICAL CO）	12 335
6	泰尔茂公司（TERUMO CORP）	12 087
7	碧迪公司（BECTON DICKINSON AND COMPANY）	11 878
8	美敦力公司（MEDTRONIC INC）	10 100
9	爱惜康公司（ETHICON INC）	9 129
10	爱惜康有限责任公司（ETHICON LLC）	8 194

3.4.1.4 全球专利技术构成

表3-38和图3-30展示的是医疗、外科及兽医用器械制造领域在各技术方向的数量分布情况。通过分析可以了解分析对象覆盖的技术类别及各技术分支的创新热度。

医疗、外科及兽医用器械制造领域专利按照国际专利分类号（IPC）进行统计结果显示（表3-38和图3-30），医疗、外科及兽医用器械制造领域专利IPC分布中，A61B（诊断；外科；鉴定）的专利数量最多，达1 899 182件；第二是A61M（将介质输入人体内或输到人体上的器械），专利数量1 039 267件；第三是A61F（可植入血管内的滤器；假体；为人体管状结构提供开口、或防止其塌陷的装置，例如支架），专利数量430 322件。

表3-38 医疗、外科及兽医用器械制造领域全球专利主要技术构成 单位：件

IPC分类号（小类）	专利数量
A61B（诊断；外科；鉴定）	1 899 182
A61M（将介质输入人体内或输到人体上的器械）	1 039 267
A61F（可植入血管内的滤器；假体；为人体管状结构提供开口、或防止其塌陷的装置，例如支架）	430 322
A61L（材料或消毒的一般方法或装置；空气的灭菌、消毒或除臭；绷带、敷料、吸收垫或外科用品的化学方面；绷带、敷料、吸收垫或外科用品的材料）	168 868
A61H（理疗装置）	153 873
A61N（电疗；磁疗；放射疗；超声波疗）	134 196
A61K（医用、牙科用或梳妆用的配制品）	127 040
G01N（借助于测定材料的化学或物理性质来测试或分析材料）	117 659
G02B（光学元件、系统或仪器）	78 474
G06F（电数字数据处理）	72 924

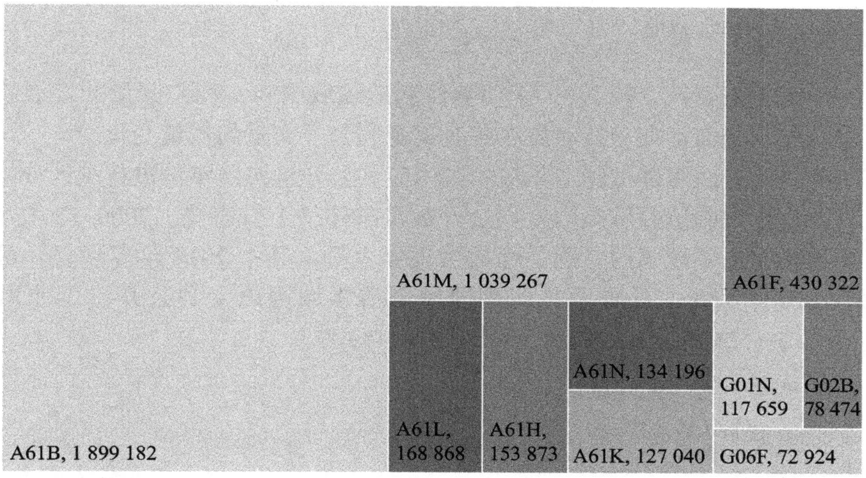

图 3-30　全球医疗、外科及兽医用器械制造领域专利主要技术构成

3.4.2　国内专利概况

3.4.2.1　国内专利申请趋势

图 3-31 展示的是医疗、外科及兽医用器械制造领域国内专利申请量的发展趋势。通过申请趋势可以从宏观层面把握医疗、外科及兽医用器械制造领域在各时期的专利申请热度变化。申请数量的统计范围是目前已公开的专利。

由图 3-31 可以看到，2000—2014 年，医疗、外科及兽医用器械制造领域专利申请量稳步增加；2015—2019 年，医疗、外科及兽医用器械制造领域专利申请量增长迅速，2015 年专利申请量为 49 415 件，2019 年专利申请量达到 96 983 件。

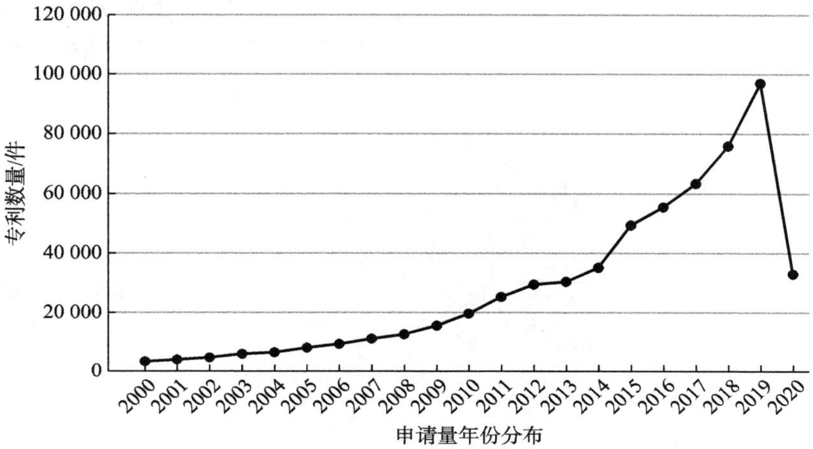

图 3-31　医疗、外科及兽医用器械制造领域国内专利申请趋势

3.4.2.2 国内专利公开趋势

图 3-32 展示的是医疗、外科及兽医用器械制造领域国内专利公开量的发展趋势。通过公开趋势可以从宏观层面把握分析对象在各时期专利公开文献的数量变化。

将医疗、外科及兽医用器械制造领域的国内专利公开量按照年份进行统计分析可知，医疗、外科及兽医用器械制造领域国内专利公开数量整体呈上升态势。2000—2017 年，医疗、外科及兽医用器械制造领域国内专利公开数量逐年上升，其中 2014 年专利公开量有小幅度回落；2018—2020 年医疗、外科及兽医用器械制造领域国内专利公开量迅速增长，其中 2018 年公开量为 59 725 件，2020 年公开量为 128 459 件。

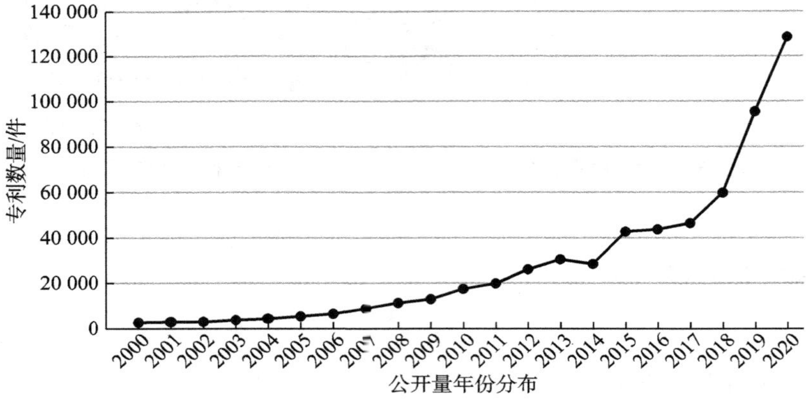

图 3-32 医疗、外科及兽医用器械制造领域国内专利公开趋势

3.4.2.3 国内专利类型分布

图 3-33 展示的是医疗、外科及兽医用器械制造领域的专利类型，分为发明专利、实用新型专利、外观设计专利。根据发明专利授权与否，将发明细分为发明申请和发明授权。

在中国专利中，经过检索获得医疗、外科及兽医用器械制造领域专利共 618 706 件。如图 3-33 所示，其中发明申请 157 787 件，占总数的 25%；发明授权 71 696 件，占总数的 12%；实用新型 378 030 件，占总数的 61%；外观设计 11 193 件，占总数的 2%。

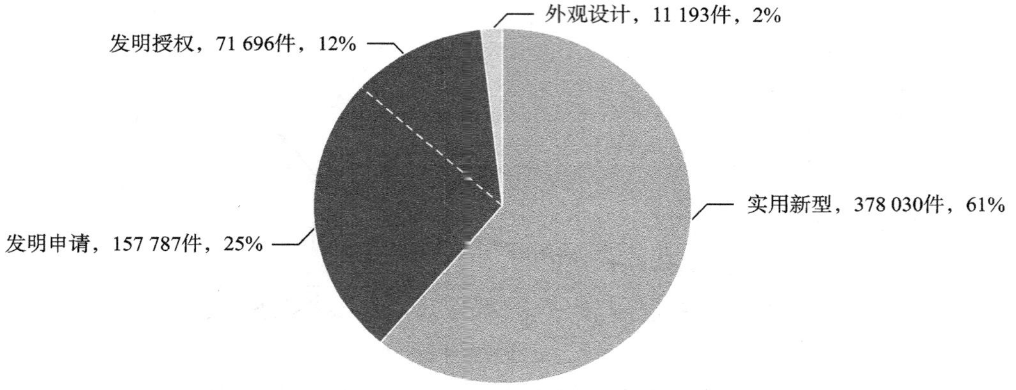

图 3-33 医疗、外科及兽医用器械制造领域国内专利类型分布

3.4.2.4 国内专利法律状态

图 3-34 展示的是专利审中、有效、失效三种状态的占比情况，仅统计中国专利。通过分析可以分别了解医疗、外科及兽医用器械制造领域当前已获得正在审查中或实质性保护、已失去专利权保护的专利数量分布情况，从整体上掌握专利的权利保护和潜在风险情况，为专利权的法律性调查提供依据，筛选进入公知技术领域的失效专利，可以进行无偿使用或改进利用。

将医疗、外科及兽医用器械制造领域国内专利按照法律状态进行统计分析，得到图 3-34。其中，有效专利 230 187 件，占总专利数的 37%；失效专利 320 274 件，占总专利数的 52%；审中专利 68 245 件，占总专利数的 11%。

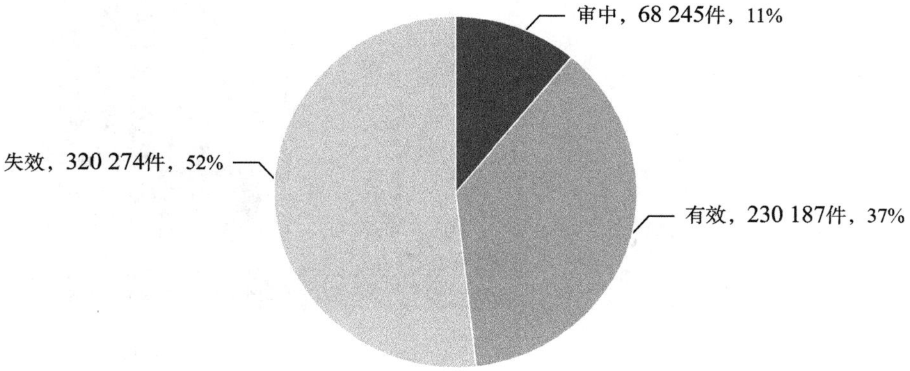

图 3-34 医疗、外科及兽医用器械制造领域国内专利法律状态分布

3.4.2.5 国内专利技术领域分布

表 3-39 和图 3-35 展示的是分析对象在各技术方向的数量分布情况。通过该分析可以了解分析对象覆盖的技术类别及各技术分支的创新热度。

医疗、外科及兽医用器械制造领域国内专利按照国际专利分类号（IPC）进行统计，结果显示，A61B（诊断；外科；鉴定）的专利数量最多，达 317 162 件；第二是 A61M（将介质输入人体内或输到人体上的器械），专利申请量为 230 351 件；第三是 A61H（理疗装置），专利申请量为 69 034 件。

表 3-39 医疗、外科及兽医用器械制造领域国内专利主要技术领域分布 单位：件

IPC 分类号（小类）	专利数量
A61B（诊断；外科；鉴定）	317 162
A61M（将介质输入人体内或输到人体上的器械）	230 351
A61H（理疗装置）	69 034
A61F（可植入血管内的滤器；假体；为人体管状结构提供开口、或防止其塌陷的装置，例如支架）	54 312
A61N（电疗；磁疗；放射疗；超声波疗）	22 762
A61G（专门适用于病人或残疾人的运输工具、专用运输工具或起居设施）	19 039
A61L（材料或消毒的一般方法或装置；空气的灭菌、消毒或除臭；绷带、敷料、吸收垫或外科用品的化学方面；绷带、敷料、吸收垫或外科用品的材料）	16 626

续表

IPC 分类号（小类）	专利数量
A61D（兽医用仪器、器械、工具或方法）	14 764
A61J（专用于医学或医药目的的容器；专用于把药品制成特殊的物理或服用形式的装置或方法；喂饲食物或口服药物的器具；婴儿橡皮奶头；收集唾液的器具）	8 863
A61K（医用、牙科用或梳妆用的配制品）	8 392

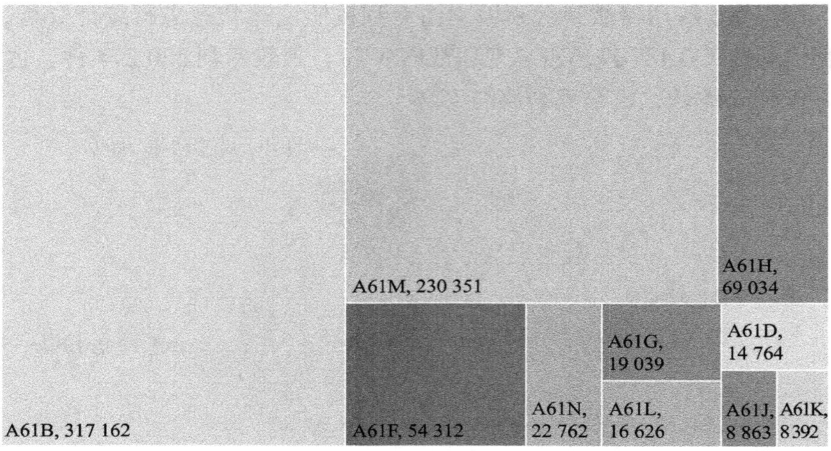

单位：件

图 3-35　医疗、外科及兽医用器械制造领域国内专利主要技术领域分布

3.4.2.6　国内专利省（区、市）分布

表 3-40 展示的是医疗、外科及兽医用器械制造领域在中国省级行政区域的分布情况，仅统计中国专利。通过分析可以了解在中国申请专利保护较多的省（区、市），以及各省（区、市）的创新活跃程度。

对医疗、外科及兽医用器械制造领域国内专利进行主要省（区、市）分布分析可知，山东省以 97 628 件专利排名第一；江苏省以 62 097 件专利排名第二；广东省以 58 875 件专利排名第三。浙江省、北京市、上海市、河南省、四川省、湖北省、重庆市等省市的专利申请量均在 50 000 件以下。

表 3-40　医疗、外科及兽医用器械制造领域国内专利主要省（区、市）分布　单位：件

申请人省（区、市）	专利数量
山东省	97 628
江苏省	62 097
广东省	58 875
浙江省	39 962
北京市	34 017
上海市	30 347

续表

申请人省（区、市）	专利数量
河南省	22 957
四川省	19 905
湖北省	18 178
重庆市	14 076

3.4.2.7 重点省（区、市）发明专利申请人布局

(1) 广东省申请人排名

表3-41是医疗、外科及兽医医用器械制造领域广东省国内发明专利申请人排名。

表3-41 医疗、外科及兽医医用器械制造领域广东省国内发明专利主要申请人排名 单位：件

排名	申请人名称	专利数量
1	中国科学院深圳先进技术研究院	433
2	深圳先进技术研究院	372
3	深圳迈瑞生物医疗电子股份有限公司	336
4	华南理工大学	307
5	广东工业大学	256
6	广州宝胆医疗器械科技有限公司	222
7	深圳市理邦精密仪器股份有限公司	222
8	中山大学	221
9	先健科技（深圳）有限公司	205
10	广州视源电子科技股份有限公司	190

(2) 江苏省申请人排名

表3-42是医疗、外科及兽医医用器械制造领域江苏省国内发明专利申请人排名。

表3-42 医疗、外科及兽医医用器械制造领域江苏省国内发明专利主要申请人排名 单位：件

排名	申请人名称	专利数量
1	东南大学	384
2	苏州天臣国际医疗科技有限公司	354
3	苏州大学	220
4	南通市第一人民医院	201
5	江苏风和医疗器材股份有限公司	191
6	中国科学院苏州生物医学工程技术研究所	170
7	南京大学	157
8	南京航空航天大学	152
9	南京邮电大学	150
10	无锡市人民医院	141

（3）山东省申请人排名

表 3-43 是医疗、外科及兽医医用器械制造领域山东省国内发明专利申请人排名。

表 3-43　医疗、外科及兽医医用器械制造领域山东省国内发明专利主要申请人排名　单位：件

排名	申请人名称	专利数量
1	青岛大学附属医院	551
2	山东大学	263
3	山东大学齐鲁医院	156
4	青岛市市立医院	147
5	山东威高集团医用高分子制品股份有限公司	146
6	青岛市中心医院	111
7	山东大学齐鲁医院（青岛）	105
8	山东省立医院	87
9	德州飚丰信息技术有限公司	74
10	歌尔科技有限公司	70

3.4.3　国内发明专利聚类分析

聚类分析是通过数据建模后简化并使数据可视化：提取专利文本中的关键词，从其相关度聚合出不同类别的文本关键词，并以圆环饼图的形式展示其分布情况，分析结果如图 3-36 所示，专利分析表如表 3-44 所示。

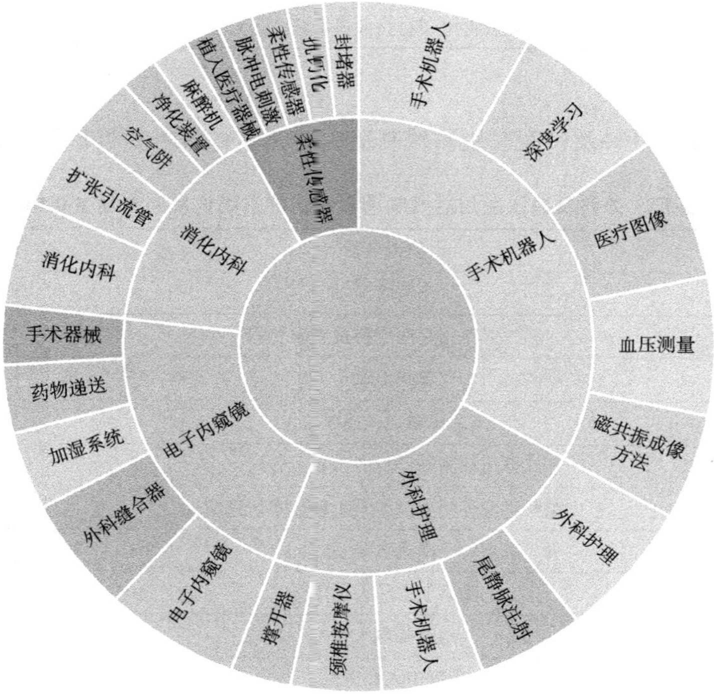

图 3-36　医疗、外科及兽医用器械制造领域专利聚类分析

表3-44 医疗、外科及兽医医用器械制造领域专利分析表

序号	申请号	标题	权利要求数量/个	技术功效1级	技术功效TRIZ参数	IPC主分类
1	CN201910079106.8	一种内科护理持续给药的输液装置	3	调节；负重；自动化；倒流；合理性	38-自动化程度；35-适应性、通用性	A61M5/14
2	CN201910148531.8	单髁膝关节置换术中股骨远端相对于假体垫片力线轨迹的测量方法与系统	8	移植；计算；复杂性；功耗	36-系统的复杂性；19-能耗	A61F2/46
3	CN201910197346.8	一种核辐射探测与心率测量方法及装置	8	便利性；可测量度；准确性；成本；普及	33-操作流程的方便性；37-控制与测量的复杂性；28-测量精度；39-生产率	A61B5/024
4	CN201910295813.0	基于脑电信号的驾驶员性别检测方法及系统	8	性别；确定性；可检测性	28-测量精度	G06K9/00
5	CN201910223728.3	一种用于角膜交联的人工智能引导系统	13	智能化；精准性；准确性；效率；误诊；精度；平台；区域；稳定性；有害；疗效；精确性；工具	28-测量精度；39-生产率；13-稳定性；30-作用于物体的有害因素	G16H40/63
6	CN201910363538.1	用于血管介入手术的导管推送装置和方法	6	可控性；飞溅；零部件；成本	37-控制与测量的复杂性；39-生产率	A61M25/082
7	CN201910257096.2	用于识别心律类型的改进卷积神经网络及其训练方法	5	漏检率；精度；惩罚；准确性	28-测量精度	A61B5/0402
8	CN201910339549.6	一种自动调温型隔附子饼灸器具	6	可推广性；充分性；体积；复杂性；烫伤；完成率；便利性；干预；局限性；确定性	39-生产率；07-体积；36-系统的复杂性；33-操作流程的方便性	A61H39/06
9	CN201910563092.7	一种纳米纤维素/碳纳米管柔性触觉传感器的制备方法	9	亲和性；复杂性；成本；场合；稳定性；灵敏度；广泛性；环境；时间；来源；迁移率	36-系统的复杂性；39-生产率；13-稳定性；28-测量精度；15-时间	C08J5/18

续表

序号	申请号	标题	权利要求数量/个	技术功效 1 级	技术功效 TRIZ 参数	IPC 主分类
10	CN201910565404.8	一种手术用医疗器械存放装置	8	推动；细菌；便利性	30-作用于物体的有害因素；33-操作流程的方便性	A61B50/30
11	CN201910772417.2	一种新型压力传感器及其生理信号测量方法	8	体积；灵敏度；干扰；便利性；获取；精度；速度	07-体积；28-测量精度；30-作用于物体的有害因素；33-操作流程的方便性；09-速度	A61B5/02
12	CN201910834840.0	固定装置及胸腔引流器	7	引流；长度；体位	03-长度	A61M25/02
13	CN201911011171.3	可调节式持针器	7	难度；调节；姿态	36-系统的复杂性	A61B17/06
14	CN201911247499.5	一种病人的上药装置	8	寿命；空间；舒适性；稳定性；压力；便利性	27-可靠性；07-体积；13-稳定性；10-力；33-操作流程的方便性	A61M35/00
15	CN201911166295.9	产科手术扩张装置	7	适用性	35-适应性、通用性	A61B17/02
16	CN201911263959.3	一种适用于耳廓烧伤病人的保护装置	7	潮湿；措施；安全；正确性；佩戴；感染；愈合；周期；恢复	30-作用于物体的有害因素；28-测量精度；15-时间	A61F11/06
17	CN201911172549.8	甲状腺肿囊穿刺吸取装置	10	稳定性；效率；难度；质量；范围；安全	13-稳定性；39-生产率；36-系统的复杂性；27-可靠性；35-适应性、通用性；30-作用于物体的有害因素	A61B17/34
18	CN201911179367.3	一种用于EICU术后动脉采血后的止血用具	8	移动；角度；患者；可控性；调节；适应性；握持	37-控制与测量的复杂性；35-适应性、通用性	A61B17/12
19	CN201911371560.7	一种可切换磨头的电动修脚器	9	气压；转动；杆；污染；修脚；齿轮；完成率；换向	31-物质产生的有害因素	A61B17/54

续表

序号	申请号	标题	权利要求数量/个	技术功效 1 级	技术功效 TRIZ 参数	IPC 主分类
20	CN202010006795.2	基于光栅测量的疤痕修复方法及系统	2	疤痕；可控性	37-控制与测量的复杂性	A61M35/00
21	CN202010180030.0	一种细胞实验室口罩消毒设备	2	便利性；消毒；沾染	33-操作流程的方便性	A61L2/18
22	CN202010045642.9	患者口腔中的唾液被引出的胃镜检查护理装置	2	器械；窒息；正确性；衣服；活动；舒适性；发现；及时性	28-测量精度；25-时间损失	A61B1/273
23	CN202010095433.5	基于壳聚糖的血液灌流吸附剂及其在制备用于脓毒血症血液净化的血液灌流器中的应用	1	相容性；环境；工业化；成本；破裂；充分性；复杂性；凝血；便利性；可推广性；丰富	39-生产率；36-系统的复杂性；33-操作流程的方便性	B01J20/24
24	CN202010189306.1	一种泌尿肛肠外科护理用清洗装置	7	感染；浪费；痛感；清洁性；舒适性	31-物质产生的有害因素	A61M3/02
25	CN202010559768.8	一种具有稳定结构的腔内横向缝合器	8	强度；适合性；稳定性；尺寸；安全；端部；体积	14-强度；35-适应性、通用性；13-稳定性；03-长度；30-作用于物体的有害因素；07-体积	A61B17/072
26	CN202010628247.3	基于 Heaviside 核函数的生理信号非平衡性分析方法	4	计算；健康；年轻；数量；鲁棒性；差异性	26-物质或事物的数量	A61B5/00
27	CN202010351347.6	一种基于自适应广义预测控制的闭环胰岛素输注系统	8	灵敏度；鲁棒性；疗效；准确性；信息；速度；注量	28-测量精度；24-信息损失；09-速度	A61M5/142
28	CN202011128109.5	一种运动推荐方法和装置	4	适合性；健康；速度；浪费；不良；环境	35-适应性、通用性；09-速度	G16H20/30
29	CN202011174665.6	用于实验动物的保定装置	16	动物；可靠性；安全	27-可靠性；30-作用于物体的有害因素	A01K1/00

续表

序号	申请号	标题	权利要求数量/个	技术功效1级	技术功效TRIZ参数	IPC主分类
30	CN202010867159.9	一种连接辅助轮椅的智能检测服装及方法	7	舒适性；安全；输出；空间；可检测性	30-作用于物体的有害因素；07-体积；28-测量精度	A41D1/00
31	CN202011112816.5	一种助眠睡衣裤	10	助眠；压力；健康；抽筋；质量	10-力；27-可靠性	A41D10/00
32	CN202010936967.6	一种便于携带的多功能幼儿托座旅行箱	7	劳动强度；携带；舒适性；次数；健康；摔倒	39-生产率；26-物质或事物的数量	A45C5/04
33	CN202011193461.7	一种计算机编程用的具有短暂休息功能的办公座椅	8	午休；便利性；短暂；凸起；平躺	33-操作流程的方便性	A47C1/035
34	CN202010997763.3	一种医学内窥镜镜头装置	9	效率；照明；面积；可靠性；光线；镜头；精度；质量	39-生产率；18-照度；05-面积；27-可靠性；28-测量精度	A61B1/00
35	CN202010600892.4	医用图像处理装置及内窥镜系统以及医用图像处理装置的工作方法	21	可检测性	28-测量精度	A61B1/005
36	CN202010996252.X	一种内窥镜控制柄及内窥镜	10	利用率；可控性；便利性；成本；占用	39-生产率；37-控制与测量的复杂性；33-操作流程的方便性	A61B1/005
37	CN202011030317.1	一种微创内窥镜连接用弯折机构	6	形变；密闭；方向；钢丝；稳定性；弯折管；复位；便利性；弯折	13-稳定性；33-操作流程的方便性	A61B1/005
38	CN202011167753.3	一种内道镜机器人及其使用方法	12	舒适性；质量；效率；安全；体验	27-可靠性；39-生产率；30-作用于物体的有害因素	A61B1/04
39	CN202011175634.2	一种内腔镜机器人及其使用方法	10	效率；舒适性；质量；体验；安全	39-生产率；27-可靠性；30-作用于物体的有害因素	A61B1/04

续表

序号	申请号	标题	权利要求数量/个	技术功效1级	技术功效TRIZ参数	IPC主分类
40	CN202011010460.4	一种基于医疗内镜的具有自照明功能的鼻咽镜	10	稳定性；获取；规律性；自动化；杂物；清晰度；窥视；主体；水雾	13-稳定性；38-自动化程度；28-测量精度	A61B1/233
41	CN202011066984.5	一种能够固定的麻醉喉镜	5	可控性；气压	37-控制与测量的复杂性	A61B1/267
42	CN202011020933.9	一种具有内镜加热功能的可吸收烟雾的腹腔镜组件	10	均匀性；外泄；窥视；摩擦力；自动化；完成率；清洁性；反应；变化；雾气	29-制造精度；10-力；38-自动化程度；31-物质产生的有害因素	A61B1/313
43	CN202011157268.8	双鼻腔垂体窥器	10	阻挡；范围；鼻腔；术野；便利性；窥器；干扰；速度；牢固性；复杂性；局限性；完成率；切除	35-适应性、通用性；33-操作流程的方便性；30-作用于物体的有害因素；09-速度；27-可靠性；36-系统的复杂性	A61B1/313
44	CN202010926237.8	一种用于扩张肛门的辅助装置	9	观察；精细；过程；调节；不适	29-制造精度	A61B1/32
45	CN202011227456.3	一种眼科裂隙灯辅助照明装置	4	角度；隐藏；复杂性；照明	36-系统的复杂性；18-照度	A61B3/00
46	CN202010947276.6	一种验光仪和组装验光仪的方法	10	美观性；过程；定位；强度；概率；沉孔；效率；完成率；可组装性；复杂性	14-强度；39-生产率；32-可制造性；36-系统的复杂性	A61B3/103
47	CN202011142661.X	一种眼底成像镜头、眼底相机以及眼底成像方法	13	携带；便利性；质量；完成率；精度；视场；适合性	33-操作流程的方便性；27-可靠性；28-测量精度；35-适应性、通用性	A61B3/12
48	CN201910569138.6	一种监测方法、装置及设备	15	错过；效率；健康；准确性；确定性	39-生产率；28-测量精度	A61B5/00

续表

序号	申请号	标题	权利要求数量/个	技术功效1级	技术功效TRIZ参数	IPC主分类
49	CN202010811662.2	病房服务用检测系统	7	转变；质量；恢复；效率；确认；安全；可检测性；监测；传递；实时性	27-可靠性；39-生产率；30-作用于物体的有害因素；28-测量精度；37-控制与测量的复杂性；25-时间损失	A61B5/00
50	CN202010873011.6	一种基于多层感知网络的契伦科夫荧光断层成像重建方法	10	精确性；训练	28-测量精度	A61B5/00
51	CN202010989909.X	一种U形的牙菌斑检测仪	9	清洁性；安全；便利性；可检测性；有害；合理性	31-物质产生的有害因素；30-作用于物体的有害因素；33-操作流程的方便性；28-测量精度；35-适应性、通用性	A61B5/00
52	CN202010989998.8	可穿戴设备	10	正确性；补充	28-测量精度	A61B5/00
53	CN202011010356.5	具有活检功能的皮肤检查器械	8	复杂性；漏诊率；可调节性；反光；精准性；准确性；大幅度	36-系统的复杂性；28-测量精度	A61B5/00
54	CN202011018028.X	一种交叉韧带重建中移植肌腱的测试方法及系统	10	可靠性；确定性	27-可靠性	A61B5/00
55	CN202011018528.3	一种半自动皮肤弹性检测装置及其使用方法	6	健康；适合性；灵活性；复杂性；便利性；恒压；可检测性；精巧；精密度；减压；增压	35-适应性、通用性；36-系统的复杂性；33-操作流程的方便性；28-测量精度；29-制造精度	A61B5/00
56	CN202011027441.2	一种LED医学影像仪	10	经济性；复杂性；清晰度；诊断；便利性；实用性；广泛性；发展	39-生产率；36-系统的复杂性；28-测量精度；33-操作流程的方便性；35-适应性、通用性	A61B5/00

续表

序号	申请号	标题	权利要求数量/个	技术功效 1 级	技术功效 TRIZ 参数	IPC 主分类
57	CN202011034866.6	一种综合创面管理系统及方法	10	延伸；患者；换药；接收；可测量度；给药；辅助；创面；创腔；突出；可靠性	37-控制与测量的复杂性；27-可靠性	A61B5/00
58	CN202011049883.7	一种微型光声成像探头及其制备方法	4	光路；声场；聚焦；体积；复杂性；便利性；模态；分辨率；噪音；成本；灵活性	07-体积；36-系统的复杂性；33-操作流程的方便性；31-物质产生的有害因素；39-生产率；35-适应性、通用性	A61B5/00
59	CN202011086002.9	一种自动检测口腔溃疡并上药的装置	5	完成率；效率；溃疡	39-生产率	A61B5/00
60	CN202011086228.9	基于视频流的目标物位置检测方法、装置、设备及介质	10	准确性；结节	28-测量精度	A61B5/00
61	CN202011126912.5	一种动静脉显影装置	10	扫描股；温度；血液；准确性；感染	17-温度；28-测量精度	A61B5/00
62	CN202011149153.4	一种传感模组及其制备方法、可穿戴设备和监测系统	10	质量；及时性；体征；复杂性；折断	27-可靠性；25-时间损失；36-系统的复杂性	A61B5/00
63	CN202011155609.8	一种乳腺外科病理检测装置	10	便利性；细菌；清洁性	33-操作流程的方便性；30-作用于物体的有害因素；31-物质产生的有害因素	A61B5/00
64	CN202011164750.4	皮肤检测仪及其连接方法	10	一致性；成本；差异；兼容性	39-生产率	A61B5/00
65	CN202010442523.7	一种体征数据采集系统以及体征数据采集方法	15	便利性	33-操作流程的方便性	A61B5/01
66	CN202010913538.7	一种互联网高校学生综合测评管理系统方法	6	紧固性；效率；准确性；锻炼；排汗率；转动	39-生产率；28-测量精度	A61B5/01

续表

序号	申请号	标题	权利要求数量/个	技术功效1级	技术功效TRIZ参数	IPC主分类
67	CN202011023034.4	一种跨越不同环境温度的体温检测设备	10	灵活性；机制；效率；准确性	35-适应性、通用性；39-生产率；28-测量精度	A61B5/01
68	CN202010876417.X	新冠肺炎的数据监测方法、装置、设备和存储介质	10	效率	39-生产率	A61B5/0205
69	CN202011011033.8	信号处理方法、装置、车辆及存储介质	10	情景；信号；加速；频率；质量；稳定性	27-可靠性；13-稳定性	A61B5/0205
70	CN202011030646.6	一种社区门诊内科用辅助诊疗装置和辅助诊疗方法	10	控制箱；损耗；复杂性；移动；效率；接收；散热；及时性；脱离	23-物质损失；36-系统的复杂性；39-生产率；17-温度；25-时间损失	A61B5/0205
71	CN202011073688.8	具有中心静脉压和胸腔内压力测定功能的测量装置	8	便利性；效率；隔离；安全	33-操作流程的方便性；39-生产率；30-作用于物体的有害因素	A61B5/0205
72	CN201910560323.9	一种穿戴式血压测量装置及血压测量的方法	19	准确性	28-测量精度	A61B5/022
73	CN201910560617.1	一种心率检测装置及心率检测耳机	9	能源；可控性；携带；体积；精度；功耗	19-能耗；37-控制与测量的复杂性；07-体积；28-测量精度	A61B5/024
74	CN202011136073.5	一种防猝死脉率监测腕带	8	复杂性；适合性；腕带；监测；防水性；完成率；装配；感染；成本	36-系统的复杂性；35-适应性、通用性；37-控制与测量的复杂性；30-作用于物体的有害因素；39-生产率	A61B5/024
75	CN202010897977.3	多生理指标采集装置	10	便利性；表征；携带；精度；清晰度	33-操作流程的方便性；28-测量精度	A61B5/04
76	CN202010883873.7	一种单导联动态心电信号干扰片段自动识别方法	6	精度；效率	28-测量精度；39-生产率	A61B5/0402

续表

序号	申请号	标题	权利要求数量/个	技术功效 1 级	技术功效 TRIZ 参数	IPC 主分类
77	CN202011097680.5	心电信号波形的检测研究方法	6	损失；识别性；参数；分类率；完整性；准确性；干扰	23-物质损失；37-控制与测量的复杂性；28-测量精度；30-作用于物体的有害因素	A61B5/0402
78	CN202011160026.4	心电心音同步采集装置及方法	9	复杂性；准确性；误判	36-系统的复杂性；28-测量精度	A61B5/0402
79	CN202010906502.6	异常位置的确定方法、装置、存储介质及电子设备	10	准确性；确定性；劳动强度；体验；监测；效率；速度	28-测量精度；39-生产率；37-控制与测量的复杂性；09-速度	A61B5/0452
80	CN202010999747.8	一种多感觉脑-体联合刺激的意识检测装置	5	收益；意识；可检测性；诱发；经济性	28-测量精度；39-生产率	A61B5/0484
81	CN202010925187.1	一种 MRI 设备主磁体均匀度检测分析装置及其方法	9	自动化；寿命；安稳；舒适性；成型；乱动；洁净度；病人	38-自动化程度；27-可靠性；31-物质产生的有害因素	A61B5/055
82	CN202011060660.0	一种乳腺线圈定位扫描成像方法	5	适应性；调节；质量	35-适应性、通用性；27-可靠性	A61B5/055
83	CN202010876210.2	一种基于超宽带雷达的人体微弱呼吸信号检测方法	9	鲁棒性；效率；可检测性；速度	39-生产率；28-测量精度；09-速度	A61B5/08
84	CN202010580589.2	医学成像测量期间的患者运动的确定	16	速度；复杂性；补偿	09-速度；36-系统的复杂性	A61B5/11
85	CN202010952851.1	一种有意识眨眼和无意识眨眼的判断方法及装置	10	准确性；环境；可靠性；残留；稳定性	28-测量精度；27-可靠性；13-稳定性	A61B5/11
86	CN202011139414.4	一种基于血糖旋光角度检测的无创血糖仪	6	精度	28-测量精度	A61B5/1455
87	CN202010857479.6	一种多通道检测装置	14	精度；放置；传感器；效率；人性化；自动化；灵活性；稳定性；可检测性；智能化	28-测量精度；39-生产率；38-自动化程度；35-适应性、通用性；13-稳定性	A61B5/1486

续表

序号	申请号	标题	权利要求数量/个	技术功效1级	技术功效TRIZ参数	IPC主分类
88	CN202010947176.3	空间3D注意灵活性认知测评及训练方法及系统	10	精度；准确性；时效性；效率	28-测量精度；39-生产率	A61B5/16
89	CN202011021563.0	一种城市轨道交通调度员职业技能的测试仪	5	灰尘；寿命	31-物质产生的有害因素；27-可靠性	A61B5/16
90	CN202011032006.9	一种驾驶员负面情绪缓解方法及系统	10	情绪；策略；准确性	28-测量精度	A61B5/16
91	CN202010962025.5	门控信号的获取装置及方法、医疗影像设备和计算机设备	10	可检测性；通道	28-测量精度	A61B6/03
92	CN202011208038.X	羊保定架及利用该保定架使用DR活体检测羊胸椎和腰椎数的方法	4	经济性；清晰度；便利性；开支；劳动强度；适合性；损失；人	39-生产率；28-测量精度；33-操作流程的方便性；35-适应性、通用性；23-物质损失	A61B6/04
93	CN202011025159.0	一种检验科用尿液样本采集设备	5	复杂性；溅；便利性	36-系统的复杂性；33-操作流程的方便性	A61B10/00
94	CN202011106307.1	一种消化内科临床取样装置	6	实用性；牢固性；稳定性；便利性；体验	35-适应性、通用性；27-可靠性；13-稳定性；33-操作流程的方便性	A61B10/00
95	CN202011143004.7	咽拭子取样安全防护操作装置	5	确定性；完成率；复杂性；安全；流出	36-系统的复杂性；30-作用于物体的有害因素	A61B10/00
96	CN202011167403.7	分体式咽拭子自助采样设备	10	群体；速度；安全；效率；概率	09-速度；30-作用于物体的有害因素；39-生产率	A61B10/00
97	CN202011020920.1	一种用于消化内镜外科的内镜穿刺工具	10	自动化	38-自动化程度	A61B10/02

续表

序号	申请号	标题	权利要求数量/个	技术功效 1 级	技术功效 TRIZ 参数	IPC 主分类
98	CN202011206211.2	一种基于光学导航的乳腺肿瘤穿刺活检实施装置	3	准确性；成功率	28-测量精度；27-可靠性	A61B10/02
99	CN201910578860.6	一种锚定装置	22	连接；稳定性；有效性	13-稳定性	A61B17/00
100	CN202011347494.2	一种可视扩张鞘	9	安全；可操作性；损坏；精准性	30-作用于物体的有害因素；33-操作流程的方便性；27-可靠性	A61B17/00
101	CN201910588337.1	气腹机	15	便利性；繁琐性	33-操作流程的方便性	A61B17/02
102	CN202011008934.1	一种用于延迟关胸的多功能装置	10	空间；稳定性；复杂性；便利性；风险；关胸；观察；损失；可靠性	07-体积；13-稳定性；36-系统的复杂性；33-操作流程的方便性；27-可靠性；23-物质损失	A61B17/02
103	CN202011097068.8	一种病状瘤体切除手术刀口固定手术器械	4	可操作性；便利性；稳定性；适合性；拉开	33-操作流程的方便性；13-稳定性；35-适应性、通用性	A61B17/02
104	CN202011133195.9	一种可调节式自动腹腔穿刺分离腹膜装置	10	自动化；弹射；便利性；稳定性；可推广性；时间；难度；复位；灵活性；复杂性；效率	38-自动化程度；33-操作流程的方便性；13-稳定性；39-生产率；15-时间；36-系统的复杂性；35-适应性、通用性	A61B17/02
105	CN202010973348.4	一种心脏内创口封闭装置	9	完成率；器具；自动化	38-自动化程度	A61B17/04
106	CN201910576357.7	储存有止血剂的钉匣组件	13	布置；均匀性；止血；到位	29-制造精度	A61B17/072
107	CN202011098765.5	一种防止可拆卸的吻合组件二次使用的电动吻合器的控制电路	7	可控性	37-控制与测量的复杂性	A61B17/072

续表

序号	申请号	标题	权利要求数量/个	技术功效 1 级	技术功效 TRIZ 参数	IPC 主分类
108	CN202011143044.1	一种便于调整钛夹的钛夹钳装置及其使用方法	10	便利性；钛夹；调控；释放；断裂；完成度；空间；复杂性；调节	33-操作流程的方便性；27-可靠性；07-体积；36-系统的复杂性	A61B17/10
109	CN202011227630.4	一种中式食管吻合器	5	便利性；疾病；长度；复杂性；张力；稳定性；牢固性；补充；厚度；效率	33-操作流程的方便性；03-长度；36-系统的复杂性；10-力；13-稳定性；27-可靠性；39-生产率	A61B17/11
110	CN201910565069.1	经皮椎弓根螺钉辅助可膨胀式止血锥形装置	4	安全	30-作用于物体的有害因素	A61B17/12
111	CN201910575645.0	用于通过内窥镜的组织夹闭装置	11	成本；可靠性；张开；复杂性；闭合	39-生产率；27-可靠性；36-系统的复杂性	A61B17/12
112	CN201910580247.8	弹簧圈及其抗解旋部件	14	填塞；解旋；过程；柔软度；密度；稳定性；翻转	13-稳定性	A61B17/12
113	CN202010827016.5	一种压力强度可调节的心内科止血用压迫器	10	消毒；底座；变更；范围；稳定性；微调；可操作性；紧固性；适应性；时间；速度；误操	35-适应性、通用性；13-稳定性；33-操作流程的方便性；15-时间；09-速度	A61B17/12
114	CN202010887311.X	一种左心室封堵器及使用方法	8	封堵；复杂性；松动；紧固性；泄露；封堵不严	36-系统的复杂性；31-物质产生的有害因素	A61B17/12
115	CN202010996599.4	一种扁平息肉手术用圈套器	10	确定性；便利性；可靠性；难度；紧固性；效率	33-操作流程的方便性；27-可靠性；36-系统的复杂性；39-生产率	A61B17/12
116	CN202011132694.6	一种妇科腹腔镜手术用阴道封堵器	7	稳定性；封堵；泄露；延伸；可推广性；游离；复杂性；胶帽；成本；速度；杆	13-稳定性；31-物质产生的有害因素；39-生产率；36-系统的复杂性；09-速度	A61B17/12

续表

序号	申请号	标题	权利要求数量/个	技术功效 1 级	技术功效 TRIZ 参数	IPC 主分类
117	CN202011159451. 1	一种枪弹伤急救止血棒	9	适应性；便利性；速度；处置；效率	35-适应性、通用性；33-操作流程的方便性；09-速度；39-生产率	A61B17/12
118	CN202011251256. 1	一种新型钛夹钳钳头	8	紧固性；一致性；钛夹钳；止血；变形；规整；效率；错位	12-形状；39-生产率	A61B17/122
119	CN201910563631. 7	一种用于止血的压迫装置	9	紧固性；压迫；自动化；受损	38-自动化程度	A61B17/135
120	CN202011137915. 9	一种多功能的骨科手术专用骨科锯	9	清洁性；速度；适合性；自动化	31-物质产生的有害因素；09-速度；35-适应性、通用性；38-自动化程度	A61B17/14
121	CN201910565655. 6	颅骨钻装置	10	成本；颅骨；复杂性；钻头	39-生产率；36-系统的复杂性	A61B17/16
122	CN202011145507. 8	一种辅助下颌支矢状骨劈开的下颌小舌定位导板系统	6	组织；可推广性；发生率；可操作性；损失；时间；创伤；过渡；精准性；复杂性；精度	39-生产率；33-操作流程的方便性；23-物质损失；15-时间；36-系统的复杂性；28-测量精度	A61B17/17
123	CN202011008186. 7	一种内镜手术用液电碎石器	10	便利性；安全；效率；可靠性；复杂性；速度；劳动强度；有害；完成率；清洁性	33-操作流程的方便性；30-作用于物体的有害因素；39-生产率；27-可靠性；36-系统的复杂性；09-速度；31-物质产生的有害因素	A61B17/22
124	CN202010938060. 3	一种高稳定性的外科腔镜手术用超声刀柄器具	10	脱离；速度；可操作性；便利性；密封性；复杂性；污染；效率；频率；稳定性	09-速度；33-操作流程的方便性；29-制造精度；36-系统的复杂性；31-物质产生的有害因素；39-生产率；13-稳定性	A61B17/32

续表

序号	申请号	标题	权利要求数量/个	技术功效 1 级	技术功效 TRIZ 参数	IPC 主分类
125	CN202011013001.1	一种烧伤科用除痂器	9	空间；劳动强度；便利性；复杂性；灰尘；收纳；完成率	07-体积；39-生产率；33-操作流程的方便性；36-系统的复杂性；31-物质产生的有害因素	A61B17/3201
126	CN201910580263.7	医用打孔器	10	刀刃；损坏；接触；碰撞	27-可靠性；30-作用于物体的有害因素	A61B17/3205
127	CN202011129772.7	口径可调式圆形刀	4	可推广性；安全；长度；可靠性；便利性；先进；拦路虎；正确性；广泛性；尴尬	39-生产率；30-作用于物体的有害因素；03-长度；27-可靠性；33-操作流程的方便性；28-测量精度	A61B17/3205
128	CN202011040155.X	一种颈椎前路手术处理后纵韧带装置	10	切割；刮除；效率；动作；可操作性；弯头	39-生产率；33-操作流程的方便性	A61B17/3211
129	CN202011035489.8	一种便携式微粒皮智能取皮器	10	可操作性；创伤；稳定性；安全；速度；完成率；实用性；效率；切割；损失；确定性；取皮；便利性；烫伤；瘢痕；复杂性	33-操作流程的方便性；13-稳定性；30-作用于物体的有害因素；09-速度；35-适应性、通用性；39-生产率；23-物质损失；36-系统的复杂性	A61B17/322
130	CN201910569810.1	一种制备超声引导穿刺针的系统	10	精度；聚焦；复杂性；绕度；超声；反射性；智能化；准确性；同心度	28-测量精度；36-系统的复杂性	A61B17/34
131	CN202010543022.8	外科手术进入组件用密封组件	19	耐久性；进入；密封性；泄露；防护性	13-稳定性；29-制造精度；31-物质产生的有害因素	A61B17/34
132	CN202010935904.9	四维超声引导穿刺的成像方法及装置	10	效率；清晰度；有效性；安全；自动化；直观性；血管；渲染；临床；实时性	39-生产率；28-测量精度；30-作用于物体的有害因素；38-自动化程度；25-时间损失	A61B17/34

续表

序号	申请号	标题	权利要求数量/个	技术功效 1 级	技术功效 TRIZ 参数	IPC 主分类
133	CN202010964073.8	一种腔镜手术用通道辅助设备及使用方法	10	便利性；缓冲性；脱落；损坏；空间；复杂性；时间	33-操作流程的方便性；27-可靠性；07-体积；36-系统的复杂性；15-时间	A61B17/34
134	CN202011016565.0	一种骨科脊柱穿刺器	6	便利性；速度；精确性；准确性	33-操作流程的方便性；09-速度；28-测量精度	A61B17/34
135	CN202011023381.7	一种女性腹腔镜检查用气腹针处理装置	7	接触；摩擦力；消毒；自动化；细菌；概率；效率；脱离；感染；损失	10-力；38-自动化程度；30-作用于物体的有害因素；39-生产率；23-物质损失	A61B17/34
136	CN202011031114.4	一种腹腔镜手术辅助鞘	6	成功率；时间；痊愈率	27-可靠性；15-时间	A61B17/34
137	CN202011056008.1	一种便携式穿刺器及其组成的穿刺装置和方法	10	防滑性；偏移；清洁性；安全；损失；消毒；风险；准确性；次数；深度	31-物质产生的有害因素；30-作用于物体的有害因素；23-物质损失；27-可靠性；28-测量精度；26-物质或事物的数量	A61B17/34
138	CN202011278752.6	一种腹腔镜标本取物通道	6	取出；肌肉；切口；风险；安全；成本；恢复；复杂性；疼痛；合理性	27-可靠性；30-作用于物体的有害因素；39-生产率；36-系统的复杂性；35-适应性、通用性	A61B17/34
139	CN202011096151.3	一种用于脚趾甲沟炎辅助治疗的手术设备	4	便利性；效率；复杂性；风险	33-操作流程的方便性；39-生产率；36-系统的复杂性；27-可靠性	A61B17/54
140	CN202011099738.X	一种髂前棘骨质扩张器	8	复杂性；便利性；稳定性	36-系统的复杂性；33-操作流程的方便性；13-稳定性	A61B17/56
141	CN202011036615.1	一种骨盆骨折复位装置及其使用方法	8	便利性；实用性；风险；复位	33-操作流程的方便性；35-适应性、通用性；27-可靠性	A61B17/60

续表

序号	申请号	标题	权利要求数量/个	技术功效1级	技术功效TRIZ参数	IPC主分类
142	CN202011065128.8	一种骨质疏松患者胫骨结节牵引装置	10	稳定性；疼痛；针松动；便利性；松动；劳动强度；牵引；张力；矛盾	13-稳定性；33-操作流程的方便性；31-物质产生的有害因素；39-生产率；10-力	A61B17/64
143	CN202010845613.0	一种可变刚度的骨折复位外固定装置及其制造方法	8	成本；调节；创伤；刚性	39-生产率；14-强度	A61B17/66
144	CN202011030729.5	一种用于椎间盘成形术的膨胀球囊及医疗装置	10	泄露	31-物质产生的有害因素	A61B17/70
145	CN202011209806.3	一种股骨颈骨折复位加压器	10	便利性；脱离；摩擦力；速度；加压	33-操作流程的方便性；10-力；09-速度	A61B17/74
146	CN202011112246.X	一种肋骨锁定板	6	出血量；损失；疗效；速度；创伤；评分；长度；切口；完整性；复杂性；体积；质量	23-物质损失；09-速度；03-长度；36-系统的复杂性；07-体积；27-可靠性	A61B17/80
147	CN202011124841.5	一种专用于胫骨的外置滑动锁定钢板	8	骨折；便利性；锻炼；携带；稳定性；愈合	33-操作流程的方便性；13-稳定性	A61B17/80
148	CN202010904685.8	一种环形可变焦吸引照明电刀笔	8	便利性；高亮；防滑性；复杂性；伸缩；成本	33-操作流程的方便性；36-系统的复杂性；39-生产率	A61B18/12
149	CN202011133423.2	便于穿刺、导入、可固定引导丝并注液的射频消融导管	8	速度；导入；及时性；引导；穿刺；安全；注液	09-速度；25-时间损失；30-作用于物体的有害因素	A61B18/12

续表

序号	申请号	标题	权利要求数量/个	技术功效1级	技术功效TRIZ参数	IPC主分类
150	CN202011091551.5	一种美容祛斑机专用探头装置	4	有害；效率；稳定性；安全；自动化；嫩滑；密封性；功效；支撑；成本；抗冲击性；经济性；血液；美容；振动；便利性；精度；牢固性；摩擦力；防震性	30-作用于物体的有害因素；39-生产率；13-稳定性；38-自动化程度；29-制造精度；31-物质产生的有害因素；33-操作流程的方便性；28-测量精度；27-可靠性；10-力	A61B18/20
151	CN202010972315.8	一种基于CT影像的3D打印仿真骨的制造方法	8	差异；成功率；可控性；定制；术前；光滑性；衔接；风险	27-可靠性；37-控制与测量的复杂性；12-形状	A61B34/10
152	CN201910572744.3	外科手术导航系统的定位精度检测装置及方法	10	适合性；可制造性；精度；复杂性；便利性；成本；实用性；真实性	35-适应性、通用性；32-可制造性；28-测量精度；36-系统的复杂性；33-操作流程的方便性；39-生产率	A61B34/20
153	CN202010507014.8	一种基于超声图像的穿刺针针尖与血管壁深度定位方法	10	安全；智能化；准确性；可靠性	30-作用于物体的有害因素；28-测量精度；27-可靠性	A61B34/20
154	CN202011185462.7	一种介入手术机器人导丝夹紧力控制装置及控制方法	5	可靠性；安全；可控性；精度	27-可靠性；30-作用于物体的有害因素；37-控制与测量的复杂性；28-测量精度	A61B34/30
155	CN202011156300.0	手术导航机器人系统及其工作方法	10	稳定性；精度；难度	13-稳定性；28-测量精度；36-系统的复杂性	A61B34/32
156	CN202011017136.5	一种用于医疗的智能手术辅助装置	6	实用性；安全；智能化；便利性；效率；消毒；存放	35-适应性、通用性；30-作用于物体的有害因素；33-操作流程的方便性；39-生产率	A61B50/30
157	CN202011027083.5	一种多用便携式眼科检查装置	8	便利性；速度	33-操作流程的方便性；09-速度	A61B50/31

续表

序号	申请号	标题	权利要求数量/个	技术功效 1 级	技术功效 TRIZ 参数	IPC 主分类
158	CN202011031299.9	一种新式的妇产科产时清理装置	6	数量；传递；便利性；接触；平衡；空间；复杂性；异味；分类	26-物质或事物的数量；33-操作流程的方便性；07-体积；36-系统的复杂性	A61B50/36
159	CN202011090395.0	一种手术纱布预处理及清点设备	5	重量；复杂性；便利性；事故；自动化	01-重量；36-系统的复杂性；33-操作流程的方便性；27-可靠性；38-自动化程度	A61B50/37
160	CN201910563198.7	用于X光配合下脊柱调节式定位标记装置	6	可操作性；弹簧；稳定性；便利性；劳动强度；时间；确定性；准确性；身材；下滑动；拆装；定位	33-操作流程的方便性；13-稳定性；39-生产率；15-时间；28-测量精度	A61B90/00
161	CN202011064746.0	一种基于红外线热成型技术的医用手术放大镜	10	处理器；牢固性；便利性；手术；医生；打开；观察	27-可靠性；33-操作流程的方便性	A61B90/00
162	CN202011128833.8	一种弹性创面皮肤牵张器	10	均匀性；撕裂；便利性；可控性；速度；伤口；连接；安全；稳定性	29-制造精度；33-操作流程的方便性；37-控制与测量的复杂性；09-速度；30-作用于物体的有害因素；13-稳定性	A61B90/00
163	CN202011021055.2	一种股骨转子间骨折体表切口定位器	10	骨折；损失；准确性；变更；稳定性；负重；安全；愈合；精准性；正确性	23-物质损失；28-测量精度；13-稳定性；30-作用于物体的有害因素	A61B90/11
164	CN202010933056.8	一种手腕带及其使用方法	10	便利性；盗用	33-操作流程的方便性	A61B90/96
165	CN202011009453.2	一种多功能医用电子腕带及其监测方法	9	牢固性；遗忘；腕带；事故；适合性；劳动强度；确定性；识别性；监控；正确性；监测	27-可靠性；35-适应性、通用性；39-生产率；37-控制与测量的复杂性；28-测量精度	A61B90/98

续表

序号	申请号	标题	权利要求数量/个	技术功效1级	技术功效TRIZ参数	IPC主分类
166	CN201910577123.4	兼具光学导航功能的数字化种植导板及其使用方法	9	准确性；神经；误判	28-测量精度	A61C8/00
167	CN202010919554.7	一种连续接种器	8	效率；感染；速度	39-生产率；09-速度	A61D1/02
168	CN201910568900.9	一种新型动物实验操作台	10	便利性；光；电路；可操作性；显示屏；分离；正确性；稳定性；难度；安全	33-操作流程的方便性；18-照度；28-测量精度；13-稳定性；36-系统的复杂性；30-作用于物体的有害因素	A61D3/00
169	CN202010824322.3	一种针对羊布鲁氏病的药物防控装置	9	便利性；效率；复杂性；劳动强度	33-操作流程的方便性；39-生产率；36-系统的复杂性	A61D3/00
170	CN202010926288.0	一种具有诱导功能的动物用持续吸入麻醉器械	8	紧固性；氧气；诱导；利用率；补充	39-生产率	A61D7/04
171	CN201910845302.1	一种新型涂层血管覆膜支架	10	炎症；推送；狭窄；接触；血栓；拉伸；耐腐蚀性；刺激	30-作用于物体的有害因素	A61F2/07
172	CN202011054409.3	智能假肢及智能假肢的模式判断方法	9	复杂性；生活；智能化；干燥；过程；清洁性；准确性；精度	36-系统的复杂性；31-物质产生的有害因素；28-测量精度	A61F2/60
173	CN202011026318.9	一种锁精环	10	复杂性；便利性；脱落；敏感度；乐趣；范围；早泄	36-系统的复杂性；33-操作流程的方便性；35-适应性、通用性	A61F6/20
174	CN201910405460.5	一种理疗医学物理感应器	4	激活病症；病症；能量；反应；温度；质变；活力；软化；实用性；量变；临床；治病；真实性	19-能耗；17-温度；35-适应性、通用性	A61F7/00

续表

序号	申请号	标题	权利要求数量/个	技术功效1级	技术功效TRIZ参数	IPC主分类
175	CN202011010094.2	一种便于使用的白内障切割装置	6	复杂性；实用性；切割	36-系统的复杂性；35-适应性、通用性	A61F9/007
176	CN202011064521.5	一种头戴式耳道清理装置及清洗方法	9	复杂性；便利性；回收；完成率；合理性；洁净度	36-系统的复杂性；33-操作流程的方便性；35-适应性、通用性；31-物质产生的有害因素	A61F11/00
177	CN202011047305.X	一种用于外科的术后透气束缚装置	7	便利性；速度；止血；压迫；可控性；冲击	33-操作流程的方便性；09-速度；37-控制与测量的复杂性	A61F13/00
178	CN202010981115.9	一种用于冠心病的急救装置	8	及时性；便利性；效率；舒适性；勒压；速度	25-时间损失；33-操作流程的方便性；39-生产率；09-速度	A61F17/00
179	CN202011020964.4	基于5G物联网居家养老服务系统	9	便利性；稳定性	33-操作流程的方便性；13-稳定性	A61G5/04
180	CN202011145629.7	一种小儿科手术用伤口护理清洗台	10	座椅；便利性；心理；自由度；长度；护理；角度；调节；效率；实用性；清洁性	33-操作流程的方便性；03-长度；39-生产率；35-适应性、通用性；31-物质产生的有害因素	A61G12/00
181	CN202011151397.6	一种医用骨科换药装置	6	便利性；污染	33-操作流程的方便性；31-物质产生的有害因素	A61G12/00
182	CN202010087594.X	按摩机	6	便利性	33-操作流程的方便性	A61H1/00
183	CN202011203668.8	新型多功能中医排石治疗装置	10	便利性；成本；舒适性；结石；疗效；适用性	33-操作流程的方便性；39-生产率；35-适应性、通用性	A61H1/00
184	CN201910582376.0	一种通用按摩结构及睾丸按摩器	8	成本；干爽；体积；疼痛；丰富；舒适性；延展性；压迫；复杂性	39-生产率；07-体积；36-系统的复杂性	A61H7/00

续表

序号	申请号	标题	权利要求数量/个	技术功效 1 级	技术功效 TRIZ 参数	IPC 主分类
185	CN202010443690.3	一种颈部按摩仪及基于颈部按摩仪的防撞方法	15	获取；安全；可控性	30-作用于物体的有害因素；37-控制与测量的复杂性	A61H7/00
186	CN202010909269.7	一种摆动式负压养生仪	6	负压；可操作性；血液；范围	33-操作流程的方便性；35-适应性、通用性	A61H7/00
187	CN202011014068.7	一种可变刚度的软体按摩机器人	10	范围；灵活性；柔性	35-适应性、通用性	A61H7/00
188	CN202011039185.9	适配立式全方位全身按摩装置	7	效率；成本；便利性；噪音；松动；按摩；适应性；舒适性；损耗；力度；皮肤；匹配度；摩擦力	39-生产率；33-操作流程的方便性；31-物质产生的有害因素；35-适应性、通用性；23-物质损失；10-力	A61H7/00
189	CN202011024353.7	一种负压养生仪	8	复杂性；效率	36-系统的复杂性；39-生产率	A61H9/00
190	CN202010979613.X	一种急诊护理用可调节肢体固定设备	7	刮伤；康复；舒适性；有害；实用性；安全；血液；按摩	30-作用于物体的有害因素；35-适应性、通用性	A61H15/00
191	CN202011053781.2	一种能进行中药护养并具有按摩功能的康复设备	10	速度；效果；健康	09-速度	A61H15/00
192	CN201910572902.5	一种延缓药物和热量流失的超声敷药按摩装置	10	功效；复杂性；便利性；耐用性；解除；按摩；速度；可靠性；流失率；疏通	36-系统的复杂性；33-操作流程的方便性；13-稳定性；09-速度；27-可靠性	A61H23/02
193	CN202010893616.1	一种智能内衣按摩控制方法、控制系统及智能内衣	9	可控性；灵活性；智能化	37-控制与测量的复杂性；35-适应性、通用性	A61H23/02
194	CN202011023870.2	运动按摩控制方法、装置、运动手柄、系统及存储介质	14	运动；成本；复杂性	39-生产率；36-系统的复杂性	A61H23/02

续表

序号	申请号	标题	权利要求数量/个	技术功效 1 级	技术功效 TRIZ 参数	IPC 主分类
195	CN202011137201. 8	具有冰感机制的负压按摩装置及其按摩棒	20	体感；舒缓；舒适性；可操作性	33-操作流程的方便性	A61H23/02
196	CN202010903863. 5	一种鼻咽部冲洗器	10	便利性；鼻管；复杂性；力度；紧固性；防护性；清洁性；方向；寿命	33-操作流程的方便性；36-系统的复杂性；31-物质产生的有害因素；27-可靠性	A61H35/04
197	CN202011026179. X	一种内分泌临床的可调节艾熏装置	6	便利性；手持；调节；稳定性	33-操作流程的方便性；13-稳定性	A61H39/06
198	CN202011144309. X	一种艾灸盒	7	复杂性；效率；便利性	36-系统的复杂性；39-生产率；33-操作流程的方便性	A61H39/06
199	CN202010875934. 5	一种适用于吞咽障碍病人的针灸康复训练装置	9	针灸针；便利性；细菌；适合性；实用性；均匀性	33-操作流程的方便性；30-作用于物体的有害因素；35-适应性、通用性；29-制造精度	A61H39/08
200	CN202011030218. 3	一种中医学埋置线用送针装置	6	便利性；拆装；埋线	33-操作流程的方便性	A61H39/08
201	CN202011041710. 0	一种大容量注射液防渗漏软袋	7	污染；药液；可操作性；安全；脱落；进入；形状；插入；抓取	31-物质产生的有害因素；33-操作流程的方便性；30-作用于物体的有害因素；12-形状	A61J1/10
202	CN202011194292. 9	一种治疗原发性手汗症的外用中药组合物及其制备方法和治疗该症的保健手套	10	清热；复发；湿热；效率；血液；干燥；速度；方中桂枝；成本；副作用	39-生产率；09-速度；31-物质产生的有害因素	A61K36/899
203	CN202011055897. X	一种用于排毒的中药组合物及制备方法和排毒理疗工具	10	速度；相克；充分性；健康；效果；残留；完成率；组合物；利用率；人体	09-速度；39-生产率	A61K36/9064

续表

序号	申请号	标题	权利要求数量/个	技术功效 1 级	技术功效 TRIZ 参数	IPC 主分类
204	CN202010798503.3	一种用于治疗复发性阿弗他溃疡的可溶性载药微针贴片及其制备方法和应用	8	浓度；安全；复杂性；经济性；相容性；愈合；降解性；成本	30-作用于物体的有害因素；36-系统的复杂性；39-生产率	A61K38/18
205	CN202011105834.0	一种用于写字楼的防疫系统及其防疫方法	10	防疫；拥堵；写字楼；正确性；接触	28-测量精度	A61L2/22
206	CN202010850085.8	一种具有可控、持久抗感染医用导管及其制备方法	10	细菌；持久度；感染；生物膜；长效；可控性	30-作用于物体的有害因素；37-控制与测量的复杂性	A61L29/10
207	CN201910588211.4	气腹机，气腹机的报警提示方法及计算机可读存储介质	22	速度；安全	09-速度；30-作用于物体的有害因素	A61M1/00
208	CN202010592278.8	脑脊液外引流辅助装置	10	特殊；灵活性	35-适应性、通用性	A61M1/00
209	CN202010917181.X	一种环保型医用洁净袋及其制备方法	5	速度；复杂性；效率；清洁性	09-速度；36-系统的复杂性；39-生产率；31-物质产生的有害因素	A61M1/00
210	CN202010938071.1	一种防感染的支气管镜呼吸道手术用分泌物收集装置	10	粘膜；堵塞；流管；阻断；异动；通畅性；反作用力；速度；稳定性；不适感	31-物质产生的有害因素；09-速度；13-稳定性	A61M1/00
211	CN202011018445.4	一种用于神经外科术后的积液处理装置	6	积液；正确性；堵塞	28-测量精度；31-物质产生的有害因素	A61M1/00
212	CN202011019565.6	一种胸外科手术用胰管内引流支架	10	能力；效率；贴合；实用性；便利性；速度；感染；可靠性；受阻；清洁性	39-生产率；35-适应性、通用性；33-操作流程的方便性；09-速度；27-可靠性；31-物质产生的有害因素	A61M1/00

续表

序号	申请号	标题	权利要求数量/个	技术功效1级	技术功效TRIZ参数	IPC主分类
213	CN202011020654.2	一种针对消化内科的肠胃减压器	6	可控性；便利性；实用性；主体；取下	37-控制与测量的复杂性；33-操作流程的方便性；35-适应性、通用性	A61M1/00
214	CN202011026699.0	一次性医用皮下积液引流器	9	便利性；安全；可靠性；劳动强度	33-操作流程的方便性；30-作用于物体的有害因素；27-可靠性；39-生产率	A61M1/00
215	CN202011060114.7	一种胃肠外科用胃肠液减压装置	7	流盒；回流；便利性；空气；健康；阻挡；实用性	33-操作流程的方便性；35-适应性、通用性	A61M1/00
216	CN202011100954.1	一种具有消毒功能的紧急吸痰设备	9	防滑性；摇曳；可靠性；干扰；环境；无用；实用性；紧固性；可控性；冲洗；能源；安全	27-可靠性；30-作用于物体的有害因素；35-适应性、通用性；37-控制与测量的复杂性；19-能耗	A61M1/00
217	CN202011036886.7	一种五青药罐及其制备使用方法	10	反弹；闭塞；免疫力；体寒；体质；减肥；广泛性；气体；健康；胀气；风湿；治疗	30-作用于物体的有害因素	A61M1/08
218	CN202011060802.3	一种柔性罐	6	范围；脱落；颤动；易拆卸；理疗；吸收；均匀性；皮肤处	35-适应性、通用性；34-可维修性；29-制造精度	A61M1/08
219	CN201910560800.1	导管泵及其固定装置	14	复杂性；稳定性；位移	36-系统的复杂性；13-稳定性	A61M1/12
220	CN202010933433.8	一种血液透析机	5	便利性；调节；清洁性；复杂性；拆除；高度	33-操作流程的方便性；31-物质产生的有害因素；36-系统的复杂性；03-长度	A61M1/16

续表

序号	申请号	标题	权利要求数量/个	技术功效1级	技术功效TRIZ参数	IPC主分类
221	CN202011113645.8	一种离体血浆净化系统及其用途	6	便利性；洁净度；安全；交叉；困扰；污染；温度；复杂性；成本	33-操作流程的方便性；31-物质产生的有害因素；30-作用于物体的有害因素；17-温度；36-系统的复杂性；39-生产率	A61M1/36
222	CN202011150370.5	一种医疗儿科护理用负压洗胃装置	7	便利性；不适；洗胃罐；实用性；切换；效率；污液罐	33-操作流程的方便性；35-适应性、通用性；39-生产率	A61M3/02
223	CN202011220892.8	一种用于肛肠疾病的清洗器	8	细菌；持久度；可调节性；安全；清洁性；感染；便利性；洁净度	30-作用于物体的有害因素；31-物质产生的有害因素；33-操作流程的方便性	A61M3/02
224	CN202011159046.X	一种医用坐浴器	10	疗效；清洁性；便利性	31-物质产生的有害因素；33-操作流程的方便性	A61M3/06
225	CN202010816385.4	输液器防逆流装置	6	混合；复位；实用性；关系；向上；便利性；输液器；连贯性；效率；凝固；压力；逆流；自动化	35-适应性、通用性；33-操作流程的方便性；39-生产率；10-力；38-自动化程度	A61M5/14
226	CN202010938875.1	一种自动挂药液的机器人	6	自动化；长度；液袋；效率	38-自动化程度；03-长度；39-生产率	A61M5/14
227	CN202010944835.8	一种基于NB-IOT的输液监控系统及方法、输注设备	15	效率；智能化；精确性；输液；实时性；耗电；适用性	39-生产率；28-测量精度；25-时间损失；19-能耗；35-适应性、通用性	A61M5/14
228	CN202011143325.7	一种儿科输液用的防脱针安全绳	7	易拆卸；防护性；效率；便利性；安全；输液管；拉扯；稳定性	34-可维修性；39-生产率；33-操作流程的方便性；30-作用于物体的有害因素；13-稳定性	A61M5/14

续表

序号	申请号	标题	权利要求数量/个	技术功效 1 级	技术功效 TRIZ 参数	IPC 主分类
229	CN202010851551.4	耳子自锁结构及注药泵	10	便利性；打开；正确性；复杂性	33-操作流程的方便性；28-测量精度；36-系统的复杂性	A61M5/142
230	CN202011069979.X	一种医疗用输液泵的自动化检测装置	8	劳动强度；自动化；可检测性	39-生产率；38-自动化程度；28-测量精度	A61M5/142
231	CN202011015738.7	一次性使用透析用留置针排气结构	5	成本；防滑性	39-生产率	A61M5/158
232	CN202011008068.6	净化手术室监控系统及其监控方法	5	洁净度；输液针；损失；效率；自动化；完成率；可控性	31-物质产生的有害因素；23-物质损失；39-生产率；38-自动化程度；37-控制与测量的复杂性	A61M5/172
233	CN202011029761.1	一种自我反馈止痛系统	10	自动化；压力；可控性；镇痛；满意度；滞后性；过量；智能化；空间	38-自动化程度；10-力；37-控制与测量的复杂性；07-体积	A61M5/172
234	CN202011051647.9	全降解输液管流量控制器	4	强度；便利性；寿命；光洁度；稳定性；复杂性	14-强度；33-操作流程的方便性；27-可靠性；29-制造精度；13-稳定性；36-系统的复杂性	A61M5/175
235	CN202010500806.2	一种门控造影注射装置及注射方法	12	完成度；造影剂；质量；效率；确定性	27-可靠性；39-生产率	A61M5/20
236	CN202010579742.X	笔针组件的可伸缩套管	23	充分性；表面；风险	27-可靠性	A61M5/32
237	CN202010853721.2	一种基于超声评估的静脉注射机器人进针角度控制方法	10	安全；损失；实时性	30-作用于物体的有害因素；23-物质损失；25-时间损失	A61M5/42
238	CN201910573657.X	保持给药均一度的药物流体分配器及右美托咪定鼻喷器	13	稳定性；数量；分配器；均一性；集液室；深度；利用率；面积；速度；风险	13-稳定性；26-物质或事物的数量；39-生产率；05-面积；09-速度；27-可靠性	A61M11/00

续表

序号	申请号	标题	权利要求数量/个	技术功效 1 级	技术功效 TRIZ 参数	IPC 主分类
239	CN202011071623. X	一种可调节给药速度的呼吸内科雾化给药装置	7	复杂性；可控性；不适	36-系统的复杂性；37-控制与测量的复杂性	A61M11/00
240	CN201910576820. 8	整流装置及呼吸机	10	流场；稳定性	13-稳定性	A61M16/00
241	CN202011215481. X	防张口的无创呼吸机面罩及其使用方法	6	品牌；发生率；舒适性；均匀性；便利性；自动化；呼吸	29-制造精度；33-操作流程的方便性；38-自动化程度	A61M16/00
242	CN202011017591. 5	一种气管切开手术用导管	9	便利性；挤压；寿命；分隔；外溢；堵管；安全；不匹配；淤积；完整性；清洁性	33-操作流程的方便性；27-可靠性；30-作用于物体的有害因素；31-物质产生的有害因素	A61M16/04
243	CN202010578609. 2	带有用于传感器的接纳部的连接器	13	布置；可靠性；安全；稳定性；准确性	27-可靠性；30-作用于物体的有害因素；13-稳定性；28-测量精度	A61M16/08
244	CN202011154129. X	一种呼吸内科紧急氧疗护理设备	7	供氧量；适合性	35-适应性、通用性	A61M16/08
245	CN202011136075. 4	一种用于呼吸机的加温加湿装置	9	正确性；适应性；稳定性；灵活性；充分性；效率；精确性；面积；长度；消耗；便利性	28-测量精度；35-适应性、通用性；13-稳定性；39-生产率；05-面积；03-长度；23-物质损失；33-操作流程的方便性	A61M16/10
246	CN202011091449. 5	一种自动检测更换钠石灰的钠石灰罐	4	劳动强度；自动化；体积；麻醉	39-生产率；38-自动化程度；07-体积	A61M16/22
247	CN202010708279. 4	生物诱导心理压力调适工作系统及其操作方法	10	健康；疾病；疗效；疲劳度；认知；焦虑；转变；可操作性	33-操作流程的方便性	A61M21/02
248	CN202011021504. 3	基于环境隔绝与感官调动的助眠方法、系统、助眠装置	10	助眠；安静；速度；睡眠；过程；隔离；舒适性；充分性	09-速度	A61M21/02

续表

序号	申请号	标题	权利要求数量/个	技术功效1级	技术功效TRIZ参数	IPC主分类
249	CN202011145616. X	一种可视化三级鼻窦球囊扩张冲洗导管系统	14	便利性；雾镜片；时间	33-操作流程的方便性；15-时间	A61M25/00
250	CN202010916595. 0	一种具有可视控制功能的宫颈球囊扩张导管	8	观察范；精准性；调节；视角度；导线；摩擦力；清晰度；复杂性；便利性；可控性	10-力；28-测量精度；36-系统的复杂性；33-操作流程的方便性；37-控制与测量的复杂性	A61M25/10
251	CN202011146294. 0	多腔尿道冲洗开槽式导尿管	10	清洁性；冲洗；准确性；损失；完成度；症状；临床	31-物质产生的有害因素；28-测量精度；23-物质损失	A61M25/10
252	CN202011048874. 6	环保型妇科喷涂药装置	9	体验；感染；洁净度；清洁性；效率；浪费；舒适性；污染	31-物质产生的有害因素；39-生产率	A61M31/00
253	CN202011093239. X	一种妇科临床用可调试给药装置	7	电力；复杂性；成本；灵活性	36-系统的复杂性；39-生产率；35-适应性、通用性	A61M31/00
254	CN202010939478. 6	一种用于药品涂抹和止血的机器人装置	10	风险；消毒；止血；成本；涂抹；准确性；喷药	27-可靠性；39-生产率；28-测量精度	A61M35/00
255	CN202011084047. 2	一种银屑病治疗用外敷装置	8	外敷；合理性；体积；便利性；灵活性	35-适应性、通用性；07-体积；33-操作流程的方便性	A61M35/00
256	CN202010910338. 6	一种全能养生调理仪	6	疗效；挤压；辅助；用量；共混；速度	26-物质或事物的数量；09-速度	A61M37/00
257	CN201910566472. 6	一种美容仪及控制方法	13	污染；隔离	31-物质产生的有害因素	A61N1/18
258	CN202011214531. 2	一种增强磁场强度的方法	2	强度；便利性；穿透	14-强度；33-操作流程的方便性	A61N2/12
259	CN201910579994. X	一种协助用户合理游戏的监控方法和装置	10	体验；寿命；健康	27-可靠性	A63F13/75

续表

序号	申请号	标题	权利要求数量/个	技术功效 1 级	技术功效 TRIZ 参数	IPC 主分类
260	CN202011111169.6	一种妇产科用绒毛吸引过滤装置	9	溅射；污染；速度；充分性；难度；便利性；可操作性；气密性；复杂性；过滤	31-物质产生的有害因素；09-速度；36-系统的复杂性；33-操作流程的方便性	B01D29/05
261	CN202011062401.1	一种血小板震荡解聚设备	9	干扰；血液；适用性；震荡；实用性；速度；复杂性；可推广性	30-作用于物体的有害因素；35-适应性、通用性；09-速度；36-系统的复杂性；39-生产率	B01F11/00
262	CN202011159203.7	一种输血科用血小板恒温振荡保温箱	8	确定性；可靠性；正确性；血小板；均匀性；震荡	27-可靠性；28-测量精度；29-制造精度	B65D25/02
263	CN202011008933.7	可见光激发双模式长余辉碳点复合物及其制备方法和应用	10	寿命；激发；环境；成本；稳定性；发射	27-可靠性；39-生产率；13-稳定性	C09K11/65
264	CN202010938425.2	一种智能呼吸道标本自助取样装置	10	数量；安全；紧急；速度；自动化；负担；细菌；污染	26-物质或事物的数量；30-作用于物体的有害因素；09-速度；38-自动化程度；39-生产率；31-物质产生的有害因素	E04H1/12
265	CN202011367918.1	驱动装置和旋磨设备	18	损失；速度；有害	23-物质损失；09-速度；30-作用于物体的有害因素	F16K11/085
266	CN202011040358.9	一种钢琴训练远程手指运动检测用辅助设备	5	干燥；耐磨性	30-作用于物体的有害因素	F16M11/04
267	CN202011025937.6	一种提高人体免疫力的智能健康空调及使用方法	10	环境；舒适性；质量；详细；心情；充分性；免疫力	27-可靠性；30-作用于物体的有害因素	F24F11/56

续表

序号	申请号	标题	权利要求数量/个	技术功效1级	技术功效TRIZ参数	IPC主分类
268	CN202010983728.6	用于森林复杂环境下的人员安全数据集中器	7	及时性；便利性；安全	25-时间损失；33-操作流程的方便性；30-作用于物体的有害因素	G01D21/02
269	CN202011027077.X	一种儿童保健科用身高体重一体式测量装置	5	便利性	33-操作流程的方便性	G01G19/50
270	CN201910565736.6	血液撷取方法	9	容器；选择；确定性；自动化	38-自动化程度	G01N1/14
271	CN202011117192.6	一种新型的体液样本采集检测套装	7	环境；复杂性；精度；完成率；便利性；清洁性；可检测性；暴露	36-系统的复杂性；28-测量精度；33-操作流程的方便性；31-物质产生的有害因素	G01N21/78
272	CN201910573794.3	呼吸信号分离方法、装置及系统	12	质量	27-可靠性	G01R33/54
273	CN202010801102.9	一种施工人员行踪记录系统	8	及时性	25-时间损失	G01S19/39
274	CN202011066650.8	医用手术显微镜智能控制方法、系统及可读存储介质	10	显微镜；可控性；完成率；复杂性	37-控制与测量的复杂性；36-系统的复杂性	G06K9/00
275	CN202011028325.2	基于体表电极的电解剖图与CT图像的配准方法及装置	10	精确性；稳定性；配准；速度	28-测量精度；13-稳定性；09-速度	G06T7/30
276	CN202011002846.0	一种院内患者防走失手环、系统及其使用方法	5	成本；智能化；约束；报警；流动性	39-生产率	G08B21/02
277	CN202011062203.5	一种溺水早期报警可穿戴设备及其监测方法	10	脱落；漏报；准确性；安全；速度	28-测量精度；30-作用于物体的有害因素；09-速度	G08B21/08
278	CN202011033314.3	一种慢性创面的评估管理系统及方法	10	接收；创面；适合性；可靠性	35-适应性、通用性；27-可靠性	G16H50/30

续表

序号	申请号	标题	权利要求数量/个	技术功效 1 级	技术功效 TRIZ 参数	IPC 主分类
279	CN202011072059.3	一种可用于减少交叉感染的智能自取样镜子	8	及时性；规范性；便利性；时间；正确性	25-时间损失；33-操作流程的方便性；15-时间；28-测量精度	G16H50/80
280	CN202010587578.7	居住设备提示装置、系统、方法以及程序	21	妥当性；能力；复杂性；提示	36-系统的复杂性	H04L29/08
281	CN201910579276.2	电子设备及叫车服务方法	10	自动化	38-自动化程度	H04M1/725
282	CN201980033672.3	跨电气隔离屏障进行高速数据传输的系统和方法	20	耦合；复杂性	36-系统的复杂性	A61B1/00
283	CN201980028466.3	全息真实空间屈光序列	20	清晰度；确定性；聚焦	28-测量精度	A61B3/032
284	CN201980028735.6	传感器模块、传感器模块的制造方法以及血压测定装置	7	确定性；光滑性	12-形状	A61B5/022
285	CN201980034273.9	血管检测装置及其方法	10	精度	28-测量精度	A61B5/1455
286	CN201980033291.5	医疗仪器	15	可靠性；防滑性；重量；使用者	27-可靠性；01-重量	A61B17/00
287	CN201980033335.4	具有改进的颈部覆盖的栓塞装置	46	形状；填充；约束；复杂性；阻塞	12-形状；36-系统的复杂性	A61B17/12
288	CN201980033894.5	导管控制系统的后端机构	49	护罩；密封件；安全；进入；延伸；可靠性；阈值；体积	30-作用于物体的有害因素；27-可靠性；07-体积	A61B34/30
289	CN201980034346.4	用于测量氧合器去除的二氧化碳的装置	16	可靠性；合理性；复杂性	27-可靠性；35-适应性、通用性；36-系统的复杂性	A61M1/16
290	CN202080002619.X	内入式药物注入注射装置	17	速度；便利性；疼痛感；安全；工程；确定性；可靠性	09-速度；33-操作流程的方便性；30-作用于物体的有害因素；27-可靠性	A61M5/158

续表

序号	申请号	标题	权利要求数量/个	技术功效1级	技术功效TRIZ参数	IPC主分类
291	CN201980033750. X	用于药液注入装置的气体捕集部件及包括其的药液注入装置	5	捕集；稳定性；气体	13-稳定性	A61M5/20
292	CN201980025424. 4	药剂输送装置	15	释放；装固；延伸；压力	10-力	A61M5/24
293	CN201980033139. 7	具有磨削点的针头套管	14	便利性；有效性	33-操作流程的方便性	A61M5/32
294	CN201980032799. 3	具有可调用户界面的机械呼吸机	16	可操作性；储存性；复杂性；车处；限定；灵活性；损坏；分离	33-操作流程的方便性；36-系统的复杂性；35-适应性、通用性；27-可靠性	A61M16/00
295	CN201980034270. 5	具有远程器械输送的导管系统	20	干涉；稳定性；延伸；导管；干扰；支承；次数；弯曲	13-稳定性；30-作用于物体的有害因素；26-物质或事物的数量	A61M25/02
296	CN201980028018. 3	自冲洗连接器	20	安静；可靠性；期望；目标；成本	27-可靠性；39-生产率	A61M39/02
297	CN201980033333. 5	安装于皮肤管理装置的针尖及皮肤管理装置	10	泄露；针尖；光滑性；效率；有所述	31-物质产生的有害因素；12-形状；39-生产率	A61N1/06
298	CN201980033958. 1	用于剥离哺乳动物卵母细胞的微流体系统和方法	31	自动化；可能性；复杂性；延伸；剥离；产量	38-自动化程度；36-系统的复杂性；39-生产率	B01L3/00
299	CN201980032174. 7	用于传递力和运动的低磨损机械部件的复合材料	23	电导率；材料；系数	23-物质损失；26-物质或事物的数量	C08J5/04
300	CN201980034132. 7	液体泵送盒和相关联的压力分配歧管以及相关方法	59	支承；刚性；移除；厚度；便利性	14-强度；03-长度；33-操作流程的方便性	F04B43/073

3.5　机械治疗及病房护理设备制造

3.5.1　全球专利概况

3.5.1.1　全球专利申请趋势

图 3-37 展示的是机械治疗及病房护理设备制造领域全球专利申请量的发展趋势。通过申请趋势可以从宏观层面把握分析对象在各时期的专利申请热度变化。申请数量的统计范围是已公开的专利。

从图 3-37 中可以看出机械治疗及病房护理设备制造领域在全球主要市场上的历年专利申请分布状况。2000—2003 年，机械治疗及病房护理设备制造领域全球专利申请量快速增加；2004—2005 年该领域全球专利申请量小幅度减少；2006—2007 年该领域全球专利申请量缓慢增加，2008 年该领域全球专利申请量小幅度减少，2009—2019 年机械治疗及病房护理设备制造领域全球专利申请量总体呈快速增加趋势，2010 年机械治疗及病房护理设备制造领域全球专利申请量 102 378 件，到 2018 年达到峰值，当年专利申请量达 170 168 件。

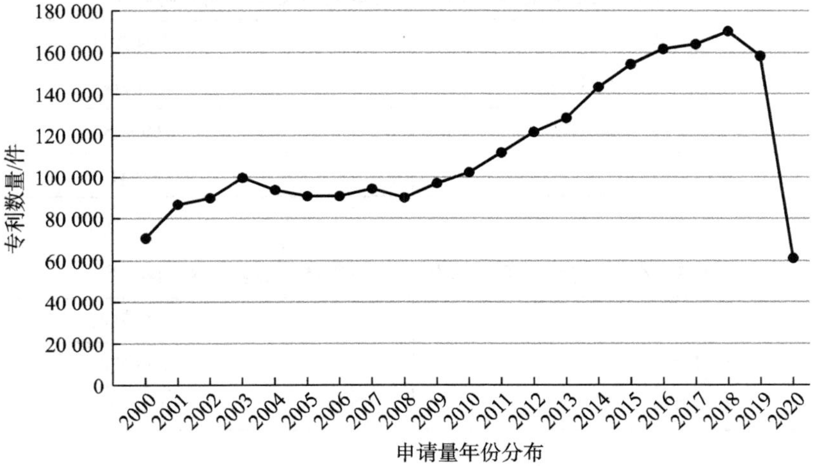

图 3-37　机械治疗及病房护理设备制造领域全球专利申请趋势

3.5.1.2　全球专利申请分布

图 3-38 展示的是机械治疗及病房护理设备制造领域在各个国家或地区的专利数量分布情况。通过分析可以了解分析对象在不同国家或地区技术创新的活跃情况，从而发现主要的技术创新来源国家、地区和重要的目标市场。

全球专利申请分布可以体现专利权人想在哪些国家或地区保护机械治疗及病房护理设备制造技术。这一参数也反映了该技术未来可能的实施国家或地区。机械治疗及病房护理设备制造领域专利申请主体分布如图 3-38 所示，中国、美国、日本是机械治疗及病房护理设备制造领域专利重点申请国家，数量分别为中国 613 805 件、美国 402 053 件、日本 270 613 件。

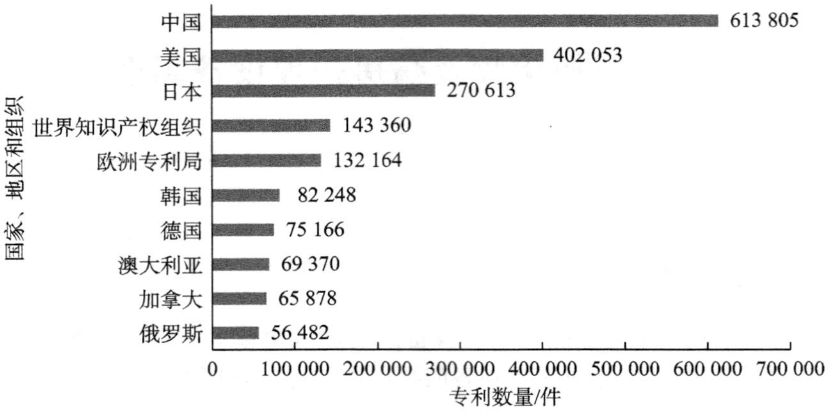

图 3-38　机械治疗及病房护理设备制造领域全球专利主要申请国家、地区和组织分布

全球专利申请分布情况表明，中国、美国、日本是机械治疗及病房护理设备制造领域专利布局的主要国家，企业可以跟踪、引进和消化相关领域技术，在此基础上实现技术突破。机械治疗及病房护理设备制造领域中国专利类型、美国专利类型、日本专利类型如表 3-45、表 3-46、表 3-47 所示。

表 3-45　机械治疗及病房护理设备制造领域中国专利类型　　单位：件

专利类型		专利数量
发明	发明申请	174 806
	发明授权	69 488
实用新型		369 511

表 3-46　机械治疗及病房护理设备制造领域美国专利类型　　单位：件

专利类型	专利数量
发明授权	263 574
发明申请	138 479

表 3-47　机械治疗及病房护理设备制造领域日本专利类型　　单位：件

专利类型		专利数量
发明	发明申请	132 005
	发明授权	102 837
实用新型		35 771

3.5.1.3　全球专利申请人排行

表 3-48 展示的是按照所属申请人（专利权人）的专利数量统计的申请人排名情况。通过分析可以发现创新成果积累较多的专利申请人，并据此进一步分析其专利竞争实力。

表 3-48　机械治疗及病房护理设备制造领域全球专利数量前十申请人排名　　单位：件

排名	申请人名称	专利数量
1	美敦力公司（MEDTRONIC INC）	17 671
2	柯惠医疗（COVIDIEN LP）	17 500
3	爱惜康内镜外科公司（ETHICON ENDO SURGERY INC）	15 708
4	飞利浦公司（KONINKLIJKE PHILIPS N V）	15 511
5	宝洁公司（PROCTER GAMBLE）	9 478
6	爱惜康有限责任公司（ETHICON LLC）	8 285
7	泰尔茂公司（TERUMO CORP）	8 178
8	心脏起搏器股份公司（CARDIAC PACEMAKERS INC）	7 622
9	爱惜康公司（ETHICON INC）	7 583
10	飞利浦电子公司（KONINKLIJKE PHILIPS ELECTRONICS N V）	7 528

3.5.1.4　全球专利技术构成

表 3-49 和图 3-39 展示的是机械治疗及病房护理设备制造领域在各技术方向的数量分布情况。通过分析可以了解分析对象覆盖的技术类别及各技术分支的创新热度。

机械治疗及病房护理设备制造领域专利按照国际专利分类号（IPC）进行统计结果显示，机械治疗及病房护理设备制造领域专利 IPC 分布中，A61B（诊断；外科；鉴定）的专利数量最多，达 1 607 010 件；第二 A61M（将介质输入人体内或输到人体上的器械），专利数量为 647 164 件；第三是 A61F（可植入血管内的滤器；假体；为人体管状结构提供开口、或防止其塌陷的装置，例如支架），专利数量为 491 662 件。

表 3-49　机械治疗及病房护理设备制造领域全球专利主要技术构成　　单位：件

IPC 分类号（小类）	专利数量
A61B（诊断；外科；鉴定）	1 607 010
A61M（将介质输入人体内或输到人体上的器械）	647 164
A61F（可植入血管内的滤器；假体；为人体管状结构提供开口、或防止其塌陷的装置，例如支架）	491 662
A61N（电疗；磁疗；放射疗；超声波疗）	403 985
A61H（理疗装置）	304 408
A61J（专用于医学或医药目的的容器；专用于把药品制成特殊的物理或服用形式的装置或方法；喂饲食物或口服药物的器具；婴儿橡皮奶头；收集唾液的器具）	166 149
G01N（借助于测定材料的化学或物理性质来测试或分析材料）	100 460
A61K（医用、牙科用或梳妆用的配制品）	98 111
G16H（医疗保健信息学）	92 129
G06F（电数字数据处理）	91 097

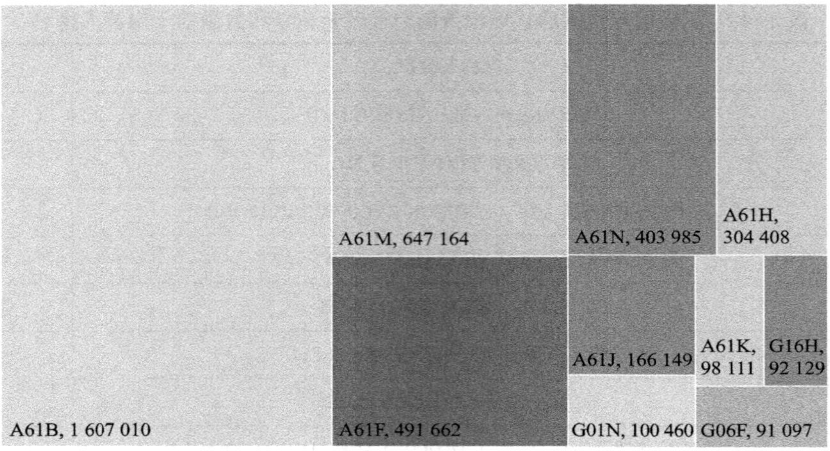

单位：件

图 3-39　机械治疗及病房护理设备制造领域全球专利主要技术构成

3.5.2　国内专利概况

3.5.2.1　国内专利申请趋势

图 3-40 展示的是机械治疗及病房护理设备制造领域国内专利申请量的发展趋势。通过申请趋势可以从宏观层面把握机械治疗及病房护理设备制造领域在各时期的专利申请热度变化。申请数量的统计范围是目前已公开的专利。

由图 3-40 的机械治疗及病房护理设备制造领域国内专利申请趋势可以看到，2000—2019 年，机械治疗及病房护理设备制造领域专利申请量呈现逐年增加趋势，2000—2013 年增加幅度平稳，其中 2000 年专利申请量为 3 173 件，2013 年专利申请量为 28 740 件；2014—2019 年机械治疗及病房护理设备制造领域专利申请量增长迅速，2019 年专利申请量为 97 566 件。

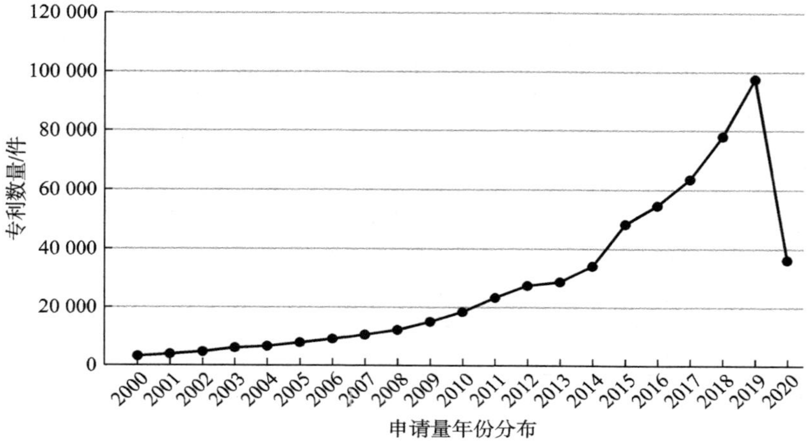

图 3-40　机械治疗及病房护理设备制造领域国内专利申请趋势

3.5.2.2　国内专利公开趋势

图 3-41 展示的是机械治疗及病房护理设备制造领域国内专利公开量的发展趋势。通过公开趋势可以从宏观层面把握分析对象在各时期的专利公开文献的数量变化。

将机械治疗及病房护理设备制造领域的国内专利公开量按照年份进行统计分析，得到国内专利公开趋势图。从图 3-41 可以看出，机械治疗及病房护理设备制造领域国内专利公开数量整体呈上升态势。2000—2013 年专利公开量平稳增加，2014—2020 年机械治疗及病房护理设备制造领域国内专利公开数量增长迅速，其中 2014 年专利公开量 26 972 件，2020 年 130 304 件。

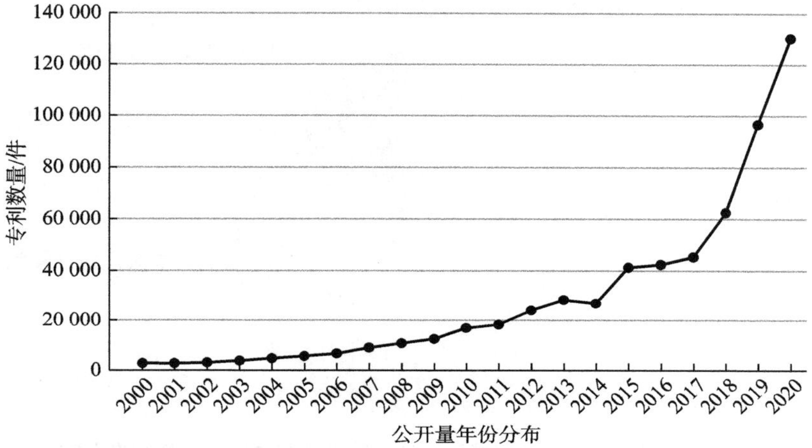

图 3-41　机械治疗及病房护理设备制造领域国内专利公开趋势

3.5.2.3　国内专利类型分布

图 3-42 展示的是机械治疗及病房护理设备制造领域的专利类型，分为发明专利、实用新型专利、外观设计专利。根据发明专利授权与否，将发明细分为发明申请和发明授权。

在中国专利中，经过检索获得机械治疗及病房护理设备制造领域专利共 613 805 件。如图 3-42 所示，其中发明申请 174 806 件，占总数的 29%；发明授权 69 488 件，占总数的 11%；实用新型 369 511 件，占总数的 60%。

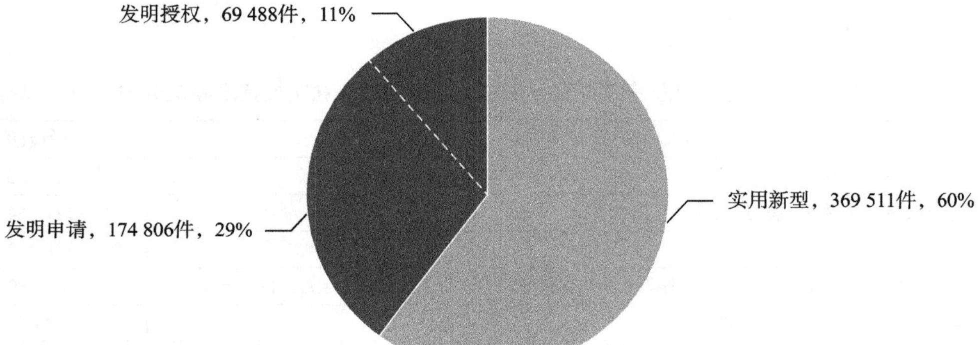

图 3-42　机械治疗及病房护理设备制造领域国内专利类型分布

3.5.2.4 国内专利法律状态

图 3-43 展示的是专利审中、有效、失效三种状态的占比情况，仅统计中国专利。通过该分析可以分别了解机械治疗及病房护理设备制造领域当前正在审查中、已获得实质性保护、已失去专利权保护的专利数量分布情况，以从整体上掌握专利的权利保护和潜在风险情况，为专利权的法律性调查提供依据。筛选进入公知技术领域的失效专利，可以进行无偿使用或改进利用。

将国内机械治疗及病房护理设备制造领域专利按照法律状态进行统计分析，得到图 3-43。其中审中专利 81 282 件，占总专利数的 13%；有效专利 220 314 件，占总专利数的 36%；失效专利 312 209 件，占总专利数的 51%。

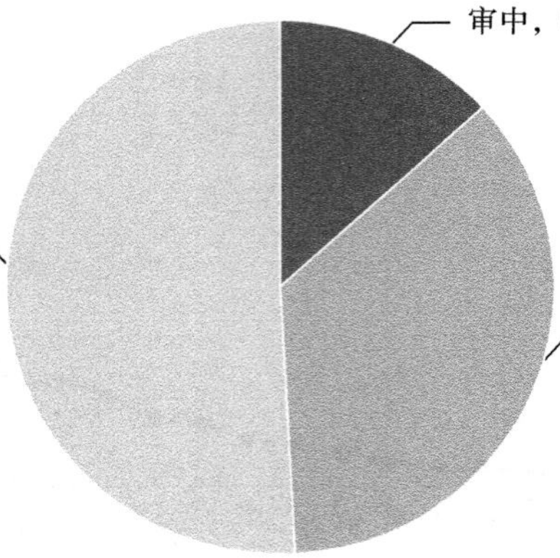

图 3-43 机械治疗及病房护理设备制造领域国内专利法律状态分布

3.5.2.5 国内专利技术领域分布

表 3-50 和图 3-44 展示的是机械治疗及病房护理设备制造领域在各技术方向的数量分布情况。通过分析可以了解分析对象覆盖的技术类别及各技术分支的创新热度。

机械治疗及病房护理设备制造领域国内专利按照国际专利分类号（IPC）进行统计，结果如图 3-44 和表 3-50 所示。机械治疗及病房护理设备制造领域国内专利技术领域分布中，A61B（诊断；外科；鉴定）的专利数量最多，达 252 456 件；第二是 A61M（将介质输入人体内或输到人体上的器械），专利申请量为 127 364 件；第三是 A61H（理疗装置），专利申请量为 111 960 件。

表 3-50 机械治疗及病房护理设备制造领域国内专利主要技术领域分布 单位：件

IPC 分类号（小类）	专利数量
A61B（诊断；外科；鉴定）	252 456
A61M（将介质输入人体内或输到人体上的器械）	127 364
A61H（理疗装置）	111 960
A61F（可植入血管内的滤器；假体；为人体管状结构提供开口、或防止其塌陷的装置，例如支架）	82 389
A61N（电疗；磁疗；放射疗；超声波疗）	68 061
A61J（专用于医学或医药目的的容器；专用于把药品制成特殊的物理或服用形式的装置或方法；喂饲食物或口服药物的器具；婴儿橡皮奶头；收集唾液的器具）	38 204

续表

IPC 分类号（小类）	专利数量
A61G（专门适用于病人或残疾人的运输工具、专用运输工具或起居设施）	37 319
G16H（医疗保健信息学）	25 165
A62B（救生设备、救生装置或救生方法）	11 817
G06F（电数字数据处理）	10 110

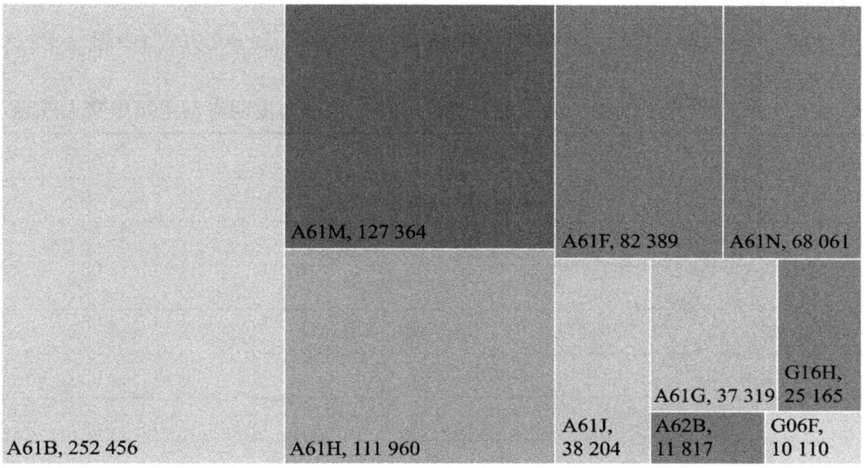

图 3-44 机械治疗及病房护理设备制造领域国内专利主要技术领域分布

3.5.2.6 国内专利省（区、市）分布

表 3-51 展示的是机械治疗及病房护理设备制造领域在中国省级行政区域的分布情况，仅统计中国专利。通过分析可以了解在中国申请专利保护较多的省（区、市），以及各省（区、市）的创新活跃程度。

表 3-51 机械治疗及病房护理设备制造领域国内专利主要省（区、市）分布 单位：件

申请人省（区、市）	专利数量
山东省	87 689
广东省	65 850
江苏省	61 445
浙江省	42 097
北京市	36 450
上海市	30 687
河南省	21 406
四川省	19 971
湖北省	17 822
陕西省	13 773

对机械治疗及病房护理设备制造领域国内专利进行省（区、市）分布分析可知，山东省以87 689件专利排名第一；广东省以65 850件专利排名第二；江苏省以61 445件专利排名第三。浙江省、北京市、上海市、河南省、四川省、湖北省、陕西省等省市的专利申请量均在50 000件以下。

3.5.2.7 重点省（区、市）发明专利申请人布局

（1）广东省申请人排名

表3-52是机械治疗及病房护理设备制造领域广东省国内发明专利申请人排名。

表3-52 机械治疗及病房护理设备制造领域广东省国内发明专利主要申请人排名 单位：件

排名	申请人名称	专利数量
1	中国科学院深圳先进技术研究院	446
2	平安科技（深圳）有限公司	384
3	深圳先进技术研究院	378
4	深圳迈瑞生物医疗电子股份有限公司	378
5	华南理工大学	343
6	广东工业大学	292
7	中山大学	241
8	深圳市理邦精密仪器股份有限公司	232
9	广州视源电子科技股份有限公司	195
10	深圳大学	185

（2）江苏省申请人排名

表3-53是机械治疗及病房护理设备制造领域江苏省国内发明专利申请人排名。

表3-53 机械治疗及病房护理设备制造领域江苏省国内发明专利主要申请人排名 单位：件

排名	申请人名称	专利数量
1	东南大学	396
2	苏州天臣国际医疗科技有限公司	339
3	南京邮电大学	210
4	南通市第一人民医院	208
5	中国科学院苏州生物医学工程技术研究所	192
6	江苏风和医疗器材股份有限公司	191
7	苏州大学	169
8	南京航空航天大学	160
9	南京大学	158
10	常州市第一人民医院	136

（3）山东省申请人排名

表 3-54 给出了机械治疗及病房护理设备制造领域山东省国内发明专利申请人排名。

表 3-54　机械治疗及病房护理设备制造领域山东省国内发明专利主要申请人排名　单位：件

排名	申请人名称	专利数量
1	青岛大学附属医院	495
2	山东大学	303
3	山东大学齐鲁医院	148
4	青岛市市立医院	129
5	青岛市中心医院	117
6	山东大学齐鲁医院（青岛）	92
7	山东师范大学	81
8	德州飚丰信息技术有限公司	74
9	山东省立医院	71
10	歌尔科技有限公司	69

3.5.3　国内发明专利聚类分析

聚类分析是通过数据建模后简化并使数据可视化：提取专利文本中的关键词，从其相关度聚合出不同类别的文本关键词，并以圆环饼图的形式展示其分布情况，分析结果如图 3-45 所示，专利分析表如 3-55 所示。

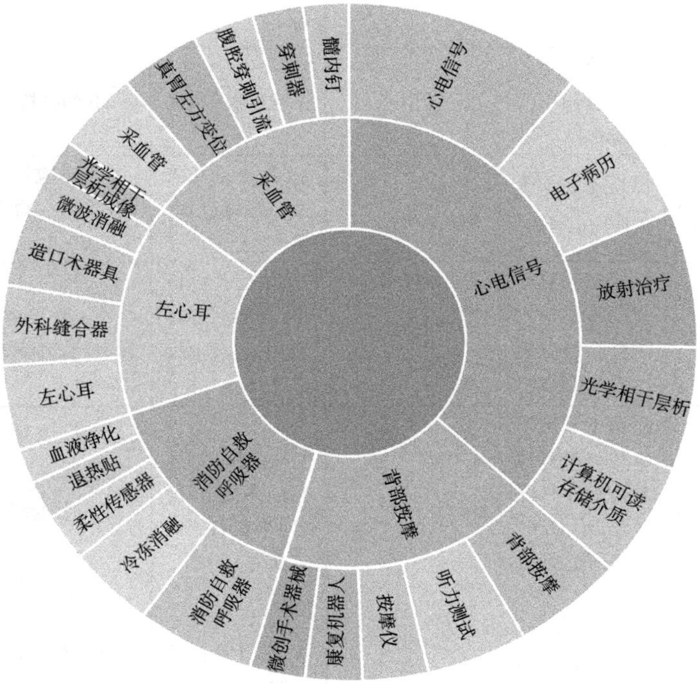

图 3-45　机械治疗及病房护理设备制造领域专利聚类分析

表 3-55 机械治疗及病房护理设备制造领域专利分析

序号	申请号	标题	权利要求数量/个	技术功效 1 级	技术功效 TRIZ 参数	IPC 主分类
1	CN201510074925. 5	防毒面具和防颗粒物呼吸器及其制造方法	5	体积；复杂性；过滤件；颗粒物；效率；防毒面具；质量；速度；防护性；过滤盒；单一	07-体积；36-系统的复杂性；39-生产率；27-可靠性；09-速度	A62B18/02
2	CN201610546800. 2	用于输送血管假体的系统	19	间距；透性；间隙；部署；确定性	03-长度	A61F2/966
3	CN201580043054. 9	生物信号测量系统、生物信息测量装置和生物信息提取算法改变方法	12	实时性；获取；精确性；通信量	25-时间损失；28-测量精度	A61B5/0404
4	CN201710059112. 8	制成的成形头带及面罩	13	数量；硬度	26-物质或事物的数量；14-强度	A61M16/06
5	CN201710319626. 2	活血按摩鞋	4	血液；防滑性；体验；舒展；磁疗；体积；按摩；活血；紧固性；疲劳度；紧脚部；鞋子	07-体积	A43B7/00
6	CN201480083408. 8	血管图像拍摄装置和个人认证系统	14	清晰度；精度	28-测量精度	G06K9/00
7	CN201580059491. X	包含甜菊苷的药物组合物	4	渗透；适应性；超滤；水；压力	35-适应性、通用性；23-物质损失；10-力	A61K31/704
8	CN201710230623. 1	基于深度学习的肺结节检测分级与管理的方法及系统	6	规范性；检查；准确性；自动化；分级；感染	28-测量精度；38-自动化程度	G16H50/20
9	CN201580067741. 4	用于具有双ECG分析算法的自动体外除颤器（AED）的置信度分析器	14	确定性；特异性；中断；延迟；有效性；置信度	25-时间损失	A61N1/39
10	CN201710242995. 6	基于音频的拖地声检测方法	9	适用性；适合性	35-适应性、通用性	G10L25/66

续表

序号	申请号	标题	权利要求数量/个	技术功效1级	技术功效TRIZ参数	IPC主分类
11	CN201610804160.0	信息处理系统、信息处理方法和电子装置	4	可操作性；登录	33-操作流程的方便性	G06K9/00
12	CN201710438664.X	石膏剪	8	效率；切割；复杂性；难度；强度	39-生产率；36-系统的复杂性；14-强度	A61F15/02
13	CN201710511217.2	一种移动式婴儿保温箱	8	正确性；资源；复杂性；温度值；便利性；重量；速度；真实性	28-测量精度；39-生产率；36-系统的复杂性；33-操作流程的方便性；01-重量；09-速度	A61G11/00
14	CN201710700698.1	一种医院谈话间的选择方法及装置	8	利用率；时间；谈话	39-生产率；15-时间	G16H40/20
15	CN201710536884.6	电外科装置	14	解剖；止血；切割；精确性	28-测量精度	A61B18/12
16	CN201710570770.3	用于呼吸增湿系统的可用性特征	35	数量；装配；说明书；时间；直观性；困难	26-物质或事物的数量；15-时间	A61M16/08
17	CN201710903952.8	一种胃肠外科手术剪	4	光滑度；有害；选择性	30-作用于物体的有害因素	A61B17/3201
18	CN201680031851.X	用于收集血液或血液复合物的装置	21	移除；成本；复杂性；附件；流体；内腔；标准；真空；密封性；容器；拔出	39-生产率；36-系统的复杂性；29-制造精度	A61B5/154
19	CN201480083051.3	骨钻引导器及其使用方法	41	牢固性	27-可靠性	A61B17/17
20	CN201711358571.2	一种微创型体内光声溶栓装置	5	风险；复杂性；组织；安全；扫描；精确性；相控阵；手术；疗效；换能器	27-可靠性；36-系统的复杂性；30-作用于物体的有害因素；28-测量精度	A61B18/24
21	CN201711178800.2	一种桡动脉检测与人体体质识别系统和方法	5	便利性；实时性；精确性；健康	33-操作流程的方便性；25-时间损失；28-测量精度	A61B5/02

续表

序号	申请号	标题	权利要求数量/个	技术功效1级	技术功效TRIZ参数	IPC主分类
22	CN201610938686.8	尺骨近段截骨矫形手术导板系统	10	临床；可操作性；成功率；确定性；松动；复发率；效率；移位；塑形；难度；截骨；精度	33-操作流程的方便性；27-可靠性；31-物质产生的有害因素；39-生产率；36-系统的复杂性；28-测量精度	A61B17/15
23	CN201611104652.5	室内人体运动量的测量方法和测量装置	20	便利性；准确性；可检测性	33-操作流程的方便性；28-测量精度	A61B5/11
24	CN201711405688.1	一种多源信息融合奶牛行为监测系统及方法	8	互补性；干扰；准确性；容错性；可靠性；实时性；精确性	30-作用于物体的有害因素；28-测量精度；27-可靠性；25-时间损失	A61B5/0205
25	CN201810063786.X	一种基于深度学习的快速精准高通量药物筛选系统	5	抗体；成本；干扰；真实性；精度；选择；长度；灵活性；误判；复杂性	39-生产率；30-作用于物体的有害因素；28-测量精度；03-长度；35-适应性、通用性；36-系统的复杂性	G16H70/00
26	CN201680073686.4	牙科手术引导系统	15	张开；毫米；精密度	29-制造精度	A61C1/08
27	CN201680059324.X	医用中子源和用于医用中子源的核反应堆	21	安全；数量；运行；便利性；确定性；可靠性；复杂性；成本	30-作用于物体的有害因素；26-物质或事物的数量；33-操作流程的方便性；27-可靠性；36-系统的复杂性；39-生产率	A61N5/10
28	CN201810378741.1	一种用于脊柱手术的机械臂	5	复杂性；空间；实用性；自动化；便利性	36-系统的复杂性；07-体积；35-适应性、通用性；38-自动化程度；33-操作流程的方便性	A61B34/30

续表

序号	申请号	标题	权利要求数量/个	技术功效1级	技术功效TRIZ参数	IPC主分类
29	CN201810332777.6	一种检测3D打印种植牙咬合力的传感系统及方法	5	复杂性；医生；能源；效率；环境；寿命；病人；康复；依从性；可维修性；追踪；地位；打印	36-系统的复杂性；19-能耗；39-生产率；27-可靠性；34-可维修性	A61C8/00
30	CN201810724664.0	颈部按摩装置	10	复杂性；舒适性；支撑；损坏；体积	36-系统的复杂性；27-可靠性；07-体积	A61H15/00
31	CN201810743039.0	一种骨伤康复器	6	缠绕；康复；转动；连接线；精确性；疗效；脱离；稳定性	28-测量精度；13-稳定性	A61H1/02
32	CN201810519682.5	一种骨科固定钳	4	便利性；长度	33-操作流程的方便性；03-长度	A61B17/28
33	CN201810798179.8	一种基于下肢外骨骼机器人的防摔系统	5	舒适性；成本；重量；可靠性；速度；平衡；安全；适应性；精度；扩张性	39-生产率；01-重量；27-可靠性；09-速度；30-作用于物体的有害因素；35-适应性、通用性；28-测量精度	A61H3/00
34	CN201810747409.8	一种用于固定持续负压引流装置的设备	4	紧固性；稳定性；复杂性；释放；接触；劳动强度；倾斜；放空针；移动；成本	13-稳定性；36-系统的复杂性；39-生产率	A61M1/00
35	CN201810472433.5	一种压缩式雾化器工作数据的交互系统	7	手段；资源	39-生产率	A61M11/02
36	CN201810641668.2	一种百万千瓦级核电站职业健康应急管理方法和装置	12	易用性；自动化；实用性；效率	38-自动化程度；35-适应性、通用性；39-生产率	G06Q10/06
37	CN201810739563.0	一种用于唾液传染病的防咳嗽防呕吐医疗护理装置	5	脱落；可控性；速度；复杂性；实用性；交流；环境；新鲜；溅射；说话；漏出；贴合；防滑性	37-控制与测量的复杂性；09-速度；36-系统的复杂性；35-适应性、通用性	A61J19/00

续表

序号	申请号	标题	权利要求数量/个	技术功效1级	技术功效TRIZ参数	IPC主分类
38	CN201811107543.8	协同脉冲不可逆电穿孔装置	12	效率	39-生产率	A61B18/12
39	CN201810742382.3	一种基于三维电机的立体定位膀胱位置的方法	13	准确性；自动化；观测；时间；定位；便利性；速度	28-测量精度；38-自动化程度；15-时间；33-操作流程的方便性；09-速度	A61B5/00
40	CN201811050980.0	一种多模态反馈主被动康复训练系统及其使用方法	10	主动性；回收；适应性	35-适应性、通用性	A63B22/08
41	CN201811159369.1	基于分类匹配和分数阶扩散的心电信号去噪方法和系统	6	诊断；安全；噪音	30-作用于物体的有害因素；31-物质产生的有害因素	A61B5/0402
42	CN201811136901.8	椎间孔镜穿刺定位器	5	穿刺；速度	09-速度	A61B17/34
43	CN201811114517.8	一种去肾动脉交感神经术用射频消融钳	8	下颚；损失；时间；上颚；释放；安全；夹持；效率；冷却水；温度；消融；连续性；活动	23-物质损失；15-时间；30-作用于物体的有害因素；39-生产率；17-温度	A61B18/12
44	CN201811098539.X	一种老年人清肺排痰装置	5	反应；速度；固化；疗效；伤口；清洁性；冲击；振动；摩擦力；拉扯	09-速度；31-物质产生的有害因素；10-力	A61M1/00
45	CN201810700170.9	一种医用脊髓切断装置	9	整齐度；便利性；脊髓	29-制造精度；33-操作流程的方便性	A61B17/3209
46	CN201811007106.9	一种用于妇科的理疗热敷贴	4	热	17-温度	A61F7/02
47	CN201811511612.1	一种皮疾渐除器	6	复杂性	36-系统的复杂性	A61B17/3205

续表

序号	申请号	标题	权利要求数量/个	技术功效 1 级	技术功效 TRIZ 参数	IPC 主分类
48	CN201811312703. 2	一种呼吸自适应式矿用防尘面具	5	适应性；安全；压强；复杂性；阻力；可靠性；舒适性；健康；效率	35-适应性、通用性；30-作用于物体的有害因素；11-应力、压强；36-系统的复杂性；10-力；27-可靠性；39-生产率	A62B18/02
49	CN201811368342. 3	一种体育锻炼用多功能锻炼装置	5	复杂性；合理性	36-系统的复杂性；35-适应性、通用性	A63B23/12
50	CN201811442453. 4	一种基于脑电信号的电动轮椅控制系统	4	便利性；服务；可控性	33-操作流程的方便性；37-控制与测量的复杂性	A61G5/04
51	CN201811369080. 2	一种康复锻炼设备	10	经济性；效率；复杂性；实用性；转移	39-生产率；36-系统的复杂性；35-适应性、通用性	A61H1/02
52	CN201811419277. 2	一种用于放射治疗过程的多功能监测方法	8	监测；潜力；成本；确定性	37-控制与测量的复杂性；39-生产率	A61N5/10
53	CN201811477467. X	一种便于取放药物的骨科换药架	8	便利性；底部；稳定性；强度	33-操作流程的方便性；13-稳定性；14-强度	A61G12/00
54	CN201811430652. 3	智能颅内血肿清除及引流系统	7	实时性；安全；信息；规范性	25-时间损失；30-作用于物体的有害因素；24-信息损失	A61M1/00
55	CN201811444235. 4	通过多个可拆结构拼接组成雾化降温的火灾急救头罩	4	堆积；相撞；稳定性；速度；积流；模糊；嵌入；失去；组成；复杂性	13-稳定性；09-速度；36-系统的复杂性	A62B18/02
56	CN201811231651. 6	用于运行医学图像采集设备的方法和图像采集设备	20	质量；眼镜；真实；中断；重叠；检查；恐惧；灵活性	27-可靠性；35-适应性、通用性	G16H30/20

续表

序号	申请号	标题	权利要求数量/个	技术功效1级	技术功效TRIZ参数	IPC主分类
57	CN201910148531. 8	单髁膝关节置换术中股骨远端相对于假体垫片力线轨迹的测量方法与系统	8	移植；计算；复杂性；功耗	36-系统的复杂性；19-能耗	A61F2/46
58	CN201910197346. 8	一种核辐射探测与心率测量方法及装置	8	便利性；可测量度；准确性；成本；普及	33-操作流程的方便性；37-控制与测量的复杂性；28-测量精度；39-生产率	A61B5/024
59	CN201910267329. 7	一种卧式下肢康复机器人训练机构及系统	6	退化；便利性；长度；复杂性；范围	33-操作流程的方便性；03-长度；36-系统的复杂性；35-适应性、通用性	A61H1/02
60	CN201910278394. X	一种医疗用辅助行走平衡装置	8	平衡；便利性；复杂性；费力	33-操作流程的方便性；36-系统的复杂性	A61H3/04
61	CN201910295813. 0	基于脑电信号的驾驶员性别检测方法及系统	8	性别；确定性；可检测性	28-测量精度	G06K9/00
62	CN201910223728. 3	一种用于角膜交联的人工智能引导系统	13	智能化；精准性；准确性；效率；误诊；精度；平台；区域；稳定性；有害；疗效；精确性；工具	28-测量精度；39-生产率；13-稳定性；30-作用于物体的有害因素	G16H40/63
63	CN201910257096. 2	用于识别心律类型的改进卷积神经网络及其训练方法	5	漏检率；精度；惩罚；准确性	28-测量精度	A61B5/0402
64	CN201910551126. 0	一种内科病人用康复训练装置	9	便利性；实用性；活动；舒适性	33-操作流程的方便性；35-适应性、通用性	A61H1/02

续表

序号	申请号	标题	权利要求数量/个	技术功效 1 级	技术功效 TRIZ 参数	IPC 主分类
65	CN201910563092.7	一种纳米纤维素/碳纳米管柔性触觉传感器的制备方法	9	亲和性；复杂性；成本；场合；稳定性；灵敏度；广泛性；环境；时间；来源；迁移率	36-系统的复杂性；39-生产率；13-稳定性；28-测量精度；15-时间	C08J5/18
66	CN201910772417.2	一种新型压力传感器及其生理信号测量方法	8	体积；灵敏度；干扰；便利性；获取；精度；速度	07-体积；28-测量精度；30-作用于物体的有害因素；33-操作流程的方便性；09-速度	A61B5/02
67	CN201910834840.0	固定装置及胸腔引流器	7	引流；长度；体位	03-长度	A61M25/02
68	CN201910871679.4	基于科室成本管控的排班方法、装置、设备及存储介质	6	成本；符合	39-生产率	G06Q10/06
69	CN201910932319.0	基于电外科手术的高频控制方法、装置及电外科手术设备	5	浪费；时间；效率；劳动强度；自动化	15-时间；39-生产率；38-自动化程度	A61B18/12
70	CN201911011171.3	可调节式持针器	7	难度；调节；姿态	36-系统的复杂性	A61B17/06
71	CN201910989262.8	一种图像识别模型训练的方法、图像识别的方法及装置	13	标注；资源；数据量；预测	39-生产率	G06K9/62
72	CN201911166295.9	产科手术扩张装置	7	适用性	35-适应性、通用性	A61B17/02
73	CN201911172549.8	甲状腺肿囊穿刺吸取装置	10	稳定性；效率；难度；质量；范围；安全	13-稳定性；39-生产率；36-系统的复杂性；27-可靠性；35-适应性、通用性；30-作用于物体的有害因素	A61B17/34

续表

序号	申请号	标题	权利要求数量/个	技术功效 1 级	技术功效 TRIZ 参数	IPC 主分类
74	CN201911179367.3	一种用于EICU术后动脉采血后的止血用具	8	移动；角度；患者；可控性；调节；适应性；握持	37-控制与测量的复杂性；35-适应性、通用性	A61B17/12
75	CN201911371560.7	一种可切换磨头的电动修脚器	9	气压；转动；杆；污染；修脚；齿轮；完成率；换向	31-物质产生的有害因素	A61B17/54
76	CN201811245449.9	一种自供电式柔性压力传感器及其制备方法	8	污染；监控；灵敏度；能源；低碳；环境	31-物质产生的有害因素；28-测量精度；19-能耗	G01L1/00
77	CN202010006100.0	一种重症护理用肌肉放松按摩装置	6	按摩；不适感；曲线；拉动；酸痛感；温度；高度；劳动强度；牵引；放松	17-温度；03-长度；39-生产率	A61H1/02
78	CN202010225048.8	AI慢性肾病风险筛查建模方法、慢性肾病风险筛查方法及系统	4	批量；效率；资源	39-生产率	G16H50/30
79	CN202010559768.8	一种具有稳定结构的腔内横向缝合器	8	强度；适合性；稳定性；尺寸；安全；端部；体积	14-强度；35-适应性、通用性；13-稳定性；03-长度；30-作用于物体的有害因素；07-体积	A61B17/072
80	CN202010628247.3	基于Heaviside核函数的生理信号非平衡性分析方法	4	计算；健康；年轻；数量；鲁棒性；差异性	26-物质或事物的数量	A61B5/00
81	CN202011128109.5	一种运动推荐方法和装置	4	适合性；健康；速度；浪费；不良；环境	35-适应性、通用性；09-速度	G16H20/30
82	CN202010981831.7	一种抗菌的负氧离子材料及其制备工艺	10	淋巴；氧化；细菌；血液；延展性；自由基；清洁性；代谢；释放；霉菌	30-作用于物体的有害因素；31-物质产生的有害因素	A01N59/16

续表

序号	申请号	标题	权利要求数量/个	技术功效 1 级	技术功效 TRIZ 参数	IPC 主分类
83	CN202011107291. 6	方便注液的电子雾化设备	16	牢固性；便利性；体验	27 - 可靠性；33-操作流程的方便性	A24F40/10
84	CN202010926382. 6	一种具有医疗功能的编织物及其制造方法	10	疗效；循环性；健康；复杂性	36 - 系统的复杂性	A41B9/00
85	CN202010867159. 9	一种连接辅助轮椅的智能检测服装及方法	7	舒适性；安全；输出；空间；可检测性	30-作用于物体的有害因素；07-体积；28 - 测量精度	A41D1/00
86	CN202011112816. 5	一种助眠睡衣裤	10	助眠；压力；健康；抽筋；质量	10 - 力；27 - 可靠性	A41D10/00
87	CN202010936967. 6	一种便于携带的多功能幼儿托座旅行箱	7	劳动强度；携带；舒适性；次数；健康；摔倒	39 - 生产率；26-物质或事物的数量	A45C5/04
88	CN202011193461. 7	一种计算机编程用的具有短暂休息功能的办公座椅	8	午休；便利性；短暂；凸起；平躺	33-操作流程的方便性	A47C1/035
89	CN202011020933. 9	一种具有内镜加热功能的可吸收烟雾的腹腔镜组件	10	均匀性；外泄；窥视；摩擦力；自动化；完成率；清洁性；反应；变化；雾气	29 - 制造精度；10- 力；38 - 自动化程度；31 - 物质产生的有害因素	A61B1/313
90	CN202011157268. 8	双鼻腔垂体窥器	10	阻挡；范围；鼻腔；术野；便利性；窥器；干扰；速度；牢固性；复杂性；局限性；完成率；切除	35-适应性、通用性；33 - 操作流程的方便性；30-作用于物体的有害因素；09 - 速度；27 - 可靠性；36-系统的复杂性	A61B1/313
91	CN201910569138. 6	一种监测方法、装置及设备	15	错过；效率；健康；准确性；确定性	39 - 生产率；28-测量精度	A61B5/00

续表

序号	申请号	标题	权利要求数量/个	技术功效 1 级	技术功效 TRIZ 参数	IPC 主分类
92	CN202010811662.2	病房服务用检测系统	7	转变；质量；恢复；效率；确认；安全；可检测性；监测；传递；实时性	27－可靠性；39-生产率；30－作用于物体的有害因素；28－测量精度；37-控制与测量的复杂性；25-时间损失	A61B5/00
93	CN202010873011.6	一种基于多层感知网络的契伦科夫荧光断层成像重建方法	10	精确性；训练	28-测量精度	A61B5/00
94	CN202010989909.X	一种 U 型的牙菌斑检测仪	9	清洁性；安全；便利性；可检测性；有害；合理性	31-物质产生的有害因素；30-作用于物体的有害因素；33-操作流程的方便性；28-测量精度；35-适应性、通用性	A61B5/00
95	CN202010989998.8	可穿戴设备	10	正确性；补充	28-测量精度	A61B5/00
96	CN202011010356.5	具有活检功能的皮肤检查器械	8	复杂性；漏诊率；可调节性；反光；精准性；准确性；大幅度	36-系统的复杂性；28-测量精度	A61B5/00
97	CN202011018028.X	一种交叉韧带重建中移植肌腱的测试方法及系统	10	可靠性；确定性	27-可靠性	A61B5/00
98	CN202011018528.3	一种半自动皮肤弹性检测装置及其使用方法	6	健康；适合性；灵活性；复杂性；便利性；恒压；可检测性；精巧；精密度；减压；增压	35-适应性、通用性；36-系统的复杂性；33-操作流程的方便性；28－测量精度；29-制造精度	A61B5/00
99	CN202011027441.2	一种 LED 医学影像仪	10	经济性；复杂性；清晰度；诊断；便利性；实用性；广泛性；发展	39－生产率；36-系统的复杂性；28－测量精度；33-操作流程的方便性；35-适应性、通用性	A61B5/00

续表

序号	申请号	标题	权利要求数量/个	技术功效1级	技术功效TRIZ参数	IPC主分类
100	CN202011034866.6	一种综合创面管理系统及方法	10	延伸；患者；换药；接收；可测量度；给药；辅助；创面；创腔；突出；可靠性	37-控制与测量的复杂性；27-可靠性	A61B5/00
101	CN202011049883.7	一种微型光声成像探头及其制备方法	4	光路；声场；聚焦；体积；复杂性；便利性；模态；分辨率；噪音；成本；灵活性	07-体积；36-系统的复杂性；33-操作流程的方便性；31-物质产生的有害因素；39-生产率；35-适应性、通用性	A61B5/00
102	CN202011086002.9	一种自动检测口腔溃疡并上药的装置	5	完成率；效率；溃疡	39-生产率	A61B5/00
103	CN202011086228.9	基于视频流的目标物位置检测方法、装置、设备及介质	10	准确性；结节	28-测量精度	A61B5/00
104	CN202011126912.5	一种动静脉显影装置	10	扫描股；温度；血液；准确性；感染	17-温度；28-测量精度	A61B5/00
105	CN202011149153.4	一种传感模组及其制备方法、可穿戴设备和监测系统	10	质量；及时性；体征；复杂性；折断	27-可靠性；25-时间损失；36-系统的复杂性	A61B5/00
106	CN202011155609.8	一种乳腺外科病理检测装置	10	便利性；细菌；清洁性	33-操作流程的方便性；30-作用于物体的有害因素；31-物质产生的有害因素	A61B5/00
107	CN202011164750.4	皮肤检测仪及其连接方法	10	一致性；成本；差异；兼容性	39-生产率	A61B5/00
108	CN202010442523.7	一种体征数据采集系统以及体征数据采集方法	15	便利性	33-操作流程的方便性	A61B5/01

续表

序号	申请号	标题	权利要求数量/个	技术功效 1 级	技术功效 TRIZ 参数	IPC 主分类
109	CN202010913538.7	一种互联网高校学生综合测评管理系统方法	6	紧固性；效率；准确性；锻炼；排汗率；转动	39－生产率；28－测量精度	A61B5/01
110	CN202011023034.4	一种跨越不同环境温度的体温检测设备	10	灵活性；机制；效率；准确性	35－适应性、通用性；39－生产率；28－测量精度	A61B5/01
111	CN202010876417.X	新冠肺炎的数据监测方法、装置、设备和存储介质	10	效率	39－生产率	A61B5/0205
112	CN202011011033.8	信号处理方法、装置、车辆及存储介质	10	情景；信号；加速；频率；质量；稳定性	27－可靠性；13－稳定性	A61B5/0205
113	CN202011030646.6	一种社区门诊内科用辅助诊疗装置和辅助诊疗方法	10	控制箱；损耗；复杂性；移动；效率；接收；散热；及时性；脱离	23－物质损失；36－系统的复杂性；39－生产率；17－温度；25－时间损失	A61B5/0205
114	CN202011073688.8	具有中心静脉压和胸腔内压力测定功能的测量装置	8	便利性；效率；隔离；安全	33－操作流程的方便性；39－生产率；30－作用于物体的有害因素	A61B5/0205
115	CN201910560323.9	一种穿戴式血压测量装置及血压测量的方法	19	准确性	28－测量精度	A61B5/022
116	CN201910560617.1	一种心率检测装置及心率检测耳机	9	能源；可控性；携带；体积；精度；功耗	19－能耗；37－控制与测量的复杂性；07－体积；28－测量精度	A61B5/024
117	CN202011136073.5	一种防猝死脉率监测腕带	8	复杂性；适合性；腕带；监测；防水性；完成率；装配；感染；成本	36－系统的复杂性；35－适应性、通用性；37－控制与测量的复杂性；30－作用于物体的有害因素；39－生产率	A61B5/024
118	CN202010897977.3	多生理指标采集装置	10	便利性；表征；携带；精度；清晰度	33－操作流程的方便性；28－测量精度	A61B5/04

续表

序号	申请号	标题	权利要求数量/个	技术功效1级	技术功效TRIZ参数	IPC主分类
119	CN202010883873.7	一种单导联动态心电信号干扰片段自动识别方法	6	精度；效率	28-测量精度；39-生产率	A61B5/0402
120	CN202011097680.5	心电信号波形的检测研究方法	6	损失；识别性；参数；分类率；完整性；准确性；干扰	23-物质损失；37-控制与测量的复杂性；28-测量精度；30-作用于物体的有害因素	A61B5/0402
121	CN202011160026.4	心电心音同步采集装置及方法	9	复杂性；准确性；误判	36-系统的复杂性；28-测量精度	A61B5/0402
122	CN202010906502.6	异常位置的确定方法、装置、存储介质及电子设备	10	准确性；确定性；劳动强度；体验；监测；效率；速度	28-测量精度；39-生产率；37-控制与测量的复杂性；09-速度	A61B5/0452
123	CN202010999747.8	一种多感觉脑-体联合刺激的意识检测装置	5	收益；意识；可检测性；诱发；经济性	28-测量精度；39-生产率	A61B5/0484
124	CN202010925187.1	一种MRI设备主磁体均匀度检测分析装置及其方法	9	自动化；寿命；安稳；舒适性；成型；乱动；洁净度；病人	38-自动化程度；27-可靠性；31-物质产生的有害因素	A61B5/055
125	CN202011060660.0	一种乳腺线圈定位扫描成像方法	5	适应性；调节；质量	35-适应性、通用性；27-可靠性	A61B5/055
126	CN202010876210.2	一种基于超宽带雷达的人体微弱呼吸信号检测方法	9	鲁棒性；效率；可检测性；速度	39-生产率；28-测量精度；09-速度	A61B5/08
127	CN202010580589.2	医学成像测量期间的患者运动的确定	16	速度；复杂性；补偿	09-速度；36-系统的复杂性	A61B5/11
128	CN202010952851.1	一种有意识眨眼和无意识眨眼的判断方法及装置	10	准确性；环境；可靠性；残留；稳定性	28-测量精度；27-可靠性；13-稳定性	A61B5/11

续表

序号	申请号	标题	权利要求数量/个	技术功效1级	技术功效TRIZ参数	IPC主分类
129	CN202011139414.4	一种基于血糖旋光角度检测的无创血糖仪	6	精度	28-测量精度	A61B5/1455
130	CN202010857479.6	一种多通道检测装置	14	精度；放置；传感器；效率；人性化；自动化；灵活性；稳定性；可检测性；智能化	28-测量精度；39-生产率；38-自动化程度；35-适应性、通用性；13-稳定性	A61B5/1486
131	CN202010947176.3	空间3D注意灵活性认知测评及训练方法及系统	10	精度；准确性；时效性；效率	28-测量精度；39-生产率	A61B5/16
132	CN202011021563.0	一种城市轨道交通调度员职业技能的测试仪	5	灰尘；寿命	31-物质产生的有害因素；27-可靠性	A61B5/16
133	CN202011032006.9	一种驾驶员负面情绪缓解方法及系统	10	情绪；策略；准确性	28-测量精度	A61B5/16
134	CN202010962025.5	门控信号的获取装置及方法、医疗影像设备和计算机设备	10	可检测性；通道	28-测量精度	A61B6/03
135	CN201910578860.6	一种锚定装置	22	连接；稳定性；有效性	13-稳定性	A61B17/00
136	CN202011347494.2	一种可视扩张鞘	9	安全；可操作性；损坏；精准性	30-作用于物体的有害因素；33-操作流程的方便性；27-可靠性	A61B17/00
137	CN201910588337.1	气腹机	15	便利性；繁琐性	33-操作流程的方便性	A61B17/02
138	CN202011008934.1	一种用于延迟关胸的多功能装置	10	空间；稳定性；复杂性；便利性；风险；关胸；观察；损失；可靠性	07-体积；13-稳定性；36-系统的复杂性；33-操作流程的方便性；27-可靠性；23-物质损失	A61B17/02

续表

序号	申请号	标题	权利要求数量/个	技术功效1级	技术功效TRIZ参数	IPC主分类
139	CN202011097068.8	一种病状瘤体切除手术刀口固定手术器械	4	可操作性；便利性；稳定性；适合性；拉开	33-操作流程的方便性；13-稳定性；35-适应性、通用性	A61B17/02
140	CN202011133195.9	一种可调节式自动腹腔穿刺分离腹膜装置	10	自动化；弹射；便利性；稳定性；可推广性；时间；难度；复位；灵活性；复杂性；效率	38-自动化程度；33-操作流程的方便性；13-稳定性；39-生产率；15-时间；36-系统的复杂性；35-适应性、通用性	A61B17/02
141	CN202010973348.4	一种心脏内创口封闭装置	9	完成率；器具；自动化	38-自动化程度	A61B17/04
142	CN201910576357.7	储存有止血剂的钉匣组件	13	布置；均匀性；止血；到位	29-制造精度	A61B17/072
143	CN202011098765.5	一种防止可拆卸的吻合组件二次使用的电动吻合器的控制电路	7	可控性	37-控制与测量的复杂性	A61B17/072
144	CN202011143044.1	一种便于调整钛夹的钛夹钳装置及其使用方法	10	便利性；钛夹；调控；释放；断裂；完成度；空间；复杂性；调节	33-操作流程的方便性；27-可靠性；07-体积；36-系统的复杂性	A61B17/10
145	CN202011227630.4	一种中式食管吻合器	5	便利性；疾病；长度；复杂性；张力；稳定性；牢固性；补充；厚度；效率	33-操作流程的方便性；03-长度；36-系统的复杂性；10-力；13-稳定性；27-可靠性；39-生产率	A61B17/11
146	CN201910565069.1	经皮椎弓根螺钉辅助可膨胀式止血锥形装置	4	安全	30-作用于物体的有害因素	A61B17/12
147	CN201910575645.0	用于通过内窥镜的组织夹闭装置	11	成本；可靠性；张开；复杂性；闭合	39-生产率；27-可靠性；36-系统的复杂性	A61B17/12

续表

序号	申请号	标题	权利要求数量/个	技术功效1级	技术功效TRIZ参数	IPC主分类
148	CN201910580247.8	弹簧圈及其抗解旋部件	14	填塞；解旋；过程；柔软度；密度；稳定性；翻转	13-稳定性	A61B17/12
149	CN202010827016.5	一种压力强度可调节的心内科止血用压迫器	10	消毒；底座；变更；范围；稳定性；微调；可操作性；紧固性；适应性；时间；速度；误操	35-适应性、通用性；13-稳定性；33-操作流程的方便性；15-时间；09-速度	A61B17/12
150	CN202010887311.X	一种左心室封堵器及使用方法	8	封堵；复杂性；松动；紧固性；泄露；封堵不严	36-系统的复杂性；31-物质产生的有害因素	A61B17/12
151	CN202010996599.4	一种扁平息肉手术用圈套器	10	确定性；便利性；可靠性；难度；紧固性；效率	33-操作流程的方便性；27-可靠性；36-系统的复杂性；39-生产率	A61B17/12
152	CN202011132694.6	一种妇科腹腔镜手术用阴道封堵器	7	稳定性；封堵；泄露；延伸；可推广性；游离；复杂性；胶帽；成本；速度；杆	13-稳定性；31-物质产生的有害因素；39-生产率；36-系统的复杂性；09-速度	A61B17/12
153	CN202011159451.1	一种枪弹伤急救止血棒	9	适应性；便利性；速度；处置；效率	35-适应性、通用性；33-操作流程的方便性；09-速度；39-生产率	A61B17/12
154	CN202011251256.1	一种新型钛夹钳钳头	8	紧固性；一致性；钛夹钳；止血；变形；规整；效率；错位	12-形状；39-生产率	A61B17/122
155	CN201910563631.7	一种用于止血的压迫装置	9	紧固性；压迫；自动化；受损	38-自动化程度	A61B17/135
156	CN202011137915.9	一种多功能的骨科手术专用骨科锯	9	清洁性；速度；适合性；自动化	31-物质产生的有害因素；09-速度；35-适应性、通用性；38-自动化程度	A61B17/14

续表

序号	申请号	标题	权利要求数量/个	技术功效1级	技术功效TRIZ参数	IPC主分类
157	CN201910565655.6	颅骨钻装置	10	成本；颅骨；复杂性；钻头	39-生产率；36-系统的复杂性	A61B17/16
158	CN202011145507.8	一种辅助下颌支矢状骨劈开的下颌小舌定位导板系统	6	组织；可推广性；发生率；可操作性；损失；时间；创伤；过渡；精准性；复杂性；精度	39-生产率；33-操作流程的方便性；23-物质损失；15-时间；36-系统的复杂性；28-测量精度	A61B17/17
159	CN202011008186.7	一种内镜手术用液电碎石器	10	便利性；安全；效率；可靠性；复杂性；速度；劳动强度；有害；完成率；清洁性	33-操作流程的方便性；30-作用于物体的有害因素；39-生产率；27-可靠性；36-系统的复杂性；09-速度；31-物质产生的有害因素	A61B17/22
160	CN202010938060.3	一种高稳定性的外科腔镜手术用超声刀柄器具	10	脱离；速度；可操作性；便利性；密封性；复杂性；污染；效率；频率；稳定性	09-速度；33-操作流程的方便性；29-制造精度；36-系统的复杂性；31-物质产生的有害因素；39-生产率；13-稳定性	A61B17/32
161	CN202011013001.1	一种烧伤科用除痂器	9	空间；劳动强度；便利性；复杂性；灰尘；收纳；完成率	07-体积；39-生产率；33-操作流程的方便性；36-系统的复杂性；31-物质产生的有害因素	A61B17/3201
162	CN201910580263.7	医用打孔器	10	刀刃；损坏；接触；碰撞	27-可靠性；30-作用于物体的有害因素	A61B17/3205
163	CN202011129772.7	口径可调式圆形刀	4	可推广性；安全；长度；可靠性；便利性；先进；拦路虎；正确性；广泛性；尴尬	39-生产率；30-作用于物体的有害因素；03-长度；27-可靠性；33-操作流程的方便性；28-测量精度	A61B17/3205

续表

序号	申请号	标题	权利要求数量/个	技术功效 1 级	技术功效 TRIZ 参数	IPC 主分类
164	CN202011040155. X	一种颈椎前路手术处理后纵韧带装置	10	切割；刮除；效率；动作；可操作性；弯头	39－生产率；33-操作流程的方便性	A61B17/3211
165	CN202011035489. 8	一种便携式微粒皮智能取皮器	10	可操作性；创伤；稳定性；安全；速度；完成率；实用性；效率；切割；损失；确定性；取皮；便利性；烫伤；瘢痕；复杂性	33-操作流程的方便性；13-稳定性；30-作用于物体的有害因素；09-速度；35-适应性、通用性；39-生产率；23-物质损失；36-系统的复杂性	A61B17/322
166	CN201910569810. 1	一种制备超声引导穿刺针的系统	10	精度；聚焦；复杂性；绕度；超声；反射性；智能化；准确性；同心度	28-测量精度；36-系统的复杂性	A61B17/34
167	CN202010543022. 8	外科手术进入组件用密封组件	19	耐久性；进入；密封性；泄露；防护性	13－稳定性；29-制造精度；31-物质产生的有害因素	A61B17/34
168	CN202010935904. 9	四维超声引导穿刺的成像方法及装置	10	效率；清晰度；有效性；安全；自动化；直观性；血管；渲染；临床；实时性	39－生产率；28-测量精度；30-作用于物体的有害因素；38-自动化程度；25-时间损失	A61B17/34
169	CN202010964073. 8	一种腔镜手术用通道辅助设备及使用方法	10	便利性；缓冲性；脱落；损坏；空间；复杂性；时间	33-操作流程的方便性；27-可靠性；07－体积；36-系统的复杂性；15-时间	A61B17/34
170	CN202011016565. 0	一种骨科脊柱穿刺器	6	便利性；速度；精确性；准确性	33-操作流程的方便性；09－速度；28-测量精度	A61B17/34
171	CN202011023381. 7	一种女性腹腔镜检查用气腹针处理装置	7	接触；摩擦力；消毒；自动化；细菌；概率；效率；脱离；感染；损失	10-力；38-自动化程度；30-作用于物体的有害因素；39－生产率；23-物质损失	A61B17/34
172	CN202011031114. 4	一种腹腔镜手术辅助鞘	6	成功率；时间；痊愈率	27－可靠性；15-时间	A61B17/34

续表

序号	申请号	标题	权利要求数量/个	技术功效 1 级	技术功效 TRIZ 参数	IPC 主分类
173	CN202011056008. 1	一种便携式穿刺器及其组成的穿刺装置和方法	10	防滑性；偏移；清洁性；安全；损失；消毒；风险；准确性；次数；深度	31-物质产生的有害因素；30-作用于物体的有害因素；23-物质损失；27-可靠性；28-测量精度；26-物质或事物的数量	A61B17/34
174	CN202011278752. 6	一种腹腔镜标本取物通道	6	取出；肌肉；切口；风险；安全；成本；恢复；复杂性；疼痛；合理性	27-可靠性；30-作用于物体的有害因素；39-生产率；36-系统的复杂性；35-适应性、通用性	A61B17/34
175	CN202011096151. 3	一种用于脚趾甲沟炎辅助治疗的手术设备	4	便利性；效率；复杂性；风险	33-操作流程的方便性；39-生产率；36-系统的复杂性；27-可靠性	A61B17/54
176	CN202011099738. X	一种髂前棘骨质扩张器	8	复杂性；便利性；稳定性	36-系统的复杂性；33-操作流程的方便性；13-稳定性	A61B17/56
177	CN202011036615. 1	一种骨盆骨折复位装置及其使用方法	8	便利性；实用性；风险；复位	33-操作流程的方便性；35-适应性、通用性；27-可靠性	A61B17/60
178	CN202011065128. 8	一种骨质疏松患者胫骨结节牵引装置	10	稳定性；疼痛；针松动；便利性；松动；劳动强度；牵引；张力；矛盾	13-稳定性；33-操作流程的方便性；31-物质产生的有害因素；39-生产率；10-力	A61B17/64
179	CN202010845613. 0	一种可变刚度的骨折复位外固定装置及其制造方法	8	成本；调节；创伤；刚性	39-生产率；14-强度	A61B17/66
180	CN202011030729. 5	一种用于椎间盘成形术的膨胀球囊及医疗装置	10	泄露	31-物质产生的有害因素	A61B17/70
181	CN202011209806. 3	一种股骨颈骨折复位加压器	10	便利性；脱离；摩擦力；速度；加压	33-操作流程的方便性；10-力；09-速度	A61B17/74

续表

序号	申请号	标题	权利要求数量/个	技术功效1级	技术功效TRIZ参数	IPC主分类
182	CN202011112246. X	一种肋骨锁定板	6	出血量；损失；疗效；速度；创伤；评分；长度；切口；完整性；复杂性；体积；质量	23-物质损失；09-速度；03-长度；36-系统的复杂性；07-体积；27-可靠性	A61B17/80
183	CN202011124841. 5	一种专用于胫骨的外置滑动锁定钢板	8	骨折；便利性；锻炼；携带；稳定性；愈合	33-操作流程的方便性；13-稳定性	A61B17/80
184	CN202010878281. 6	一种应用于心脏外科手术的冷冻消融装置	10	消融；完整性；供应；误伤；安全；连续性；透壁性；确切性；疗效	30-作用于物体的有害因素	A61B18/02
185	CN202011106551. 8	一种带加热功能的冷冻球囊导管	10	电压；精准性；热量；消融；准确性；表面；及时性；温度；冻；可控性；充分性；距离	19-能耗；28-测量精度；25-时间损失；17-温度；37-控制与测量的复杂性；03-长度	A61B18/02
186	CN202010904685. 8	一种环形可变焦吸引照明电刀笔	8	便利性；高亮；防滑性；复杂性；伸缩；成本	33-操作流程的方便性；36-系统的复杂性；39-生产率	A61B18/12
187	CN202011133423. 2	便于穿刺、导入、可固定引导丝并注液的射频消融导管	8	速度；导入；及时性；引导；穿刺；安全；注液	09-速度；25-时间损失；30-作用于物体的有害因素	A61B18/12
188	CN202011139515. 1	一种治疗多囊肝的射频消融电极	9	治疗；安全；囊肿壁；有效性	30-作用于物体的有害因素	A61B18/12
189	CN202010856032. 7	一种用于表面组织处理的光照射设备、方法和存储介质	20	有害；密度；疼痛；照明；面积；体验；品质	30-作用于物体的有害因素；18-照度；05-面积；29-制造精度	A61B18/20

续表

序号	申请号	标题	权利要求数量/个	技术功效 1 级	技术功效 TRIZ 参数	IPC 主分类
190	CN202011090145.7	一种窗口防尘装置、激光设备及窗口防尘方法	10	空间；动作；复杂性；正确性；难度；传递；灰尘	07-体积；36-系统的复杂性；28-测量精度；31-物质产生的有害因素	A61B18/20
191	CN202011091551.5	一种美容祛斑机专用探头装置	4	有害；效率；稳定性；安全；自动化；嫩滑；密封性；功效；支撑；成本；抗冲击性；经济性；血液；美容；振动；便利性；精度；牢固性；摩擦力；防震性	30-作用于物体的有害因素；39-生产率；13-稳定性；38-自动化程度；29-制造精度；31-物质产生的有害因素；33-操作流程的方便性；28-测量精度；27-可靠性；10-力	A61B18/20
192	CN201910563198.7	用于 X 光配合下脊柱调节式定位标记装置	6	可操作性；弹簧；稳定性；便利性；劳动强度；时间；确定性；准确性；身材；下滑动；拆装；定位	33-操作流程的方便性；13-稳定性；39-生产率；15-时间；28-测量精度	A61B90/00
193	CN202011128833.8	一种弹性创面皮肤牵张器	10	均匀性；撕裂；便利性；可控性；速度；伤口；连接；安全；稳定性	29-制造精度；33-操作流程的方便性；37-控制与测量的复杂性；09-速度；30-作用于物体的有害因素；13-稳定性	A61B90/00
194	CN202011021055.2	一种股骨转子间骨折体表切口定位器	10	骨折；损失；准确性；变更；稳定性；负重；安全；愈合；精准性；正确性	23-物质损失；28-测量精度；13-稳定性；30-作用于物体的有害因素	A61B90/11
195	CN202011111239.8	一种磁力髌突软骨成骨功能障碍预防矫正装置	5	获取；复杂性；经济性；确定性；适合性；便利性；成本；障碍；疼痛感；灵活性	36-系统的复杂性；39-生产率；35-适应性、通用性；33-操作流程的方便性	A61C7/06

续表

序号	申请号	标题	权利要求数量/个	技术功效1级	技术功效 TRIZ 参数	IPC 主分类
196	CN202011139557.5	一种用于口腔治疗时隔绝飞沫传播的隔离装置	7	稳定性；舒适性；细胞；变形；医疗；扩展；复杂性；生长；蛋白	13-稳定性；12-形状；36-系统的复杂性	A61C19/00
197	CN202011054409.3	智能假肢及智能假肢的模式判断方法	9	复杂性；生活；智能化；干燥；过程；清洁性；准确性；精度	36-系统的复杂性；31-物质产生的有害因素；28-测量精度	A61F2/60
198	CN202010886976.9	一种新生儿腹壁畸形术前保护罩	10	破裂；温度；透气性；晃动	17-温度	A61F5/00
199	CN202010976797.4	一种足踝外科下胫腓关节复位固定导向器	10	调节；便利性；适应性；实用性；自动化	33-操作流程的方便性；35-适应性、通用性；38-自动化程度	A61F5/058
200	CN202011137900.2	一种医疗用骨科锁定器	10	劳累；稳定性	13-稳定性	A61F5/058
201	CN201910405460.5	一种理疗医学物理感应器	4	激活病症；病症；能量；反应；温度；质变；活力；软化；实用性；量变；临床；治病；真实性	19-能耗；17-温度；35-适应性、通用性	A61F7/00
202	CN201910581255.4	一种医疗输液保暖装置	6	温度；水温	17-温度	A61F7/00
203	CN202010855746.6	按摩仪的温度控制方法及按摩仪	16	可控性；热；功率；精度	37-控制与测量的复杂性；17-温度；21-功率；28-测量精度	A61F7/00
204	CN202011047305.X	一种用于外科的术后透气束缚装置	7	便利性；速度；止血；压迫；可控性；冲击	33-操作流程的方便性；09-速度；37-控制与测量的复杂性	A61F13/00
205	CN202011155061.7	一种骨盆加压搬运支具	10	均匀性；缠绕；劳动强度；清洁性；时间；环绕；完成率	29-制造精度；39-生产率；31-物质产生的有害因素；15-时间	A61F13/00

续表

序号	申请号	标题	权利要求数量/个	技术功效1级	技术功效TRIZ参数	IPC主分类
206	CN202011032249.2	一种富勒烯眼贴及其生产检测装置	10	皮肤；磁疗；吸附；面积；精度	05-面积；28-测量精度	A61F13/12
207	CN202010960928.X	一种妇产科护理纱布制备设备	9	切割；自动化；劳动强度；拉动；紧固性；齿条；上齿条；刀具	38-自动化程度；39-生产率	A61F15/02
208	CN202010981115.9	一种用于冠心病的急救装置	8	及时性；便利性；效率；舒适性；勒压；速度	25-时间损失；33-操作流程的方便性；39-生产率；09-速度	A61F17/00
209	CN202011219991.4	一种医疗护理用具有康复功能的护理装置	8	强度；速度；恢复	14-强度；09-速度	A61G5/00
210	CN202011020964.4	基于5G物联网居家养老服务系统	9	便利性；稳定性	33-操作流程的方便性；13-稳定性	A61G5/04
211	CN202011146942.2	一种多功能翻身护理枕	7	柔软度；可调节性；清洁性；病人；舒适性；实用性；劳动强度	31-物质产生的有害因素；35-适应性、通用性；39-生产率	A61G7/00
212	CN202011046987.2	一种家用新生儿护理保温箱	9	舒适性；概率；次数；矛盾；交流；发育；和谐；年轻；劳动强度；数量	26-物质或事物的数量；39-生产率	A61G11/00
213	CN202011145629.7	一种小儿科手术用伤口护理清洗台	10	座椅；便利性；心理；自由度；长度；护理；角度；调节；效率；实用性；清洁性	33-操作流程的方便性；03-长度；39-生产率；35-适应性、通用性；31-物质产生的有害因素	A61G12/00
214	CN202011151397.6	一种医用骨科换药装置	6	便利性；污染	33-操作流程的方便性；31-物质产生的有害因素	A61G12/00
215	CN202010087594.X	按摩机	6	便利性	33-操作流程的方便性	A61H1/00

续表

序号	申请号	标题	权利要求数量/个	技术功效1级	技术功效TRIZ参数	IPC主分类
216	CN202011025402.9	按摩设备及其运行方法	14	调节；可控性；智能化；模式；便利性；体验	37-控制与测量的复杂性；33-操作流程的方便性	A61H1/00
217	CN202011203668.8	新型多功能中医排石治疗装置	10	便利性；成本；舒适性；结石；疗效；适用性	33-操作流程的方便性；39-生产率；35-适应性、通用性	A61H1/00
218	CN201910574563.4	锻炼仪	12	便利性；依赖	33-操作流程的方便性	A61H1/02
219	CN202010578684.9	学习系统、复健辅助系统、方法、程序及学习完毕模型	17	可控性；反馈；信息	37-控制与测量的复杂性；24-信息损失	A61H1/02
220	CN202010776706.2	一种基于神经发育学技术的康复仪	8	复杂性；适合性；可控性；自动化；便利性	36-系统的复杂性；35-适应性、通用性；37-控制与测量的复杂性；38-自动化程度；33-操作流程的方便性	A61H1/02
221	CN202011021005.4	一种顺应性肩部康复外骨骼	5	康复；可维修性；力和力矩；舒适性；训练；独立；安全；受损；对齐；复杂性	34-可维修性；30-作用于物体的有害因素；36-系统的复杂性	A61H1/02
222	CN202011143189.1	一种并联三自由度踝关节康复机器人	9	灵活性；安全；训练；体积；趾屈；背伸；成本；可靠性；有害；重合；运输；可控性	35-适应性、通用性；30-作用于物体的有害因素；07-体积；39-生产率；27-可靠性；37-控制与测量的复杂性	A61H1/02
223	CN201910602339.1	平衡辅助系统及穿戴式装置	20	灵活性；平衡；跌倒；动作	35-适应性、通用性	A61H3/00
224	CN202010578683.4	复健辅助系统、复健辅助方法以及复健辅助程序	16	信息；辅助；程序	24-信息损失	A61H3/00

续表

序号	申请号	标题	权利要求数量/个	技术功效 1 级	技术功效 TRIZ 参数	IPC 主分类
225	CN202011018227.0	一种具有缓冲防摔效果的辅助行走装置	9	辅助；支撑；面积；冲击；复杂性；翻倒；安全；稳定性；杆滑动；重心	05-面积；36-系统的复杂性；30-作用于物体的有害因素；13-稳定性；01-重量	A61H3/04
226	CN202010960681.1	一种视力康复用眼外肌训练装置	7	可控性；适应性；速度；训练；控制器；故障；实用性；效率；成本；普及	37-控制与测量的复杂性；35-适应性、通用性；09-速度；27-可靠性；39-生产率	A61H5/00
227	CN201910582376.0	一种通用按摩结构及睾丸按摩器	8	成本；干爽；体积；疼痛；丰富；舒适性；延展性；压迫；复杂性	39-生产率；07-体积；36-系统的复杂性	A61H7/00
228	CN202010443690.3	一种颈部按摩仪及基于颈部按摩仪的防撞方法	15	获取；安全；可控性	30-作用于物体的有害因素；37-控制与测量的复杂性	A61H7/00
229	CN202010909269.7	一种摆动式负压养生仪	6	负压；可操作性；血液；范围	33-操作流程的方便性；35-适应性、通用性	A61H7/00
230	CN202011014068.7	一种可变刚度的软体按摩机器人	10	范围；灵活性；柔性	35-适应性、通用性	A61H7/00
231	CN202011039185.9	适配立式全方位全身按摩装置	7	效率；成本；便利性；噪音；松动；按摩；适应性；舒适性；损耗；力度；皮肤；匹配度；摩擦力	39-生产率；33-操作流程的方便性；31-物质产生的有害因素；35-适应性、通用性；23-物质损失；10-力	A61H7/00
232	CN202011024353.7	一种负压养生仪	8	复杂性；效率	36-系统的复杂性；39-生产率	A61H9/00
233	CN202010979613.X	一种急诊护理用可调节肢体固定设备	7	刮伤；康复；舒适性；有害；实用性；安全；血液；按摩	30-作用于物体的有害因素；35-适应性、通用性	A61H15/00
234	CN202011053781.2	一种能进行中药护养并具有按摩功能的康复设备	10	速度；效果；健康	09-速度	A61H15/00

续表

序号	申请号	标题	权利要求数量/个	技术功效1级	技术功效TRIZ参数	IPC主分类
235	CN202011091438.7	一种神经内科下肢护理按摩装置	7	劳动强度；稳定性；按摩；护理；调节；热敷；打开；质量；便利性	39-生产率；13-稳定性；27-可靠性；33-操作流程的方便性	A61H15/00
236	CN202011056122.4	筋膜枪的传动机构及具有该传动机构的筋膜枪	12	运动；体验；连杆；复杂性	36-系统的复杂性	A61H23/00
237	CN201910572902.5	一种延缓药物和热量流失的超声敷药按摩装置	10	功效；复杂性；便利性；耐用性；解除；按摩；速度；可靠性；流失率；疏通	36-系统的复杂性；33-操作流程的方便性；13-稳定性；09-速度；27-可靠性	A61H23/02
238	CN202010893616.1	一种智能内衣按摩控制方法、控制系统及智能内衣	9	可控性；灵活性；智能化	37-控制与测量的复杂性；35-适应性、通用性	A61H23/02
239	CN202011023870.2	运动按摩控制方法、装置、运动手柄、系统及存储介质	14	运动；成本；复杂性	39-生产率；36-系统的复杂性	A61H23/02
240	CN202011062820.5	驱动装置及筋膜枪	31	难度；斜置；劳动强度	36-系统的复杂性；39-生产率	A61H23/02
241	CN202011062832.8	筋膜枪	19	摩擦力；便利性；握持；酸累感；按摩	10-力；33-操作流程的方便性	A61H23/02
242	CN202011066136.4	筋膜枪	29	手麻；集中度；防震性；冲击	30-作用于物体的有害因素	A61H23/02
243	CN202011137201.8	具有冰感机制的负压按摩装置及其按摩棒	20	体感；舒缓；舒适性；可操作性	33-操作流程的方便性	A61H23/02
244	CN202011200642.8	一种腰椎间盘垂直复位治疗装置	5	安全；复杂性；社会；突出；便利性；成本；重量；腰椎；经济性；体积	30-作用于物体的有害因素；36-系统的复杂性；33-操作流程的方便性；39-生产率；01-重量；07-体积	A61H23/02

续表

序号	申请号	标题	权利要求数量/个	技术功效1级	技术功效TRIZ参数	IPC主分类
245	CN202011137866.9	一种皮肤科用装置	8	速度；清洁性；均匀性；杂质；粘连；热；充分性；疗效；速率	09-速度；31-物质产生的有害因素；29-制造精度；30-作用于物体的有害因素；17-温度	A61H33/04
246	CN202011143852.8	一种微波中药理疗仪	10	速度；热；能量；自动化；可控性	09-速度；17-温度；19-能耗；38-自动化程度；37-控制与测量的复杂性	A61H33/06
247	CN202010975979.X	一种可调节式祛斑美白药物蒸汽美容面罩	6	调节；稳定性；美容；便利性；速度；祛斑；污垢；有害；美白	13-稳定性；33-操作流程的方便性；09-速度；31-物质产生的有害因素；30-作用于物体的有害因素	A61H33/12
248	CN202010903863.5	一种鼻咽部冲洗器	10	便利性；鼻管；复杂性；力度；紧固性；防护性；清洁性；方向；寿命	33-操作流程的方便性；36-系统的复杂性；31-物质产生的有害因素；27-可靠性	A61H35/04
249	CN202011026179.X	一种内分泌临床的可调节艾熏装置	6	便利性；手持；调节；稳定性	33-操作流程的方便性；13-稳定性	A61H39/06
250	CN202011041710.0	一种大容量注射液防渗漏软袋	7	污染；药液；可操作性；安全；脱落；进入；形状；插入；抓取	31-物质产生的有害因素；33-操作流程的方便性；30-作用于物体的有害因素；12-形状	A61J1/10
251	CN202011152723.5	一种助老随身杯及其使用方法	9	复杂性；重量；速度；结合；便利性；携带；人性化；食用	36-系统的复杂性；01-重量；09-速度；33-操作流程的方便性	A61J7/00
252	CN202011222241.2	一种吗啉硝唑注射液及其制备方法	12	放大化；细菌；稳定性；安全；效率；降解；成本；复杂性	30-作用于物体的有害因素；13-稳定性；39-生产率；36-系统的复杂性	A61K9/08

续表

序号	申请号	标题	权利要求数量/个	技术功效 1 级	技术功效 TRIZ 参数	IPC 主分类
253	CN202011194292. 9	一种治疗原发性手汗症的外用中药组合物及其制备方法和治疗该症的保健手套	10	清热；复发；湿热；效率；血液；干燥；速度；方中桂枝；成本；副作用	39 - 生产率；09-速度；31 - 物质产生的有害因素	A61K36/899
254	CN202011092143. 1	一种调节人体免疫力的中药制剂及其包装结构及制备方法	6	效果；调理；可靠性；清热解毒；正确性；输出量；能力；心律；免疫力；复杂性；适合性；转化率；消耗；溶血性；扩张；流量；疾病；制剂；直观性；收缩力；饮食；可推广性；性紫癜；广泛性	27 - 可靠性；28- 测量精度；30-作用于物体的有害因素；36-系统的复杂性；35-适应性、通用性；39-生产率；23-物质损失；26-物质或事物的数量	A61K36/8998
255	CN202011055897. X	一种用于排毒的中药组合物及制备方法和排毒理疗工具	10	速度；相克；充分性；健康；效果；残留；完成率；组合物；利用率；人体	09 - 速度；39 - 生产率	A61K36/9064
256	CN202011105834. 0	一种用于写字楼的防疫系统及其防疫方法	10	防疫；拥堵；写字楼；正确性；接触	28-测量精度	A61L2/22
257	CN201910588211. 4	气腹机，气腹机的报警提示方法及计算机可读存储介质	22	速度；安全	09 - 速度；30 - 作用于物体的有害因素	A61M1/00
258	CN202010592278. 8	脑脊液外引流辅助装置	10	特殊；灵活性	35-适应性、通用性	A61M1/00
259	CN202010917181. X	一种环保型医用洁净袋及其制备方法	5	速度；复杂性；效率；清洁性	09 - 速度；36 - 系统的复杂性；39-生产率；31 - 物质产生的有害因素	A61M1/00

续表

序号	申请号	标题	权利要求数量/个	技术功效 1 级	技术功效 TRIZ 参数	IPC 主分类
260	CN202010938071.1	一种防感染的支气管镜呼吸道手术用分泌物收集装置	10	粘膜；堵塞；流管；阻断；异动；通畅性；反作用力；速度；稳定性；不适感	31-物质产生的有害因素；09-速度；13-稳定性	A61M1/00
261	CN202011018445.4	一种用于神经外科术后的积液处理装置	6	积液；正确性；堵塞	28-测量精度；31-物质产生的有害因素	A61M1/00
262	CN202011019565.6	一种胸外科手术用胰管内引流支架	10	能力；效率；贴合；实用性；便利性；速度；感染；可靠性；受阻；清洁性	39-生产率；35-适应性、通用性；33-操作流程的方便性；09-速度；27-可靠性；31-物质产生的有害因素	A61M1/00
263	CN202011020654.2	一种针对消化内科的肠胃减压器	6	可控性；便利性；实用性；主体；取下	37-控制与测量的复杂性；33-操作流程的方便性；35-适应性、通用性	A61M1/00
264	CN202011026699.0	一次性医用皮下积液引流器	9	便利性；安全；可靠性；劳动强度	33-操作流程的方便性；30-作用于物体的有害因素；27-可靠性；39-生产率	A61M1/00
265	CN202011060114.7	一种胃肠外科用胃肠液减压装置	7	流盒；回流；便利性；空气；健康；阻挡；实用性	33-操作流程的方便性；35-适应性、通用性	A61M1/00
266	CN202011100954.1	一种具有消毒功能的紧急吸痰设备	9	防滑性；摇曳；可靠性；干扰；环境；无用；实用性；紧固性；可控性；冲洗；能源；安全	27-可靠性；30-作用于物体的有害因素；35-适应性、通用性；37-控制与测量的复杂性；19-能耗	A61M1/00
267	CN202011036886.7	一种五青药罐及其制备使用方法	10	反弹；闭塞；免疫力；体寒；体质；减肥；广泛性；气体；健康；胀气；风湿；治疗	30-作用于物体的有害因素	A61M1/08

续表

序号	申请号	标题	权利要求数量/个	技术功效1级	技术功效TRIZ参数	IPC主分类
268	CN202011060802.3	一种柔性罐	6	范围；脱落；颤动；易拆卸；理疗；吸收；均匀性；皮肤处	35-适应性、通用性；34-可维修性；29-制造精度	A61M1/08
269	CN201910560800.1	导管泵及其固定装置	14	复杂性；稳定性；位移	36-系统的复杂性；13-稳定性	A61M1/12
270	CN202010933433.8	一种血液透析机	5	便利性；调节；清洁性；复杂性；拆除；高度	33-操作流程的方便性；31-物质产生的有害因素；36-系统的复杂性；03-长度	A61M1/16
271	CN202011113645.8	一种离体血浆净化系统及其用途	6	便利性；洁净度；安全；交叉；困扰；污染；温度；复杂性；成本	33-操作流程的方便性；31-物质产生的有害因素；30-作用于物体的有害因素；17-温度；36-系统的复杂性；39-生产率	A61M1/36
272	CN202011150370.5	一种医疗儿科护理用负压洗胃装置	7	便利性；不适；洗胃罐；实用性；切换；效率；污液罐	33-操作流程的方便性；35-适应性、通用性；39-生产率	A61M3/02
273	CN202010944835.8	一种基于NB-IOT的输液监控系统及方法、输注设备	15	效率；智能化；精确性；输液；实时性；耗电；适用性	39-生产率；28-测量精度；25-时间损失；19-能耗；35-适应性、通用性	A61M5/14
274	CN202011143325.7	一种儿科输液用的防脱针安全绳	7	易拆卸；防护性；效率；便利性；安全；输液管；拉扯；稳定性	34-可维修性；39-生产率；33-操作流程的方便性；30-作用于物体的有害因素；13-稳定性	A61M5/14
275	CN202011015738.7	一次性使用透析用留置针排气结构	5	成本；防滑性	39-生产率	A61M5/158
276	CN202010500806.2	一种门控造影注射装置及注射方法	12	完成度；造影剂；质量；效率；确定性	27-可靠性；39-生产率	A61M5/20

续表

序号	申请号	标题	权利要求数量/个	技术功效1级	技术功效TRIZ参数	IPC主分类
277	CN201910573657.X	保持给药均一度的药物流体分配器及右美托咪定鼻喷器	13	稳定性；数量；分配器；均一性；集液室；深度；利用率；面积；速度；风险	13-稳定性；26-物质或事物的数量；39-生产率；05-面积；09-速度；27-可靠性	A61M11/00
278	CN202011071623.X	一种可调节给药速度的呼吸内科雾化给药装置	7	复杂性；可控性；不适	36-系统的复杂性；37-控制与测量的复杂性	A61M11/00
279	CN202011107119.0	方便注液的一次性电子雾化设备	14	牢固性；便利性；体验	27-可靠性；33-操作流程的方便性	A61M11/00
280	CN201910576820.8	整流装置及呼吸机	10	流场；稳定性	13-稳定性	A61M16/00
281	CN202011215481.X	防张口的无创呼吸机面罩及其使用方法	6	品牌；发生率；舒适性；均匀性；便利性；自动化；呼吸	29-制造精度；33-操作流程的方便性；38-自动化程度	A61M16/00
282	CN202011017591.5	一种气管切开手术用导管	9	便利性；挤压；寿命；分隔；外溢；堵管；安全；不匹配；淤积；完整性；清洁性	33-操作流程的方便性；27-可靠性；30-作用于物体的有害因素；31-物质产生的有害因素	A61M16/04
283	CN202010578609.2	带有用于传感器的接纳部的连接器	13	布置；可靠性；安全；稳定性；准确性	27-可靠性；30-作用于物体的有害因素；13-稳定性；28-测量精度	A61M16/08
284	CN202011154129.X	一种呼吸内科紧急氧疗护理设备	7	供氧量；适合性	35-适应性、通用性	A61M16/08
285	CN202011136075.4	一种用于呼吸机的加温加湿装置	9	正确性；适应性；稳定性；灵活性；充分性；效率；精确性；面积；长度；消耗；便利性	28-测量精度；35-适应性、通用性；13-稳定性；39-生产率；05-面积；03-长度；23-物质损失；33-操作流程的方便性	A61M16/10

续表

序号	申请号	标题	权利要求数量/个	技术功效1级	技术功效 TRIZ 参数	IPC 主分类
286	CN202011091449.5	一种自动检测更换钠石灰的钠石灰罐	4	劳动强度；自动化；体积；麻醉	39－生产率；38－自动化程度；07－体积	A61M16/22
287	CN202010708279.4	生物诱导心理压力调适工作系统及其操作方法	10	健康；疾病；疗效；疲劳度；认知；焦虑；转变；可操作性	33－操作流程的方便性	A61M21/02
288	CN202011021504.3	基于环境隔绝与感官调动的助眠方法、系统、助眠装置	10	助眠；安静；速度；睡眠；过程；隔离；舒适性；充分性	09－速度	A61M21/02
289	CN202011145616.X	一种可视化三级鼻窦球囊扩张冲洗导管系统	14	便利性；雾镜片；时间	33－操作流程的方便性；15－时间	A61M25/00
290	CN202010916595.0	一种具有可视控制功能的宫颈球囊扩张导管	8	观察范；精准性；调节；视角度；导线；摩擦力；清晰度；复杂性；便利性；可控性	10－力；28－测量精度；36－系统的复杂性；33－操作流程的方便性；37－控制与测量的复杂性	A61M25/10
291	CN202011146294.0	多腔尿道冲洗开槽式导尿管	10	清洁性；冲洗；准确性；损失；完成度；症状；临床	31－物质产生的有害因素；28－测量精度；23－物质损失	A61M25/10
292	CN202010939478.6	一种用于药品涂抹和止血的机器人装置	10	风险；消毒；止血；成本；涂抹；准确性；喷药	27－可靠性；39－生产率；28－测量精度	A61M35/00
293	CN202010910338.6	一种全能养生调理仪	6	疗效；挤压；辅助；用量；共混；速度	26－物质或事物的数量；09－速度	A61M37/00
294	CN201910566472.6	一种美容仪及控制方法	13	污染；隔离	31－物质产生的有害因素	A61N1/18
295	CN202010839940.5	颈部按摩仪及其佩戴支架	15	观看；触摸；区分；防呆；滚轮键；体验；选择；便利性	33－操作流程的方便性	A61N1/36

续表

序号	申请号	标题	权利要求数量/个	技术功效1级	技术功效TRIZ参数	IPC主分类
296	CN202010865335.5	按摩设备的控制方法、装置、按摩设备及存储介质	17	功耗；痛感；佩戴	19-能耗	A61N1/36
297	CN202010866287.1	脉冲信号的输出控制方法、装置、按摩设备及存储介质	18	感知；电流；损耗；痛感；可靠性；及时性；准确性	23-物质损失；27-可靠性；25-时间损失；28-测量精度	A61N1/36
298	CN202010990446.9	一种具有无限电刺激功能的抗胃食管反流病的治疗仪	6	管炎；食管；反流；质量；适合性；灵活性；安全；并发症；刺激；可控性；循环性	27-可靠性；35-适应性、通用性；30-作用于物体的有害因素；37-控制与测量的复杂性	A61N1/36
299	CN202010586299.9	起搏器网络	20	自动化；发出；构造；质量；定向	38-自动化程度；27-可靠性	A61N1/372
300	CN201910584272.3	除颤仪	24	损耗；损坏；寿命	23-物质损失；27-可靠性	A61N1/39

3.6 康复辅具制造

3.6.1 全球专利概况

3.6.1.1 全球专利申请趋势

图3-46展示的是康复辅具制造领域全球专利申请量的发展趋势。通过申请趋势可以从宏观层面把握分析对象在各时期的专利申请热度变化。申请数量的统计范围是目前已公开的专利。

从图3-46可以看出康复辅具制造领域在全球主要市场上的历年专利申请分布状况。2000—2003年，康复辅具制造领域全球专利申请量快速增加；2004—2006年该领域全球专利申请量小幅度减少；2007年该领域全球专利申请量有所增加；2008年该领域全球专利申请量小幅度减少；2009—2016年康复辅具制造领域全球专利申请量总体呈平稳增加趋势；2017—2020年康复辅具制造领域全球专利申请量开始下降，2017年专利申请量为37 996件，2020年专利申请量为12 037件。

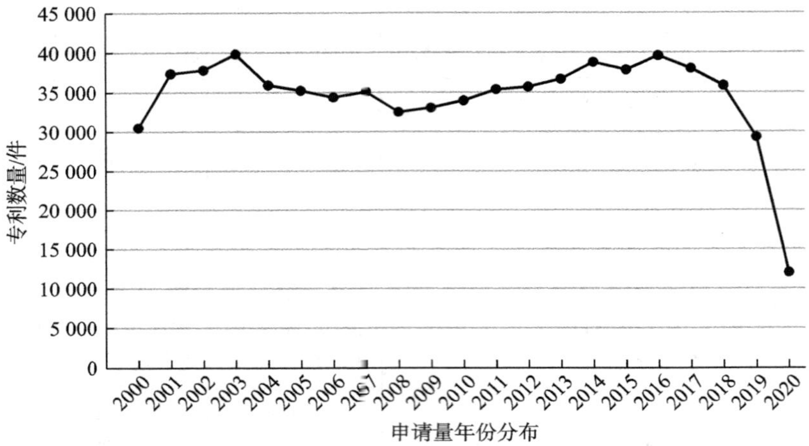

图 3-46　康复辅具制造领域全球专利申请国家、地区和组织趋势

3.6.1.2　全球专利申请国分布

图 3-47 展示的是康复辅具制造领域在各个申请主体的专利数量分布情况。通过分析可以了解分析对象在不同申请国家、地区技术创新的活跃情况，从而发现主要的技术创新来源国和重要的目标市场。

全球专利申请分布可以体现专利权人想在哪些国家或地区保护康复辅具制造技术。这一参数也反映了该技术未来可能的实施国家或地区。康复辅具制造领域专利主要申请分布显示，美国、中国、日本是康复辅具制造领域专利重点申请国家，数量分别为美国 140 086 件、中国 109 849 件、日本 73 472 件。另外欧洲专利局为 51 495 件，世界知识产权组织 48 436 件。

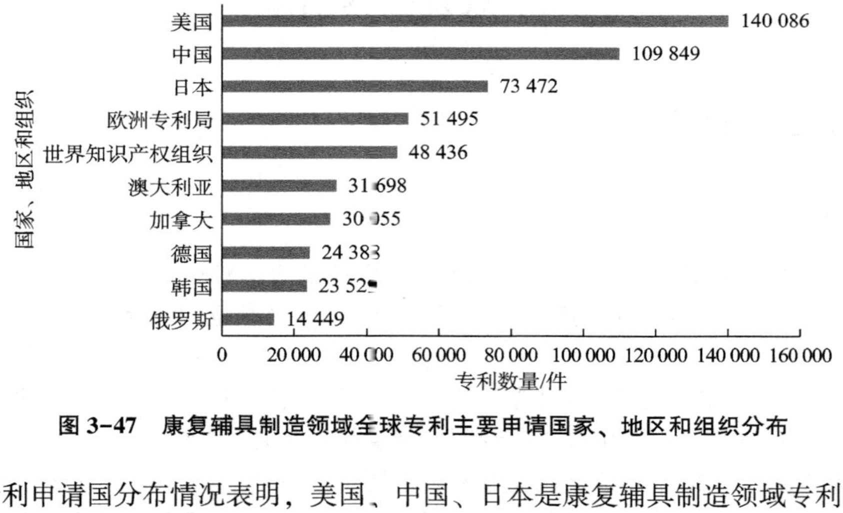

图 3-47　康复辅具制造领域全球专利主要申请国家、地区和组织分布

全球专利申请国分布情况表明，美国、中国、日本是康复辅具制造领域专利布局的主要国家，企业可以跟踪、引进和消化相关领域技术，在此基础上实现技术突破。康复辅具制造领域美国、中国、日本专利类型如表 3-56、表 3-57、表 3-58 所示。

表 3-56　康复辅具制造领域美国专利类型　　单位：件

专利类型		专利数量
发明	发明授权	93 889
	发明申请	45 355
外观设计		842

表 3-57　康复辅具制造领域中国专利类型　　单位：件

专利类型		专利数量
发明	发明申请	32 583
	发明授权	21 429
实用新型		54 904
外观设计		933

表 3-58　康复辅具制造领域日本专利类型　　单位：件

专利类型		专利数量
发明	发明申请	34 050
	发明授权	28 693
实用新型		5 982
外观设计		4 747

3.6.1.3　全球专利申请人排行

图 3-59 展示的是按照所属申请人（专利权人）的专利数量统计的申请人排名情况。通过分析可以发现创新成果积累较多的专利申请人，并据此进一步分析其专利竞争实力。

表 3-59　康复辅具制造领域全球专利数量前十申请人排名　　单位：件

排名	申请人名称	专利数量
1	宝洁公司（PROCTER GAMBLE）	8 733
2	波士顿科学医学有限公司（BOSTON SCIENTIFIC SCIMED INC）	4 850
3	爱惜康公司（ETHICON INC）	3 980
4	爱德华生命科学公司（EDWARDS LIFESCIENCES CORPORATION）	3 861
5	尤妮佳公司（UNI CHARM CORP）	3 848
6	金佰利有限公司（KIMBERLY CLARK CO）	3 839
7	爱尔康公司（ALCON INC）	3 590
8	诺华公司（NOVARTIS AG）	3 245
9	SCIMED LIFE SYSTEMS INC	3 176
10	波士顿科学有限公司（BOSTON SCIENTIFIC LIMITED）	3 167

3.6.1.4　全球专利技术构成

表 3-60 和图 3-48 展示的是康复辅具制造领域在各技术方向的数量分布情况。通过分析可以了解分析对象覆盖的技术类别及各技术分支的创新热度。

康复辅具制造领域专利按照国际专利分类号（IPC）进行统计，结果如表3-60和图3-48所示，A61F（可植入血管内的滤器；假体；为人体管状结构提供开口、或防止其塌陷的装置，例如支架）的专利数量最多，达811 157件；第二是A61L（材料或消毒的一般方法或装置；空气的灭菌、消毒或除臭；绷带、敷料、吸收垫或外科用品的化学方面；绷带、敷料、吸收垫或外科用品的材料），专利数量为262 120件；第三是A61B（诊断；外科；鉴定），专利数量为195 215件。

表3-60　康复辅具制造领域全球专利主要技术构成　　单位：件

IPC分类号（小类）	专利数量
A61F（可植入血管内的滤器；假体；为人体管状结构提供开口、或防止其塌陷的装置，例如支架）	811 157
A61L（材料或消毒的一般方法或装置；空气的灭菌、消毒或除臭；绷带、敷料、吸收垫或外科用品的化学方面；绷带、敷料、吸收垫或外科用品的材料）	262 120
A61B（诊断；外科；鉴定）	195 215
A61M（将介质输入人体内或输到人体上的器械）	108 677
A61K（医用、牙科用或梳妆用的配制品）	89 049
A61P（化合物或药物制剂的特定治疗活性）	34 385
C12N（微生物或酶；其组合物）	28 708
A61N（电疗；磁疗；放射疗；超声波疗）	25 516
C08L（高分子化合物的组合物）	22 238
A61H（理疗装置）	20 976

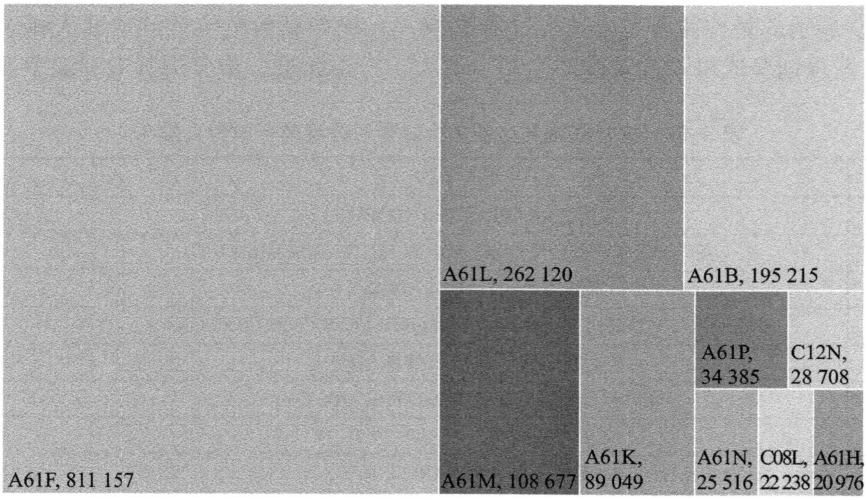

图3-48　康复辅具制造领域全球专利主要技术构成

3.6.2　国内专利概况

3.6.2.1　国内专利申请趋势

图 3-49 是康复辅具制造领域国内专利申请量的发展趋势。通过申请趋势可以从宏观层面把握康复辅具制造领域在各时期的专利申请热度与变化。申请数量的统计范围是已公开的专利。

由图 3-49 的康复辅具制造领域国内专利申请趋势可以看到，2000—2019 年康复辅具制造领域专利申请量呈现逐年增加趋势，2000 年专利申请量为 892 件，2019 年专利申请量为 14 199 件。

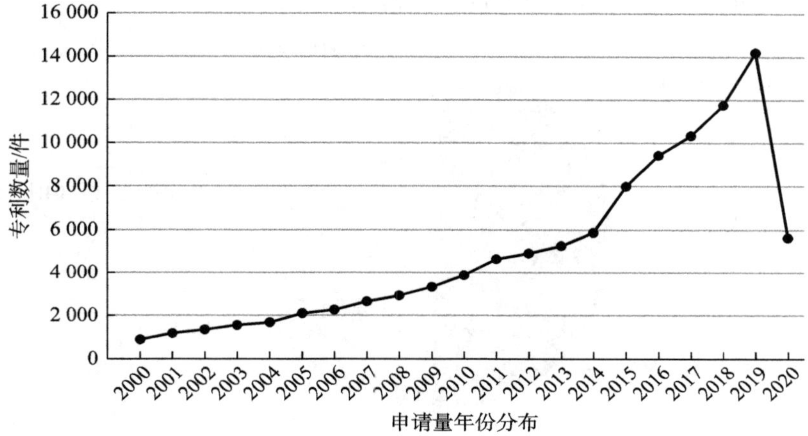

图 3-49　康复辅具制造领域国内专利申请趋势

3.6.2.2　国内专利公开趋势

图 3-50 展示的是康复辅具制造领域国内专利公开量的发展趋势。通过公开趋势可以从宏观层面把握分析对象在各时期的专利公开文献的数量变化。

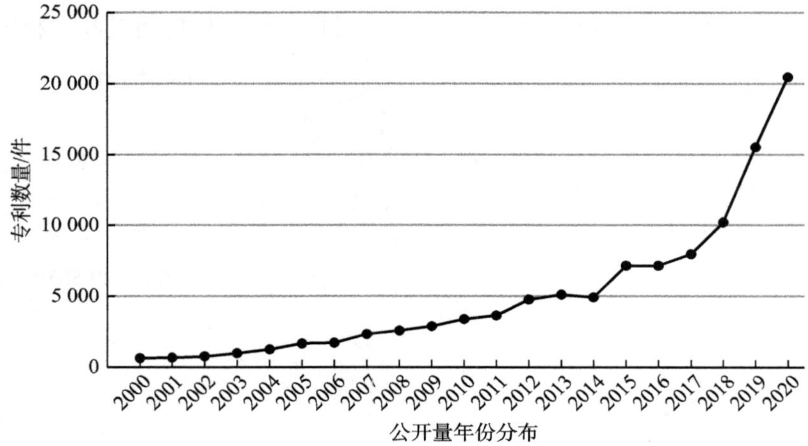

图 3-50　康复辅具制造领域国内专利公开趋势

将康复辅具制造领域的国内专利公开量按照年份进行统计分析可知，康复辅具制造领域国内专利公开数量整体呈上升态势。2000—2012 年，康复辅具制造领域国内专利公开数量均在 5000 件以下，增幅缓慢；2013—2020 年，康复辅具制造领域国内专利公开数量增长幅度加快，其中 2013 年为 5 100 件，2020 年为 20 482 件。

3.6.2.3 国内专利类型分布

图 3-51 展示的是康复辅具制造领域的专利类型，分为发明专利、实用新型专利、外观设计专利。根据发明专利授权与否，将发明细分为发明申请和发明授权。

在中国专利中，经过检索获得康复辅具制造领域专利共 109 849 件。如图 3-51 所示，其中发明申请 32 583 件，占总数的 30%；发明授权 21 429 件，占总数的 19%；实用新型 54 904 件，占总数的 50%；外观设计 933 件，占总数的 1%。

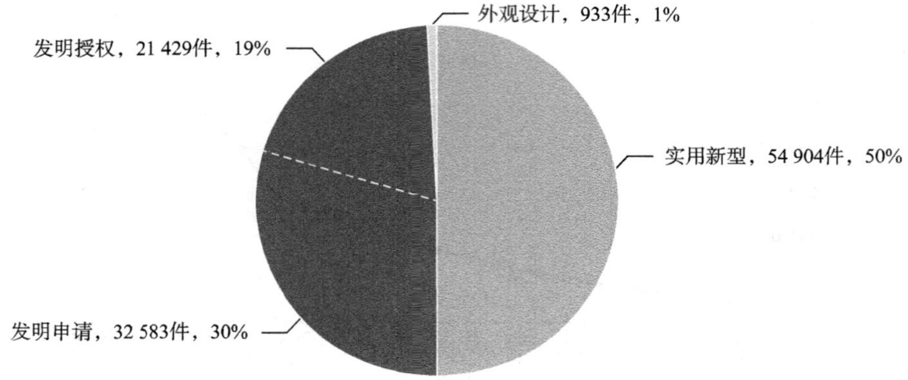

图 3-51 康复辅具制造领域国内专利类型分布

3.6.2.4 国内专利法律状态

图 3-52 是专利审中、有效、失效三种状态的占比情况，仅统计中国专利。通过该分析可以分别了解康复辅具制造领域当前正在审查中、已获得实质性保护、已失去专利权保护的专利数量分布情况，以从整体上掌握专利的权利保护和潜在风险情况，为专利权的法律性调查提供依据。筛选进入公知技术领域的失效专利，可以进行无偿使用或改进利用。

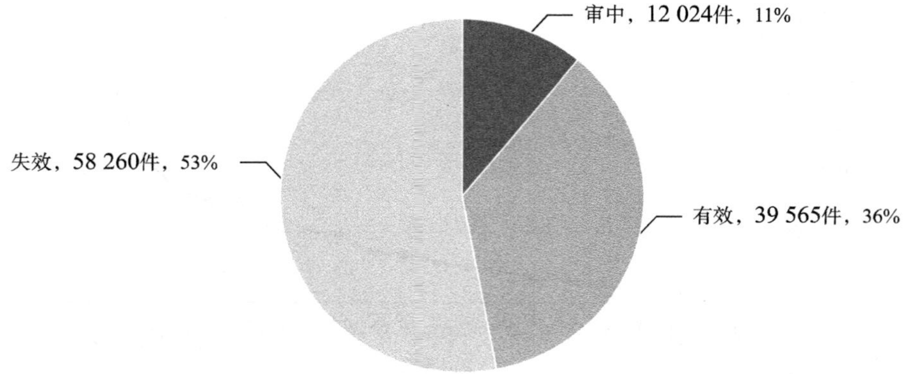

图 3-52 康复辅具制造领域国内专利法律状态分布

由图 3-52 可知，审中专利 12 024 件，占总专利数的 11%；有效专利 39 565 件，占总专利数的 36%；失效专利 58 260 件，占总专利数的 53%。

3.6.2.5　国内专利技术领域分布

表 3-61 和图 3-53 是康复辅具制造领域在各主要技术方向的数量分布情况。通过分析可以了解分析对象覆盖的技术类别及各技术分支的创新热度。

国内康复辅具制造领域专利按照国际专利分类号（IPC）进行统计结果显示，国内康复辅具制造领域专利技术领域分布中，A61F（可植入血管内的滤器；假体；为人体管状结构提供开口、或防止其塌陷的装置，例如支架）的专利数量最多，达 90 707 件；第二是 A61L（材料或消毒的一般方法或装置；空气的灭菌、消毒或除臭；绷带、敷料、吸收垫或外科用品的化学方面；绷带、敷料、吸收垫或外科用品的材料），专利申请量为 23 390 件；第三是 A61B（诊断；外科；鉴定），专利申请量为 10 578 件。

表 3-61　康复辅具制造领域国内专利主要技术领域分布　　单位：件

IPC 分类号（小类）	专利数量
A61F（可植入血管内的滤器；假体；为人体管状结构提供开口、或防止其塌陷的装置，例如支架）	90 707
A61L（材料或消毒的一般方法或装置；空气的灭菌、消毒或除臭；绷带、敷料、吸收垫或外科用品的化学方面；绷带、敷料、吸收垫或外科用品的材料）	23 390
A61B（诊断；外科；鉴定）	10 578
A61M（将介质输入人体内或输到人体上的器械）	9 730
A61H（理疗装置）	7 198
A61K（医用、牙科用或梳妆用的配制品）	3 635
A61N（电疗；磁疗；放射疗；超声波疗）	3 053
A61G（专门适用于病人或残疾人的运输工具、专用运输工具或起居设施）	2 805
C08L（高分子化合物的组合物）	1 645
A61P（化合物或药物制剂的特定治疗活性）	1 589

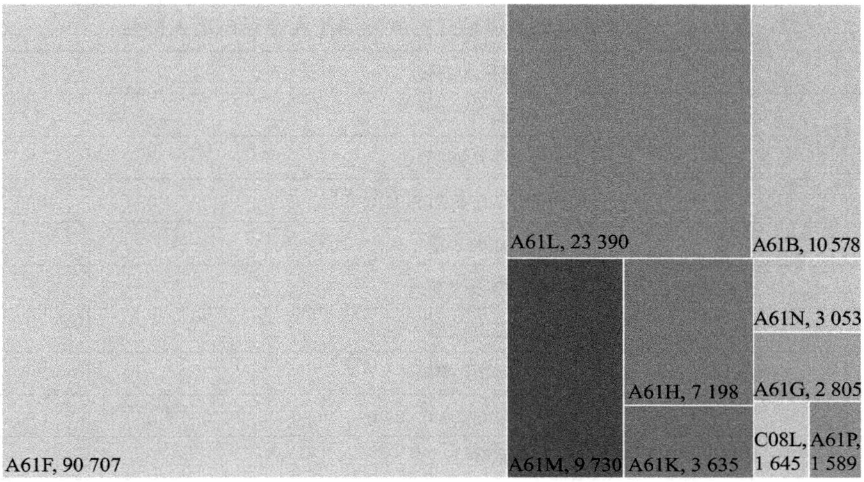

单位：件

图 3-53　康复辅具制造领域国内专利主要技术领域分布

3.6.2.6 国内专利省（区、市）分布

表 3-62 是分析对象在中国省级行政区域的分布情况，仅统计中国专利。通过分析可以了解在中国申请专利保护较多的省（区、市）及各省（区、市）的创新活跃程度。

表 3-62 显示，山东省以 12 107 件专利排名第一；江苏省以 9 937 件专利排名第二；广东省以 9 102 件专利排名第三。河南省、四川省、湖北省、陕西省的专利申请量均在 5 000 件以下。

表 3-62 康复辅具制造领域国内专利省（区、市）分布 单位：件

申请人省（区、市）	专利数量
山东省	12 107
江苏省	9 937
广东省	9 102
北京市	8 003
上海市	7 706
浙江省	6 608
河南省	3 538
四川省	3 368
湖北省	3 239
陕西省	2 800

3.6.2.7 重点省（区、市）发明专利申请人布局

（1）江苏省申请人排名

表 3-63 是康复辅具制造领域江苏省国内发明专利申请人排名。

表 3-63 康复辅具制造领域江苏省发明国内专利申请人排名 单位：件

排名	申请人名称	专利数量
1	东南大学	204
2	苏州大学	149
3	无锡中科光远生物材料有限公司	86
4	江南大学	70
5	南通大学	46
6	江苏大学	45
7	淮阴工学院	41
8	南通市第一人民医院	39
9	南京理工大学	38
10	南京航空航天大学	35

（2）上海市申请人排名

表3-64给出了康复辅具制造领域上海市国内发明专利申请人排名。

表3-64　康复辅具制造领域上海市国内发明专利申请人排名　单位：件

排名	申请人名称	专利数量
1	上海交通大学	333
2	东华大学	318
3	上海交通大学医学院附属第九人民医院	250
4	中国科学院上海硅酸盐研究所	164
5	中国人民解放军第二军医大学	150
6	上海微创医疗器械（集团）有限公司	140
7	上海理工大学	117
8	上海纳米技术及应用国家工程研究中心有限公司	111
9	上海大学	104
10	同济大学	102

（3）广东省申请人排名

表3-65是康复辅具制造领域广东省国内发明专利申请人排名。

表3-65　康复辅具制造领域广东省国内发明专利申请人排名　单位：件

排名	申请人名称	专利数量
1	华南理工大学	267
2	先健科技（深圳）有限公司	238
3	暨南大学	117
4	中山大学	96
5	深圳先进技术研究院	71
6	广东工业大学	69
7	中国科学院深圳先进技术研究院	56
8	南方医科大学	52
9	中山大学附属第一医院	46
10	清华大学深圳研究生院	46

3.6.4　国内发明专利聚类分析

聚类分析是通过数据建模后简化并使数据可视化：提取专利文本中的关键词，从其相关度聚合出不同类别的文本关键词，并以圆环饼图的形式展示其分布情况，分析结果如图3-54所示，专利分析如表3-66所示。

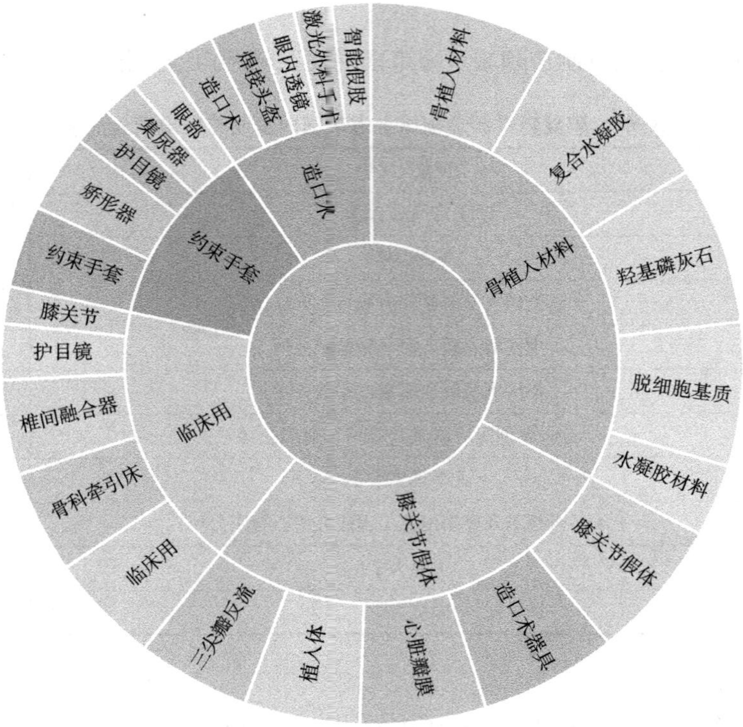

图 3-54　康复辅具制造领域专利聚类分析

表 3-66　康复辅具制造领域专利分析列表

序号	申请号	标题	权利要求数量/个	技术功效 1 级	技术功效 TRIZ 参数	IPC 主分类
1	CN201610546800.2	用于输送血管假体的系统	19	间距；透性；间隙；部署；确定性	03-长度	A61F2/966
2	CN201680032458.2	源自生物体的组织的片材、由该片材得到的管状结构体以及包含该管状结构体的人工血管	13	可操作性；耐压性；血管	33-操作流程的方便性	A61F2/06
3	CN201680037799.9	用于改善或修复心脏瓣膜关闭不全的可植入装置	13	稳定性；风险；体积；复杂性	13-稳定性；27-可靠性；07-体积；36-系统的复杂性	A61F2/24
4	CN201711044416.3	壳/芯结构（丝素蛋白-羟基磷灰石）/聚（消旋乳酸-co-己内酯）纤维膜的制备方法	5	细胞；强度；纤维	14-强度	A61L27/12

续表

序号	申请号	标题	权利要求数量/个	技术功效 1 级	技术功效 TRIZ 参数	IPC 主分类
5	CN201810019625.0	一种医用复合型 α-半水硫酸钙人工骨材料的制备方法	3	速度；均匀性	09-速度；29-制造精度	A61L27/02
6	CN201810104353.4	钛酸钠纳米棒阵列、钛酸钠/钛合金复合材料及制备与应用	10	粘附；元素；相容性；分化；速率；模量；结晶；复杂性	09-速度；36-系统的复杂性	A61L27/30
7	CN201780005300.0	腔内假体组件、以及用于血管组织缺损的经皮修复的相关系统和方法	21	泄露；变形；血流；轮廓	31-物质产生的有害因素；12-形状	A61F2/07
8	CN201810321596.3	负载微小核酸的三层人工血管电纺膜及其制备方法和应用	9	细胞；速度；风险；生长；释放；表型；可控性；粘附；过程	09-速度；27-可靠性；37-控制与测量的复杂性	A61L27/40
9	CN201810505639.3	一种可逆的胶原刺激填充剂及其制备方法	7	相容性；团聚；填充；机制；风险；微球；安全；白分泌；敏感性；降解；稳定性；均匀性；调控	27-可靠性；30-作用于物体的有害因素；13-稳定性；29-制造精度	A61L27/50
10	CN201810738867.5	一种新型眼科显微手术远程运动中心机构	6	转动；长度	03-长度	A61F9/007
11	CN201780028225.X	柔性人工晶状体注射装置以及用于实施该装置的储存梭	15	复杂性；干燥；横截面；配合；可制造性；接合	36-系统的复杂性；32-可制造性	A61F2/16
12	CN201811192271.6	一种免缝合一体式分支覆膜支架血管	7	时间	15-时间	A61F2/06
13	CN201780035747.2	明胶成型体的制造方法及明胶成型体	22	适应性；成分；精度	35-适应性、通用性；26-物质或事物的数量；28-测量精度	B29C64/112
14	CN201811228057.1	3D 打印血管支架	7	变化；长度；消耗；折弯；适应性；凝结；风险	03-长度；23-物质损失；35-适应性、通用性；27-可靠性	A61F2/90

续表

序号	申请号	标题	权利要求数量/个	技术功效 1 级	技术功效 TRIZ 参数	IPC 主分类
15	CN201811254165. 6	一种眼部药包敷用固定镜	3	适应性；便利性；佩戴；稳定性	35-适应性、通用性；33-操作流程的方便性；13-稳定性	A61F9/04
16	CN201910148531. 8	单髁膝关节置换术中股骨远端相对于假体垫片力线轨迹的测量方法与系统	8	移植；计算；复杂性；功耗	36-系统的复杂性；19-能耗	A61F2/46
17	CN201711123341. 8	带位置检测装置的人工腱索植入系统	14	效率；速度；夹持；安全；有效性	39-生产率；09-速度；30-作用于物体的有害因素	A61F2/24
18	CN201880030105. 8	医疗器械的制造方法	12	亲水性；便利性	33-操作流程的方便性	G02C7/04
19	CN201911263959. 3	一种适用于耳廓烧伤病人的保护装置	7	潮湿；措施；安全；正确性；佩戴；感染；愈合；周期；恢复	30-作用于物体的有害因素；28-测量精度；15-时间	A61F11/06
20	CN202010151126. 4	隆鼻术用鼻柱假体	13	平衡；复杂性；鼻棘；牢固性；扩大部；挛缩；充分性；可靠性；适合性；稳定性；鼻唇角；变化	36-系统的复杂性；27-可靠性；35-适应性、通用性；13-稳定性	A61F2/18
21	CN202010407176. 4	一种蛋白修饰的 PLGA 微球及其构建的组织工程化神经	9	相容性；缓释；生长；周期；修饰	15-时间	A61L27/18
22	CN202010546722. 2	一种心脏支架输送释放装置	7	自动化	38-自动化程度	A61F2/95
23	CN202011018028. X	一种交叉韧带重建中移植肌腱的测试方法及系统	10	可靠性；确定性	27-可靠性	A61B5/00
24	CN202010925187. 1	一种 MRI 设备主磁体均匀度检测分析装置及其方法	9	自动化；寿命；安稳；舒适性；成型；乱动；洁净度；病人	38-自动化程度；27-可靠性；31-物质产生的有害因素	A61B5/055

续表

序号	申请号	标题	权利要求数量/个	技术功效1级	技术功效TRIZ参数	IPC主分类
25	CN201910578661.5	管状覆膜结构及其制备方法和覆膜支架	14	成本；有效性；广泛性；渗血量；渗血；渗出；管状；安全；可靠性；效率	39-生产率；30-作用于物体的有害因素；27-可靠性	A61F2/07
26	CN201910845302.1	一种新型涂层血管覆膜支架	10	炎症；推送；狭窄；接触；血栓；拉伸；耐腐蚀性；刺激	30-作用于物体的有害因素	A61F2/07
27	CN202010148762.1	一种带涂层TIPS覆膜支架	8	区域；狭窄；压力；血栓；增生；有害；自动化；耐腐蚀性；相溶性	10-力；30-作用于物体的有害因素；38-自动化程度	A61F2/07
28	CN202010275921.4	一种可自动调节血流压力的TIPS覆膜支架	10	血栓；出血；弹性；可靠性；增生；韧性；血流量；发生率；自动化；复杂性；凝血	27-可靠性；11-应力、压强；38-自动化程度；36-系统的复杂性	A61F2/07
29	CN202011028604.9	一种可视型术中支架输送装置及其术中支架系统	10	实用性；风险；可视化；安全；成本；效率；可推广性；脉壁；准确性；假腔；发展	35-适应性、通用性；27-可靠性；30-作用于物体的有害因素；39-生产率；28-测量精度	A61F2/07
30	CN202011147001.0	二尖瓣返流治疗器械	17	便利性；脱垂；组织；反流；风险；尖瓣；左心房；安全	33-操作流程的方便性；27-可靠性；30-作用于物体的有害因素	A61F2/24
31	CN202011171024.5	一种进心尖输送系统支撑架	10	精准性；稳定性；调节	13-稳定性	A61F2/24
32	CN202011228753.X	一种经皮经导管的二尖瓣置换系统	9	牢固性	27-可靠性	A61F2/24

续表

序号	申请号	标题	权利要求数量/个	技术功效1级	技术功效TRIZ参数	IPC主分类
33	CN202010984987.0	一种骨科手术中使用的替换舟骨	10	缝合；局限性；负担；稳定性；耐磨性；不适感；愈合；长度；重量；康复；强度；复杂性	39-生产率；13-稳定性；30-作用于物体的有害因素；03-长度；01-重量；14-强度；36-系统的复杂性	A61F2/28
34	CN202010984988.5	骨科手术中使用的一体式替换舟骨及配套的加工安装方法	10	灵活性；长度；整体性	35-适应性、通用性；03-长度	A61F2/28
35	CN202011145678.0	一种分层仿生孔道-多孔复合支架	5	诱导；成骨；速度；疏松；强度；精准性	09-速度；14-强度	A61F2/28
36	CN202011001811.5	一种颞下颌关节假体	8	光滑性；耐磨性；骨溶解；强度	12-形状；30-作用于物体的有害因素；14-强度	A61F2/30
37	CN201910561257.7	髋关节系统及其髋臼假体	10	重叠；手术；中心；适合性	35-适应性、通用性	A61F2/34
38	CN201910571817.7	一种旋入式球窝关节人工舟骨	3	活动度；下沉；舟骨体；关节；毗邻；狭窄；复杂性；稳定性；便利性；退变；旋转率；耐磨性	36-系统的复杂性；13-稳定性；33-操作流程的方便性；30-作用于物体的有害因素	A61F2/42
39	CN201910571822.8	一种粘合型球窝关节式人工舟骨	3	活动度；下沉；舟骨体；复杂性；关节；毗邻；便利性；传递；退变；旋转率；稳定性；耐磨性	36-系统的复杂性；33-操作流程的方便性；13-稳定性；30-作用于物体的有害因素	A61F2/42
40	CN201910571832.1	一种击入倒齿式球窝关节人工舟骨	3	活动度；下沉；舟骨体；关节；毗邻；狭窄；便利性；复杂性；稳定性；退变；旋转率；耐磨性	33-操作流程的方便性；36-系统的复杂性；13-稳定性；30-作用于物体的有害因素	A61F2/42
41	CN202010992607.8	髋关节置换术中角度定位装置	6	低误；精度；概率；精确性；并发症	28-测量精度	A61F2/46

续表

序号	申请号	标题	权利要求数量/个	技术功效1级	技术功效TRIZ参数	IPC主分类
42	CN202011342581.9	一种融合器植入把持器	8	配套；适用性；确定性；便利性；工具；变更；携带；成本；牢固性；复杂性	35-适应性、通用性；33-操作流程的方便性；39-生产率；27-可靠性；36-系统的复杂性	A61F2/46
43	CN201910560714.0	人工肛门括约肌装置体外控制系统	8	安全；准确性；可能性；实时性；复杂性；括约肌；直观性；瞬时；短时	30-作用于物体的有害因素；28-测量精度；25-时间损失；36-系统的复杂性	A61F2/48
44	CN202011054409.3	智能假肢及智能假肢的模式判断方法	9	复杂性；生活；智能化；干燥；过程；清洁性；准确性；精度	36-系统的复杂性；31-物质产生的有害因素；28-测量精度	A61F2/60
45	CN202010850970.6	基于4D打印的具有记忆效应的三维矢量膨胀心血管支架	10	寿命；速度；可控性；自动化；血栓	27-可靠性；09-速度；37-控制与测量的复杂性；38-自动化程度	A61F2/91
46	CN202010886976.9	一种新生儿腹壁畸形术前保护罩	10	破裂；温度；透气性；晃动	17-温度	A61F5/00
47	CN202010976797.4	一种足踝外科下胫腓关节复位固定导向器	10	调节；便利性；适应性；实用性；自动化	33-操作流程的方便性；35-适应性、通用性；38-自动化程度	A61F5/058
48	CN202011137900.2	一种医疗用骨科锁定器	10	劳累；稳定性	13-稳定性	A61F5/058
49	CN202011010094.2	一种便于使用的白内障切割装置	6	复杂性；实用性；切割	36-系统的复杂性；35-适应性、通用性	A61F9/007
50	CN202011064521.5	一种头戴式耳道清理装置及清洗方法	9	复杂性；便利性；回收；完成率；合理性；洁净度	36-系统的复杂性；33-操作流程的方便性；35-适应性、通用性；31-物质产生的有害因素	A61F11/00

续表

序号	申请号	标题	权利要求数量/个	技术功效 1 级	技术功效 TRIZ 参数	IPC 主分类
51	CN202011155061.7	一种骨盆加压搬运支具	10	均匀性；缠绕；劳动强度；清洁性；时间；环绕；完成率	29-制造精度；39-生产率；31-物质产生的有害因素；15-时间	A61F13/00
52	CN202011069891.8	新型智能拐杖	3	成本；灵敏度；充分性；防震性；应用性；复杂性；摔倒	39-生产率；28-测量精度；30-作用于物体的有害因素；36-系统的复杂性	A61H3/02
53	CN202011024353.7	一种负压养生仪	8	复杂性；效率	36-系统的复杂性；39-生产率	A61H9/00
54	CN201910558689.2	骨止血材料	10	成本；复杂性；脱落；骨损伤；相容性；稳定性；安全；活性；粘附；材料；可维修性	39-生产率；36-系统的复杂性；13-稳定性；30-作用于物体的有害因素；23-物质损失；34-可维修性	A61L24/00
55	CN201910558726.X	骨止血材料	10	成本；相容性；可维修性；复杂性；黏附性；骨损伤；延展性；活性；安全；止血；便利性	39-生产率；34-可维修性；36-系统的复杂性；30-作用于物体的有害因素；33-操作流程的方便性	A61L24/00
56	CN201910558727.4	骨止血材料	10	降解；止血；成本；相容性；复杂性；脱落；吸附；活性；安全；粘附；损失；可维修性	39-生产率；36-系统的复杂性；30-作用于物体的有害因素；23-物质损失；34-可维修性	A61L24/02
57	CN201910558741.4	骨止血材料	11	稳定性；成本；材料；复杂性；脱落；损失；相容性；安全；活性；止血；粘附；可维修性	13-稳定性；39-生产率；23-物质损失；36-系统的复杂性；30-作用于物体的有害因素；34-可维修性	A61L24/02
58	CN202011036573.1	骨水泥固相粉料、骨水泥及其制备方法和应用	10	活性；固化；加入量；变化；强度	14-强度	A61L27/16

续表

序号	申请号	标题	权利要求数量/个	技术功效1级	技术功效TRIZ参数	IPC主分类
59	CN202011038579.2	促血管化组织再生的支架材料及其制备方法	10	速度；组织；目标；管化；再生；可维修性	09-速度；34-可维修性	A61L27/16
60	CN202010594308.9	掺入离子的等离子喷涂的羟基磷灰石涂层及其制备方法	20	细菌	30-作用于物体的有害因素	A61L27/32
61	CN201910558827.7	角膜脱细胞装置	11	效率；试剂；稳定性；残留；角膜；确定性；一致性；充分性；流入	39-生产率；13-稳定性	A61L27/36
62	CN202010927890.6	活性细胞外基质、含有活性细胞外基质的组合物、3D组织修复支架及制备方法和应用	10	损失；可靠性；稳定性	23-物质损失；27-可靠性；13-稳定性	A61L27/36
63	CN202010989561.4	一种柳枝改性方法及其作为骨修复材料的应用	10	可控性；复杂性；稳定性；成本；能力；温和；广泛性	37-控制与测量的复杂性；36-系统的复杂性；13-稳定性；39-生产率	A61L27/36
64	CN202011027301.5	基于纳米纤维素的细胞生长因子缓释各向异性支架构建方法和应用	10	均匀性；构建；开发	29-制造精度	A61L27/54
65	CN202010981492.2	一种高度仿生骨基质的杂化交联颅骨修复多孔膜及其制备方法	10	整合；迁移；团聚；相容性；均匀性；细胞；分散性；疼痛；松弛；可维修性；传递；稳定性；完美；反应；复杂性；溶出	29-制造精度；34-可维修性；13-稳定性；36-系统的复杂性	A61L27/56

续表

序号	申请号	标题	权利要求数量/个	技术功效 1 级	技术功效 TRIZ 参数	IPC 主分类
66	CN202011143325.7	一种儿科输液用的防脱针安全绳	7	易拆卸；防护性；效率；便利性；安全；输液管；拉扯；稳定性	34-可维修性；39-生产率；33-操作流程的方便性；30-作用于物体的有害因素；13-稳定性	A61M5/14
67	CN202010719380.X	一种原位3D打印曲面分层和路径规划方法	6	打印；粘接；材料；基底	23-物质损失	B29C64/386
68	CN202010986917.9	应力刺激型高矿化活性复合骨水泥及其制备方法	6	稳定性；水泥；溃散；活性；保水；抗溃散；矿化；多元化；环境	13-稳定性	C04B28/34
69	CN202011044694.0	一种具有携氧功能的温敏型共聚物及其制备方法	9	便利性；速度；适合性；释放；数量	33-操作流程的方便性；09-速度；35-适应性、通用性；26-物质或事物的数量	C08G77/452
70	CN202010949091.9	一种用于仿真硅胶义乳的加成型硅橡胶及其制备方法	10	柔软度；流动性；复杂性；便利性；硬度；伸长率；强度	36-系统的复杂性；33-操作流程的方便性；14-强度	C08L83/07
71	CN201980033335.4	具有改进的颈部覆盖的栓塞装置	46	形状；填充；约束；复杂性；阻塞	12-形状；36-系统的复杂性	A61B17/12
72	CN201980034182.5	主动脉内栓塞保护过滤设备	33	直径；安全	03-长度；30-作用于物体的有害因素	A61F2/01
73	CN201980030937.4	具有集成伸展和角度调节机构的椎间笼	20	稳定性；独立；网络；适应性；锚固；高度；融合；接缝；插入	13-稳定性；35-适应性、通用性；03-长度	A61F2/44
74	CN201710867506.6	组织工程骨修复用纤维和骨修复支架及其制备方法	10	可维修性；活性；速度；功能性	34-可维修性；09-速度	A61L27/38

续表

序号	申请号	标题	权利要求数量/个	技术功效 1 级	技术功效 TRIZ 参数	IPC 主分类
75	CN201680035763. 7	具有非弹性材料和弹性材料的支具	32	弹性；舒适性；韧性；稳定性；变化；非弹性区；紧固性；非弹性；拉伸	11-应力、压强；13-稳定性	A61F5/02
76	CN201711195275. 5	一种仿生矿化胶原支架的制备方法	10	稳定性；能力；成本；强度；相容性；矿化；转化率；降解性；范围；安全	13-稳定性；39-生产率；14-强度；35-适应性、通用性；30-作用于物体的有害因素	A61L27/46
77	CN201611265946. 6	人工心脏瓣膜装置及其瓣叶和支架主体	50	外径；风险；强度；尺寸；耐疲劳；适合性；瓣膜	27-可靠性；14-强度；03-长度；35-适应性、通用性	A61F2/24
78	CN201711406283. X	一种含介孔纳米磷酸钙颗粒填料的三维打印水凝胶材料及其制备方法	9	复杂性；粘度；精确性；环境；三维；情境；增稠剂；成分	36-系统的复杂性；28-测量精度；26-物质或事物的数量	A61L27/18
79	CN201810306241. 7	多酚类交联剂及其在制备抗钙化生物瓣膜中的应用	9	成本；管壁；炎症；血脂肪；产量；寿命；毒性；钙化；硬化；便利性；严重	39-生产率；27-可靠性；33-操作流程的方便性	A61L27/50
80	CN201810778776. 4	一种自聚焦透镜用于脑区成像的包被方法	10	聚焦；范围；成本；亲和性；扩散性；厚度；数量；成像；毒性	35-适应性、通用性；39-生产率；03-长度；26-物质或事物的数量	A61L31/10
81	CN201810913302. 6	一种用于一次性子宫探针的可降解材料	9	降解；耐腐蚀性；相容性	30-作用于物体的有害因素	A61L31/06
82	CN201811079717. 4	一种药物控释磷酸钙骨水泥复合微球、其制备方法及应用	10	抗崩解性；相容性；复杂性；分散性；活性剂；降解性；缓释；团聚	36-系统的复杂性	A61L27/46
83	CN201811391213. 6	一种房水引流装置及制造方法	7	引流；寿命；实用性；合理性；包裹	27-可靠性；35-适应性、通用性	A61F9/007

续表

序号	申请号	标题	权利要求数量/个	技术功效1级	技术功效TRIZ参数	IPC主分类
84	CN201710577386.6	植入物的输送系统	14	稳定性；速度；缝隙；释放；脱离	13-稳定性；09-速度	A61F2/966
85	CN201910113962.0	一种脚踝康复机器人	6	复杂性；便利性；重量；调节；康复；风险；训练	36-系统的复杂性；33-操作流程的方便性；01-重量；27-可靠性	A61F5/01
86	CN201910027110.X	一种软骨诱导性基质材料的制备方法与应用	5	诱导；相容性；生长因子；可控性；降解性；缺损；诱导性	37-控制与测量的复杂性	A61L27/24
87	CN201711214263.2	双侧人工腱索植入系统	12	效率；长度	39-生产率；03-长度	A61F2/24
88	CN201711368811.7	心脏瓣膜	10	便利性；强度；支撑力；打结	33-操作流程的方便性；14-强度	A61F2/24
89	CN201910469309.8	一种极速丰胸方法	4	复杂性；聚拢度；概率；创伤；动感度；饱满度；坚挺度；时间；便利性；柔软度；安全；敏感度	36-系统的复杂性；15-时间；33-操作流程的方便性；30-作用于物体的有害因素	A61B17/00
90	CN202011043424.8	一种双通道工作套管	10	便利性；融合器；灵活性；难度；成功率；损失；安全	33-操作流程的方便性；35-适应性、通用性；36-系统的复杂性；27-可靠性；23-物质损失；30-作用于物体的有害因素	A61B17/00
91	CN202011129849.0	一种可吸收高分子止血夹	8	紧固性；韧性；相容性；止血；失真；精巧；牢固性；强度；复杂性；降解性；安全	11-应力、压强；27-可靠性；14-强度；36-系统的复杂性；30-作用于物体的有害因素	A61B17/122

续表

序号	申请号	标题	权利要求数量/个	技术功效1级	技术功效TRIZ参数	IPC主分类
92	CN202010310054.3	用于矫形冲击的电机驱动工具	20	稳定性；冲击；损失；效率；技能；能量；可控性；幅度；触发器；移除	13-稳定性；23-物质损失；39-生产率；19-能耗；37-控制与测量的复杂性	A61B17/92
93	CN201910557780.2	房间隔造口装置	18	组织；堵塞；穿孔；通畅；封堵；安全	31-物质产生的有害因素；30-作用于物体的有害因素	A61B18/12
94	CN202010948228.9	一种腔静脉滤器	10	复杂性；致中性；输送性；安全	36-系统的复杂性；30-作用于物体的有害因素	A61F2/01
95	CN202010994963.3	一种人工血管打印机	10	弹性；积聚；污染；实用性；韧性	31-物质产生的有害因素；35-适应性、通用性；11-应力、压强	A61F2/06
96	CN202011079605.6	一种巩膜自固定型人工晶体	9	断裂；倾斜；暴露；移位；风险；稳定性；疗效	27-可靠性；13-稳定性	A61F2/16
97	CN202011051160.0	一种带可扩张臂的夹合器	17	捕获；范围；损失；概率；成功率；单独；有害；复杂性	35-适应性、通用性；23-物质损失；27-可靠性；30-作用于物体的有害因素；36-系统的复杂性	A61F2/24
98	CN202011106635.1	一种植入物输送装置	15	风险；稳定性；脱落；复杂性；连接；适合性；解脱；便利性；空间；顺应性	27-可靠性；13-稳定性；36-系统的复杂性；35-适应性、通用性；33-操作流程的方便性；07-体积	A61F2/24
99	CN202010978654.7	一种植入物增强3D打印骨初始强度的方法	10	可维修性；效率；运输	34-可维修性；39-生产率	A61F2/28

续表

序号	申请号	标题	权利要求数量/个	技术功效 1 级	技术功效 TRIZ 参数	IPC 主分类
100	CN201910554769.0	软骨修复用支架及其制备方法	21	空间；增值；紧固性；生长；光滑性；患者；降解；牢固性；适应性；稳定性；匹配；连接；可维修性；环境；适合性	07-体积；12-形状；27-可靠性；35-适应性、通用性；13-稳定性；34-可维修性	A61F2/30
101	CN202010586570.9	包括用于固定到骨的框架的假体植入物以及相关方法	24	延伸；完成率；手术；稳定性；锚固	13-稳定性	A61F2/30
102	CN202011131199.3	一种自适应抓握柔性假手	10	运动；成本；便利性；数量；可推广性；柔度；动作；体积；适应性	39-生产率；33-操作流程的方便性；26-物质或事物的数量；07-体积；35-适应性、通用性	A61F2/58
103	CN202011060507.8	一种硅酮支架、置入系统及制造方法	21	难度；支架；壁厚；支撑力	36-系统的复杂性	A61F2/90
104	CN202010834309.6	递送装置和递送方法	34	线性；推动；递送；扩张；外径；形状；柔性	12-形状	A61F2/966
105	CN202011038542.X	一种基于非插入式集尿器的尿液收集储存分注装置	9	稳定性；便利性；位移；弯折；连接；脱离；尿液；溅射；强度；倒灌；灵活性	13-稳定性；33-操作流程的方便性；14-强度；35-适应性、通用性	A61F5/451
106	CN202011047664.5	一种医用护目镜	8	实用性；均匀性；适用性	35-适应性、通用性；29-制造精度	A61F9/02
107	CN202011048354.5	一种自动清除耳壁脓液结块的手术器械	5	便利性；紧固性；复杂性；精准性	33-操作流程的方便性；36-系统的复杂性	A61F11/00
108	CN202010969884.7	一种防止足下垂的挡板	7	便利性；适应性；防滑性；材料成本；足下垂；舒适性；防汗	33-操作流程的方便性；35-适应性、通用性	A61G7/05

续表

序号	申请号	标题	权利要求数量/个	技术功效 1 级	技术功效 TRIZ 参数	IPC 主分类
109	CN202010507209.2	靠枕	24	异物感；稳定性；体验；靠枕；倾斜；平衡	13-稳定性	A61H23/02
110	CN202011014734.7	一种可增强止痛功效的针灸针及其制备方法和应用	10	止痛；相容性；功效；安全；活力；免疫力；组分；转移；疼痛；复杂性；代谢；成膜；适量；速度；稳定性；穿透；活血；效果；疗效	30-作用于物体的有害因素；36-系统的复杂性；09-速度；13-稳定性	A61K36/54
111	CN202010822010.9	一种钛金属表面钛酸锶/锶羟基磷灰石医用复合涂层的制备方法	8	粗糙；可维修性；定殖	34-可维修性	A61L27/06
112	CN202011087789.0	骨缺损腔填充植入体	10	环境；速度；亲水性；能力；降解性；温度；相容性；新骨；降解；互补	09-速度；17-温度	A61L27/12
113	CN202011033645.7	一种抑制炎症和促进牙槽骨修复的组织工程材料及其制备方法和应用	10	再生；矿化；炎症；定植；炎症抑制；分离；液量；牙槽骨；可控性；环境；吸附；粘度	37-控制与测量的复杂性	A61L27/18
114	CN202011343742.6	一种注射用聚左旋乳酸填充剂及其制备方法	13	舒适性；时间；速度；稳定性；美容；悬浮性；堵针；沉降；副作用	15-时间；09-速度；13-稳定性；31-物质产生的有害因素	A61L27/18
115	CN202010982220.4	仿 ECM 结构的多层复合纳微米纤维拓扑形貌支架的制备方法	6	有序；稳定性；孔隙；均匀性；密实	13-稳定性；29-制造精度	A61L27/40
116	CN202010690239.1	酪蛋白钙磷微球胶原蛋白填充剂及其制备方法以及酪蛋白钙磷微球的制备方法	12	成本；流变；注射；有效性；安全；前景；填充；时间；相容性；实用性；适合性	39-生产率；30-作用于物体的有害因素；15-时间；35-适应性、通用性	A61L27/50

续表

序号	申请号	标题	权利要求数量/个	技术功效1级	技术功效TRIZ参数	IPC主分类
117	CN202010849162.8	一种具有可控、持久抗感染骨科内植入物及其制备方法	10	长效；可控性；细菌；经济性；感染；身心；生物膜；持久度	37-控制与测量的复杂性；30-作用于物体的有害因素；39-生产率	A61L27/54
118	CN202010887029.1	一种医用无菌水溶性润滑剂及其制备方法	6	疼痛；油腻；成功率；检查；洁净度；环境；水溶性；损失；安全	27-可靠性；31-物质产生的有害因素；23-物质损失；30-作用于物体的有害因素	A61L31/06
119	CN202011010850.1	具备生物活性的脑深部植入复合导电涂层电极及制备方法	10	亲水性；均匀性	29-制造精度	A61L31/10
120	CN202010189412.X	一种多功能复合抗粘连材料及其制备方法	6	选取；复杂性；适合性；粘连层；获取；粘连；确定性	36-系统的复杂性；35-适应性、通用性	A61L31/12
121	CN201910484897.2	一种气道含药覆膜支架及其制备方法	10	释放；支架；浓度；干燥；经济性；完成率	39-生产率	A61L31/16
122	CN202011088026.8	一种儿科用输液固定与护理椅	8	健康；便利性；舒适性；安全；事故；清洁性	33-操作流程的方便性；30-作用于物体的有害因素；27-可靠性；31-物质产生的有害因素	A61M5/14
123	CN202011147794.6	一种内置式青光眼引流阀	6	堵塞；引流；便利性；持久度；灵活性；效率	31-物质产生的有害因素；33-操作流程的方便性；35-适应性、通用性；39-生产率	A61M39/22
124	CN202010951279.7	采用可溶解材料的预弯电极及植入方法	10	植入；曲率；损失；愈合；速度；成功率；体积；释放；适合性	23-物质损失；09-速度；27-可靠性；07-体积；35-适应性、通用性	A61N1/05

续表

序号	申请号	标题	权利要求数量/个	技术功效1级	技术功效TRIZ参数	IPC主分类
125	CN202011151448.5	一种自适应仿生手的驱动装置	6	能力；复杂性；持久度；柔顺；舒适性；质量；重量；构件；可靠性；动作；耐用性；损坏；寿命	36-系统的复杂性；27-可靠性；01-重量；13-稳定性	B25J15/00
126	CN202011170470.4	一种眼科术前备皮护理装置	10	自动化；速度；夹睫毛；精准性；负担；误伤；眼中；引发	38-自动化程度；09-速度；39-生产率	B26B1/08
127	CN202010741450.1	一种膝关节股骨间隔器模具	8	便利性；连接；脱离	33-操作流程的方便性	B28B7/00
128	CN202011014747.4	一种水凝胶材料及其制备方法和应用	10	局限性；均匀性；适合性；互补；复杂性	29-制造精度；35-适应性、通用性；36-系统的复杂性	C08F299/00
129	CN201910546595.3	基于胶原和透明质酸的可快速固化水凝胶、其制法及应用	17	复杂性；固化；水溶性；速度；环境；相容性；粘附；增殖；时间；毒性；水凝胶	36-系统的复杂性；09-速度；15-时间	C08G81/00
130	CN202011007466.6	一种可降解的形状记忆聚合物及其制备方法、4D打印可降解下肢血管支架及其制备方法	11	重塑；速度；效率；断裂；通畅率；相容性；完成率；稳定性；控释；适应性；保肢率；表面；成本；降解性；药；亲水性；细胞	09-速度；39-生产率；27-可靠性；13-稳定性；35-适应性、通用性	C08G83/00
131	CN202011046194.0	一种基于医用护目镜的抗菌防雾涂层及其制备方法	7	比热容；材料；能力	23-物质损失	C09D125/06
132	CN202010825715.6	钛表面修饰纳米结构同步加载生物活性锌离子的制备方法	6	成本；时间；分化；亲水性；复杂性；吸附率；活性；增殖率；增殖	39-生产率；15-时间；36-系统的复杂性	C23C26/00

续表

序号	申请号	标题	权利要求数量/个	技术功效1级	技术功效TRIZ参数	IPC主分类
133	CN201980033068.0	用于矫形辅助件的稳定杆	13	安全；稳定性；焊接；成本	30-作用于物体的有害因素；13-稳定性；39-生产率	A61F5/01
134	CN201980033439.5	一种无疼痛易取出且可重复使用的月经杯	9	疼痛；取出；解除；开支；成本；佩戴	39-生产率	A61F5/455
135	CN201980030212.5	眼部治疗装置和使用所述装置的方法	17	复杂性；可操作性；消耗；用户；成本；清洁性；新颖性；独特性；确定性	36-系统的复杂性；33-操作流程的方便性；23-物质损失；39-生产率；31-物质产生的有害因素	A61F9/007
136	CN201980031923.4	眼科用的外科成套设备和隐形镜片	14	时间；复杂性；紧固性；阻力；精确性；连接；复用性；期望	15-时间；36-系统的复杂性；10-力；28-测量精度；39-生产率	A61F9/007
137	CN201980033515.2	抗细菌粘附的表面	85	安全；细菌；制品；人类；材料；动物；污染；粘附	30-作用于物体的有害因素；23-物质损失；31-物质产生的有害因素	C09D5/16
138	CN201780000598.6	利用热塑性树脂面料的夹板及其制造方法	9	夹板；弹性；复杂性；紧固性	36-系统的复杂性	A61F5/058
139	CN201710742920.4	一种可控药物释放的取向多孔复合电纺纤维膜及其制备方法和应用	8	速度；可控性；复杂性；新生	09-速度；37-控制与测量的复杂性；36-系统的复杂性	A61L15/42
140	CN201711049313.6	一种利用3D打印制备高强度羟基磷灰石-壳聚糖-二氧化硅杂化支架的方法	10	强度；活性；杂化	14-强度	A61L27/46
141	CN201680039300.8	瓣置换装置和方法	10	插入；适应性；移除；充分性；栓塞	35-适应性、通用性	A61F2/01
142	CN201680048596.X	医疗伤口愈合促进器和骨髓炎治疗装置	14	疗效；穿透；电；愈合；并发症；准确性	28-测量精度	A61L27/50

续表

序号	申请号	标题	权利要求数量/个	技术功效1级	技术功效TRIZ参数	IPC主分类
143	CN201711402788.9	一种用于骨创伤修复的可降解复合材料及其制备方法	7	创伤；强度；副作用；增殖；趋势；浓度；粘附；生长；相容性	14-强度；31-物质产生的有害因素	A61L27/34
144	CN201810075274.5	纤维蛋白凝胶/聚乳酸-羟基乙酸微球支架及其制备方法和应用	5	安全；复杂性；确定性；迁移；成本；结合	30-作用于物体的有害因素；36-系统的复杂性；39-生产率	A61L27/50
145	CN201810343224.0	一种壳聚糖静电纺丝复合神经导管的强化方法	5	确定性；分层；稳定性；杂质；损坏	13-稳定性；30-作用于物体的有害因素；27-可靠性	A61L27/40
146	CN201810272246.2	一种基于智能枕头的打鼾检测及干预方法及系统	8	智能化；可检测性；干预；睡姿；习惯；精确性；行为	28-测量精度	A61B5/00
147	CN201811399989.2	一种低成本制备高复合孔隙率骨组织支架材料的方法	7	均匀性；可控性；成本；组织；气泡；复杂性	29-制造精度；37-控制与测量的复杂性；39-生产率；36-系统的复杂性	A61L27/56
148	CN201811593757.0	躯干康复治疗机	8	适应性	35-适应性、通用性	A61F5/042
149	CN201811441095.5	喇叭状植入物及其植入方法	3	耐磨性	30-作用于物体的有害因素	A61B17/86
150	CN201780059384.6	可扩张胃内装置	10	溶液；并发症；关联；气体；副作用；流体；体积；障碍；适应性；后果	31-物质产生的有害因素；07-体积；35-适应性、通用性	A61F5/00
151	CN201910230401.9	一种耐磨抗氧化人工髋关节	9	磨损率；耐磨性；摩擦学；相容性；耐冲击性；成型；稳定性	30-作用于物体的有害因素；13-稳定性	A61F2/32
152	CN201911121790.8	一种具有自动滴眼药功能的眼镜	4	药水；便利性；自动化；忘记	33-操作流程的方便性；38-自动化程度	G02C11/00

续表

序号	申请号	标题	权利要求数量/个	技术功效1级	技术功效TRIZ参数	IPC主分类
153	CN201911032430.0	一种螺旋管道弹性生物陶瓷支架及其制备工艺	8	变形；复杂性；途径；速度；脆性	12-形状；36-系统的复杂性；09-速度	A61F2/82
154	CN202010094300.6	一种高生物安全性心脏支架及其制造方法	9	强度；降解；安全；亲水性；支撑力；适合性	14-强度；30-作用于物体的有害因素；35-适应性、通用性	A61L31/14
155	CN202010190826.4	一种基于分层蛋壳膜和蛋白诱导制备的仿生矿化膜、制备方法及应用	12	安全；黏附；矿物；潜质；有害；白分泌；时间；兼容性；矿化物；效率；增殖；活性	30-作用于物体的有害因素；15-时间；39-生产率	A61L27/36
156	CN202010450462.9	一种脚部扭伤纠正包扎处理应急装置	5	自动化；压力；疼痛；姿势	38-自动化程度；10-力	A61F17/00
157	CN202010455388.X	一种颈椎微创扩张式椎间融合系统	6	疗效；可操作性；插入	33-操作流程的方便性	A61F2/44
158	CN202011117157.4	一种瘦脸套	10	复杂性；便利性；舒适性；提拉；紧固性；副作用	36-系统的复杂性；33-操作流程的方便性；31-物质产生的有害因素	A45D44/22
159	CN201911079028.8	医用内窥镜、头端及其制造方法	10	稳定性；相容性；速度；事故；韧性；精确性；复杂性；内窥镜；成本；热导率	13-稳定性；09-速度；27-可靠性；11-应力、压强；28-测量精度；36-系统的复杂性；39-生产率	A61B1/04
160	CN201910536216.2	一种美式脊椎矫正方法	6	损失；创伤；僵硬；清洁性；灵活性；频率	23-物质损失；31-物质产生的有害因素；35-适应性、通用性	A61B6/00
161	CN202011140199.X	一种用于股动脉分叉处的分支型覆膜支架	6	时间；适应性；复杂性；微创；泄露	15-时间；35-适应性、通用性；36-系统的复杂性；31-物质产生的有害因素	A61F2/07

续表

序号	申请号	标题	权利要求数量/个	技术功效1级	技术功效TRIZ参数	IPC主分类
162	CN201910546178.9	一种复合肌腱修补材料及其制备方法	17	可维修性；长度；释放；有效性；止点；腱骨；切割；缓释；用量；生长因子；安全	34-可维修性；03-长度；26-物质或事物的数量；30-作用于物体的有害因素	A61F2/08
163	CN201910541095.0	装载鞘管以及输送系统	14	血管；难度；损失；能力	36-系统的复杂性；23-物质损失	A61F2/24
164	CN202011107497.9	一种人工心脏瓣膜支架及人工心脏瓣膜	12	瓣膜；进程；适应性；完成率；锚定；患者；有害；间隔；收缩；偏移；直径；顺应性	35-适应性、通用性；30-作用于物体的有害因素；03-长度	A61F2/24
165	CN202011141896.7	一种新型分体式、可吸收人工介入心脏瓣膜系统	6	泄露；补充；患者；质量；释放；管径；失败率；适合性；成功率；发生率；寿命；预后	31-物质产生的有害因素；27-可靠性；35-适应性、通用性	A61F2/24
166	CN201910539243.5	一种用于颌面骨缺损修复的植入体及其制备方法	10	融合；遮挡；模量；可维修性；重量；血管化；材料成本；种植；贴合性	34-可维修性；01-重量	A61F2/28
167	CN202011102565.2	一种用于治疗髋关节发育不良的生物型髋臼部分重建假体	6	创伤；并发症率；适合性；刺激；髋臼；紧固性；发育；结合；耐磨性；应力；环境；置换	35-适应性、通用性；30-作用于物体的有害因素；11-应力、压强	A61F2/34
168	CN202011102586.4	一种用于治疗膝关节骨关节炎的弹性假体	4	创伤；便利性；并发症；安全；耐磨性；时间；进展；强度；纠正；可靠性；关节	33-操作流程的方便性；30-作用于物体的有害因素；15-时间；14-强度；27-可靠性	A61F2/38
169	CN202011120806.6	肌电信号驱动的下肢义肢连续控制系统	10	精度；稳定性；波动；鲁棒性；扰动；便利性	28-测量精度；13-稳定性；33-操作流程的方便性	A61F2/54

续表

序号	申请号	标题	权利要求数量/个	技术功效1级	技术功效TRIZ参数	IPC主分类
170	CN201911359603. X	假腿膝关节、制动装置以及载荷位置检测装置	12	稳定性	13-稳定性	A61F2/64
171	CN202011003255. 5	一种心内科防止大量出血的介入支架	8	心内科；介入；便利性；出血量；稳定性；凝固；加强筋；支架；舒适性；纤维	33-操作流程的方便性；13-稳定性	A61F2/82
172	CN202011011095. 9	一种用于制备心血管支架的3D打印设备	9	携带；安全	30-作用于物体的有害因素	A61F2/82
173	CN202010912596. 8	一种适用于尿道弯曲部位的支架	10	弯曲；适应性；支架刚；均匀性；复杂性；长度；适合性；准确性；矫直	35-适应性、通用性；29-制造精度；36-系统的复杂性；03-长度；28-测量精度	A61F2/915
174	CN202011134807. 6	一种脊柱矫正仪器	7	可组装性；卡槽；便利性；防滑性；牢固性；长度；稳定性；面积；移动；范围；舒适性；脱块	32-可制造性；33-操作流程的方便性；27-可靠性；03-长度；13-稳定性；05-面积；35-适应性、通用性	A61F5/01
175	CN202011089032. 5	一种多自由度穿戴式腰椎牵引装置	10	运行；质量；灵活性；适配度；便利性；疾病；体积；成本；受力点；确定性	27-可靠性；35-适应性、通用性；33-操作流程的方便性；07-体积；39-生产率	A61F5/042
176	CN202011089493. 2	一种穿戴式多功能颈椎康复动力外骨骼	10	装配；稳定性；平衡；肌力；生物；便利性；柔顺性；适应性；训练	13-稳定性；33-操作流程的方便性；35-适应性、通用性	A61F5/042
177	CN202010748197. 2	骨关节运动仿生康复训练装置	6	安全；恢复；便利性；进去	30-作用于物体的有害因素；33-操作流程的方便性	A61F5/058

续表

序号	申请号	标题	权利要求数量/个	技术功效1级	技术功效TRIZ参数	IPC主分类
178	CN202011103299.5	一种矫正鞋垫	5	调节；便利性；底部；难度；可靠性；角度；适合性；强度；矫正；人群；准确性；鞋垫	33-操作流程的方便性；36-系统的复杂性；27-可靠性；35-适应性、通用性；14-强度；28-测量精度	A61F5/14
179	CN202011098537.8	飞行员用空中尿液收集处理系统	10	复杂性；便利性；飞机；舒适性；可靠性；体积；排尿；装备；成本；正确性；适合性	36-系统的复杂性；33-操作流程的方便性；27-可靠性；07-体积；39-生产率；28-测量精度；35-适应性、通用性	A61F5/44
180	CN202011001190.0	一种带监测功能的治疗视疲劳的眼罩	7	质量；舒适性；效率；疲劳度	27-可靠性；39-生产率	A61F7/00
181	CN202010877836.5	眼部喷洒给药装置和其眼部给药方法	42	浪费；污染；便利性；安全；压力；药性；眼药水	31-物质产生的有害因素；33-操作流程的方便性；30-作用于物体的有害因素；10-力	A61F9/00
182	CN202010962086.1	一种基于VR技术的斜视纠正视觉成像装置及其工作方法	6	便利性；成像；正确性；获取	33-操作流程的方便性；28-测量精度	A61F9/00
183	CN202011105980.3	一种医用隔离眼罩	10	凹陷部；起雾；紧固性；适应性；鼻子；眼罩；光滑性；体验；复杂性；稳定性	35-适应性、通用性；12-形状；36-系统的复杂性；13-稳定性	A61F9/02
184	CN201910534395.6	一种多功能的耳科剥离器	10	便利性；剥离器；清洁性；护绳；收集；防护性；防滑性	33-操作流程的方便性；31-物质产生的有害因素	A61F11/00
185	CN202010794914.5	一种止鼾医疗床	9	延伸；时间；灵活性；耐磨性；独立；速度；稳定性；劳动强度；安全；适用性；摩擦力；空间	15-时间；35-适应性、通用性；30-作用于物体的有害因素；09-速度；13-稳定性；39-生产率；10-力；07-体积	A61G7/012

续表

序号	申请号	标题	权利要求数量/个	技术功效 1 级	技术功效 TRIZ 参数	IPC 主分类
186	CN202011081857. 2	一种改善睑板腺功能的中药组合物	8	成本；质量；负担；并发症；睑板腺；安全；范围	39－生产率；27－可靠性；30－作用于物体的有害因素；35－适应性、通用性	A61K36/71
187	CN202011139139. 6	具有生物效应的合成敷料及其制备方法	8	透明度；组织；再生；兼容性；风险；伤口；抗发炎性；可维修性；时间	27－可靠性；34－可维修性；15－时间	A61L15/24
188	CN202011139996. 6	3D 打印 Ti-PDA-BMP-2 骨缺损修复组织工程支架的制备方法	4	过程；成本；便利性；交换；环境；安全；吸附；成骨；亲水性；塑形；精准性；粘附；效率；外形；创伤；可控性；相容性；生长因子；修饰	39－生产率；33－操作流程的方便性；30－作用于物体的有害因素；37－控制与测量的复杂性	A61L27/06
189	CN202010857544. 5	一种改性的 CHA 复合材料及其制备方法和用途	6	降解；强度；细菌	14－强度；30－作用于物体的有害因素	A61L27/12
190	CN202010904243. 3	一种负载抗菌肽 β－HBD－3 的 PCL/Zif－8 组织工程支架材料及其制备方法	9	可生物；成骨；相容性；细菌；降解性；增殖；生长；粘附；复杂性；降解	30－作用于物体的有害因素；36－系统的复杂性	A61L27/18
191	CN201910546227. 9	一种复合肌腱修补材料及其制备方法	10	材料；组织；缓释；有效性；总量；肩袖；强度；用量；可维修性；浓度；安全	23－物质损失；14－强度；26－物质或事物的数量；34－可维修性；30－作用于物体的有害因素	A61L27/36
192	CN201910482782. X	可降解生物杂化高强度水凝胶支架及其制备方法和应用	10	再生；降解；可维修性；组织	34－可维修性	A61L27/40

续表

序号	申请号	标题	权利要求数量/个	技术功效1级	技术功效TRIZ参数	IPC主分类
193	CN202010986895.6	抗冲刷型高矿化活性复合骨水泥及其制备方法	6	香草醛；复杂性；抗冲刷；可维修性；水泥；壳聚糖；溃散	36-系统的复杂性；34-可维修性	A61L27/42
194	CN202010963476.0	一种注射型负载血小板裂解液的温敏水凝胶-高分散纳米颗粒体系及其应用	8	合理性	35-适应性、通用性	A61L27/52
195	CN202010981239.7	一种软性多孔硅胶义眼座及其制备方法	7	前景；生长；相容性；迁移；组织；萎缩；便利性；模量；残留；稳定性；成本	33-操作流程的方便性；13-稳定性；39-生产率	A61L27/56
196	CN202010985069.X	注射型可降解高矿化活性复合骨水泥及其制备方法	7	复杂性；降解性；可维修性；注射性；注射；长度；粘附性；临床	36-系统的复杂性；34-可维修性；03-长度	A61L27/58
197	CN202011011233.3	一种可吸收硬脑膜及其制备方法	10	复杂性；泄露；亲水层；安全；脑膜修；长度；疏水层；速度；聚丙烯酸酯；再生	36-系统的复杂性；31-物质产生的有害因素；30-作用于物体的有害因素；03-长度；09-速度	A61L27/58
198	CN202011016038.X	一种可预防鼻空肠管堵塞的溶液	4	安全；溶液；堵管；时间；功效；活性	30-作用于物体的有害因素；15-时间	A61L31/02
199	CN202011137897.4	一种长效智能植入式载药装置及其制造方法	8	释放；可控性；降解；智能化；有害；稳定性；精确性；安全	37-控制与测量的复杂性；30-作用于物体的有害因素；13-稳定性；28-测量精度	A61L31/06
200	CN202010980656.X	可3D打印的ε-聚赖氨酸抗菌水凝胶及其制备方法与应用	10	再生；重建；感染；毒性；速度	09-速度	C08J3/075
201	CN202010986229.2	一种抗疲劳的全水凝胶复合材料及其制备方法和应用	10	复杂性；疲劳度；扩展	36-系统的复杂性	C08J3/075

续表

序号	申请号	标题	权利要求数量/个	技术功效1级	技术功效 TRIZ 参数	IPC 主分类
202	CN202011081100.3	一种抗钙化心脏瓣膜用聚合物材料	9	可靠性；成本；相容性；耐用性；实用性；降解；疼痛；复杂性；生物惰性；抗钙化；稳定性；组织；凝血	27-可靠性；39-生产率；13-稳定性；35-适应性、通用性；36-系统的复杂性	C08J5/22
203	CN202010948795.4	一种医用钴基合金导向针材料及制备方法	8	梯次；质量	27-可靠性	C22C19/07
204	CN201910876648.8	一种表面改性的金属材料及其制备方法和应用	10	风险；细菌；增殖；抑菌；纳米；相容性；能力；范围	27-可靠性；30-作用于物体的有害因素；35-适应性、通用性	C23C22/54
205	CN202010711084.5	医用植入器件及其制备方法、血管支架的制备方法	18	脱落；成本；后果；溶出；安全；复杂性；整体性；长度；相容性	39-生产率；30-作用于物体的有害因素；36-系统的复杂性；03-长度	C23C30/00
206	CN202010849370.8	一种抗菌微弧氧化膜层的制备方法	10	用量；均匀性；适合性；细菌；感染；可靠性；承接性；复杂性；连续性	26-物质或事物的数量；29-制造精度；35-适应性、通用性；30-作用于物体的有害因素；27-可靠性；36-系统的复杂性	C25D11/30
207	CN201980032272.0	定制光学镜片的装置和方法	15	视力；适合性；视觉；精确性；获取；适配；复杂性	35-适应性、通用性；28-测量精度；36-系统的复杂性	A61B3/00
208	CN201980032537.7	用于构造牙科构件的方法	16	适应性；时间	35-适应性、通用性；15-时间	A61C13/00
209	CN201880093243.0	将牙齿转化为骨移植材料的设备	10	准确性；适合性；稳定性；成本；复杂性；精确性	28-测量精度；35-适应性、通用性；13-稳定性；39-生产率；36-系统的复杂性	A61F2/46
210	CN201980028381.5	移植物固定系统、施加器及方法	40	稳定性；穿透	13-稳定性	A61F2/848

续表

序号	申请号	标题	权利要求数量/个	技术功效1级	技术功效TRIZ参数	IPC主分类
211	CN201980031275.2	用于对造口袋进行卫生排放的装置	20	长度；速度；调节；细节	03-长度；09-速度	A61F5/44
212	CN201980032445.9	用于基于凝胶的神经调节的系统和方法	32	确定性；疗效；安全；组织；释放；靶药剂；降解；运动	30-作用于物体的有害因素	A61K9/06
213	CN201880092791.1	用于组织修复的组合物及其制备方法	12	安全	30-作用于物体的有害因素	A61L27/60
214	CN201980032505.7	外骨骼手套	6	转换；张力；重量；手套	10-力；01-重量	B25J9/00
215	CN201610005120.X	覆膜支架及其制备方法	12	通过性；破裂；风险；导管室；柔顺性；血栓；适用性；复杂性；成本；诱导；动脉瘤；堵塞；灵活性	27-可靠性；35-适应性、通用性；36-系统的复杂性；39-生产率；31-物质产生的有害因素	A61F2/07
216	CN201710044632.1	可注射骨修复材料及其制备方法	9	矛盾；可维修性；组织；水泥；紧固性；亲和性；粘结性	34-可维修性	A61L27/20
217	CN201810118097.4	一种骨科钛合金植入材料及其制备方法	8	速度；病况；成骨；成分；再生；钛合金；活性；有害；浓度	09-速度；26-物质或事物的数量；30-作用于物体的有害因素	A61L27/54
218	CN201810192780.2	一种用于组织修复的仿贻贝接触抗菌水凝胶的制备方法	8	接触；细菌；恢复性；粘附性；亲和性；强度；水凝胶	30-作用于物体的有害因素；14-强度	A61L31/04
219	CN201810394693.5	一种促血管化骨组织工程支架及其制备方法和应用	11	促血；可维修性；前景；骨诱导性；骨传导性	34-可维修性	A61L27/50
220	CN201680070687.3	鼓膜修复剂制造夹具及鼓膜修复剂制造容器	7	复杂性；工时	36-系统的复杂性	A61F11/00
221	CN201810623634.0	一种具有眼皮撑开功能的手术床	5	便利性；眼皮；眼睛	33-操作流程的方便性	A61G13/00

续表

序号	申请号	标题	权利要求数量/个	技术功效1级	技术功效TRIZ参数	IPC主分类
222	CN201810507101.6	一种耳科用内耳清洁设备	3	清洁性；环境；脱落；便利性；洁净度；紧固性；收集	31-物质产生的有害因素；33-操作流程的方便性	A61F11/00
223	CN201810784878.7	一种二尖瓣人工腱索放置器械	7	可靠性；稳定性	27-可靠性；13-稳定性	A61B17/04
224	CN201810792740.1	一种鼻窦支架	14	通气；释放；疗效；准确性；支撑力；环境；打开；复杂性；支架；细胞；适应性	28-测量精度；36-系统的复杂性；35-适应性、通用性	A61F2/82
225	CN201811112988.5	一种腔静脉滤器	8	稳定性；效率；自中心性；长度；难度；中心性；便利性；并发症；组成；接触	13-稳定性；39-生产率；03-长度；36-系统的复杂性；33-操作流程的方便性	A61F2/01
226	CN201811230645.9	一种基于社区投票机制的肌电假肢手势识别方法	6	正确性	28-测量精度	G06K9/00
227	CN201910081539.7	八面体杆结构单元、骨植入体及其传质性能评测方法	6	遮挡；可推广性；入体；繁殖；刚性；临床；传质；分化；营养；再生；粘附；关系	39-生产率；14-强度	A61F2/28
228	CN201910080665.0	十二面体杆结构单元、骨植入体及其传质性能评测方法	6	遮挡；可推广性；繁殖；关系；刚性；临床；分化；营养；传质；粘附；再生；入体	39-生产率；14-强度	A61F2/28
229	CN201910886704.6	一种韧带保留型胫骨肿瘤组配式半膝关节假体	8	便利性；生长；能力；复杂性；稳定性；面积；成本；难度；可靠性；耐用性	33-操作流程的方便性；36-系统的复杂性；13-稳定性；05-面积；39-生产率；27-可靠性	A61F2/38
230	CN202010083471.9	一种眼科专用内眼睑涂药用撑开工具	5	围绕；便利性；复杂性；支撑；功能性	33-操作流程的方便性；36-系统的复杂性	A61B17/02

续表

序号	申请号	标题	权利要求数量/个	技术功效 1 级	技术功效 TRIZ 参数	IPC 主分类
231	CN202010256796.2	一种产生回转对称面的扫描方法及装置	7	不适感；长度；成功率；扫描；区域	03-长度；27-可靠性	A61F9/008
232	CN202010244535.9	气囊压力指示型环甲膜切开套装	3	临床；细菌；便利性	30-作用于物体的有害因素；33-操作流程的方便性	A61B17/3209
233	CN202011004667.0	一次性女性小便标本收集器	7	劳动强度；效率；资料；自动化	39-生产率；38-自动化程度	A61B10/00
234	CN202010558585.4	用于血管内装置的牵拉线分离	18	附接；安全；拉伸；操纵；特征部；适合性；间隙；线；应力	30-作用于物体的有害因素；35-适应性、通用性；11-应力、压强	A61B17/12
235	CN201910528239.9	植入式控尿结构	16	不畅；舒适性；安全；风险；可操作性；复杂性	30-作用于物体的有害因素；27-可靠性；33-操作流程的方便性；36-系统的复杂性	A61F2/00
236	CN201910522068.9	瓣膜支架及具有该瓣膜支架的心脏瓣膜	12	面积；瓣膜；周漏；移位；瓣周漏；接触；准确性；支架	05-面积；28-测量精度	A61F2/24
237	CN202010883588.5	一种球囊扩张式主动脉瓣膜支架	10	稳定性；迁移；疗效	13-稳定性	A61F2/24
238	CN202010883633.7	一种抗迁移主动脉瓣膜支架	10	精度；支架；定制；经济性；数量；质量；抗凝；相容性；迁移；翼状结；速度	28-测量精度；39-生产率；26-物质或事物的数量；27-可靠性；09-速度	A61F2/24
239	CN202010721234.0	一种一体化椎间处理融合器	10	价值；耐腐蚀性；支撑；刮取；疏松；便利性；强度；遮挡	39-生产率；30-作用于物体的有害因素；33-操作流程的方便性；14-强度	A61F2/44
240	CN202011081757.X	具有缓震植入物-骨界面负荷作用的颈椎椎间高度维持器	10	稳定性；整合；支撑；植入物；匹配；适应性；假体；植物	13-稳定性；35-适应性、通用性	A61F2/44

续表

序号	申请号	标题	权利要求数量/个	技术功效1级	技术功效TRIZ参数	IPC主分类
241	CN202010885275.3	一种应用于锥形血管多重狭窄的自膨胀式锥形血管支架	10	刚性；长度；流畅性；筋厚；损失；狭窄；数量；柔顺性	14-强度；03-长度；23-物质损失；26-物质或事物的数量	A61F2/915
242	CN202010886408.9	一种应用于圆直血管多重狭窄的球囊扩张式血管支架	9	刚性；长度；狭窄；流畅性；筋厚；损失；数量；柔顺性	14-强度；03-长度；23-物质损失；26-物质或事物的数量	A61F2/915
243	CN201910526154.7	一种异轴驱动式血管支架输送系统	8	准确性；风险；释放；正确性；长度；复现；精度；难度；效率；自动化	28-测量精度；27-可靠性；03-长度；36-系统的复杂性；39-生产率；38-自动化程度	A61F2/966
244	CN201910526157.0	一种同轴驱动式血管支架输送系统	9	难度；释放；复现；长度；风险	36-系统的复杂性；03-长度；27-可靠性	A61F2/966
245	CN201910521611.3	一种踝足矫形器	6	适合性；复杂性；体积；合理性；易拆卸；实用性；舒适性	35-适应性、通用性；36-系统的复杂性；07-体积；34-可维修性	A61F5/01
246	CN202011114578.1	快捷多功能中医手法整骨正骨器	10	时间；广泛性；整复；便利性；安全；患者；有害；损失；成功率；适应性；接受；人手；复杂性；稳定性；占用；痊愈	15-时间；33-操作流程的方便性；30-作用于物体的有害因素；23-物质损失；27-可靠性；35-适应性、通用性；36-系统的复杂性；13-稳定性	A61F5/042
247	CN202010909355.8	一种带有肌肉放松按摩装置的骨折固定架	7	便利性	33-操作流程的方便性	A61F5/058
248	CN202010939777.X	一种鼻夹板佩戴器	10	不适；适合性；过程；舒适性；质量；鼻夹板；便利性；佩戴；清洁性；医从性；不适感	35-适应性、通用性；27-可靠性；33-操作流程的方便性；31-物质产生的有害因素	A61F5/08
249	CN201910519204.9	一种治疗近视的设备及方法	5	实用性；时间	35-适应性、通用性；15-时间	A61F9/00

续表

序号	申请号	标题	权利要求数量/个	技术功效1级	技术功效TRIZ参数	IPC主分类
250	CN202010969662.5	一种用于黄斑变性的药物递送装置	7	药水；均匀性	29-制造精度	A61F9/00
251	CN202010989865.0	一种手术吸引切割器的内锁头的销孔加工设备	10	成本；效率	39-生产率	A61F11/00
252	CN202010999087.3	减压头套	3	压力；透气；流通；损失；心理；恶化；不畅	10-力；23-物质损失	A61F13/12
253	CN202011058252.1	一种便于穿戴的骨科复位固定装置	7	舒适性；紧固性；稳定性；适合性	13-稳定性；35-适应性、通用性	A61G1/00
254	CN202011034584.6	一种用于小儿外科手术的体位固定装置	7	成本；细菌；复杂性；便利性；灵活性	39-生产率；30-作用于物体的有害因素；36-系统的复杂性；33-操作流程的方便性；35-适应性、通用性	A61G13/00
255	CN202011037746.1	一种生物相容性优异的抗血栓人造血管	10	相容性；成本；顺应性；耐疲劳性；分离；抗血栓；综合性；通畅率；适合性；弹性；耐磨性	39-生产率；35-适应性、通用性；30-作用于物体的有害因素	A61L27/18
256	CN202010979595.5	一种甲壳素晶须增强的透明质酸细胞支架及制备方法	7	强度；甲壳素；细菌；降解；模量；降解性；透明度；冷冻干燥；相容性	14-强度；30-作用于物体的有害因素	A61L27/20
257	CN202010896927.3	一种具有生物活性的共混水凝胶生物支架材料的制备及其应用	9	免疫力；支撑；材料；成本；降解；广泛性；相容性；复杂性；安全；来源	30-作用于物体的有害因素；23-物质损失；39-生产率；36-系统的复杂性	A61L27/22

续表

序号	申请号	标题	权利要求数量/个	技术功效1级	技术功效TRIZ参数	IPC主分类
258	CN202011002742.X	一种骨诱导活性提取物及其制备方法	10	适合性；活性；热原；成本；便利性；周期；相容性；细菌；原性；完成率	35-适应性、通用性；39-生产率；33-操作流程的方便性；15-时间；30-作用于物体的有害因素	A61L27/36
259	CN202011026335.2	一种仿生改性的瓣膜材料及其制备方法和应用	10	钙化；过程；相容性；复杂性；凝血；前景；疗效；修饰；便利性；释放	36-系统的复杂性；33-操作流程的方便性	A61L27/36
260	CN202010789724.4	可控电导率及粘度下高透气弹性纳米纤维心脏补片的制备方法	3	准确性；复杂性；透气性；有序；产物	28-测量精度；36-系统的复杂性	A61L27/44
261	CN202011011928.1	骨水泥液体、骨水泥及其制备方法和应用	10	复杂性；水泥；气泡	36-系统的复杂性	A61L27/44
262	CN201910518483.7	含有半自动变光焊接面罩的焊接设备	4	自动化；安全；透明度；遮光；可靠性；变化；防护性；高度；清洁性；可控性；变更	38-自动化程度；30-作用于物体的有害因素；27-可靠性；03-长度；31-物质产生的有害因素；37-控制与测量的复杂性	B23K9/32
263	CN202010561856.1	一种粘性水凝胶及自粘性医用口罩及其制备方法	10	舒适性；触感；防护性；传递；克重；胶粘性；适应性；安全；紧固性	35-适应性、通用性；30-作用于物体的有害因素	C08F251/00
264	CN202010929323.4	一种在钛表面制备复合膜层的方法、复合材料和应用	10	硬度；耐磨性；相容性；耐腐蚀性；活性	14-强度；30-作用于物体的有害因素	C23F1/26
265	CN201880093441.7	鼻假体制作方法	11	变形；长度；炎症；缝隙；准确性	12-形状；03-长度；28-测量精度	A61F2/18

续表

序号	申请号	标题	权利要求数量/个	技术功效1级	技术功效TRIZ参数	IPC主分类
266	CN201980031059.8	用于设置肌电控制假体系统的方法、假体系统、表面电极组件、电极和紧固元件	31	确定性；适合性；清晰度；位移；电极；质量；接触；紧固性；复杂性；精度；稳定性	35-适应性、通用性；28-测量精度；27-可靠性；36-系统的复杂性；13-稳定性	A61F2/72
267	CN201980014086.4	治疗近视进展	58	活性；完好无损；进展；稳定性	13-稳定性	A61F9/00
268	CN201980001390.5	护目镜	4	护目镜；可控性；技能；本领	37-控制与测量的复杂性	A61F9/02
269	CN201611182318.1	一种高无机组分的复合型骨水泥及其制备方法和应用	5	复杂性；可行性；吸收；水泥；活性	36-系统的复杂性	A61L27/46
270	CN201711389759.3	适形性放疗组织等效补偿胶及其制备方法和应用	9	反应；柔性；舒适性；空腔；复杂性；精度；高能射线；可操作性；稳定性；精确性；贴合	36-系统的复杂性；28-测量精度；33-操作流程的方便性；13-稳定性	A61L27/16
271	CN201810179642.0	一种细菌纤维素复合成形材料及其制备方法	7	干燥；长度；速度；强度；诱导；复杂性；成功率；成本	03-长度；09-速度；14-强度；36-系统的复杂性；27-可靠性；39-生产率	A61L31/04
272	CN201810084660.0	一种低模量含银抗感染医用钛合金	4	均匀性；材料；模量	29-制造精度；23-物质损失	C22C14/00
273	CN201810625628.9	烷氧醚树枝化壳聚糖、其水凝胶材料及其制备方法	8	稳定性；注射；广泛性；透明度；数量；复杂性；细菌；愈合	13-稳定性；26-物质或事物的数量；36-系统的复杂性；30-作用于物体的有害因素	C08B37/08
274	CN201780003796.8	一种气囊控制方法及装置	6	干扰；及时性；准确性；动作	30-作用于物体的有害因素；25-时间损失；28-测量精度	A61F5/56

续表

序号	申请号	标题	权利要求数量/个	技术功效1级	技术功效TRIZ参数	IPC主分类
275	CN201810691327.6	一种反复移动式牵引颈椎枕头	7	复杂性；拉伸；便利性；速度；变形；解除	36-系统的复杂性；33-操作流程的方便性；09-速度；12-形状	A47G9/10
276	CN201811064629.7	一种用于结膜下注射的辅助装置	7	适合性；复杂性；劳动强度；脱落；感染	35-适应性、通用性；36-系统的复杂性；39-生产率	A61B17/02
277	CN201811607908.3	一种眼科辅助滴眼设备	4	接触；感染；充分性；准确性；污染；浪费；药水；滴液；垂直度；清洁性	28-测量精度；31-物质产生的有害因素	A61F9/00
278	CN201910099219.4	一种具有自生梯度结构的镁合金及其制备方法和应用	7	降解；硬化；毒素；吸收；废弃物；基质；速率；可操作性；疾病；医疗；完整性；血液；合金；健康；均匀性	09-速度；33-操作流程的方便性；29-制造精度	C22C23/00
279	CN201910198073.9	一种背负式脊柱矫形装置	6	训练者；损失；安全；康复；训练；完成率；多样	23-物质损失；30-作用于物体的有害因素	A61F5/01
280	CN201910044252.7	一种梯度矿化骨细胞外基质材料的制备方法	8	生物力学；免疫力；组织；粘附度；精确性；分化；丰富；再生；释放；粘附	30-作用于物体的有害因素；28-测量精度	A61L27/36
281	CN202011080543.0	一种基于曲面3D打印的多层仿生关节及其制备方法	10	松动；愈合；速度；刺激；复杂性；遮挡；骨整；附着；可维修性；骨整合；疼痛；深入；关节；流动性	31-物质产生的有害因素；09-速度；36-系统的复杂性；34-可维修性	A61F2/30
282	CN201910517868.1	真空吸附式扭转避震接头	6	稳定性	13-稳定性	A61F2/50
283	CN201910518004.1	固定台	12	可靠性	27-可靠性	A61F2/60

续表

序号	申请号	标题	权利要求数量/个	技术功效1级	技术功效TRIZ参数	IPC主分类
284	CN202010976845. X	一种智能的仿生小腿假肢	6	步态；摆动；自信心；自尊心；适应性；舒适性	35-适应性、通用性	A61F2/60
285	CN202010949580. 4	一种心血管外科用的形状记忆合金支架	9	便利性	33-操作流程的方便性	A61F2/82
286	CN202010917185. 8	一种化疗护发圈	9	正确性；副作用；复杂性；解除；可推广性；进入；脱发；循环性；损坏；准确性；便利性	28-测量精度；31-物质产生的有害因素；36-系统的复杂性；39-生产率；27-可靠性；33-操作流程的方便性	A61F5/00
287	CN202011051064. 6	一种3D打印踝足矫形器	6	摩擦力；稳定性；安全；症状；舒适性	10-力；13-稳定性；30-作用于物体的有害因素	A61F5/01
288	CN202011082475. 1	一种可收纳的自由调控位置的牵引架装置	3	便利性；复杂性；舒适性；自动化；滑板；正反转；可控性	33-操作流程的方便性；36-系统的复杂性；38-自动化程度；37-控制与测量的复杂性	A61F5/042
289	CN201910511781. 3	一种人体踝关节助力穿戴装置	10	不适；时间；复杂性；缓冲性；劳动强度	15-时间；36-系统的复杂性；39-生产率	A61F5/058
290	CN202011015355. X	血透用保护支架	3	安全；风险；负担；疗效；管子；舒适性；适应性	30-作用于物体的有害因素；27-可靠性；39-生产率；35-适应性、通用性	A61F5/37
291	CN202010527032. 2	头带	6	稳定性；本体部；便利性；可调节性；负重	13-稳定性；33-操作流程的方便性	A61F9/06
292	CN202011116603. X	一种水溶型虾青素纳米乳的制备方法及发热型抗疲劳护眼罩的制备方法	9	疲劳度；稳定性；环境；均匀性；症状；便利性	13-稳定性；29-制造精度；33-操作流程的方便性	A61K9/107
293	CN202011111411. X	用于生物组织工程的聚己内酯包被过氧化钙的产氧颗粒	6	接触；相容性；降解性；速度；趋势	09-速度	A61L27/18

续表

序号	申请号	标题	权利要求数量/个	技术功效1级	技术功效TRIZ参数	IPC主分类
294	CN202010933262.9	缓释 iPSC-MSC-Exosomes 温敏壳聚糖复合凝胶制备方法	3	差异；存活率；复杂性；效率；储存	36-系统的复杂性；39-生产率	A61L27/22
295	CN202010709657.0	一种医用金属表面抗感染-促进骨整合的涂层、制备方法及应用	8	可维修性；强度；生长；亲和性；增殖；调节；功能性；风险；愈合；平衡；释放；脱落；感染	34-可维修性；14-强度；27-可靠性	A61L27/32
296	CN202010951365.8	一种组织工程化牙槽骨组织及其制备方法	9	适合性；信号；组织；营养；附着；临床；弹性；安全；正确性；可塑性；便利性；生长；细胞；密度；流失率；丰富；分化	35-适应性、通用性；30-作用于物体的有害因素；28-测量精度；33-操作流程的方便性	A61L27/38
297	CN202010983175.4	具有纳米-微米复合结构和高矿物质密度的仿生矿化水凝胶及其制备方法与应用	10	相容；整合；综合性；效率；强度；压缩；密度；稳定性；复杂性；填充；凝胶	39-生产率；14-强度；13-稳定性；36-系统的复杂性	A61L27/52
298	CN202010875865.8	医用液态金属热塑性功能复合材料及其制备方法与应用	10	速度；炎症；健康；成本；循环性；平衡；透射性；降解；导热性；愈合；洁净度；血液；材料；吸收；舒适性；可塑性；热学；抵抗力；人体；环境；质量；能力；氧化	09-速度；39-生产率；17-温度；31-物质产生的有害因素；23-物质损失；27-可靠性；30-作用于物体的有害因素	A61L31/14
299	CN202011145408.X	一种具有治疗妇科炎症功能的避孕套及其制备方法	10	可控性；抗药性；规模化；复杂性；疗效；疾病	37-控制与测量的复杂性；36-系统的复杂性	A61L31/16

续表

序号	申请号	标题	权利要求数量/个	技术功效 1 级	技术功效 TRIZ 参数	IPC 主分类
300	CN202010524219.7	以流体可预填充或预填充的容器及其针管组件和封闭系统	17	打开；复杂性；可操作性；封闭；细菌；保质期；污染	36-系统的复杂性；33-操作流程的方便性；30-作用于物体的有害因素；31-物质产生的有害因素	A61M5/178

3.7　眼镜制造

3.7.1　全球专利概况

3.7.1.1　全球专利申请趋势

图 3-55 展示的是眼镜制造领域全球专利申请量的发展趋势。通过申请趋势可以从宏观层面把握分析对象在各时期的专利申请热度变化。申请数量的统计范围是目前已公开的专利。

从图 3-55 中可以看出眼镜制造领域在全球主要市场上的专利申请分布状况。2000—2001 年，眼镜制造领域全球专利申请量缓慢增加；2002 年该领域全球专利申请量有所减少；2003—2004 年该领域全球专利申请量小幅度增加；2005—2006 年该领域全球专利申请量有所减少；2007 该领域全球专利申请量小幅度增加；2008 年该领域全球专利申请量有所减少；2009—2011 年眼镜制造领域全球专利申请量快速增加，2011 年眼镜制造领域全球专利申请量 12 106 件；2012 年该领域全球专利申请量有所减少，2013 年达到峰值，当年专利申请量达 12 241 件，2014—2020 年眼镜制造领域全球专利申请量总体呈下滑趋势。

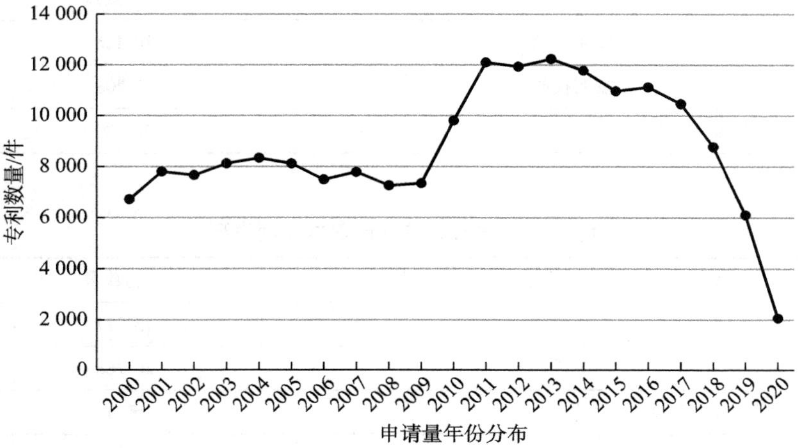

图 3-55　眼镜制造领域全球专利申请趋势

3.7.1.2 全球专利申请主体分布

图 3-56 展示的是眼镜制造领域在各个申请国家、地区和组织的专利数量分布情况。通过分析可以了解分析对象在不同申请主体技术创新的活跃情况，从而发现主要的技术创新来源国家、地区和重要的目标市场。

全球专利申请分布可以体现专利权人想在哪些国家或地区保护眼镜制造技术。这一参数也反映了该技术未来可能的实施国家或地区。由图 3-56 可知，中国、日本、美国是眼镜制造领域专利重点申请国家，数量分别为中国 38 254 件、日本 31 909 件、美国 29 239 件。

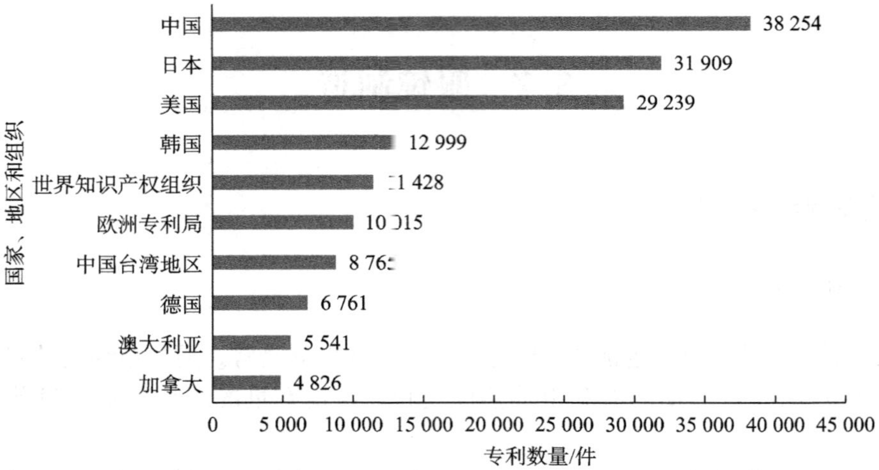

图 3-56 眼镜制造领域全球专利主要申请国家、地区和组织分布

全球专利申请分布情况表明，中国、日本、美国是眼镜制造领域专利布局的主要国家，企业可以跟踪、引进和消化相关领域技术，在此基础上实现技术突破。眼镜制造领域中国专利类型、日本专利类型和美国专利类型如表 3-67、表 3-68、表 3-69 所示。

表 3-67 眼镜制造领域中国专利类型 单位：件

专利类型		专利数量
发明	发明申请	10 426
	发明授权	7 408
实用新型		20 420

表 3-68 眼镜制造领域日本专利类型 单位：件

专利类型		专利数量
发明	发明申请	15 827
	发明授权	10 768
实用新型		5 314

表 3-69 眼镜制造领域美国专利类型 单位：件

专利类型	专利数量
发明申请	8 430
发明授权	20 809

3.7.1.3 全球专利申请人排行

表 3-70 是按照所属申请人（专利权人）的专利数量统计的申请人排名情况。通过分析可以发现创新成果积累较多的专利申请人，并据此进一步分析其专利竞争实力。

表 3-70 眼镜制造领域全球专利数量前十申请人排名 单位：件

排名	申请人名称	专利数量
1	强生视力健公司（JOHNSON JOHNSON VISION CARE INC）	4 989
2	诺华公司（NOVARTIS AG）	3 784
3	依视路国际集团（ESSILOR INT）	2 553
4	JOHNSON JOHNSON VISION PROD	1 984
5	西巴盖吉公司（CIBA GEIGY AG）	1 906
6	豪雅公司（HOYA CORP）	1 762
7	JOHNSON JOHNSON VISION CARE	1 604
8	美尼康有限公司（MENICON CO LTD）	1 540
9	精工爱普生公司（SEIKO EPSON CORP）	1 456
10	博士伦公司（BAUSCH LOMB）	1 446

3.7.1.4 全球专利技术构成

表 3-71 和图 3-57 展示的是眼镜制造领域在各技术方向的数量分布情况。通过分析可以了解分析对象覆盖的技术类别及各技术分支的创新热度。

眼镜制造领域专利按照国际专利分类号（IPC）进行统计结果显示，G02C（眼镜；太阳镜或与眼镜有同样特性的防护镜；隐形眼镜）的专利数量最多，达 161 440 件；第二是 G02B（光学元件、系统或仪器），专利数量 110 819 件；第三是 B29D（用塑料或用塑性状态的物质生产特殊制品），专利数量 49 476 件。

表 3-71 眼镜制造领域全球专利主要技术构成 单位：件

IPC 分类号（小类）	专利数量
G02C（眼镜；太阳镜或与眼镜有同样特性的防护镜；隐形眼镜）	161 440
G02B（光学元件、系统或仪器）	110 819
B29D（用塑料或用塑性状态的物质生产特殊制品）	49 476
H04N（图像通信，如电视）	28 399

续表

IPC 分类号（小类）	专利数量
B29C（塑料的成型连接；塑性状态材料的成型，不包含在其他类目中的；已成型产品的后处理，例如修整）	23 198
A61F（可植入血管内的滤器；假体；为人体管状结构提供开口、或防止其塌陷的装置，例如支架）	18 689
G02F（用于控制光的强度、颜色、相位、偏振或方向的器件或装置）	17 847
A61L（材料或消毒的一般方法或装置；空气的灭菌、消毒或除臭；绷带、敷料、吸收垫或外科用品的化学方面；绷带、敷料、吸收垫或外科用品的材料）	15 047
G03B（摄影、放映或观看用的装置或设备；利用了光波以外其他波的类似技术的装置或设备；以及有关的附件）	12 793
C08F（仅用碳-碳不饱和键反应得到的高分子化合物）	12 755

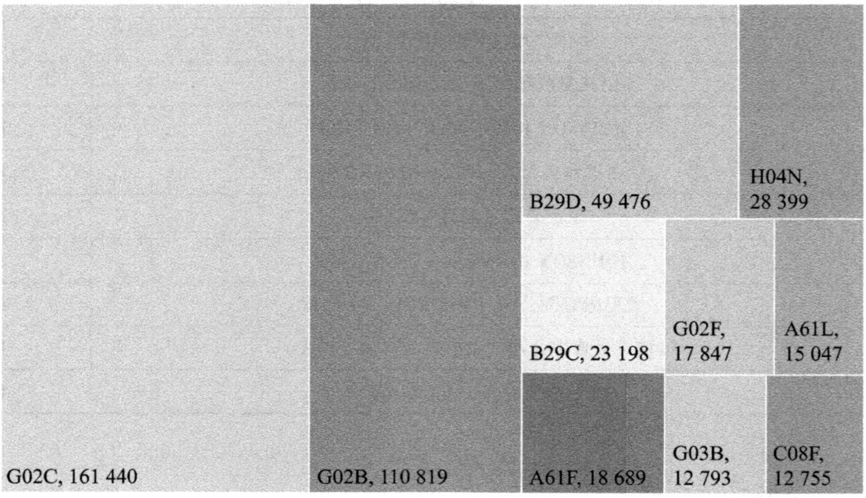

单位：件

图 3-57 眼镜制造领域全球专利主要技术构成

3.7.2 国内专利概况

3.7.2.1 国内专利申请趋势

图 3-58 展示的是眼镜制造领域国内专利申请量的发展趋势。通过申请趋势可以从宏观层面把握眼镜制造领域在各时期的专利申请热度变化。申请数量的统计范围是已公开的专利。

由图 3-58 的眼镜制造领域国内专利申请趋势可以看到，2000—2009 年，眼镜制造领域专利申请量增长缓慢；2010—2012 年眼镜制造领域专利申请量增长迅速，2012 年达 2 961 件；2013—2014 年眼镜制造领域专利申请量有所回落；2015—2017 年眼镜制造领域专利申请量快速增加，2017 年达 3 502 件，2018—2020 年眼镜制造领域专利申请量呈现下降趋势。

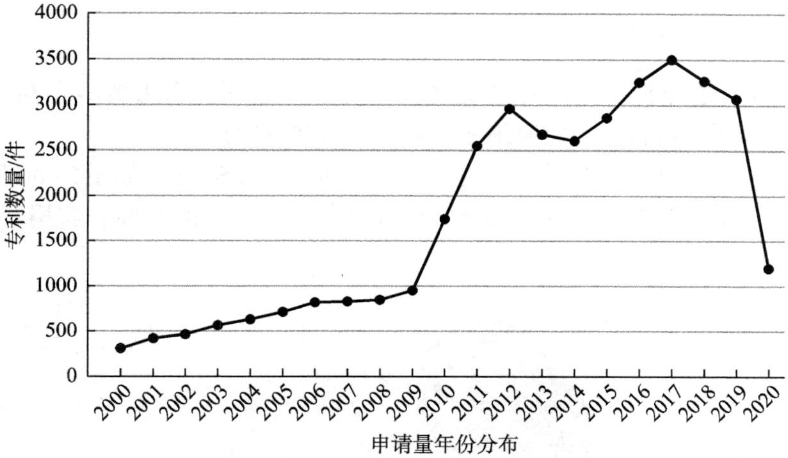

图 3-58　眼镜制造领域国内专利申请趋势

3.7.2.2　国内专利公开趋势

图 3-59 展示的是眼镜制造领域国内专利公开量的发展趋势。通过公开趋势可以从宏观层面把握分析对象在各时期的专利公开文献的数量变化。

将眼镜制造领域的国内专利公开量按照年份进行统计分析可知，眼镜制造领域国内专利公开数量整体呈上升态势。2000—2009 年眼镜制造领域国内专利公开数量增幅缓慢；2010—2013 年眼镜制造领域国内专利公开数量整体呈快速增加趋势，其中 2013 年专利公开量 2 670 件；2014 年眼镜制造领域专利公开数量有所减少；2015—2016 年该领域专利公开数量小幅度增加；2017 年该领域专利公开量有所减少；2018—2019 年该领域专利公开量快速增加，2019 年该领域专利公开量 4 063 件；2020 年该领域专利公开量开始回落。

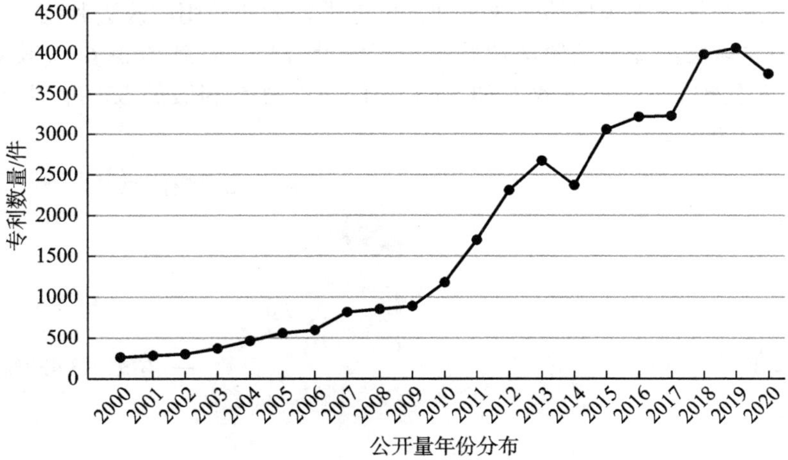

图 3-59　眼镜制造领域国内专利公开趋势

3.7.2.3 国内专利类型分布

图 3-60 展示的是分析对象的专利类型，分为发明专利、实用新型专利、外观设计专利。根据发明专利授权与否，将发明细分为发明申请和发明授权。

在中国专利中，经过检索获得眼镜制造领域专利共 38 254 件。如图 3-60 所示，其中发明申请 10 426 件，占总数的 27%；发明授权 7 408 件，占总数的 19%；实用新型 20 420 件，占总数的 54%。

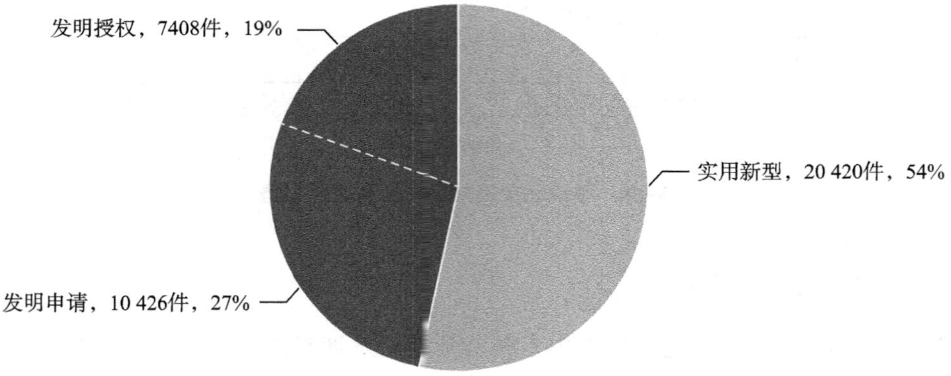

图 3-60　眼镜制造领域国内专利类型分布

3.7.2.4 国内专利法律状态

图 3-61 是专利审中、有效、失效三种状态的占比情况，仅统计中国专利。通过该分析可以分别了解眼镜制造领域中当前正在审查中、获得实质性保护、已失去专利权保护的专利数量分布情况，以从整体上掌握专利的权利保护和潜在风险情况，为专利权的法律性调查提供依据。筛选进入公知技术领域的失效专利，可以进行无偿使用或改进利用。

将眼镜制造领域国内专利按照法律状态进行统计分析，得到图 3-61。其中，审中专利 2 507 件，占总专利数的 7%；有效专利 13 439 件，占总专利数的 35%；失效专利 22 308 件，占总专利数的 58%。

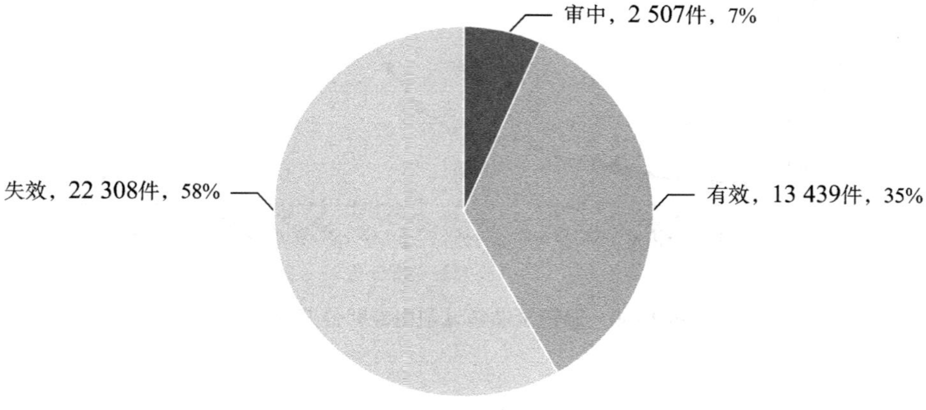

图 3-61　眼镜制造领域国内专利法律状态分布

3.7.2.5　国内专利技术领域分布

表 3-72 和图 3-62 是眼镜制造领域在各技术方向的数量分布情况。通过分析可以了解分析对象覆盖的技术类别及各技术分支的创新热度。

国内眼镜制造领域专利按照国际专利分类号（IPC）进行统计显示，G02C（眼镜；太阳镜或与眼镜有同样特性的防护镜；隐形眼镜）的专利数量最多，达 25 200 件；第二是 G02B（光学元件、系统或仪器），专利申请量为 14 115 件；第三是 H04N（图像通信，如电视），专利申请量为 3 421 件。

表 3-72　眼镜制造领域国内专利主要技术领域分布　　单位：件

IPC 分类号（小类）	专利数量
G02C（眼镜；太阳镜或与眼镜有同样特性的防护镜；隐形眼镜）	25 200
G02B（光学元件、系统或仪器）	14 115
H04N（图像通信，如电视）	3 421
G02F（用于控制光的强度、颜色、相位、偏振或方向的器件或装置）	3 118
B29D（用塑料或用塑性状态的物质生产特殊制品）	2 272
A63B（体育锻炼、体操、游泳、爬山或击剑用的器械；球类；训练器械）	1 336
G03B（摄影、放映或观看用的装置或设备；利用了光波以外其他波的类似技术的装置或设备；以及有关的附件）	1 285
A61F（可植入血管内的滤器；假体；为人体管状结构提供开口、或防止其塌陷的装置，例如支架）	1 043
B29C（塑料的成型连接；塑性状态材或料的成型，不包含在其他类目中的；已成型产品的后处理，例如修整）	994
G09F（显示；广告；标记；标签或铭牌；印鉴）	784

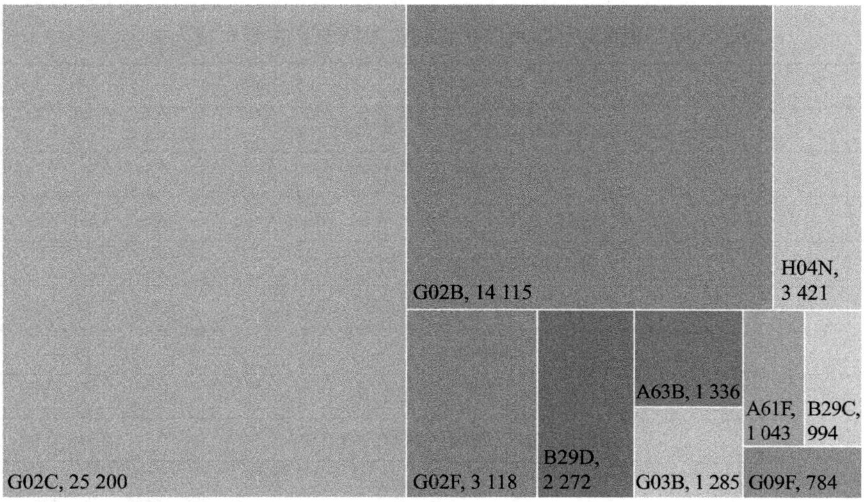

图 3-62　眼镜制造领域国内专利主要技术领域分布

3.7.2.6 国内专利省（区、市）分布

表3-73是眼镜制造领域在中国省级行政区域的分布情况，仅统计中国专利。通过分析可以了解在中国申请专利保护较多的省（区、市）及各省（区、市）的创新活跃程度。

由表3-73可知，广东省以6 152件专利排名第一；浙江省以4 301件专利排名第二；江苏省以3 815件专利排名第三。

表3-73 眼镜制造领域专利主要省（区、市）分布 单位：件

申请人省（区、市）	专利数量
广东省	6 152
浙江省	4 301
江苏省	3 815
北京市	2 120
台湾地区	1 935
山东省	1 677
福建省	1 668
上海市	1 472
湖北省	924
四川省	906

3.7.2.7 重点省（区、市）发明专利申请人布局

（1）广东省申请人排名

表3-74是眼镜制造领域广东省国内发明专利主要申请人排名。

表3-74 眼镜制造领域广东省国内发明专利主要申请人排名 单位：件

排名	申请人名称	专利数量
1	深圳市华星光电技术有限公司	206
2	鸿海精密工业股份有限公司	132
3	鸿富锦精密工业（深圳）有限公司	123
4	深圳超多维光电子有限公司	110
5	深圳市亿思达显示科技有限公司	69
6	中山大学	42
7	天马微电子股份有限公司	29
8	群康科技（深圳）有限公司	28
9	华为技术有限公司	27
10	深圳超多维科技有限公司	24

(2) 江苏省申请人排名

表 3-75 是眼镜制造领域江苏省国内发明专利主要申请人排名。

表 3-75　眼镜制造领域江苏省国内发明专利主要申请人排名　　单位：件

排名	申请人名称	专利数量
1	张家港康得新光电材料有限公司	124
2	东南大学	49
3	丹阳市精通眼镜技术创新服务中心有限公司	44
4	苏州大学	42
5	丹阳市华凤翔光学眼镜有限公司	38
6	苏州苏大维格光电科技股份有限公司	29
7	中华映管股份有限公司	27
8	华映视讯（吴江）有限公司	27
9	江苏凯越眼镜有限公司	26
10	南京中电熊猫液晶显示科技有限公司	24

(3) 北京市-申请人排名

表 3-76 给出了眼镜制造领域北京市国内发明专利申请人排名。可以看出，排名第一的是京东方科技集团股份有限公司，排名第二的是北京京东方光电科技有限公司，排名第三的是北京京东方显示技术有限公司。

表 3-76　眼镜制造领域国内北京市发明专利主要申请人排名　　单位：件

排名	申请人名称	专利数量
1	京东方科技集团股份有限公司	584
2	北京京东方光电科技有限公司	130
3	北京京东方显示技术有限公司	92
4	北京邮电大学	35
5	北京理工大学	32
6	联想（北京）有限公司	22
7	三星电子株式会社	16
8	北京三星通信技术研究有限公司	16
9	成都京东方光电科技有限公司	16
10	北京小米移动软件有限公司	15

3.7.3 国内发明专利聚类分析

聚类分析是通过数据建模后简化并使数据可视化：提取专利文本中的关键词，从其相关度聚合出不同类别的文本关键词，并以圆环饼图的形式展示其分布情况，分析结果如图 3-63 所示，专利分析表如 3-77 所示。

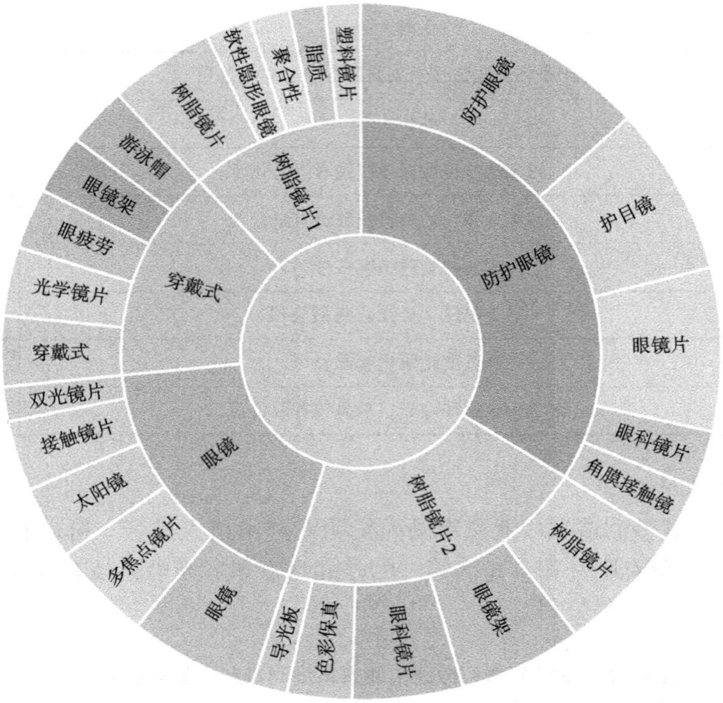

图 3-63 眼镜制造领域专利聚类分析

表 3-77 眼镜制造领域专利分析列表

序号	申请号	标题	权利要求数量/个	技术功效 1 级	技术功效 TRIZ 参数	IPC 主分类
1	CN201780055008. X	远近两用眼镜状的框架	12	复杂性；看清；可靠性；眼镜；疲劳度；速度；范围；框架	36-系统的复杂性；27-可靠性；09-速度；35-适应性、通用性	G02C5/20
2	CN201910201018. 0	一种多环变直径谐振腔的制备方法	6	固化；精准性；质量；冷却；挤出	27-可靠性；17-温度	B29C64/209
3	CN201880030105. 8	医疗器械的制造方法	12	亲水性；便利性	33-操作流程的方便性	G02C7/04
4	CN202010240704. 1	具有角膜修护功能的眼用产品	20	症状；损失	23-物质损失	A61K33/242

续表

序号	申请号	标题	权利要求数量/个	技术功效1级	技术功效TRIZ参数	IPC主分类
5	CN202010840192.2	眼镜框体部件及眼镜框体的制作方法	10	舒适性；压迫；破坏性；标准；欧洲；连接；美化；美观性；符合；复杂性；浑然一体	36-系统的复杂性	B29D12/02
6	CN202011135747.X	一种方便拆装的镜框和音频眼镜	10	复杂性；体验；便利性	36-系统的复杂性；33-操作流程的方便性	G02C5/02
7	CN202010586744.1	一种用于眼镜的鼻托装置	10	便利性；成本；舒适性；速度；复杂性	33-操作流程的方便性；39-生产率；09-速度；36-系统的复杂性	G02C5/12
8	CN202011135735.7	一种快速连接结构和带有快速连接结构的眼镜	10	便利性	33-操作流程的方便性	G02C5/14
9	CN201910575461.4	角膜塑形镜制造方法、角膜塑形镜销售方法与角膜塑形镜组件	19	速度；流通；矫正；交换；措施；准确性	09-速度；28-测量精度	G02C7/04
10	CN201910575481.1	角膜塑形镜与角膜塑形镜设计方法	11	眼轴；球差；角膜；近视；可控性	37-控制与测量的复杂性	G02C7/04
11	CN201910566518.4	眼科透镜	14	损失；质量	23-物质损失；27-可靠性	G02C7/06
12	CN202011020803.5	一种超清驾驶渐进镜片结构	10	干扰；阻挡；安全；视野	30-作用于物体的有害因素	G02C7/06
13	CN201910592920.X	多功能眼镜装置	11	透镜；复杂性；轻薄	36-系统的复杂性	G02C7/08
14	CN202011206976.6	智能眼镜	10	安全；智能化；适合性；近视；舒适性	30-作用于物体的有害因素；35-适应性、通用性	G02C7/10
15	CN202011351892.1	智能眼镜系统	14	准确性；便利性；实时性；智能化；可操作性；精准性；复杂性；交互	28-测量精度；33-操作流程的方便性；25-时间损失；36-系统的复杂性	G06F3/0488
16	CN202010936683.7	一种基于儿童跨年龄段无感人脸识别技术的警用穿戴眼镜	10	效率；准确性；精度	39-生产率；28-测量精度	G06K9/00

续表

序号	申请号	标题	权利要求数量/个	技术功效 1 级	技术功效 TRIZ 参数	IPC 主分类
17	CN201680070180.8	具有用于保护镜片免受撞击或摩擦的闭合位置的眼镜架	7	稳定性；复杂性；确定性；垂直度；局限性；平坦；正确性；风险	13-稳定性；36-系统的复杂性；28-测量精度；27-可靠性	G02C5/00
18	CN201911423379.6	主体和具有其的眼部按摩仪	18	精度；难度；装配	28-测量精度；36-系统的复杂性	A61H5/00
19	CN201911423399.3	主体和具有其的眼部按摩仪	10	稳定性；牢固性	13-稳定性；27-可靠性	A61H5/00
20	CN202011341706.6	一种透镜加工设备及其加工方法	10	一致性；可控性；脱模；复杂性；稳定性；可操作性；褶皱；成本；质量；厚度；弯曲	37-控制与测量的复杂性；36-系统的复杂性；13-稳定性；33-操作流程的方便性；39-生产率；27-可靠性；03-长度	B29D11/00
21	CN202011134041.1	一种弹性开合机构和带弹性开合机构的眼镜	10	调节量；复杂性；成本；便利性；牢固性；展开度	36-系统的复杂性；39-生产率；33-操作流程的方便性；27-可靠性	G02C5/16
22	CN202011003473.9	转动机构、眼镜以及智能眼镜	13	稳定性；智能化	13-稳定性	G02C5/22
23	CN202011132211.2	一种用于智能眼镜变焦的减速模组	9	美观性；空间；精巧；体积；体验；组成；材料成本；重量；可控性；劳动强度；智能化；变换；精度；便利性；速度	07-体积；01-重量；37-控制与测量的复杂性；39-生产率；28-测量精度；33-操作流程的方便性；09-速度	G02C7/08
24	CN202010997889.0	一种常黑超省电液晶变色眼镜及其使用方法	10	清晰度；自动化；便利性；复杂性；功耗	28-测量精度；38-自动化程度；33-操作流程的方便性；36-系统的复杂性；19-能耗	G02C7/10
25	CN202011024929.X	一种智能眼镜及其控制方法	10	智能化；复杂性	36-系统的复杂性	G02C11/00
26	CN202010196114.3	一种可变多彩色的蓝牙耳机眼镜	9	适合性；适应性	35-适应性、通用性	G02C11/06

续表

序号	申请号	标题	权利要求数量/个	技术功效1级	技术功效TRIZ参数	IPC主分类
27	CN202010971102.3	一种眼镜清洗夹持调节系统	9	高度；脱离；清洁性；便利性	03-长度；31-物质产生的有害因素；33-操作流程的方便性	G02C13/00
28	CN201980033006.X	隐形眼镜存放和清洁容器	11	进入；清洁性；可用性；脱出；舒适性；功能性；细菌；时长；均匀性；接触；复杂性	31-物质产生的有害因素；30-作用于物体的有害因素；29-制造精度；36-系统的复杂性	A45C11/00
29	CN201980031923.4	眼科用的外科成套设备和隐形镜片	14	时间；复杂性；紧固性；阻力；精确性；连接；复用性；期望	15-时间；36-系统的复杂性；10-力；28-测量精度；39-生产率	A61F9/007
30	CN201780011787.3	抗棘阿米巴接触镜用溶剂	7	适用性；消毒；适合性；风险	35-适应性、通用性；27-可靠性	A61L12/14
31	CN201780012129.6	硅氧烷单体、包含其的有机硅水凝胶透镜制造用组合物及有机硅水凝胶透镜	12	复杂性；脱模性；脱模；收率；粘性	36-系统的复杂性	C08G77/04
32	CN202010920855.1	一种折叠镜腿	7	舒适性；松动；耐用性；精准性；复杂性	31-物质产生的有害因素；13-稳定性；36-系统的复杂性	G02C5/14
33	CN202010546002.6	色觉校正透镜以及光学部件	10	校正；透镜；色觉	28-测量精度	G02C7/10
34	CN202010785806.1	眼镜清洁收纳设备	10	清洁性；自动化；符合；损坏；折叠；旋转率	31-物质产生的有害因素；38-自动化程度；27-可靠性	G02C13/00
35	CN201980032272.0	定制光学镜片的装置和方法	15	视力；适合性；视觉；精确性；获取；适配；复杂性	35-适应性、通用性；28-测量精度；36-系统的复杂性	A61B3/00
36	CN201980032511.2	环硫化物类光学材料用单体的模具自动注入方法	12	长度；成本；自动化；生产性；暴露	03-长度；39-生产率；38-自动化程度	B29D11/00

续表

序号	申请号	标题	权利要求数量/个	技术功效1级	技术功效TRIZ参数	IPC主分类
37	CN201980034612.3	眼镜镜片毛坯、以及用于由眼镜镜片毛坯生产眼镜镜片的方法和装置	16	安全；环境；损坏；残留物；表面；确定性	30-作用于物体的有害因素；27-可靠性	B29D11/00
38	CN201911416980.2	主体和具有其的眼部按摩仪	12	镜架；镜片；便利性；可靠性；复杂性；变更；牢固性	33-操作流程的方便性；27-可靠性；36-系统的复杂性	A61H5/00
39	CN201911416990.6	主体和具有其的眼部按摩仪	10	复杂性；空间；成本	36-系统的复杂性；07-体积；39-生产率	A61H5/00
40	CN202010113226.8	能增加湿润感的隐形眼镜溶液及包含其的隐形眼镜产品	10	成分；舒适性；眼镜；溶液；健康	26-物质或事物的数量	C09D171/02
41	CN202010919956.7	基于视网膜成像检测的自适应变焦眼镜	9	速度；进步性；适应性；精度；度数；透射率；精准性；突出	09-速度；35-适应性、通用性；28-测量精度	G02C7/08
42	CN202011020885.3	一种能够提高颜色对比度及饱和度的镜片及其制备方法	10	清晰度；场景；立体感；辨认度；普适性；安全；镜片；对比度；成绩；饱和度	28-测量精度；30-作用于物体的有害因素	G02C7/10
43	CN202010952475.6	穿戴式装置与耳机	18	消耗	23-物质损失	H04R1/10
44	CN201980031166.0	生产层压件的方法	15	变形；光学；脱层	12-形状	B29D11/00
45	CN201580056150.7	用于确定适配于配戴者的光学镜片的镜片设计的方法	16	光滑性；适配；配戴者；便利性；印象	12-形状；33-操作流程的方便性	G02C7/02
46	CN201810447488.0	一种高对比度的防漏光偏光片的拉伸工艺	8	耐久性；温度；宽广	13-稳定性；17-温度	B29D11/00
47	CN201810709522.7	有源矩阵式调焦镜片及具有该镜片的调焦眼镜	9	距离；焦距	03-长度	G02C7/08

续表

序号	申请号	标题	权利要求数量/个	技术功效 1 级	技术功效 TRIZ 参数	IPC 主分类
48	CN201910678004.8	一种可训练眼部肌肉的近视眼镜	6	复杂性；便利性；健康；训练；透光	36-系统的复杂性；33-操作流程的方便性	G02C11/00
49	CN202010034680.4	一种轻质高强度钛合金眼镜架及其制备方法	7	舒适性；重量；适合性；复杂性；寿命；强度；便利性；有害；抗蚀性；致密性	01-重量；35-适应性、通用性；36-系统的复杂性；27-可靠性；14-强度；33-操作流程的方便性；30-作用于物体的有害因素	C22C14/00
50	CN202011113715.X	软性隐形眼镜用蓝光吸收剂、其制备方法及应用方法	7	能力；复杂性；经济性；亲水性；成本；用量	36-系统的复杂性；39-生产率；26-物质或事物的数量	C07D215/20
51	CN201910516646.8	头戴式设备支架及头戴式设备	10	挤压；支架；体验；便利性；夹角；舒适性；头部	33-操作流程的方便性	G02B27/01
52	CN202011004845.X	一种夜光眼镜架及制作方法	9	可推广性；找寻；收益；功效；复杂性；显示；标识；价值；拿取	39-生产率；36-系统的复杂性	G02C5/00
53	CN202010987746.1	用于阅读的眼镜	10	体态；视力；调节；透光；安全；可控性；实用性；便利性；复杂性；可推广性	30-作用于物体的有害因素；37-控制与测量的复杂性；35-适应性、通用性；33-操作流程的方便性；36-系统的复杂性；39-生产率	G02C7/16
54	CN202011134028.6	一种镜腿的发声体安装结构和音频眼镜	10	漏音；能量；便利性；复杂性	19-能耗；33-操作流程的方便性；36-系统的复杂性	G02C11/00
55	CN202011148340.0	除雾装置和眼镜	10	速度；损坏；效率；均匀性；能力；不良；自动化；透明度；可控性；温度	09-速度；27-可靠性；39-生产率；29-制造精度；38-自动化程度；37-控制与测量的复杂性；17-温度	G02C11/08

续表

序号	申请号	标题	权利要求数量/个	技术功效 1 级	技术功效 TRIZ 参数	IPC 主分类
56	CN202010906254. 5	可穿戴设备的控制方法、装置、存储介质及可穿戴设备	11	可控性；能力；正确性；准确性；功耗；模式	37-控制与测量的复杂性；28-测量精度；19-能耗	G06F1/3231
57	CN202010993432. 2	一种用于预防或延缓近视的变焦眼镜及其驱动组件	10	便利性；复杂性；适合性；精度；精确性	33-操作流程的方便性；36-系统的复杂性；35-适应性、通用性；28-测量精度	H02K37/24
58	CN201680050984. 1	聚轮烷及其制法以及含有该聚轮烷的光学用组合物	13	白浊；强度；透镜；成型性；光致；速度；柔软性	14-强度；09-速度	C08G65/04
59	CN202010941758. 0	一种增韧眼镜框及其制备工艺	7	韧性；强度；冲击；均匀性；速度；分子量；密度；稳定性	11-应力、压强；14-强度；29-制造精度；09-速度；13-稳定性	C08L63/00
60	CN202011015205. 9	特别借助于光学反馈为设备的透镜调焦距的光学设备	30	独立；强度；消耗能；矫正	14-强度	G02B27/40
61	CN202010941824. 4	一种耐腐蚀眼镜框及其加工工艺	8	处理剂；牢固性；体系；耐腐蚀性；均匀性；安全；氧化	27-可靠性；30-作用于物体的有害因素；29-制造精度	G02C5/00
62	CN202010860184. 4	一种镜腿、用于注塑该镜腿的模具以及该镜腿成型方法	9	美观性；舒适性；脱模；均匀性；效率；抱针孔；弹性	29-制造精度；39-生产率	G02C5/14
63	CN202010801549. 6	确定眼科镜片的滤光片的方法和包括该滤光片的眼科镜片	17	光片；滤光片；舒适性；视觉；复杂性	36-系统的复杂性	G02C7/02
64	CN202011092425. 1	一种个性化的周边近视性离焦眼镜片及设计、制备方法	7	功能性；依从性；清晰度；精确性；舒适性；离焦；近视眼；镜片；加深；补偿	28-测量精度	G02C7/02

续表

序号	申请号	标题	权利要求数量/个	技术功效 1 级	技术功效 TRIZ 参数	IPC 主分类
65	CN201910500411. X	液晶镜片以及液晶眼镜	15	均匀性	29-制造精度	G02C7/08
66	CN202010960313. 7	一种控制坐姿预防和理疗近视的磁疗眼镜	6	可控性；近视率；眼镜；度数	37-控制与测量的复杂性	G02C7/16
67	CN202011005522. 2	带有蓝芽无线双声道耳机的多功能眼镜	7	美观性；便利性；局限性；异物感；安全；舒适性；速度；音质	33-操作流程的方便性；30-作用于物体的有害因素；09-速度	G02C11/00
68	CN201980015634. 5	脂质基涂层组合物和具有脂质基涂层的物体	15	污染；抗血栓	31-物质产生的有害因素	A61K9/127
69	CN201980029713. 1	用于制造要安装在镜架中的眼科镜片的方法、眼科镜片、镜架以及眼镜设备	24	适合性	35-适应性、通用性	G02C1/00
70	CN201980029238. 8	眼镜	10	稳定性；显眼；美观性；支撑；自由度；面积	13-稳定性；05-面积	G02C5/16
71	CN201980029912. 2	具有前壳的电控光学装置	14	抗冲击性；厚度；脱落	03-长度	G02C7/10
72	CN201611027783. 8	一种为佩镜者定制的眼用镜片及其制备方法	7	准确性；斜视；视野；偏离；舒适性	28-测量精度	G02C7/02
73	CN201580019604. 3	计算被安排成用于输出补充图像的渐进式多焦点眼科镜片的光学系统的方法	13	舒适性；便利性；补充；适应性；图像	33-操作流程的方便性；35-适应性、通用性	G02C7/02
74	CN201811476617. 5	一种镜片贴膜的加工方法	9	效率；寿命；时长；均匀性；消耗；成品率；负荷；环境；成本；黏胶	39-生产率；27-可靠性；29-制造精度；23-物质损失；01-重量	G02B1/10
75	CN202010878868. 7	结构稳固型潜水镜	8	稳定性；质量；寿命；便利性；牢固性；耐用性；速度；效率	13-稳定性；27-可靠性；33-操作流程的方便性；09-速度；39-生产率	B63C11/12

续表

序号	申请号	标题	权利要求数量/个	技术功效1级	技术功效TRIZ参数	IPC主分类
76	CN202010890814.2	一种复合菲涅尔眼镜片制作方法	9	轻薄；适合性；劣势；实用性；美观性；厚重	35-适应性、通用性	G02C7/02
77	CN201980029035.9	液晶显示装置	27	数量；劣化	26-物质或事物的数量	G02F1/1335
78	CN202010963579.7	应用在眼镜架上的刀具内雕工艺及由该工艺制作的眼镜架	10	清洁性；美观性；密度；间隙；竞争力	31-物质产生的有害因素	B44C1/22
79	CN202010315806.5	一种防蓝光抗紫外线镜片及其生产工艺	6	耐磨性；紫外线；光；便利性；舒适性；抗污性；镜片；透光率；质量；效率；干燥	30-作用于物体的有害因素；18-照度；33-操作流程的方便性；27-可靠性；39-生产率	G02B1/10
80	CN202010862872.4	偏光片及其加工工艺方法及显示设备	10	成本；气泡	39-生产率	G02B5/30
81	CN202010884667.8	自我调节型眼镜	13	适合性；颜色；图案	35-适应性、通用性	G02C7/02
82	CN202010956873.5	一种具有摄像功能的智能眼镜及使用方法	10	紧固性；画面；智能化；美观性；牢固性；划痕；可制造性；效率；抖动	27-可靠性；32-可制造性；39-生产率	G02C11/00
83	CN202010628848.4	一种高效的眼镜片清洗机	10	便利性；安全；冲击波；清洁性；污垢；镜片；适合性；劳动强度；复杂性；过滤；夹槽	33-操作流程的方便性；30-作用于物体的有害因素；31-物质产生的有害因素；35-适应性、通用性；39-生产率；36-系统的复杂性	G02C13/00
84	CN201980024419.1	柔软的接触透镜	12	多巴胺；延迟；柔软度；适应性；发展；释放；自由基；抗氧化剂	25-时间损失；35-适应性、通用性	G02C7/04

续表

序号	申请号	标题	权利要求数量/个	技术功效1级	技术功效TRIZ参数	IPC主分类
85	CN201980014820.7	具有眼镜框架和附加框架的眼镜及其用途	9	复杂性；变更；经济性；速度；成本；舒适性；移除	36-系统的复杂性；39-生产率；09-速度	G02C7/08
86	CN201680051568.3	聚合性组合物、使用该组合物的有机玻璃的制造方法及有机玻璃	14	固化体；物性；成型性；成品率；适应性	29-制造精度；35-适应性、通用性	C08F2/44
87	CN201810415973.X	一种高对比度镜片及其制备方法	8	对比度；寿命；树脂；舒适性；愉悦感；工业；效率；降解；强烈；稳定性；光线；损坏；复杂性	27-可靠性；39-生产率；13-稳定性；36-系统的复杂性	C08L69/00
88	CN201810930254.1	一种碳酸烯丙酯类1.56防蓝光树脂镜片及其制备方法	8	改性剂；裂纹；硬度；折射率；阿贝数；厚度；完成率；模剂	14-强度；03-长度	C08F283/00
89	CN201910747272.0	偏光片免钻孔生产工艺	8	清洁性；钻孔；研磨；效率	31-物质产生的有害因素；39-生产率	B29D11/00
90	CN201910679519.X	智能眼镜	9	折叠；转动；完成率；体验；效率；热传导；散热	39-生产率；17-温度	G02C11/00
91	CN201910937447.4	一种具有罩杯的眼镜装置	10	便利性；成本	33-操作流程的方便性；39-生产率	G02C5/14
92	CN201911024435.9	一种具有除雾功能的眼镜及其除雾方法	7	便利性；阻挡；复杂性；忘记；困扰；喷射	33-操作流程的方便性；36-系统的复杂性	G02C11/08
93	CN201910450106.4	一种板材端面自动加工设备	11	进入；粘连；成本；复杂性；集成度；区域；效率；取料；精准性	39-生产率；36-系统的复杂性	B29C59/04

续表

序号	申请号	标题	权利要求数量/个	技术功效1级	技术功效TRIZ参数	IPC主分类
94	CN202010981380.7	一种眼镜片转运用防护装置	6	便利性；安全；刮伤；清洁性；接触；灰尘	33-操作流程的方便性；30-作用于物体的有害因素；31-物质产生的有害因素	B65D25/10
95	CN202010854555.8	一种基于透明电致动聚合物材料的自适应眼镜及控制系统	10	强度；眼镜；镜框；调节；舒适性；焦距；均匀性；层；便利性；视线	14-强度；29-制造精度；33-操作流程的方便性	G02C7/08
96	CN202010822545.6	一种眼镜防雨结构	6	便利性；进入；复杂性；成本；正确性；出行；适用性；眼镜者；体积；雨水；变更；适合性；完成率；易拆卸；佩戴	33-操作流程的方便性；36-系统的复杂性；39-生产率；28-测量精度；35-适应性、通用性；07-体积；34-可维修性	G02C7/16
97	CN201910454409.3	一种精油眼镜腿和精油眼镜	10	漏出；耐腐蚀性；可操作性；充分性；广泛性；安全；持久度；便利性	30-作用于物体的有害因素；33-操作流程的方便性	G02C11/00
98	CN202010832214.0	一种时尚简洁方便佩戴可遮雨的护目镜及使用方法	9	拉动；长度；清洁性；直接；速度；舒适性；镜框；寿命；连接；便利性；视线	03-长度；31-物质产生的有害因素；09-速度；27-可靠性；33-操作流程的方便性	G02C11/00
99	CN201880015589.9	眼睛佩戴物	24	自动化	38-自动化程度	G02C7/00
100	CN201911235000.9	一种能够改善视力和舒适度的眼镜架	8	眼镜架；视力；压痕；负担；舒适性；脱落；加重；佩戴者；变更	39-生产率	G02C5/12
101	CN202010968161.5	一种眼镜树脂镜片加工用推送装置	7	成本；寿命；复杂性；便利性	39-生产率；27-可靠性；36-系统的复杂性；33-操作流程的方便性	B65G59/06

续表

序号	申请号	标题	权利要求数量/个	技术功效1级	技术功效 TRIZ 参数	IPC 主分类
102	CN202010961076.6	一种眼镜镜片安装用辅助装置	6	复杂性；成本；可维护性；紧固性；镜片	36-系统的复杂性；39-生产率；34-可维修性	G02C1/00
103	CN202010960699.1	一种便携式智能眼镜	6	体积；便利性；合理性；折叠	07-体积；33-操作流程的方便性；35-适应性、通用性	G02C1/06
104	CN202010961116.7	一种便于更换眼镜片的眼镜	6	损失；便利性；清洁性；寿命	23-物质损失；33-操作流程的方便性；31-物质产生的有害因素；27-可靠性	G02C5/00
105	CN202010959959.3	一种可调节眼镜腿长度的眼镜	6	脱落；损坏	27-可靠性	G02C5/20
106	CN201910443341.9	一种无盲区三叶视控镜片	6	集中度；舒适性；加深；视力；宽广；适合性；恶化	35-适应性、通用性	G02C7/06
107	CN202010883149.4	一种双镜面避视频辐射眼镜	6	复杂性；辐射；安全	36-系统的复杂性；30-作用于物体的有害因素	G02C7/14
108	CN202011039793.X	一种角膜接触镜清洗装置	10	完成率；消毒；收纳；细菌；清洁性；携带	30-作用于物体的有害因素；31-物质产生的有害因素	G02C13/00
109	CN201880066083.0	具有双稳定机构的可佩带物品	19	稳定性	13-稳定性	A44C5/00
110	CN201980020608.1	眼镜镜片以及用于制造眼镜镜片的方法	10	厚度；材料量；电子；边缘	03-长度	B29D11/00
111	CN201980027432.2	用于具有目标透射光谱的眼科镜片的确定方法	15	透射；确定性；适应性；精确性；波长	35-适应性、通用性；28-测量精度	G02C7/10
112	CN201680056447.8	以适于直接层压形式提供的光学制品和光学装置制造方法	17	热；压敏	17-温度	B29D11/00

续表

序号	申请号	标题	权利要求数量/个	技术功效 1 级	技术功效 TRIZ 参数	IPC 主分类
113	CN202010827239.1	一种具有镜片自动清洁功能的眼镜盒	6	添加；清洁性；洁净度；损坏；便利性	31-物质产生的有害因素；27-可靠性；33-操作流程的方便性	A45C11/04
114	CN202010384770.6	眼镜及其镜框	15	便利性；复杂性	33-操作流程的方便性；36-系统的复杂性	G02C5/00
115	CN202010854779.9	一种眼镜膜用膜层变色片的加工工艺	8	便利性；复杂性；均匀性；耐磨性；传统；静电；寿命；污渍	33-操作流程的方便性；36-系统的复杂性；29-制造精度；30-作用于物体的有害因素；31-物质产生的有害因素；27-可靠性	G02C7/02
116	CN202010932200.6	一种有助于双眼皮术后恢复的太阳镜	8	复杂性；沾染；长度；暴露；便利性；润湿；体积；恢复；舒适性；太阳镜；拆装；佩戴；冲击	36-系统的复杂性；03 - 长度；33-操作流程的方便性；07-体积	G02C11/00
117	CN202011010933.0	一种滑雪眼镜	12	安全；干扰；均匀性；内镜片；稳定性；透光性；舒适性；起雾	30-作用于物体的有害因素；29-制造精度；13-稳定性	G02C11/08
118	CN202010859244.0	一种穿戴产品用万向调节结构的加工工艺及万向调节结构	8	实用性；广泛性；质量；调节	35-适应性、通用性；27-可靠性	H02G3/04
119	CN201610474491.2	用于眼镜框架的弹性铰链及其组装程序	15	成本；确定性；阶段；复杂性；舒适性	39 - 生产率；36-系统的复杂性	G02C5/22
120	CN201880025925.8	可调渐变镜片及设计方法	20	自动化；手动；数量；美观性；安全；梯度；可能性；复杂性；光	38 - 自动化程度；26-物质或事物的数量；30-作用于物体的有害因素；36-系统的复杂性；18-照度	G02C7/06

续表

序号	申请号	标题	权利要求数量/个	技术功效1级	技术功效TRIZ参数	IPC主分类
121	CN202010881544.9	一种便于穿戴的AR眼镜及其使用方法	8	稳定性；便利性；正确性；复杂性	13-稳定性；33-操作流程的方便性；28-测量精度；36-系统的复杂性	G02B27/01
122	CN202010932198.2	一种智能太阳镜	8	释放；刺激；区间；松动；收卷；稳定性；旋转率；安全；舒适性；挤压；防滑性	31-物质产生的有害因素；13-稳定性；30-作用于物体的有害因素	G02C5/14
123	CN202010879684.2	眼镜的转动机构、眼镜和智能眼镜	20	稳定性	13-稳定性	G02C5/22
124	CN202010808134.1	一种疏水隐形眼镜	6	有害；水渍；含水量；防水性；疏水性；异物	30-作用于物体的有害因素	G02C7/04
125	CN202010952604.1	一种电致变色眼镜	10	广泛性；速度；适应性；波段；使用者；可控性	09-速度；35-适应性、通用性；37-控制与测量的复杂性	G02C7/10
126	CN202010828979.7	自动翻转眼镜	10	并发症；适合性；省心；有害；自动化；区域；速度；可操作性；眼球；美观性；耐磨性；近视	35-适应性、通用性；30-作用于物体的有害因素；38-自动化程度；09-速度；33-操作流程的方便性	G02C9/00
127	CN202010905681.1	一种眼镜夹片	7	重量；美观性	01-重量	G02C9/04
128	CN202010625643.0	一种眼镜片生产用清洗装置	10	划伤；完成率；速度；紧固性；自动化；接触；洁净度；范围	09-速度；38-自动化程度；31-物质产生的有害因素；35-适应性、通用性	G02C13/00
129	CN202010900343.9	镜片适配方法、装置及介质	10	精度	28-测量精度	G02C13/00
130	CN201880092286.7	远距主导的人工晶状体	13	能量；光；扩展；源自；深度；距离；近视力；屈光力；视觉；比例	19-能耗；18-照度；03-长度	G02C7/06

续表

序号	申请号	标题	权利要求数量/个	技术功效 1 级	技术功效 TRIZ 参数	IPC 主分类
131	CN201580065684.6	接触镜和用于构造接触镜的方法和系统	22	材料；透气性；透过率；接触镜；血管	23-物质损失	G02C7/04
132	CN201680017458.5	塑料镜片、眼镜镜片及眼镜	25	镜片；固化；均匀性；眼镜	29-制造精度	G02B1/04
133	CN201811077770.0	一种隐形眼镜杀菌设备及其杀菌方法	8	细菌；清洁性	30-作用于物体的有害因素；31-物质产生的有害因素	A61L12/04
134	CN202010681041.7	一种时尚简洁方便佩戴可遮雨的眼镜及使用方法	9	拉动；便利性；长度；直接；速度；镜框；寿命；连接；舒适性；视线；清洁性	33-操作流程的方便性；03-长度；09-速度；27-可靠性；31-物质产生的有害因素	G02C5/20
135	CN202010914233.8	一种隐形双光镜片	6	感觉；真实；美观性；适合性；市场；便利性；宽阔；近视	35-适应性、通用性；33-操作流程的方便性	G02C7/04
136	CN201710930717.X	一种应用于泳镜和泳帽的抗菌材料配方和生产工艺	8	便利性；能力；环境；综合性；成本；丢失；舒适性；质量；安全；接触；效率；细菌	33-操作流程的方便性；39-生产率；27-可靠性；30-作用于物体的有害因素	C08L83/04
137	CN201811077766.4	一种隐形眼镜加工流水线	7	细菌；形状	30-作用于物体的有害因素；12-形状	A61L12/02
138	CN201811577658.3	适用于叠加佩戴的超轻 AR 眼镜	7	复杂性；重量；负担；不适感；干涉；劳动强度；耐用性；视觉；鼻梁；便利性；碰撞	36-系统的复杂性；01-重量；39-生产率；13-稳定性；33-操作流程的方便性；30-作用于物体的有害因素	G02B27/01
139	CN201911234078.9	一种便于佩戴的压力可调式无腿老花眼镜架	6	舒适性；调节；重量；佩戴；寿命；便利性；变形；适用性	01-重量；27-可靠性；33-操作流程的方便性；12-形状；35-适应性、通用性	G02C5/12

续表

序号	申请号	标题	权利要求数量/个	技术功效1级	技术功效TRIZ参数	IPC主分类
140	CN202010625713.2	一种双层镜片的眼镜片的镜片及制作方法	10	强度；膜；美观性；能力；释放；刮膜；光滑度；污染；固化；安全；清洁性	14-强度；31-物质产生的有害因素；30-作用于物体的有害因素	G02B1/10
141	CN202010625634.1	一种抗菌眼镜片的制作方法	10	感染；弱化；细菌；成本；质量；复杂性；舒适性；安全；效率；固化	30-作用于物体的有害因素；39-生产率；27-可靠性；36-系统的复杂性	G02B1/18
142	CN202010880265.0	一种防低头眼镜	10	眼镜；便利性；移动；压力；受力；稳定性；疲劳度；寿命；架设；连接	33-操作流程的方便性；10-力；13-稳定性；27-可靠性	G02C3/00
143	CN202010778816.2	眼镜架、眼镜和智能眼镜	13	稳定性	13-稳定性	G02C5/00
144	CN202010813824.6	一种防模糊眼镜	7	可靠性；正确性；便利性；脱落；模糊；镜片	27-可靠性；28-测量精度；33-操作流程的方便性	G02C5/00
145	CN202010789746.0	一种防雾型树脂的镜框一体化眼镜结构	6	速度；照明；便利性；实用性；紧固性；光亮	09-速度；18-照度；33-操作流程的方便性；35-适应性、通用性	G02C5/14
146	CN202010632843.9	一种具有防蓝光的眼镜片的制作方法	10	油污；防蓝光；眼睛；耐磨性；表面；成本；过滤；膜层；复杂性；耐腐蚀性	30-作用于物体的有害因素；39-生产率；36-系统的复杂性	G02C7/10
147	CN202010822664.1	续航时间无限的电致变色自动控光滑雪护目镜	13	清晰度；护目镜；便利性；电池；刺激；透射光；实时性；着力；遮挡；防护性；柔和；双目	28-测量精度；33-操作流程的方便性；25-时间损失	G02C7/10
148	CN202011003328.0	适合全天候佩戴的护目镜及其制备方法	9	适合性；隔离；舒适性	35-适应性、通用性	G02C7/10

续表

序号	申请号	标题	权利要求数量/个	技术功效1级	技术功效TRIZ参数	IPC主分类
149	CN202010865993.4	一种运动眼镜系统	10	范围；美观性；便利性；紧固性；安全；速度；复杂性；头部；脱落；合理性；受损	35-适应性、通用性；33-操作流程的方便性；30-作用于物体的有害因素；09-速度；36-系统的复杂性	G02C9/04
150	CN202010802651.8	音频增强方法、装置、存储介质及可穿戴设备	12	灵活性；对象；确定性	35-适应性、通用性	H04R1/08
151	CN201980020944.6	具有覆盖层的塑料透镜的制造方法	9	可制造性；固化；光；变形；上升；附着；成本；便利性；浓度；显色	32-可制造性；18-照度；12-形状；39-生产率；33-操作流程的方便性	G02B1/10
152	CN201980021130.4	眼镜设备铰链组件	20	安全	30-作用于物体的有害因素	G02C11/00
153	CN201680021977.9	制作结构表面用开孔模具带	33	挥发性；完成率；挥发物；积聚；速度	09-速度	B29D11/00
154	CN201711104925.0	带长度调节件	10	复杂性；体积；成本	36-系统的复杂性；07-体积；39-生产率	A63B33/00
155	CN201810448391.1	一种近视眼镜片及其制备方法	7	成本；产量；环境；安全；速度；均匀性；重量；寿命；白度；透度	39-生产率；30-作用于物体的有害因素；09-速度；29-制造精度；01-重量；27-可靠性	C08L75/14
156	CN201780063626.9	减小畸变的眼镜镜片	20	可制造性；畸变；自由度；范围；镜片；适合性；成本；矫正；精确性；稳定性	32-可制造性；35-适应性、通用性；39-生产率；28-测量精度；13-稳定性	G02C7/06
157	CN202010148502.4	航天防辐射镜片的制备方法及航天防辐射眼镜	5	防护性；视物；视觉；成本；绿色；透光；环境；辐射；污染；安全	39-生产率；31-物质产生的有害因素；30-作用于物体的有害因素	G02C7/10

续表

序号	申请号	标题	权利要求数量/个	技术功效 1 级	技术功效 TRIZ 参数	IPC 主分类
158	CN202010807386. 2	一种防护眼镜防雾剂及其使用方法	10	粘附；便利性；化学反应；附着力；成本；透明度；耐水性；起雾；寿命；防雾	33-操作流程的方便性；10-力；39-生产率；27-可靠性	C09K3/18
159	CN201910400205. 1	旅行老花镜	7	便利性；老花镜；视线；过程；复杂性；正确性；老花眼	33-操作流程的方便性；36-系统的复杂性；28-测量精度	G02C5/00
160	CN201980023385. 4	主观屈光和客观屈光的调整	24	校正	28-测量精度	G02C7/02
161	CN201710002813. 8	一种眼镜	9	信息；成本；人眼；有害；准确性	24-信息损失；39-生产率；30-作用于物体的有害因素；28-测量精度	G02C7/10
162	CN201710173630. 2	用于控制近视、延长焦深和矫正老花眼的脉冲正镜片设计	22	视力；可调节性；时间；伪影；长度；可控性；生长；信号；短时；确定性；发展	15-时间；03-长度；37-控制与测量的复杂性	G02C7/08
163	CN201780014895. 6	用于确定量化滤光器对与眼睛相关的参数的作用的值的方法	18	阻挡；精确性	28-测量精度	G02C7/10
164	CN202010710861. 4	一种夹持式面罩	10	复杂性；眼镜；脱落；牢固性；完成率；适用性；替换；可加工性；紧固性；成本；松动	36-系统的复杂性；27-可靠性；35-适应性、通用性；39-生产率；31-物质产生的有害因素	A41D13/11
165	CN202010754809. 9	一种屏蔽高频辐射的树脂镜片及其制造方法	7	有害；安全；健康；收益	30-作用于物体的有害因素	B29D11/00
166	CN202010767293. 1	结构着色的物品以及用于制造和使用结构着色的物品的方法	20	热	17-温度	B32B27/08

续表

序号	申请号	标题	权利要求数量/个	技术功效1级	技术功效TRIZ参数	IPC主分类
167	CN202010719851.7	防飞溅眼镜	10	防飞溅；确定性；阻挡；速度；适合性；复杂性	09-速度；35-适应性、通用性；36-系统的复杂性	G02C5/00
168	CN202010933725.1	一种多色醋酸纤维眼镜架结构及其制造工艺	7	变质；美观性；稳定性；便利性；均匀性；适应性；老化；完成率	13-稳定性；33-操作流程的方便性；29-制造精度；35-适应性、通用性	G02C5/00
169	CN202010913795.0	一种隐形一线双光镜片	7	清晰度；突兀感；范围	28-测量精度；35-适应性、通用性	G02C7/04
170	CN202010906409.5	一种智能蓝牙眼镜腿	8	舒适性；自动化；复杂性；适应性；音量；可控性	38-自动化程度；36-系统的复杂性；35-适应性、通用性；37-控制与测量的复杂性	G02C11/00
171	CN202010753953.0	智能眼镜控制方法、装置、存储介质及电子设备	12	电量；智能化；可控性	37-控制与测量的复杂性	G05B19/042
172	CN201980020436.8	含磷酰胆碱基的聚硅氧烷单体	7	透氧性；亲水性；强度	14-强度	C08G77/395
173	CN201980021789.X	镜片和眼镜	21	便利性；视野；释放；完成率；牢固性；透明度	33-操作流程的方便性；27-可靠性	G02C7/14
174	CN201710726485.6	眼镜	7	替换；清晰度	28-测量精度	G02C3/02
175	CN201910015532.5	镜片装置、眼镜设备以及光线调节方法	11	清晰度；疲劳度；损失；对比度	28-测量精度；23-物质损失	G02C11/00
176	CN201910956842.7	一种眼镜的批量清洗和杀菌储存装置	6	安全；污染；消毒；损坏；接触；清洁性；进入；遮挡	30-作用于物体的有害因素；31-物质产生的有害因素；27-可靠性	G02C13/00

续表

序号	申请号	标题	权利要求数量/个	技术功效1级	技术功效TRIZ参数	IPC主分类
177	CN201911251800. X	基于视网膜扫描的眼内显示装置	10	图像；功耗；现实；延迟；数量；出瞳；分辨率；适合性；智能化；时延；复杂性	19-能耗；25-时间损失；26-物质或事物的数量；35-适应性、通用性；36-系统的复杂性	G02C7/04
178	CN202010771284. X	一种具有无点阵导光特性的导光板制作方法	7	稳定性；超细；均匀性；便利性；透明度；相容性	13-稳定性；29-制造精度；33-操作流程的方便性	C08F265/04
179	CN202010856412. 0	一种透光性树脂基材的制法及透光性树脂基材	7	阻断；成本；复杂性；透光性；镜片	39-生产率；36-系统的复杂性	C08L69/00
180	CN202010680545. 7	新型稀土纳米复合清洁抗菌防雾剂及其制备方法和应用	10	清洁性；复杂性；细菌；稳定性；自动化；长度；成本；粒子；流子；安全；便利性；亲水亲油性；水滴	31-物质产生的有害因素；36-系统的复杂性；30-作用于物体的有害因素；13-稳定性；38-自动化程度；03-长度；39-生产率；33-操作流程的方便性	C09D1/00
181	CN202010736413. 1	镜框结构及穿戴设备	14	可靠性；鼻托；易拆卸；变更；适合性	27-可靠性；34-可维修性；35-适应性、通用性	G02C5/12
182	CN202010827394. 3	一种防控进展性近视远近两用多点离焦棱透组合镜片	8	镜片；可控性；防控；变化	37-控制与测量的复杂性	G02C7/14
183	CN201880091457. 4	具有可变折射率的渐变眼镜片以及用于其设计和制造的方法	33	不利；复杂性	36-系统的复杂性	G02C7/02
184	CN201680056500. 4	用于光学设备的电子镜架以及包括这样的镜架的光学设备	11	安全；变形；移除	30-作用于物体的有害因素；12-形状	G02C1/08

续表

序号	申请号	标题	权利要求数量/个	技术功效1级	技术功效TRIZ参数	IPC主分类
185	CN201810837601.6	一种防紫外线树脂镜片及其制备方法	10	紫外线；复杂性；佩戴；耐磨性；眼镜片；树脂镜片；成本；吸收；质量；便利性；耐用性；特殊；结合力	36-系统的复杂性；30-作用于物体的有害因素；39-生产率；27-可靠性；33-操作流程的方便性；13-稳定性；10-力	C09D163/00
186	CN201910800386.7	眼镜洗护存储一体设备和眼镜洗护存储的方法	10	自动化；便利性；清洁性	38-自动化程度；33-操作流程的方便性；31-物质产生的有害因素	G02C13/00
187	CN201911062209.X	一种电力高空作业用眼镜刮雨器	9	便利性；能源；强度；刮雨器；手部；灵活性；驱动；环境	33-操作流程的方便性；19-能耗；14-强度；35-适应性、通用性	G02C11/08
188	CN202010732216.2	一种传感器和智能穿戴设备	10	集成度	36-系统的复杂性	A61B5/00
189	CN201910292244.4	一种胶束内含型载药角膜接触镜及其制备方法	10	时间；利用率；释放；长度；复杂性；可控性；相容性	15-时间；39-生产率；03-长度；36-系统的复杂性；37-控制与测量的复杂性	A61K9/107
190	CN202010641975.8	一种轻质基材薄壁反射镜的制作方法	10	精密度；质量；复杂性；稳定性	29-制造精度；27-可靠性；36-系统的复杂性；13-稳定性	B29D11/00
191	CN201910320323.1	用于镜片的涂料、镜片和防红外线与紫外线的眼镜	10	有害；安全；阻隔；正确性；镜片；完成度；红外线；眼镜；复杂性；成本；反射层；可行性；行驶；阻碍；易得；矫正	30-作用于物体的有害因素；28-测量精度；36-系统的复杂性；39-生产率	C09D127/12
192	CN202010852006.7	一种5G眼镜	9	阐述；适应性	35-适应性、通用性	G02B27/01
193	CN202010896603.X	一种替换性多用途双层眼镜架及其组装成型工艺	10	便利性；易拆卸；体积；镜片；多样性；调节	33-操作流程的方便性；34-可维修性；07-体积	G02C5/00

续表

序号	申请号	标题	权利要求数量/个	技术功效 1 级	技术功效 TRIZ 参数	IPC 主分类
194	CN202010837763.7	一种轻薄便携眼镜	6	变形；轻薄；舒适性；损坏；质量；负担；变更；复杂性；体积；可维修性；充分性；便利性；坚韧度	12-形状；27-可靠性；39-生产率；36-系统的复杂性；07-体积；34-可维修性；33-操作流程的方便性	G02C5/12
195	CN202010868145.9	一种矫姿眼镜	6	清晰度；精确性	28-测量精度	G02C7/02
196	CN201980019652.0	用于 TAC 膜和层压体的底漆	14	粘附；稳健；类型；相容；数量	26-物质或事物的数量	B29D11/00
197	CN201610366334.X	一种智能眼镜	9	准确性；环境；智能化；干扰；体验；清晰度	28-测量精度；30-作用于物体的有害因素	G02C11/00
198	CN201811243514.4	镜片切换式口腔医生防护面罩	9	可控性；效率；舒适性；自由度；烦恼；适应性；疲劳度	37-控制与测量的复杂性；39-生产率；35-适应性、通用性	A41D13/11
199	CN202010249251.9	用于制造眼科镜片的成型装置及制造这种镜片的方法	15	便利性；复杂性；精确性；可靠性；经济性	33-操作流程的方便性；36-系统的复杂性；28-测量精度；27-可靠性；39-生产率	B29D11/00
200	CN202010671591.0	一种高质量定制镜片坯件及其成型方法	10	涡纹；原料；气泡；审美；韧性；质量；滤除；抗冲击性；衰减；幻想；安全	23-物质损失；11-应力、压强；27-可靠性；30-作用于物体的有害因素	B29D11/00
201	CN202010823015.3	一种可佩戴于手腕的眼镜	10	可靠性；折裂；复杂性；齐平；合理性；速度；重量；便利性；强度；美观性	27-可靠性；36-系统的复杂性；35-适应性、通用性；09-速度；01-重量；33-操作流程的方便性；14-强度	G02C5/08
202	CN201910329112.4	预防及减缓近视眼发展的眼镜片	11	频率；质量；加深；支出；速度	27-可靠性；09-速度	G02C7/02

续表

序号	申请号	标题	权利要求数量/个	技术功效 1 级	技术功效 TRIZ 参数	IPC 主分类
203	CN202010712602.5	一种环氧树脂制备涂层的变色眼镜片	10	附着力；稳定性；温度；速度；异常；固化；变化	10-力；13-稳定性；17-温度；09-速度	G02C7/10
204	CN202010732623.3	一种预防近视用变色眼镜片及其制备方法	10	标准；适合性；近视；便利性	35-适应性、通用性；33-操作流程的方便性	G02C7/10
205	CN201910298879.5	一种角膜接触镜清洗装置	15	防震性；清洁性；便利性；溶解；适合性；效率；热；寿命；镜片；振动	30-作用于物体的有害因素；31-物质产生的有害因素；33-操作流程的方便性；35-适应性、通用性；39-生产率；17-温度；27-可靠性	G02C13/00
206	CN201680055110.5	电子镜架	15	接触；美观性；安全	30-作用于物体的有害因素	G02C5/22
207	CN202010540203.5	一种实芯保偏无截止单模微结构光纤及其制备工艺	10	复杂性；应力棒；光纤；传递；成本	36-系统的复杂性；39-生产率	G02B6/02
208	CN202010842013.9	一种可更换镜片的眼镜	6	复杂性；损失；范围；便利性；可操作性；眼镜；损坏；强度；美观性；劳动强度；速度	36-系统的复杂性；23-物质损失；35-适应性、通用性；33-操作流程的方便性；27-可靠性；14-强度；39-生产率；09-速度	G02C1/06
209	CN202010348399.8	眼镜片、特别是用于太阳镜的眼镜片	27	色度；透射率；安全	30-作用于物体的有害因素	G02C7/02
210	CN202010846366.6	眼镜及眼镜调焦方法	10	调节；便利性；实时性	33-操作流程的方便性；25-时间损失	G02C7/08
211	CN202010681184.8	一种可更换近视镜片的防辐射铅眼镜	10	便利性；辐射；调节；错位	33-操作流程的方便性	G02C9/00

续表

序号	申请号	标题	权利要求数量/个	技术功效1级	技术功效TRIZ参数	IPC主分类
212	CN201910290002.1	一种眼镜清洗机	9	安全；污渍；便利性；风力；干燥；速度；可靠性；完成率	30-作用于物体的有害因素；33-操作流程的方便性；09-速度；27-可靠性	G02C13/00
213	CN201980018981.3	用于生产半成品眼镜镜片的方法以及半成品眼镜镜片	27	可读性；个性化；空间；优选；折痕；广泛性	07-体积	B29D11/00
214	CN201980018044.8	XUV和X射线衍射光学元件的制造方法	15	速度；吸收	09-速度	G03F7/00
215	CN201580040627.2	特别借助于光学反馈为设备的透镜调焦距的光学设备	39	独立；强度；消耗能；矫正	14-强度	G02B27/40
216	CN201810852780.0	一种全息隐形眼镜及其应用	8	体积；形变；视场角；现实；透明度；线；移动；图像；显示；体验	07-体积	G02C7/04
217	CN202010353390.6	一种中高折射率高硬度树脂镜片	10	折射率；耐磨性；硬度；透过率	30-作用于物体的有害因素；14-强度	C09D183/08
218	CN202010821888.0	应用于眼镜的新型眼镜脚组件	10	旋转率；多样化；复杂性；成本；速度	36-系统的复杂性；39-生产率；09-速度	G02C5/16
219	CN202010679015.0	一种减缓近视加深的镜片及其制备方法	10	适应性；均匀性；复杂性；连续感；过程；效率；成本；灵活性	35-适应性、通用性；29-制造精度；36-系统的复杂性；39-生产率	G02C7/06
220	CN201580064708.6	机动车辆驾驶辅助系统和机动车辆	7	车辆；可控性；照明	37-控制与测量的复杂性；18-照度	B60J3/04
221	CN201780028708.X	用于根据代表配戴者眼睛对光通量变化的动态敏感度的量来确定眼科镜片的滤光片的方法	22	视觉；舒适性；适应性	35-适应性、通用性	G02C7/10

续表

序号	申请号	标题	权利要求数量/个	技术功效1级	技术功效TRIZ参数	IPC主分类
222	CN201910562646.1	老花眼视力矫正装置	12	寿命；依赖；等同；眼镜；厚度；范围；发散；美观性；体验	27-可靠性；03-长度；35-适应性、通用性	G02C7/08
223	CN202010123309.5	超宽幅双向拉伸扩散板及其制备方法、液晶显示器以及平板LED照明灯具	18	美观性；厚度；强度；扩散板；区间；范围	03-长度；14-强度；35-适应性、通用性	B29D11/00
224	CN202010319920.5	一种具有薄膜微结构的镜片以及微结构镀膜制备方法	7	人眼；成本；习惯；屈光度	39-生产率	G02C7/02
225	CN202010709569.0	一种激光美容用推车	6	长度；摩擦力；连接；清洁性；干燥；完成率	03-长度；10-力；31-物质产生的有害因素	A61B50/13
226	CN202010715233.5	一种溺水自救装置	10	复杂性；合理性	36-系统的复杂性；35-适应性、通用性	B63C9/15
227	CN202010700032.8	一种基于5G通讯光纤的生产方法	6	变形；融合；抗拉；耐磨性；寿命	12-形状；30-作用于物体的有害因素；27-可靠性	G02B6/02
228	CN202010859867.8	一种镜框、镜架及智能眼镜	10	容量；可维修性；便利性；占用率；集成度；智能化；复杂性；空间；短路	07-体积；34-可维修性；33-操作流程的方便性；36-系统的复杂性	G02C5/02
229	CN201910273456.8	鼻托和具有鼻托的眼镜/眼部用具/面部护具	10	接合度；压痕；眼镜；舒适性；均匀性；概率	29-制造精度	G02C5/12
230	CN202010741089.2	一种光转换膜及制备方法、防蓝光眼镜、照明及显示设备	12	防蓝光；视觉；能量；安全；光；亮度	19-能耗；30-作用于物体的有害因素；18-照度	G02C7/10
231	CN202010446360.X	一种具有无线耳机的眼镜	10	损坏；完成率；外露；污染；体验	27-可靠性；31-物质产生的有害因素	G02C11/00

续表

序号	申请号	标题	权利要求数量/个	技术功效1级	技术功效TRIZ参数	IPC主分类
232	CN202010641897.1	一种智能眼镜	9	复杂性；安全；携带	36-系统的复杂性；30-作用于物体的有害因素	G02C11/00
233	CN202010715035.9	一种儿童游泳防溺水安全警报设备	10	体验；情绪；复杂性；紧张；合理性；安全	36-系统的复杂性；35-适应性、通用性；30-作用于物体的有害因素	G08B21/08
234	CN201611173678.5	制造弯曲的可切换滤光器的方法	13	重量；视野	01-重量	G02F1/1333
235	CN201680078589.4	带腔可调节透镜	69	强度；无菌；形状；可制造性；完整性；平衡；潮湿；膨胀；释放；环境	14-强度；12-形状；32-可制造性	B29C39/12
236	CN202010661317.5	一种眼镜镀膜方法	8	两面；便利性；均匀性	33-操作流程的方便性；29-制造精度	G02C7/02
237	CN202010821715.9	一种高空作业用多功能眼镜防护器	9	接触；体积；可维修性；携带；复杂性；防护器；受阻；耐磨性	07-体积；34-可维修性；36-系统的复杂性；30-作用于物体的有害因素	G02C11/08
238	CN202010524148.0	隐形眼镜智能清洗器	6	蓝牙；传递；感染；清洁性	31-物质产生的有害因素	G02C13/00
239	CN201980014038.5	制造可重写的镜片	22	复杂性	36-系统的复杂性	G02C7/02
240	CN201880088989.2	制造光学装置的方法以及所产生的光学装置	19	可控性；精度；可制造性；复杂性；可靠性；固化	37-控制与测量的复杂性；28-测量精度；32-可制造性；36-系统的复杂性；27-可靠性	G02C7/08
241	CN202010234634.9	具有眼镜和空气偏转器系统的头盔组件和方法	20	阻力	10-力	A42B3/04

续表

序号	申请号	标题	权利要求数量/个	技术功效 1 级	技术功效 TRIZ 参数	IPC 主分类
242	CN201910232316.6	一种带眼镜清洗功能的化妆镜	12	眼镜；空间；舒适性；亮度；不稳；体验；便利性；隐形眼镜；时间；取放；可控性	07-体积；18-照度；33-操作流程的方便性；15-时间；37-控制与测量的复杂性	A45D42/08
243	CN202010501176.0	一种反光背胶膜的制备方法	10	膜理化；附着；亮度；稳定性；持粘性；剥离；效率；伸缩率；衰减率	18-照度；13-稳定性；39-生产率	B29D11/00
244	CN201910237192.0	一种隐形眼镜及其制作方法、隐形眼镜系统	13	风险	27-可靠性	G02C7/04
245	CN202010211901.0	隐形眼镜及隐形眼镜产品	23	能量；速度；有害；安全	19-能耗；09-速度；30-作用于物体的有害因素	G02C7/04
246	CN201910230107.8	一种小视窗防疲劳阅读眼镜	8	记忆；认知力；效率；防眼肌疲劳；专注度	39-生产率	G02C7/16
247	CN202010708259.7	一种侧泄试紫外线杀菌眼镜	10	细菌；眼部；机率；健康	30-作用于物体的有害因素	G02C11/00
248	CN201711110837.1	螺吡喃类光致变色光学材料及其制备方法	14	灵敏度；速度；空间；阻碍；环境；复杂性；抗疲劳性；变色体；变色；稳定性；区域	28-测量精度；09-速度；07-体积；36-系统的复杂性；13-稳定性	C07D491/107
249	CN201810117543.X	制造装置外壳的方法和包括透明透镜的装置外壳	10	体积；破裂；确定性	07-体积	B29C45/14
250	CN201780047642.9	具有延伸部的眼镜	17	风险；移动性	27-可靠性	G02C3/00
251	CN202010576926.0	一种眼镜镜脚支撑架及其加工工艺	10	眼镜；工艺；舒适性；环境；耐磨性；稳定性；粘度；屏蔽；健康；安全；光滑度；耐用性；细菌；疲劳度	30-作用于物体的有害因素；13-稳定性	G02C5/14

续表

序号	申请号	标题	权利要求数量/个	技术功效1级	技术功效TRIZ参数	IPC主分类
252	CN202010720907.0	一种智能眼镜框	8	手机；自动化；安全；手腕；便利性	38-自动化程度；30-作用于物体的有害因素；33-操作流程的方便性	G02C5/14
253	CN202010728279.0	一种智能加热眼镜及加热控制策略	6	消耗；智能化；能量；自动化；生活；受阻；利用率；时长	23-物质损失；19-能耗；38-自动化程度；39-生产率	G02C11/08
254	CN201980001032.4	彩色隐形眼镜	12	单价；透明度；多样；复杂性	36-系统的复杂性	B32B27/20
255	CN201980014124.6	用于眼镜的柔性鼻中组件和组装柔性眼镜的方法	24	韧性	11-应力、压强	G02C5/06
256	CN201780043085.3	组合校正透镜和透镜护罩	14	延展；防护性；突出；适合性；可能性；延伸；移除；护目镜；充分性	35-适应性、通用性	G02C7/02
257	CN202010559025.0	一种采用醋酸纤维制作眼镜架的复合材料及其成型工艺	7	导热性；充分性；光洁度；杂质；硬度；强度；美观性；含水量；均匀性；变质；质量；便利性；划痕	17-温度；29-制造精度；30-作用于物体的有害因素；14-强度；27-可靠性；33-操作流程的方便性	B29D12/02
258	CN202010557679.X	一种缓解眼部疲劳的投影式显示器	10	可操作性；血液；近视；凉爽；面积；效率；疲劳度；压力；舒适性；自动化；柔软度	33-操作流程的方便性；05-面积；39-生产率；10-力；38-自动化程度	G02C3/02
259	CN202010518298.0	可穿戴式智能滑雪眼镜	10	稳定性；安全；舒适性；能力；体验；适合性；结晶；视物；空气；聚集；可调节性	13-稳定性；30-作用于物体的有害因素；35-适应性、通用性	G02C5/00

续表

序号	申请号	标题	权利要求数量/个	技术功效 1 级	技术功效 TRIZ 参数	IPC 主分类
260	CN201910204699.6	一种眼镜	13	复杂性；难度；可能性；眼镜；调节；成本；可制造性	36-系统的复杂性；39-生产率；32-可制造性	G02C5/12
261	CN202010626720.4	一种能够提高佩戴舒适度的眼镜鼻托及其眼镜	10	便利性；鼻托；稳定性；眼镜；舒适性；防滑性	33-操作流程的方便性；13-稳定性	G02C5/12
262	CN201911392075.8	眼镜侧盖的组装结构	6	可操作性；防护性	33-操作流程的方便性	G02C5/14
263	CN202010526196.3	全自动眼镜脚插针机	9	匹配；效率；完成率；自动化；稳定性；长度；灵活性；发展；质量	39-生产率；38-自动化程度；13-稳定性；03-长度；35-适应性、通用性；27-可靠性	G02C13/00
264	CN201980011600.9	用于眼镜的多层镜片	14	质量；层；成本；可靠性	27-可靠性；39-生产率	G02B1/115
265	CN202010626723.8	一种具有光学眼镜插件的太阳眼镜	10	松动；自松动；牢固性	31-物质产生的有害因素；27-可靠性	G02C5/16
266	CN202010599930.9	一种智能近视矫治眼镜	8	智能化；丰富；可塑性；距离；辐射；清楚；防紫外线；便利性；蓝光；美观性；静电；自动化	03-长度；33-操作流程的方便性；31-物质产生的有害因素；38-自动化程度	G02C7/06
267	CN202010624548.9	去雾眼镜	7	热量；起雾；热	19-能耗；17-温度	G02C11/08
268	CN202010721513.7	一种带隐形提词功能的投影机系统及数据叠加处理方法	6	合理性；对比度；提词；观看	35-适应性、通用性	H04N9/31
269	CN201980012915.5	眼科有色镜片	10	节律；安全；光；收缩	30-作用于物体的有害因素；18-照度	G02C7/02

续表

序号	申请号	标题	权利要求数量/个	技术功效1级	技术功效TRIZ参数	IPC主分类
270	CN201510542389.7	用于老花眼的具有双眼视差限值的镜片系统	12	边界值；视觉；数量；距离；适合性；附加；折衷；平衡；人群；患者；描述	26-物质或事物的数量；03-长度；35-适应性、通用性	G02C7/04
271	CN201610965630.1	摩擦稳定的接触镜片	10	手段；复杂性；旋转率；速度；独立；参数；稳定性；高峰	36-系统的复杂性；09-速度；13-稳定性	G02C7/04
272	CN201910972802.1	一种易拆装式户外太阳眼镜	6	变更；复杂性；便利性；拆装；实用性；体验；稳定性；人群	36-系统的复杂性；33-操作流程的方便性；35-适应性、通用性；13-稳定性	G02C5/20
273	CN202010681901.7	便携型皮肤激光治疗防护眼镜	10	便利性；脱落；适用性；实用性；稳定性；舒适性；佩戴	33-操作流程的方便性；35-适应性、通用性；13-稳定性	A61F9/02
274	CN201910540097.8	镜片浇注机	10	速度；气泡；排气；效率	09-速度；39-生产率	B29D11/00
275	CN202010452369.1	一种低收缩树脂及其制备方法与应用	10	时间；产物；韧性；成本；硬度；劳动强度；低收缩	15-时间；11-应力、压强；39-生产率；14-强度	C07C68/06
276	CN201910197926.7	基于红外光谱吸收式传感系统的瓦斯检测眼镜	10	速度；实用性；采集；效率；安全；精度；灵敏度；便利性；监控	09-速度；35-适应性、通用性；39-生产率；30-作用于物体的有害因素；28-测量精度；33-操作流程的方便性	G01N21/3504
277	CN201910197925.2	基于气敏变色传感系统的气体检测探险眼镜	10	可靠性；速度；实用性；便利性；暴露；安全；灵敏度	27-可靠性；09-速度；35-适应性、通用性；33-操作流程的方便性；30-作用于物体的有害因素；28-测量精度	G01N21/78

续表

序号	申请号	标题	权利要求数量/个	技术功效1级	技术功效TRIZ参数	IPC主分类
278	CN202010657814.8	一种多功能改善镜片及其制备方法	10	镜片；速度；矫正；清晰度；度数；变化；面积；光透率；分辨率；诱导	09-速度；28-测量精度；05-面积	G02C7/06
279	CN202010704629.X	一种智能雾霾视觉防控设备及检测方法	10	防护性；安全；疾病；封闭；便利性；美观性；智能化；防雾霾；损失；打开；及时性	30-作用于物体的有害因素；33-操作流程的方便性；23-物质损失；25-时间损失	G02C11/00
280	CN202010004642.4	基于镜片尺寸选择的镜架加工系统及方法	10	自动化；可制造性；完成率	38-自动化程度；32-可制造性	G02C13/00
281	CN202010592772.4	一种眼科用眼镜自动平衡校正与清洗装置	8	校正；力度；适合性；清洁性；繁琐；便利性；效率	28-测量精度；35-适应性、通用性；31-物质产生的有害因素；33-操作流程的方便性；39-生产率	G02C13/00
282	CN202010175778.1	用于选择眼镜镜片的选择辅助装置	15	复杂性	36-系统的复杂性	G06C3/00
283	CN201910211151.4	基于视觉反馈机制的智能变焦眼镜系统	6	眼镜；速度；实时性；智能化；信息	09-速度；25-时间损失；24-信息损失	G06K9/00
284	CN202010590746.8	一种安装于眼镜上的音频设备	16	灵活性；充电；适合性；便利性；个性化	35-适应性、通用性；33-操作流程的方便性	H04R1/10
285	CN201910476651.0	一种调控近视眼眼轴的光学镜片制备方法	7	均匀性；眼轴	29-制造精度	B29D11/00
286	CN202010352810.9	一种中高折射率树脂加硬液及其制备方法	8	适量；耐磨性；折射率；脱落；硬度；成膜性；韧性；结合力；开裂	30-作用于物体的有害因素；14-强度；11-应力、压强；10-力	C09D183/08
287	CN201910180856.4	穿戴装置及磁性电连接器	10	便利性；确定性	33-操作流程的方便性	G02B27/01
288	CN202010661875.1	磁吸式眼镜带和眼镜	7	牢固性；适合性；脱落；范围	27-可靠性；35-适应性、通用性	G02C3/02

续表

序号	申请号	标题	权利要求数量/个	技术功效 1 级	技术功效 TRIZ 参数	IPC 主分类
289	CN202010660412.3	一种可微调镜片距离的眼镜	8	舒适性；人群；佩戴；范围；距离；视野	35-适应性、通用性；03-长度	G02C5/04
290	CN202010660418.0	一种可更换眼镜支架的镜框	7	浪费；便利性；速度；利用率；效率；丢失	33-操作流程的方便性；09-速度；39-生产率	G02C5/22
291	CN202010660622.2	一种可更换眼镜片的眼镜	8	实用性；速度；锁定；紧固性；兼容性；便利性	35-适应性、通用性；09-速度；33-操作流程的方便性	G02C9/04
292	CN202010565833.8	一种具有镜片保护功能的折叠式眼镜	6	安全；清洁性；视觉；接触；平面	30-作用于物体的有害因素；31-物质产生的有害因素	G02C5/08
293	CN202010671765.3	一种防蓝防红防紫镜片	9	蓝防；防护性；麻烦	31-物质产生的有害因素	G02C7/10
294	CN202010558770.3	一种开关机控制方法及智能眼镜	10	智能化；体验；便利性	33-操作流程的方便性	G02C11/00
295	CN202010664202.1	一种安装方便的眼镜及安装方法	10	便利性；丰富；连接；完成率	33-操作流程的方便性	G02C13/00
296	CN201980010053.2	可变光学透射率装置以及相关联的控制方法	15	适应性；时间；光学	35-适应性、通用性；15-时间	G02C7/10
297	CN202010671888.7	护眼装置	10	训练；疗效；靶得性；正确性；纠正	28-测量精度	A61F9/00
298	CN202010100017.X	制作眼镜镀层镜片的方法和用于镜片坯料的支撑体	16	成本；面向；形状	39-生产率；12-形状	G02C7/02
299	CN202010708206.5	一种镜片、眼镜和镜片加工方法	10	准确性；合理性；符合	28-测量精度；35-适应性、通用性	G02C7/06
300	CN202010671390.0	一种驾驶用镜片	9	安全；雾气；阻挡；耀眼；硬度；清洁性；干扰；炫目感；舒适性	30-作用于物体的有害因素；14-强度；31-物质产生的有害因素	G02C7/10

3.8 其他医疗设备及器械制造

3.8.1 全球专利概况

3.8.1.1 全球专利申请趋势

图 3-64 展示的是其他医疗设备及器械制造领域全球专利申请量的发展趋势。通过申请趋势可以从宏观层面把握分析对象在各时期的专利申请热度变化。申请数量的统计范围是已公开的专利。

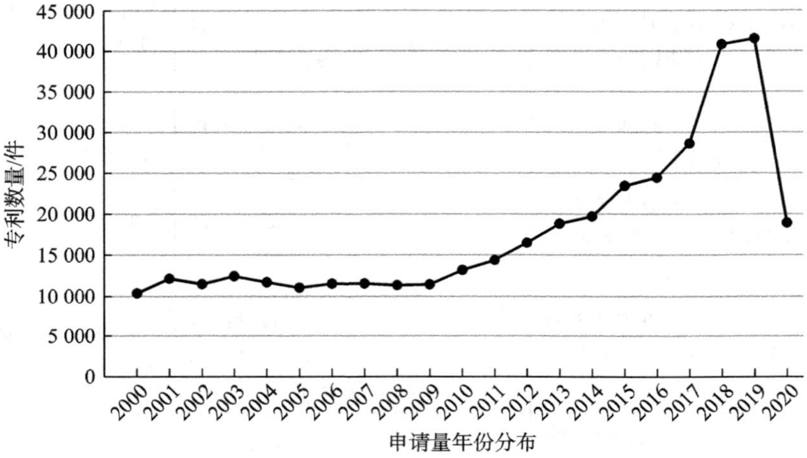

图 3-64 其他医疗设备及器械制造领域全球专利申请趋势

从图 3-64 中可以看出其他医疗设备及器械制造领域在全球主要市场上的历年专利申请分布状况。2000—2009 年，其他医疗设备及器械制造领域全球专利申请量总体呈现平稳增加趋势；2010—2019 年其他医疗设备及器械制造领域全球专利申请量快速增加，2010 年其他医疗设备及器械制造领域全球专利申请量为 13 162 件，到 2019 年达到峰值，当年专利申请量达 41 519 件。

3.8.1.2 全球专利申请分布

图 3-65 展示的是其他医疗设备及器械制造领域在各个国家、地区和组织的专利数量分布情况。通过分析可以了解分析对象在不同申请国家、地区技术创新的活跃情况，从而发现主要的技术创新来源国家、地区和重要的目标市场。

全球专利申请分布可以体现专利权人想在哪些国家或地区保护其他医疗设备及器械制造技术。这一参数也反映了该技术未来可能的实施国家或地区。其他医疗设备及器械制造领域专利主要国家分布如图 3-65 所示，中国、美国、日本是其他医疗设备及器械制造领域专利重点申请主体，数量分别为中国 133 011 件、美国 62 594 件、日本 45 381 件。

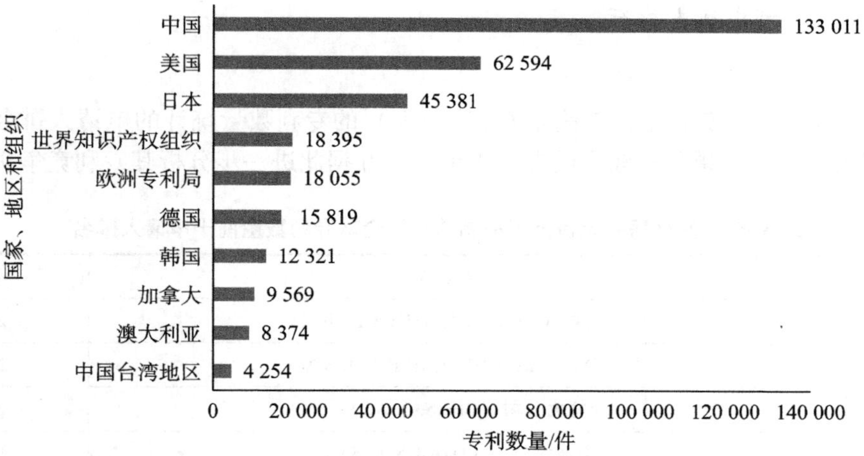

图 3-65　其他医疗设备及器械制造领域全球专利主要申请国家、地区和组织分布

全球专利申请主体分布情况表明，中国、美国、日本是其他医疗设备及器械制造领域专利布局的主要国家，企业可以跟踪、引进和消化相关领域技术，在此基础上实现技术突破。其他医疗设备及器械制造领域中国专利类型、美国专利类型、日本专利类型如表 3-78、表 3-79、表 3-80 所示。

表 3-78　其他医疗设备及器械制造领域中国专利类型　　单位：件

专利类型		专利数量
发明	发明申请	42 357
	发明授权	10 063
实用新型		77 054
外观设计		3 537

表 3-79　其他医疗设备及器械制造领域美国专利类型　　单位：件

专利类型		专利数量
发明	发明授权	39 305
	发明申请	22 813
外观设计		476

表 3-80　其他医疗设备及器械制造领域日本专利类型　　单位：件

专利类型		专利数量
发明	发明申请	22 530
	发明授权	14 512
实用新型		7 236
外观设计		1 103

3.8.1.3 全球专利申请人排行

表3-81展示的是按照所属申请人（专利权人）的专利数量统计的申请人排名情况。通过分析可以发现创新成果积累较多的专利申请人，并据此进一步分析其专利竞争实力。

表3-81 其他医疗设备及器械制造领域全球专利数量前十申请人排名 单位：件

排名	申请人名称	专利数量
1	屹龙公司（HILL ROM SERVICES INC）	2 434
2	飞利浦公司（KONINKLIJKE PHILIPS N V）	2 069
3	峰力公司（PHONAK AG）	2 015
4	奥迪康公司（OTICON A/S）	1 717
5	西门子助听器公司（SIEMENS AUDIOLOGISCHE TECHNIK GMBH）	1 368
6	义获嘉伟瓦登公司特（IVOCLAR VIVADENT AG）	1 364
7	唯听公司（WIDEX A/S）	1 317
8	斯达克实验室（STARKEY LABORATORIES INC）	1 206
9	西万拓有限公司（SIVANTOS PTE LTD）	1 095
10	科利耳有限公司（COCHLEAR LIMITED）	1 072

3.8.1.4 全球专利技术构成

表3-82和图3-66展示的是其他医疗设备及器械制造领域在各技术方向的数量分布情况。通过分析可以了解分析对象覆盖的技术类别及各技术分支的创新热度。

其他医疗设备及器械制造领域专利按照国际专利分类号（IPC）进行统计结果显示，A61G（专门适用于病人或残疾人的运输工具、专用运输工具或起居设施）的专利数量最多，达209 808件；第二是G16H（医疗保健信息学），专利数量为92 129件；第三是A61C（牙科；口腔或牙齿卫生的装置或方法），专利数量为58 434件。

表3-82 其他医疗设备及器械制造领域全球专利主要技术构成 单位：件

IPC分类号（小类）	专利数量
A61G（专门适用于病人或残疾人的运输工具、专用运输工具或起居设施）	209 808
G16H（医疗保健信息学）	92 129
A61C（牙科；口腔或牙齿卫生的装置或方法）	58 434
H04R（扬声器、传声器、唱机拾音器或其他声—机电传感器；助听器；扩音系统）	58 194
A61B（诊断；外科；鉴定）	56 374
A01N（人体、动植物体或其局部的保存）	37 933
G06F（电数字数据处理）	34 311

续表

IPC 分类号（小类）	专利数量
G06Q（专门适用于行政、商业、金融、管理、监督或预测目的的数据处理系统或方法；其他类目不包含的专门适用于行政、商业、金融、管理、监督或预测目的的处理系统或方法〔8〕）	28 291
A61L（材料或消毒的一般方法或装置；空气的灭菌、消毒或除臭；绷带、敷料、吸收垫或外科用品的化学方面；绷带、敷料、吸收垫或外科用品的材料）	26 896
A61K（医用、牙科用或梳妆用的配制品）	26 797

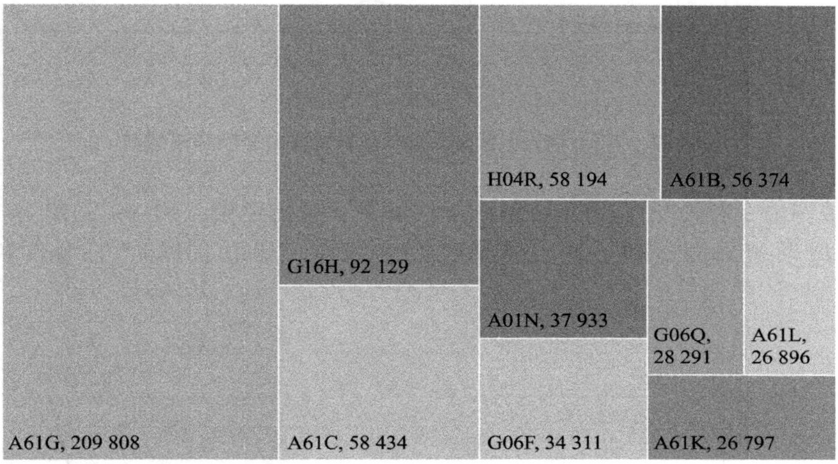

单位：件

图 3-66　其他医疗设备及器械制造领域全球专利主要技术构成

3.8.2　国内专利概况

3.8.2.1　国内专利申请趋势

图 3-67 是其他医疗设备及器械制造领域国内专利申请量的发展趋势。通过申请趋势可以从宏观层面把握分析对象在各时期的专利申请热度变化。申请数量的统计范围是已公开的专利。

由图 3-67 的其他医疗设备及器械制造领域国内专利申请趋势可以看到，2000—2009 年，其他医疗设备及器械制造领域专利申请量增长缓慢；2010—2019 年其他医疗设备及器械制造领域专利申请量增长迅速，2010 年专利申请量为 2 918 件，2019 年专利申请量为 27 209 件。

3.8.2.2　国内专利公开趋势

图 3-68 展示的是其他医疗设备及器械制造领域国内专利公开量的发展趋势。通过公开趋势可以从宏观层面把握分析对象在各时期的专利公开文献的数量变化。

将其他医疗设备及器械制造领域的国内专利公开量按照年份进行统计分析可知，其他医疗设备及器械制造领域国内专利公开数量整体呈上升态势。2000—2017 年其他医疗设备及

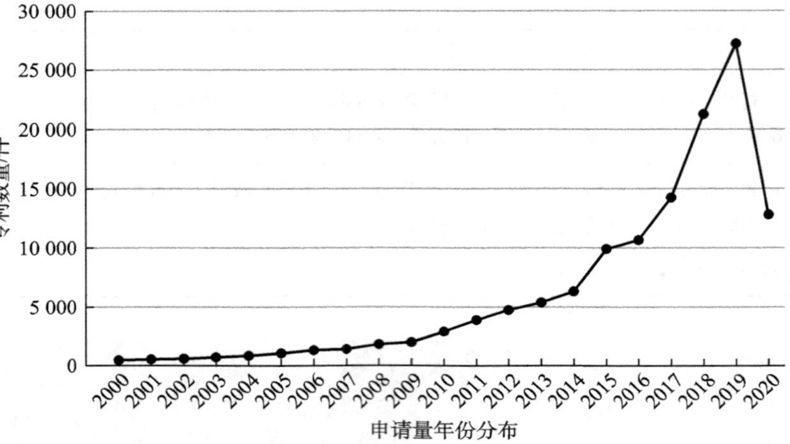

图 3-67 其他医疗设备及器械制造领域国内专利申请趋势

器械制造领域国内专利公开数量均在 10 000 件以下，增幅缓慢；2018—2020 年其他医疗设备及器械制造领域国内专利公开数量增长幅度加快，其中 2018 年 15 969 件，2020 年 37 247 件。

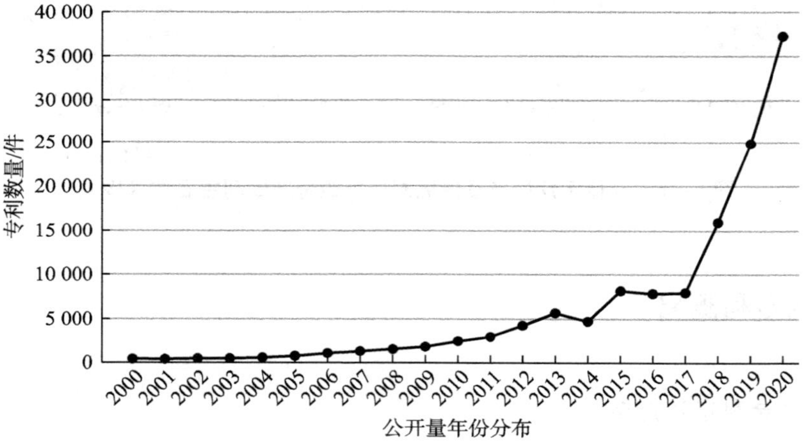

图 3-68 其他医疗设备及器械制造领域国内专利公开趋势

3.8.2.3 国内专利类型分布

图 3-69 展示的是分析对象的专利类型，分为发明专利、实用新型专利、外观设计专利。根据发明专利授权与否，将发明细分为发明申请和发明授权。

在中国专利中，经过检索获得其他医疗设备及器械制造领域专利共 133 011 件。如图 3-69 所示，其中发明申请 42 357 件，占总数的 32%；发明授权 10 063 件，占总数的 7%；实用新型 77 054 件，占总数的 58%；外观设计 3 537 件，占总数的 3%。

3.8.2.4 国内专利法律状态

图 3-70 是专利审中、有效、失效三种状态的占比情况，仅统计中国专利。通过分析可

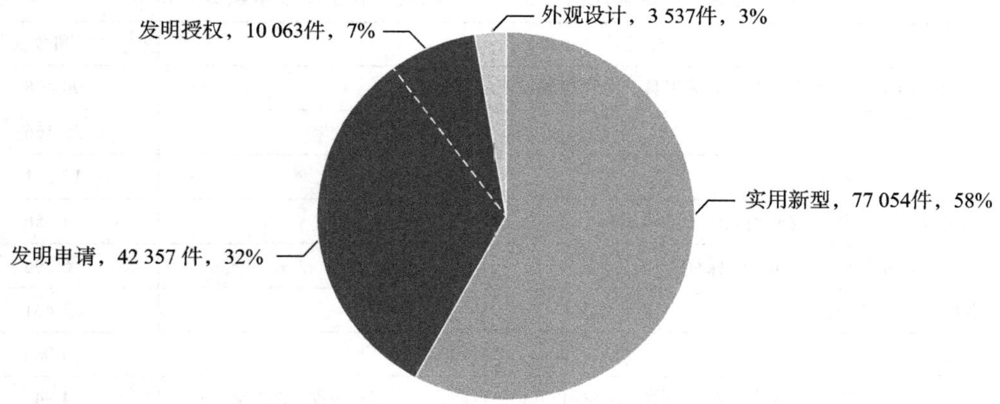

图 3-69 其他医疗设备及器械制造领域国内专利类型分布

以分别了解其他医疗设备及器械制造领域当前正在审查中、已获得实质性保护、已失去专利权保护的专利数量分布情况，以从整体上掌握专利的权利保护和潜在风险情况，为专利权的法律性调查提供依据。筛选进入公知技术领域的失效专利，可以进行无偿使用或改进利用。

将其他医疗设备及器械制造领域国内专利按照法律状态进行统计分析，得到图 3-70。其中审中专利 23 884 件，占总专利数的 18%；有效专利 45 177 件，占总专利数的 34%；失效专利 63 950 件，占总专利数的 48%。

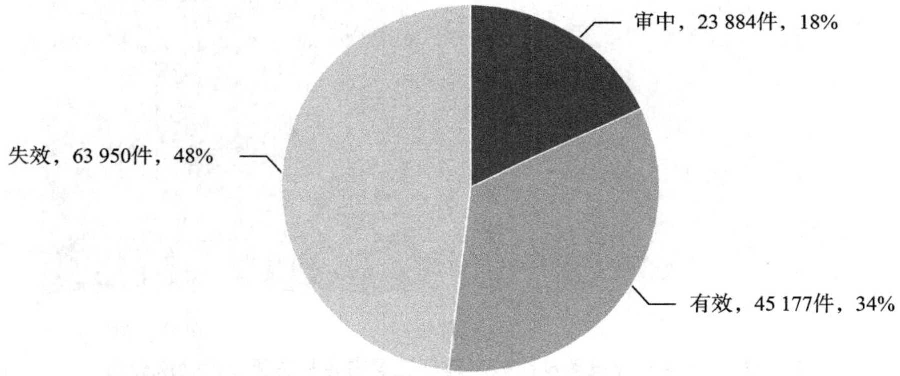

图 3-70 其他医疗设备及器械制造领域国内专利法律状态分布

3.8.2.5 国内专利技术领域分布

表 3-83 和图 3-71 展示的是其他医疗设备及器械制造领域在各技术方向的数量分布情况。通过分析可以了解分析对象覆盖的技术类别及各技术分支的创新热度。

国内其他医疗设备及器械制造领域专利按照国际专利分类号（IPC）进行统计结果显示，A61G（专门适用于病人或残疾人的运输工具、专用运输工具或起居设施）的专利数量最多，达 90 408 件；第二是 G16H（医疗保健信息学），专利申请量为 25 166 件；第三是 A61B（诊断；外科；鉴定），专利申请量为 13 861 件。

表 3-83　其他医疗设备及器械制造领域国内专利主要技术领域分布　　单位：件

IPC 分类号（小类）	专利数量
A61G（专门适用于病人或残疾人的运输工具、专用运输工具或起居设施）	90 408
G16H（医疗保健信息学）	25 166
A61B（诊断；外科；鉴定）	13 861
A61M（将介质输入人体内或输到人体上的器械）	7 556
A01N（人体、动植物体或其局部的保存）	6 266
G06F（电数字数据处理）	5 431
A61H（理疗装置）	5 064
A61F（可植入血管内的滤器；假体；为人体管状结构提供开口、或防止其塌陷的装置，例如支架）	4 944
A61C（牙科；口腔或牙齿卫生的装置或方法）	4 132
G06K（数据识别；数据表示；记录载体；记录载体的处理）	3 476

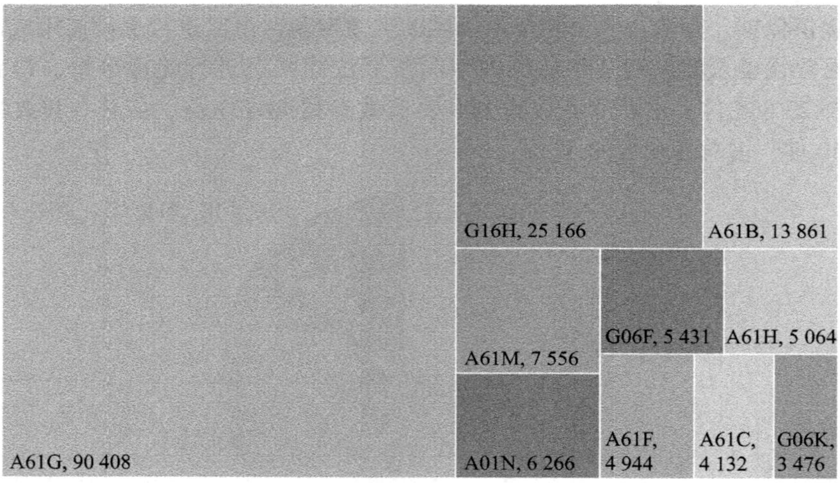

单位：件

图 3-71　其他医疗设备及器械制造领域国内专利主要技术领域分布

3.8.2.6　国内专利省（区、市）分布

表 3-84 是分析对象在中国省级行政区域的分布情况，仅统计中国专利。通过该分析可以了解在中国申请专利保护较多的省（区、市）及各省（区、市）的创新活跃程度。

对其他医疗设备及器械制造领域国内专利进行省（区、市）分布分析可知，山东省以 26 666 件专利排名第一；江苏省以 13 061 件专利排名第二；广东省以 12 892 件专利排名第三。浙江省、北京市、上海市、河南省、四川省、湖北省、安徽省的专利申请量均在 10 000 件以下。

表 3-84 其他医疗设备及器械制造领域国内专利省（区、市）分布 单位：件

申请人省（区、市）	专利数量
山东省	26 666
江苏省	13 061
广东省	12 892
浙江省	8 683
北京市	6 937
上海市	5 995
河南省	5 430
四川省	4 365
湖北省	4 236
安徽省	3 389

3.8.2.7 重点省（区、市）发明专利申请人布局

（1）广东省申请人排名

表 3-85 是其他医疗设备及器械制造领域广东省国内发明专利申请人排名。

表 3-85 其他医疗设备及器械制造领域广东省国内发明专利主要申请人排名 单位：件

排名	申请人名称	专利数量
1	平安科技（深圳）有限公司	339
2	腾讯科技（深圳）有限公司	137
3	中山大学	77
4	深圳市前海安测信息技术有限公司	74
5	华南理工大学	70
6	北京大学深圳医院	66
7	平安国际智慧城市科技股份有限公司	63
8	珠海格力电器股份有限公司	59
9	广州赛莱拉干细胞科技股份有限公司	58
10	深圳迈瑞生物医疗电子股份有限公司	58

（2）山东省申请人排名

表 3-86 是其他医疗设备及器械制造领域山东省国内发明专利申请人排名。

表 3-86 其他医疗设备及器械制造领域山东省国内发明专利主要申请人排名 单位：件

排名	申请人名称	专利数量
1	青岛大学附属医院	155
2	青岛华新华义齿技术有限公司	100

续表

排名	申请人名称	专利数量
3	山东大学	89
4	青岛市市立医院	42
5	淄博夸克医药技术有限公司	39
6	青岛海信医疗设备股份有限公司	38
7	山东大学齐鲁医院	31
8	山东师范大学	24
9	青岛市中心医院	24
10	青岛市妇女儿童医院	23

（3）江苏省申请人排名

表 3-87 是其他医疗设备及器械制造领域江苏省国内发明专利申请人排名。

表 3-87　其他医疗设备及器械制造领域江苏省国内发明专利主要申请人排名　　单位：件

排名	申请人名称	专利数量
1	迈柯唯医疗设备（苏州）有限公司	78
2	南京邮电大学	70
3	南通市第一人民医院	62
4	张家港市协和医疗器械有限公司	53
5	东南大学	50
6	苏州大学	49
7	常州市第一人民医院	46
8	常州市第二人民医院	43
9	南通大学	40
10	南通大学附属医院	40

3.8.3　国内发明专利聚类分析

聚类分析是通过数据建模后简化并使数据可视化：提取专利文本中的关键词，从其相关度聚合出不同类别的文本关键词，并以圆环饼图的形式展示其分布情况，分析结果如图 3-72 所示，专利分析表如 3-88 所示。

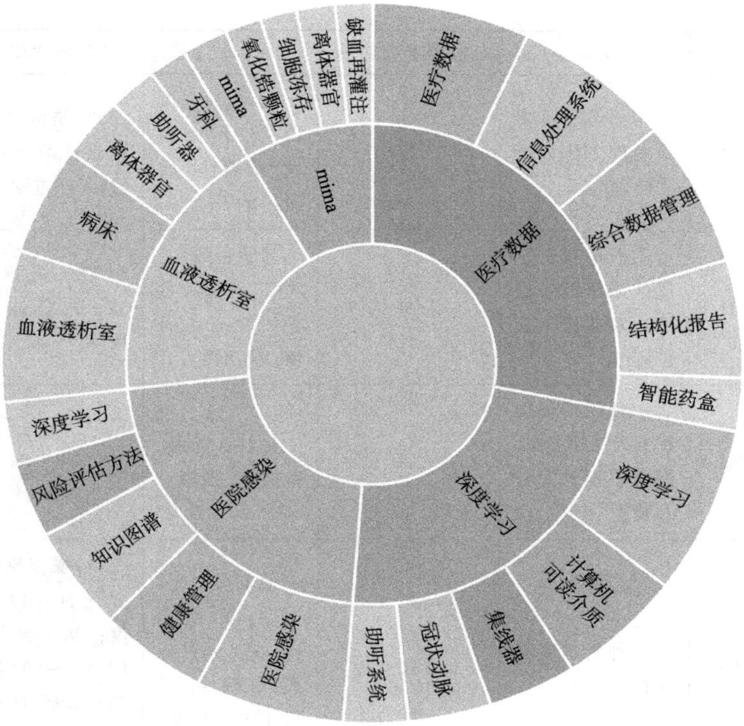

图 3-72　其他医疗设备及器械制造领域专利聚类分析

表 3-88　其他医疗设备及器械制造领域专利分析表

序号	申请号	标题	权利要求数量/个	技术功效 1 级	技术功效 TRIZ 参数	IPC 主分类
1	CN201680011023. X	具有集成式空气引导的医学成像	12	阻挡；空气；均匀性；必要性；供给；最小量；混合；层状；层状流；规则；操作区；治疗性	29-制造精度	A61B6/00
2	CN201680015514. 1	双声道助听系统	14	隔离；复杂性；长度；屏蔽；空间；质量；速度；电阻；滤波器；振动；舒适性；正确性	36-系统的复杂性；03-长度；07-体积；27-可靠性；09-速度；31-物质产生的有害因素；28-测量精度	H04R25/00
3	CN201811142467. 4	注塑装置及其牙模成型方法	10	获取；速度；准确性；便利性；复杂性；效率；扫描	09-速度；28-测量精度；33-操作流程的方便性；36-系统的复杂性；39-生产率	A61C13/34

续表

序号	申请号	标题	权利要求数量/个	技术功效 1 级	技术功效 TRIZ 参数	IPC 主分类
4	CN201810929151. 3	用于运行听力设备的方法和听力设备	25	适合性；运行；信号；可靠性；必要性；质量；负荷	35-适应性、通用性；27-可靠性；01-重量	H04R25/00
5	CN201811231651. 6	用于运行医学图像采集设备的方法和图像采集设备	20	质量；眼镜；真实；中断；重叠；检查；恐惧；灵活性	27-可靠性；35-适应性、通用性	G16H30/20
6	CN201910989262. 8	一种图像识别模型训练的方法、图像识别的方法及装置	13	标注；资源；数据量；预测	39-生产率	G06K9/62
7	CN201910568900. 9	一种新型动物实验操作台	10	便利性；光；电路；可操作性；显示屏；分离；正确性；稳定性；难度；安全	33-操作流程的方便性；18-照度；28-测量精度；13-稳定性；36-系统的复杂性；30-作用于物体的有害因素	A61D3/00
8	CN201910859153. 4	充气床垫控制系统	13	确定性；空间；消耗；安全；可控性；成本；寿命	07-体积；23-物质损失；30-作用于物体的有害因素；37-控制与测量的复杂性；39-生产率；27-可靠性	A61G7/057
9	CN202011065736. 9	一种拼装式火化棺椁体	10	便利性；成本；体积；复杂性；数量	33-操作流程的方便性；39-生产率；07-体积；36-系统的复杂性；26-物质或事物的数量	A61G17/00
10	CN202011025402. 9	按摩设备及其运行方法	14	调节；可控性；智能化；模式；便利性；体验	37-控制与测量的复杂性；33-操作流程的方便性	A61H1/00
11	CN202010578684. 9	学习系统、复健辅助系统、方法、程序及学习完毕模型	17	可控性；反馈；信息	37-控制与测量的复杂性；24-信息损失	A61H1/02

续表

序号	申请号	标题	权利要求数量/个	技术功效1级	技术功效 TRIZ 参数	IPC 主分类
12	CN201910588211.4	气腹机，气腹机的报警提示方法及计算机可读存储介质	22	速度；安全	09-速度；30-作用于物体的有害因素	A61M1/00
13	CN202011096901.7	一种基于摄氧量计算的心肺耐力测量方法及系统	11	测试性；适合性；便利性；智能化；真实性；速度；自动化；补充；成本；准确性	37-控制与测量的复杂性；35-适应性、通用性；33-操作流程的方便性；09-速度；38-自动化程度；39-生产率；28-测量精度	A63B71/06
14	CN202011054884.0	一种面向多海员定制的舱室环境控制方法及系统	10	调控；合理性；效率；健康	35-适应性、通用性；39-生产率	B63J2/04
15	CN202011027561.2	一种转移性结肠腺癌的预后标志物、预后风险评估模型及其应用	10	准确性	28-测量精度	C12Q1/6886
16	CN201910566311.7	一种信息展示方法、展示装置、电子设备及存储介质	10	信息；灵活性；展示；统计	24-信息损失；35-适应性、通用性	G06F9/451
17	CN202010394414.2	终端数据处理系统	10	效率；适应性；实时性；自动化；有效性；成本；准确性	39-生产率；35-适应性、通用性；25-时间损失；38-自动化程度；28-测量精度	G06F16/29
18	CN202011350938.8	病历文本处理方法、装置、电子设备及存储介质	11	复杂性；准确性；效率	36-系统的复杂性；28-测量精度；39-生产率	G06F16/35
19	CN202010858949.0	膳食推荐方法、装置、计算机设备和存储介质	10	管控；精度	28-测量精度	G06F16/9535

续表

序号	申请号	标题	权利要求数量/个	技术功效1级	技术功效TRIZ参数	IPC主分类
20	CN202011008481.2	放疗计划生成系统、装置及存储介质	12	速度；信息；计划；质量；自动化；复杂性；便利性	09-速度；24-信息损失；27-可靠性；38-自动化程度；36-系统的复杂性；33-操作流程的方便性	G06K9/32
21	CN202011045135.1	数据处理方法、系统、设备及可读介质	17	健康；获取；准确性；建议	28-测量精度	G06Q40/08
22	CN202011019778.9	基于深度卷积神经网络及多实例学习的新冠诊断系统	10	灵活性；精度；准确性；效率；消失；监督；负担；自动化；训练；精细；鲁棒性；速度	35-适应性、通用性；28-测量精度；39-生产率；38-自动化程度；29-制造精度；09-速度	G06T7/00
23	CN202011049562.7	对称信息检测方法、装置、计算机设备和存储介质	10	速度；准确性；效率；确定性	09-速度；28-测量精度；39-生产率	G06T7/00
24	CN202011062771.5	一种主动脉夹层评估方法、装置、设备及存储介质	10	可靠性；准确性	27-可靠性；28-测量精度	G06T7/00
25	CN202011065117.X	一种三维人物模型的控制装置和方法	10	画像；速度；疗效；压力；疏导	09-速度；10-力	G06T17/00
26	CN202011015496.1	一种医院候诊防插队方法与系统	10	长度；体验；提醒	03-长度	G07C11/00
27	CN201910580285.3	一种样本调度方法、样本优先程度的设置方法和系统	23	灵活性；调度；策略	35-适应性、通用性	G16H10/40
28	CN201910568454.1	测量结果的输入方法、设备、医用系统和存储介质	32	正确性；效率；完整性；可测量度	28-测量精度；39-生产率；37-控制与测量的复杂性	G16H15/00
29	CN202011343279.5	抗菌药物临床应用系统、电子设备及计算机可读存储介质	10	效率；细菌；准确性；速度；医嘱；输出	39-生产率；30-作用于物体的有害因素；28-测量精度；09-速度	G16H20/10

续表

序号	申请号	标题	权利要求数量/个	技术功效 1 级	技术功效 TRIZ 参数	IPC 主分类
30	CN202010579190.2	检索装置、系统、方法以及程序	18	精度；检索；设施；辅助者；掌握；确定性	28-测量精度	G16H20/30
31	CN202011031951.7	通量图优化系统、装置和存储介质	16	精度；面积；计划	28-测量精度；05-面积	G16H20/40
32	CN202011061293.6	基于云平台的情景互动康复训练系统	10	强度；训练；积极性	14-强度	G16H20/70
33	CN202011032163.X	误操作处理方法、装置、计算机设备和存储介质	10	速度；介质；计算机	09-速度	G16H30/40
34	CN201910580409.8	一种耗材管理方法、装置及存储介质	22	正确性；时间；体验	28-测量精度；15-时间	G16H40/20
35	CN202011004430.2	基于人工智能的超声影像智能培训方法、系统及应用系统	10	效率；自由度；环境；劳动强度；质量；灵活性	39-生产率；27-可靠性；35-适应性、通用性	G16H40/20
36	CN202011164178.1	一种提高血透室器械利用率的方法及系统	9	故障；安全；利用率	27-可靠性；30-作用于物体的有害因素；39-生产率	G16H40/20
37	CN202010989613.8	一种基于生物识别技术的健康体检控制系统及控制方法	10	可靠性；安全；环境；进入；替检；食材；便利性；泄露；浪费；效率；物品；舒适性	27-可靠性；30-作用于物体的有害因素；33-操作流程的方便性；31-物质产生的有害因素；39-生产率	G16H40/40
38	CN202011110049.4	用于计算用作医疗决策支持的医疗建议的分数的方法	41	复杂性；可靠性；决策；接收；理解；数据库；医疗	36-系统的复杂性；27-可靠性	G16H50/20
39	CN202011033314.3	一种慢性创面的评估管理系统及方法	10	接收；创面；适合性；可靠性	35-适应性、通用性；27-可靠性	G16H50/30
40	CN202011051897.2	影像数据评估方法、装置、设备及存储介质	10	确定性；可靠性；自动化；效率；评分	27-可靠性；38-自动化程度；39-生产率	G16H50/30

续表

序号	申请号	标题	权利要求数量/个	技术功效1级	技术功效TRIZ参数	IPC主分类
41	CN201911237677.6	具有狭窄病变的血管数学模型的合成方法和装置	20	真实性；形变；变形；效率；长度；补充；稳定性；CFD	12-形状；39-生产率；03-长度；13-稳定性	G16H50/50
42	CN201910561035.5	诊疗管理方法、系统及存储介质	10	准确性；效率；诊疗；周期；适应性；分流；疗效；压力；制度；病症	28-测量精度；39-生产率；15-时间；35-适应性、通用性；10-力	G16H50/70
43	CN202010817792.7	一种基于贪心搜索的智能医疗建议生成方法及系统	10	可控性	37-控制与测量的复杂性	G16H50/70
44	CN202011011399.5	一种基于Lattice LSTM模型的中文电子病历的实体识别方法	10	识别性	37-控制与测量的复杂性	G16H50/70
45	CN202011104470.4	信息查询方法、装置、计算机设备和存储介质	16	查询；计算机；准确性；充分性；介质	28-测量精度	G16H50/70
46	CN202011109723.7	基于注意力机制的微生物与疾病关联关系预测方法及系统	10	准确性	28-测量精度	G16H50/80
47	CN202011024552.8	康体训练监测系统及方法、存储介质及电子设备	14	指导；负担；便利性；训练；可检测性；成本；体验；规范性	39-生产率；33-操作流程的方便性；28-测量精度	G16H80/00
48	CN202010587578.7	居住设备提示装置、系统、方法以及程序	21	妥当性；能力；复杂性；提示	36-系统的复杂性	H04L29/08
49	CN201980032799.3	具有可调用户界面的机械呼吸机	16	可操作性；储存性；复杂性；车处；限定；灵活性；损坏；分离	33-操作流程的方便性；36-系统的复杂性；35-适应性、通用性；27-可靠性	A61M16/00

续表

序号	申请号	标题	权利要求数量/个	技术功效 1 级	技术功效 TRIZ 参数	IPC 主分类
50	CN201980031673.4	药剂管理装置、药剂管理方法以及用于药剂管理的程序	9	精度	28-测量精度	G16H20/10
51	CN201980034129.5	用于癌症筛查的综合方法	16	执行；可靠性	27-可靠性	G16H30/40
52	CN201980033990.X	用于知识发现的搜索工具	45	适应性	35-适应性、通用性	G16H50/20
53	CN201710075900.6	便携式物体和信息传送系统	11	大地；尺寸；成本；重量	03-长度；39-生产率；01-重量	G16H20/13
54	CN201711228466.7	高警示药物双核对的监控方法及装置、存储介质、医疗移动终端	22	准确性	28-测量精度	G16H20/13
55	CN201810432693.X	一种处方执行方法、装置、设备和存储介质	28	可靠性；智能化；安全；可控性；处方	27-可靠性；30-作用于物体的有害因素；37-控制与测量的复杂性	G16H20/10
56	CN201810541088.6	一种牙科卡片及基于牙科卡片对比测量牙模尺寸的方法	9	精度；成本；便利性；标准；复杂性	28-测量精度；39-生产率；33-操作流程的方便性；36-系统的复杂性	A61C19/04
57	CN201811005980.9	脉冲参数调节方法、系统、装置及可读介质	18	波动；精度	28-测量精度	A61N5/10
58	CN201910362882.9	一种麻醉科麻醉师用多功能座椅	9	成本；解除；实用性；解锁；疼痛；复杂性；繁琐；便利性；固紧；灵活性	39-生产率；35-适应性、通用性；36-系统的复杂性；33-操作流程的方便性	A61G15/04
59	CN201910772719.X	一种担架转运车	9	可推广性；成本；便利性；复杂性；存放；放置；组合；负担	39-生产率；33-操作流程的方便性；36-系统的复杂性	A61G1/02
60	CN202011192155.1	干细胞冻存盒	10	确定性；正确性	28-测量精度	A01N1/02
61	CN202011048372.3	一种种植桥架加工控制方法、系统及存储介质	10	复杂性；标准化；适合性	36-系统的复杂性；35-适应性、通用性	A61C13/00

续表

序号	申请号	标题	权利要求数量/个	技术功效1级	技术功效TRIZ参数	IPC主分类
62	CN202010966645.6	用于产科的电动产床	10	舒适性；便利性；合理性；负担；速度；适应性；范围	33-操作流程的方便性；35-适应性、通用性；39-生产率；09-速度	A61G13/02
63	CN202010578886.3	运作分析实验室的方法	15	浪费；便利性	33-操作流程的方便性	G01N35/00
64	CN202011337142.9	基于知识驱动的对话策略网络优化方法、系统、装置	10	利用率	39-生产率	G06F16/332
65	CN202010921211.4	基于知识图谱的老药新用分析方法和系统	10	可靠性；切实	27-可靠性	G06F16/36
66	CN202010955614.0	一种辅助门诊助手的医疗知识图谱的构建方法	10	效率；智能化；体验	39-生产率	G06F16/36
67	CN202010918377.0	一种目标电子病历模板生成方法及装置	11	适用性；共享；完整性；模板	35-适应性、通用性	G06F40/186
68	CN202010700305.9	一种中医医案数据处理方法、装置及电子设备	9	案例；准确性；规则	28-测量精度	G06F40/216
69	CN202011114703.9	医学图像的分类标注方法和系统、服务器	10	速度；分割；准确性；效率；关系；反馈	09-速度；28-测量精度；39-生产率	G06K9/62
70	CN202011321234.8	城市传染病高风险社区识别方法、装置、电子设备及介质	10	识别性	37-控制与测量的复杂性	G06Q10/06
71	CN202010872688.8	基于活性氧评估肿瘤患者预后性的系统以及药物敏感性评价与改善方法	10	准确性；适用性；确定性；适合性	28-测量精度；35-适应性、通用性	G16B25/10
72	CN202011068462.9	一种基于区块链的信息处理方法、装置、设备及介质	10	占用；通信；破解；终端；安全；获取；成功率；丢失；加密；泄露	30-作用于物体的有害因素；27-可靠性；31-物质产生的有害因素	G16H10/20

续表

序号	申请号	标题	权利要求数量/个	技术功效 1 级	技术功效 TRIZ 参数	IPC 主分类
73	CN202011233734.6	一种病例分组方法、装置、电子设备及存储介质	13	干扰；准确性；细分	30-作用于物体的有害因素；28-测量精度	G16H10/60
74	CN202011010747.7	医疗数据共享方法、装置、电子设备及介质	10	安全；信息	30-作用于物体的有害因素；24-信息损失	G16H10/65
75	CN202010817987.1	患者服药动态管理方法、装置及存储介质	10	健康；自动化；提醒；安全；药品；服用；意外；及时性	38-自动化程度；30-作用于物体的有害因素；25-时间损失	G16H20/10
76	CN202011042192.4	血糖管控方法、系统及存储介质	12	自动化；依从性；素质	38-自动化程度	G16H20/10
77	CN202011049249.3	一种 ICU 科室药物管理方法和系统	9	检查；智能化；质量；可操作性；药性；效率；有效性	27-可靠性；33-操作流程的方便性；39-生产率	G16H20/10
78	CN202011065073.0	一种虚拟诊疗系统和方法	10	画像；速度；灵活性；疗效；疏导；压力	09-速度；35-适应性、通用性；10-力	G16H20/70
79	CN201910554371.7	使用机器学习的 MRI 图像重建	15	图像；时间	15-时间	G16H30/40
80	CN202011036247.0	机架旋转角度的确定方法以及装置	12	效率；灵活性；速度；确定性；适用性；角度；便利性	39-生产率；35-适应性、通用性；09-速度；33-操作流程的方便性	G16H30/40
81	CN202010936557.1	医疗服务系统	10	效率；获取；适合性；信息；内容；实时性；服务；查看；丰富；时间；模型	39-生产率；35-适应性、通用性；24-信息损失；25-时间损失；15-时间	G16H40/20
82	CN202010960901.0	药剂的替换方法、装置、设备及存储介质	10	速度；替换；确定性；准确性；便利性；符合	09-速度；28-测量精度；33-操作流程的方便性	G16H40/20
83	CN202010961971.8	确定替换药剂的方法、装置、电子设备及存储介质	10	确定性；名称；适合性；匹配；药剂	35-适应性、通用性	G16H40/20

续表

序号	申请号	标题	权利要求数量/个	技术功效1级	技术功效TRIZ参数	IPC主分类
84	CN202011048127.2	一种ICU探视方法及系统	9	准确性	28-测量精度	G16H40/20
85	CN201910492817.8	数据处理方法、装置和计算机可读存储介质	19	准确性；繁琐；调查	28-测量精度	G16H50/20
86	CN202011001277.8	基于压缩感知的重症病人状态图像识别方法及识别系统	10	速度；噪声；网络；复杂性；获取；合理性；适应性；正确性；压缩；效率；传递；可检测性	09-速度；31-物质产生的有害因素；36-系统的复杂性；35-适应性、通用性；28-测量精度；39-生产率	G16H50/20
87	CN202011030257.3	诊疗预测方法及装置、计算机设备及计算机可读存储介质	10	确定性；准确性	28-测量精度	G16H50/20
88	CN202010965051.3	一种基于检测数据的社区大健康信息处理方法及装置	10	健康；情绪；压力；准确性；确定性	10-力；28-测量精度	G16H50/30
89	CN202011058379.3	一种儿科护理幼儿意识评估方法和装置	9	信息；准确性；可靠性；修正；手段；局限性	24-信息损失；28-测量精度；27-可靠性	G16H50/30
90	CN202011036267.8	一种剂量计算系统、剂量质量保证系统及存储介质	12	速度；自动化；模型；参数；效率	09-速度；38-自动化程度；39-生产率	G16H50/50
91	CN202011004281.X	一种连续无创血糖检测装置及方法	18	累加；通路；可检测性	28-测量精度	G16H50/70
92	CN202010962093.1	应用于突发卫生事件的信息处理方法、装置、设备及介质	12	清洁性；救治；适应性；速度；针对	31-物质产生的有害因素；35-适应性、通用性；09-速度	G16H50/80
93	CN202010818121.2	胶体筛选模型的构建方法和胶体筛选方法	10	精度；胶体；预测；精准性	28-测量精度	G16H70/40

续表

序号	申请号	标题	权利要求数量/个	技术功效1级	技术功效TRIZ参数	IPC主分类
94	CN202010825133.8	药剂分类装置	14	自动化；自由度；种类；期限；确定性；信息	38-自动化程度；24-信息损失	G16H70/40
95	CN202010879816.1	缩宫素智能注射方法、装置、设备及存储介质	10	误操作；可控性；精准性；安全；用量；准确性；资源；成本	37-控制与测量的复杂性；30-作用于物体的有害因素；26-物质或事物的数量；28-测量精度；39-生产率	G16H70/40
96	CN202010881051.5	一种远程超声实时会诊方法及系统	10	质量；灵活性；经验；清晰度；效率；误诊；实时性；漏诊；视频；确定性；语音	27-可靠性；35-适应性、通用性；28-测量精度；39-生产率；25-时间损失	G16H80/00
97	CN202010986629.3	咨询服务系统、信息展示方法及电子设备	10	效率	39-生产率	G16H80/00
98	CN201910549667.X	超声远程医疗发送方法、装置和接收方法、装置及系统	11	复杂性；误诊；空间；质量；带宽；效率	36-系统的复杂性；07-体积；27-可靠性；39-生产率	H04N19/132
99	CN201980031088.4	用于确定信息处理速度的数字定性生物标记	21	疗效；健康；可靠性；独立；比例；标准；获取；感官；复杂性；效率	27-可靠性；36-系统的复杂性；39-生产率	A61B5/11
100	CN201980031914.5	摄食吞咽功能评价方法、程序、评价装置以及评价系统	18	便利性	33-操作流程的方便性	A61B5/11
101	CN201980029536.7	利用基于治疗领域特定的方案的治疗模板来管理定制的运行显示元素的系统和方法	105	计划；适应性；生理；受试者；牙弓	35-适应性、通用性	A61C13/00
102	CN201880093629.1	利用可穿戴装置及用户电子装置执行康复计划的康复系统	10	适合性；康复	35-适应性、通用性	A63B24/00

续表

序号	申请号	标题	权利要求数量/个	技术功效 1 级	技术功效 TRIZ 参数	IPC 主分类
103	CN201980018694.2	聚乙二醇化抗冻蛋白及其制备和使用方法	27	融点；修饰；冻；凝固点；能力；广泛性；整体性	17-温度	C07K14/46
104	CN201980031660.7	图像处理方法、药剂敏感性试验方法以及图像处理装置	10	自动化；精度	38-自动化程度；28-测量精度	C12Q1/06
105	CN201880085663.4	基于 Gabor 光学相干层析术血流成像的系统和方法	80	速度；理解；执行；图像	09-速度	G16H30/40
106	CN201611009995.3	具有电池抽屉的听力装置	14	延伸；光滑性；确定性；复杂性；存储器；数量；佩戴者	12-形状；36-系统的复杂性；26-物质或事物的数量	H04R25/00
107	CN201710048625.9	用于助听器的传声器	14	复杂性；抵消；平衡	36-系统的复杂性	H04R25/00
108	CN201680044672.X	监测自动调节的系统和方法	15	供应；自动化；流量；充血	38-自动化程度；26-物质或事物的数量	A61B5/021
109	CN201911117304.5	医疗图像处理方法、装置、存储介质及电子设备	10	图像；算法；适合性；泛化性；鲁棒性；成像	35-适应性、通用性	G06T7/00
110	CN202010957988.6	一种医学数据处理方法、预测模型的训练方法及装置	16	训练；难度；数量；确定性；预测；干扰；复杂性；参数；多样性	36-系统的复杂性；26-物质或事物的数量；30-作用于物体的有害因素	G16H50/20
111	CN202011042326.2	文本数据的错误检测方法、装置、终端设备及存储介质	10	准确性；适用性	28-测量精度；35-适应性、通用性	G16H10/60
112	CN202010558126.6	医用数据处理装置以及医用数据处理方法	12	精度	28-测量精度	A61B5/055

续表

序号	申请号	标题	权利要求数量/个	技术功效1级	技术功效TRIZ参数	IPC主分类
113	CN202011001790.7	采集和处理用户健康数据的系统和方法	10	效率；成本；智能化；收集；便利性；健康；速度；采集；可推广性	39-生产率；33-操作流程的方便性；09-速度	A61C19/04
114	CN202010555304.X	信息处理装置、信息处理方法、信息处理系统及存储介质	18	信息；获取	24-信息损失	A61F13/496
115	CN202010567668.X	选择装置、选择方法以及存储介质	19	适合性	35-适应性、通用性	A61F13/496
116	CN202010880539.6	一种适用于狭窄密集空间的护理车及其使用方法	10	可操作性；路线；便利性；紧固性；干扰；整齐度；碰撞；安全；车；稳定性；误碰	33-操作流程的方便性；30-作用于物体的有害因素；29-制造精度；13-稳定性	A61G12/00
117	CN201910620664.0	血压预测方法与使用该方法的电子装置	20	准确性；确定性；稳定性；预测	28-测量精度；13-稳定性	A61M1/36
118	CN202011022271.9	VR老年健身车	10	舒适性；安全；摩擦力；趣味性；适用性；握持；真实性；时间；阻力；复杂性；社交	30-作用于物体的有害因素；10-力；35-适应性、通用性；15-时间；36-系统的复杂性	A63B22/08
119	CN202010888391.0	一种循环肿瘤细胞分离富集试剂盒	10	速度；结合；裂解；保存；抗原活性；储存；效率；运输	09-速度；39-生产率	C12N5/09
120	CN202011026439.3	一种数据影响度分析方法、装置、电子设备及存储介质	10	准确性；成本；满意度	28-测量精度；39-生产率	G06F16/21
121	CN201910537834.9	医疗监护系统及其患者信息访问方法、存储介质	32	安全；浏览；访问；风险	30-作用于物体的有害因素；27-可靠性	G06F21/46
122	CN202011007574.3	基于区块链的医疗信息处理方法、装置及系统	13	效率；就诊；自动化；体验；支付；药品	39-生产率；38-自动化程度	G06Q20/08

续表

序号	申请号	标题	权利要求数量/个	技术功效 1 级	技术功效 TRIZ 参数	IPC 主分类
123	CN202010965072.5	一种疫情后社区大健康信息处理方法及系统	9	监督；准确性；健康；安全	28-测量精度；30-作用于物体的有害因素	G06Q50/26
124	CN202010897681.1	基于语素的语言训练方法及控制设备	10	复杂性；训练；成本	36-系统的复杂性；39-生产率	G09B5/06
125	CN202010559595.X	由计算机解析患者受试体的核酸序列的方法和系统	14	复杂性	36-系统的复杂性	G16B30/10
126	CN201910543484.7	一种医学检验报告的识别方法、装置、设备及存储介质	10	劳动强度；介入；效率；准确性	39-生产率；28-测量精度	G16H10/60
127	CN202010766589.1	信息推荐方法、装置、存储介质及计算机设备	10	健康；人群；速度；精度；可靠性；确定性；推荐	09-速度；28-测量精度；27-可靠性	G16H10/60
128	CN202010906324.7	数据处理方法、装置、电子设备及存储介质	15	服务；模型；安全	30-作用于物体的有害因素	G16H10/60
129	CN202011067639.3	一种基于大数据与区块链的智慧医疗结算方法和系统	10	可靠性；复杂性；收费	27-可靠性；36-系统的复杂性	G16H10/60
130	CN202010832799.6	一种用户分析报告的生成方法及系统	11	实时性；灵活性；获取；便利性；动作；健康；智能化	25-时间损失；35-适应性、通用性；33-操作流程的方便性	G16H15/00
131	CN201910536634.1	药品信息的处理方法、装置及计算机可读存储介质	15	安全；反应	30-作用于物体的有害因素	G16H20/10
132	CN202010942978.5	制作疲劳量表的方法、装置和疲劳量表的用途	10	实用性；便利性；速度；复杂性	35-适应性、通用性；33-操作流程的方便性；09-速度；36-系统的复杂性	G16H20/30

续表

序号	申请号	标题	权利要求数量/个	技术功效 1 级	技术功效 TRIZ 参数	IPC 主分类
133	CN202010953707. X	一种多器官勾画方法及装置	9	速度；勾画；精度；效率	09-速度；28-测量精度；39-生产率	G16H30/40
134	CN202010950923. 9	一种手术间的手术排班方法及装置	10	效率；合理性；自动化	39-生产率；35-适应性、通用性；38-自动化程度	G16H40/20
135	CN202010952962. 2	医用超声设备的扫描控制方法及电子设备	10	计算；复杂性；消耗；可控性	36-系统的复杂性；23-物质损失；37-控制与测量的复杂性	G16H40/63
136	CN202010845552. 8	远程诊断的方法、装置及系统、电子设备、计算机可读存储介质	15	可靠性；准确性	27-可靠性；28-测量精度	G16H40/67
137	CN202011022926. 2	用于构建标签预测模型的方法、装置、电子设备及介质	14	准确性；体系；共享；清洁性	28-测量精度；31-物质产生的有害因素	G16H50/70
138	CN202011021577. 2	基于人工智能的传染病早期风险预警方法、装置	10	速度；便利性	09-速度；33-操作流程的方便性	G16H50/80
139	CN202011316798. 2	防疫监管方法、装置、设备和介质	16	效率；融合；完整性	39-生产率	G16H50/80
140	CN201910542079. 3	一种基于云端的车载智能医疗急救系统及使用方法	9	疗效；自动化；身份；体系	38-自动化程度	G16H80/00
141	CN202011177326. 3	一种脓毒症的预警设备、方法、装置及存储介质	10	准确性；发生率；及时性	28-测量精度；25-时间损失	G16H80/00
142	CN202010879666. 4	一种用于超声检查的实时质控方法、系统及存储介质	10	丢失；质量；实时性；观察；判断；规培；安全；稳定性；鉴权；有效性	27-可靠性；25-时间损失；30-作用于物体的有害因素；13-稳定性	H04N7/14
143	CN201980034299. 3	医疗器械数据管理配置系统和使用方法	20	自动化；智能化；捕获	38-自动化程度	G16H40/60

续表

序号	申请号	标题	权利要求数量/个	技术功效 1 级	技术功效 TRIZ 参数	IPC 主分类
144	CN201980031942.7	具有集成天线的助听器壳体	15	标准；结合；复杂性	36-系统的复杂性	H04R25/00
145	CN201711320900.4	计算中心血流动力学指标的方法、装置、存储介质及设备	9	提取；灵活性；准确性；复杂性；适用性；精度；时间；稳定性；便利性；速度；计算量	35-适应性、通用性；28-测量精度；36-系统的复杂性；15-时间；13-稳定性；33-操作流程的方便性；09-速度	G06F17/18
146	CN201810071301.1	一种疾病数据分析处理模型的构建方法、系统及应用方法	10	精度；自动化；直观性；适合性	28-测量精度；38-自动化程度；35-适应性、通用性	G16H50/70
147	CN201811353106.4	题目得分评估方法及认知评估装置、设备、可读存储介质	12	效率；资源；成本	39-生产率	G16H50/30
148	CN201910142613.1	电子健康档案的智能管理方法及系统	10	自动化；主动；健康	38-自动化程度	G16H10/60
149	CN201910737633.3	一种基于病理图像的图像状态确定方法、装置以及系统	16	难度；效率；合理性	36-系统的复杂性；39-生产率；35-适应性、通用性	G06T7/00
150	CN202011042823.2	一种溶液氧化还原电位可调的器官保存装置及其实现方法	10	放置；温度；存活率；便利性；实时性；确定性；均匀性；结束；速度；可控性；代谢	17-温度；33-操作流程的方便性；25-时间损失；29-制造精度；09-速度；37-控制与测量的复杂性	A01N1/02
151	CN202010984992.1	义齿对齐方法、终端及存储介质	10	效率；调节；次数	39-生产率；26-物质或事物的数量	A61C13/00
152	CN202010926880.0	一种前列腺癌治疗的低温等离子治疗设备及其使用方法	10	复杂性；便利性；时间；调节	36-系统的复杂性；33-操作流程的方便性；15-时间	A61N1/44
153	CN202010953741.7	医疗系统及其权限管理方法	16	便利性	33-操作流程的方便性	G06F21/62

续表

序号	申请号	标题	权利要求数量/个	技术功效1级	技术功效TRIZ参数	IPC主分类
154	CN202010992664.6	一种医院档案室用档案管理系统	10	篡改；掌握；植入；安全	30-作用于物体的有害因素	G06F21/62
155	CN202011257729.9	临床试验信息访问方法以及装置	20	安全；效率；便利性	30-作用于物体的有害因素；39-生产率；33-操作流程的方便性	G06F21/62
156	CN202010936862.0	一种识别多标签对象的方法及装置	10	一致性；精度；可靠性；识别性	28-测量精度；27-可靠性；37-控制与测量的复杂性	G06F40/284
157	CN202010942025.9	一种判别医学实体的属性的方法、装置及相关产品	10	准确性；有序；属性	28-测量精度	G06F40/295
158	CN202011023857.7	分诊融合模型训练方法、分诊方法、装置、设备及介质	10	效率；精度；识别性；有效性；准确性；满意度	39-生产率；28-测量精度；37-控制与测量的复杂性	G06N3/08
159	CN202011213761.7	一种基于区块链食品溯源系统的后台数据管理方法及系统	10	进步性；及时性；速度；范围；清洁性；健康	25-时间损失；09-速度；35-适应性、通用性；31-物质产生的有害因素	G06Q30/00
160	CN202010979003.X	一种社区养老智能餐厅方法、装置及系统	17	便利性；补贴；智能化；手机	33-操作流程的方便性	G06Q50/12
161	CN202010460171.8	配准装置、用于配准的方法和计算机可读的存储介质	14	灵活性；准确性；可靠性；及时性；匹配；实时性；真实性；计算；概率	35-适应性、通用性；28-测量精度；27-可靠性；25-时间损失	G06T7/00
162	CN202011096338.3	医学图像分析方法、装置、电子设备及可读存储介质	10	标准；噪音；分区；便利性；获取	31-物质产生的有害因素；33-操作流程的方便性	G06T7/136
163	CN202011087439.4	点云数据的精简方法、装置、存储介质及电子设备	10	效率；建模；失真；复杂性	39-生产率；36-系统的复杂性	G06T17/00

续表

序号	申请号	标题	权利要求数量/个	技术功效 1 级	技术功效 TRIZ 参数	IPC 主分类
164	CN202011010848.4	显示控制方法及装置、智能舱	11	观看；打断；智能化；显示；沟通；体验；健康；组成；效率；高比；复杂性	39-生产率；36-系统的复杂性	G07C9/00
165	CN201910526197.5	情绪识别的处理方法、装置、介质及电子设备	14	识别性；可靠性；准确性；精准性	37-控制与测量的复杂性；27-可靠性；28-测量精度	G10L25/63
166	CN202010984492.8	基于物联网的数字病历生成、显示及使用方法、装置、存储介质	10	健康；确定性；合理性；联网化；决策；自动化	35-适应性、通用性；38-自动化程度	G16H10/60
167	CN201910522509.5	样本复检方法、装置、计算机设备和存储介质	17	灵活性	35-适应性、通用性	G16H15/00
168	CN202011008404.7	智能取药方法及装置、智能药箱	10	准时；效率；健康；取药；药品	39-生产率	G16H20/10
169	CN202011013661.X	一种营养液摄入量的智能控制方法和装置	9	便利性；实时性；准确性；效率	33-操作流程的方便性；25-时间损失；28-测量精度；39-生产率	G16H20/17
170	CN201910520894.X	手指运动练习辅助装置及方法	10	项目；练习；准确性；指令；清洁性	28-测量精度；31-物质产生的有害因素	G16H20/30
171	CN202011035843.7	营养食谱的生成方法、装置和服务器	13	体验；准确性；适应性；确定性；精细	28-测量精度；35-适应性、通用性；29-制造精度	G16H20/60
172	CN202010912039.6	病理图像染色风格归一化方法及装置	10	隐私性；偏差；适合性	28-测量精度；35-适应性、通用性	G16H30/40
173	CN202010956468.3	医学图像标注方法、装置、存储介质及电子设备	10	识别性；繁琐；准确性；复杂性；自动化；精度	37-控制与测量的复杂性；28-测量精度；36-系统的复杂性；38-自动化程度	G16H30/40
174	CN202010970741.8	一种护士规范化培训考核评分方法和系统	9	智能化；规范性；效率；准确性	39-生产率；28-测量精度	G16H40/20

续表

序号	申请号	标题	权利要求数量/个	技术功效 1 级	技术功效 TRIZ 参数	IPC 主分类
175	CN202011270972. 4	一种慢性病辅助决策的患者数据可视化方法及系统	10	用户；可视化；健康；丰富；依从性；能力；清洁性	31-物质产生的有害因素	G16H50/00
176	CN201910522284. 3	一种睡眠分期方法及装置	20	获取；准确性	28-测量精度	G16H50/20
177	CN202010725702. 1	心脑血管疾病参考信息预测系统、方法、装置及电子设备	19	准确性；泄露；可靠性；广泛性；引发；预测；补充	28-测量精度；31-物质产生的有害因素；27-可靠性	G16H50/20
178	CN202011015997. X	骨骼发育等级检测方法及终端设备	10	稳定性；准确性	13-稳定性；28-测量精度	G16H50/20
179	CN202011274897. 9	一种基于深度学习的睡眠质量检测方法和装置	10	接触；准确性；精度；人体	28-测量精度	G16H50/20
180	CN202010283948. 8	用于身体姿态评估的装置和方法	12	健康；准确性；标准；效率；测试性；适合性	28-测量精度；39-生产率；37-控制与测量的复杂性；35-适应性、通用性	G16H50/30
181	CN202011213492. 4	一种数据处理系统、方法、装置及存储介质	10	准确性；确定性	28-测量精度	G16H50/30
182	CN202010927450. 0	一种基于高斯混合模型的患者疾病预测控制系统与方法	10	速度；查看；恐惧；联系；适应性；患者；效果；健康；自我；病情；预测；学习器；算法	09-速度；35-适应性、通用性	G16H50/70
183	CN202011203198. 5	一种服务器、数据处理方法、装置及可读存储介质	10	准确性	28-测量精度	G16H50/80
184	CN202011305759. 2	基于动力学的延迟交叉信息传播分析方法及系统	10	速度；稳定性；转发；延迟；传递	09-速度；13-稳定性；25-时间损失	G16H50/80
185	CN201980018470. 1	病患转移系统	23	擦伤；摩擦力；安全；自动化；协助	10-力；30-作用于物体的有害因素；38-自动化程度	A61G7/14

续表

序号	申请号	标题	权利要求数量/个	技术功效1级	技术功效TRIZ参数	IPC主分类
186	CN201980030898.8	用于检测心律失常的系统和方法	15	速度；适应性；复杂性；成本；房性；自动化；存储器；告警；精确性；寿命	09-速度；35-适应性、通用性；36-系统的复杂性；39-生产率；38-自动化程度；28-测量精度；27-可靠性	A61N1/362
187	CN201980031250.2	衣着热舒适度预测系统	20	确定性；舒适性；健康；准确性；体温；安全；计算	28-测量精度；30-作用于物体的有害因素	G16H20/30
188	CN201980031161.8	确定对饲料成分原料和/或饲料成分能量值的加工影响的方法	17	成本；丰富；完成率	39-生产率	G16H20/60
189	CN201980031967.7	用于成像检查的集中控制的智能调度器	20	效率；复杂性；可用性	39-生产率；36-系统的复杂性	G16H30/20
190	CN201710339155.1	用于检测用户的移动数据的整体式装置和非瞬时计算机可读介质	20	获取；确定性；复杂性；范围；计算；加速度；完成率	36-系统的复杂性；35-适应性、通用性	G16H20/30
191	CN201810791702.4	医疗资源的配置方法、装置、计算设备及计算机存储介质	10	充分性；灵活性；合理性	35-适应性、通用性	G16H40/20
192	CN202010840196.0	一种健康风险评估系统	9	长度	03-长度	G06F17/00
193	CN202011048178.5	少样本或零样本的疾病预测设备、方法、装置及存储介质	10	预测；精度	28-测量精度	G16H50/30
194	CN202011096890.2	胶囊内窥镜检查系统	13	内窥镜；效率；扫描；准确性；调节	39-生产率；28-测量精度	A61B1/04
195	CN202011019149.6	一种用于卧床者的便后护理方法	10	报警；自动化；劳动强度；体位；完成率	38-自动化程度；39-生产率	A61G7/02

续表

序号	申请号	标题	权利要求数量/个	技术功效 1 级	技术功效 TRIZ 参数	IPC 主分类
196	CN202010938908.2	一种儿童青少年 24 小时尿钠排出量的测定方法与测定装置	10	准确性；完成率	28-测量精度	G01N33/48
197	CN201910514150.7	用于在成像系统中生成对象 3D 点云的方法和系统	10	点云；精度；可操作性；区域	28-测量精度；33-操作流程的方便性	G06T17/10
198	CN202010877871.7	电子病历查看方法、装置、设备以及介质	10	便利性；变更；时间	33-操作流程的方便性；15-时间	G16H10/60
199	CN202010950730.3	儿科信息智能建档方法、装置、设备及存储介质	10	资源；劳动强度；消耗；选择；智能化；保存；价值	39-生产率；23-物质损失	G16H10/60
200	CN202010986200.4	一种患者护理夹信息智能录入方法及系统	9	安全；准确性	30-作用于物体的有害因素；28-测量精度	G16H10/60
201	CN202010982552.2	基于大数据的智慧病房智能护理交互方法及服务器平台	10	智能化；效率；及时性；往返；获取	39-生产率；25-时间损失	G16H20/00
202	CN202010950207.0	一种用药量确定方法及装置	12	准确性；用药量；便利性；直观性；稳定性	28-测量精度；33-操作流程的方便性；13-稳定性	G16H20/10
203	CN202010870344.3	身体状况反馈方法、系统、存储介质	10	及时性；适应性	25-时间损失；35-适应性、通用性	G16H20/30
204	CN202010990497.1	基于心理疏导模型实现的心理数据标签化系统	10	速度；自动化	09-速度；38-自动化程度	G16H20/70
205	CN202010707699.0	特殊类抗菌药物医嘱数管理方法、设备及存储介质	10	开具；细菌；获取；精度；精确性；医院；数量；劳动强度；效率；便利性	30-作用于物体的有害因素；28-测量精度；26-物质或事物的数量；39-生产率；33-操作流程的方便性	G16H70/40
206	CN202010540121.0	包括频率转移的双耳听力系统	16	刺激；确定性；频率；感知；安全；耳骨；声音；适应性	30-作用于物体的有害因素；35-适应性、通用性	H04R25/00

续表

序号	申请号	标题	权利要求数量/个	技术功效 1 级	技术功效 TRIZ 参数	IPC 主分类
207	CN202010808757.9	扬声器组件、发声装置以及纱网组件	10	受限；听觉；有力；防护性；音质；完整性；声音；助听；漏音；速度	09-速度	H04R25/00
208	CN201980025850.8	护理装置	15	小型化；成本	39-生产率	A61G7/14
209	CN201980029886.3	用于睡眠阶段检测的方法、计算设备和可穿戴设备	35	复杂性；形式；精度；计算；可检测性	36-系统的复杂性；28-测量精度	G16H50/20
210	CN202080001806.6	便携式终端设备、来电画面显示方法、来电历史显示方法和程序	38	可用性；效率；更改	39-生产率	H04M1/27453
211	CN201610895293.3	一种唾液保存液及其制备方法和应用	21	污染；安全；生长；冷冻；稳定性	31-物质产生的有害因素；30-作用于物体的有害因素；13-稳定性	A01N1/02
212	CN201710217859.1	一种膳食平衡指导系统和方法	13	清洁性；相关性	31-物质产生的有害因素	G16H20/60
213	CN201710073199.4	具有控制器的笔型药物注射装置和其驱动的时间锁定机构	23	便利性；安全；绞链区；位移；抗原特异性；确定性；直观性	33-操作流程的方便性；30-作用于物体的有害因素	A61M5/24
214	CN202010692928.6	药品实体信息的搜索方法及存储介质	10	搜索；效率；输入；完整性	39-生产率	G06F16/903
215	CN202011079166.9	一种腰椎间盘突出治疗装置	9	自动化；复杂性；舒适性；疗效；错位；过程；端部；风险；支撑；腰椎；患者	38-自动化程度；36-系统的复杂性；27-可靠性	A61F5/045
216	CN202010905578.7	一种病人转移机构及转移车	10	速度；转移；升降；防滑性；稳定性；自动化	09-速度；13-稳定性；38-自动化程度	A61G1/02

续表

序号	申请号	标题	权利要求数量/个	技术功效 1 级	技术功效 TRIZ 参数	IPC 主分类
217	CN202010585174.4	一种辅助护理床	10	变更；康复；完成度；便利性；有害；自动化；复杂性；劳动强度	33-操作流程的方便性；30-作用于物体的有害因素；38-自动化程度；36-系统的复杂性；39-生产率	A61G7/015
218	CN202011066078.5	一种基于可穿戴设备控制的智能用药提醒系统	10	救助；便利性；智能化；细致；合理性；设定；复杂性	33-操作流程的方便性；35-适应性、通用性；36-系统的复杂性	A61J7/04
219	CN202010953678.7	医生推荐方法、装置、服务器和存储介质	10	准确性；医生；关键词	28-测量精度	G06F16/9535
220	CN202010968299.5	电子处方的处理方法、装置、计算机设备和存储介质	10	篡改；泄露	31-物质产生的有害因素	G06F21/60
221	CN202010916717.6	一种数据映射方法、装置、电子终端及存储介质	10	灵活性；标准；复杂性；集中度；一致性；映射；便利性；可操作性	35-适应性、通用性；36-系统的复杂性；33-操作流程的方便性	G06F40/126
222	CN202010958039.X	胃黏膜病变蛋白质分子分型、病变进展及胃癌相关蛋白标志物、预测病变进展风险的方法	10	效率；分型	39-生产率	G16B20/00
223	CN202010535030.8	用于电子病人护理的系统、方法和设备	16	适合性；标准；复用性	35-适应性、通用性；39-生产率	G16H10/60
224	CN202011009909.5	基于人工智能的罕见病辅助分析方法、装置及存储介质	10	自动化	38-自动化程度	G16H10/60
225	CN202010838278.1	一种主动式心理健康预警方法及系统	10	风险；健康；措施	27-可靠性	G16H15/00

续表

序号	申请号	标题	权利要求数量/个	技术功效1级	技术功效TRIZ参数	IPC主分类
226	CN202010387838.6	食物质量评估方法、终端设备和计算机可读存储介质	16	精准性；健康；准确性；适合性	28-测量精度；35-适应性、通用性	G16H20/60
227	CN202010388786.4	饮食质量评估方法、终端设备及计算机可读存储介质	22	个性化；健康；长期；质量；可控性；复杂性；完成率；直观性；精准性	27-可靠性；37-控制与测量的复杂性；36-系统的复杂性	G16H20/60
228	CN202010388802.X	包装食品选择实现方法、终端设备和计算机可读存储介质	16	健康；选择；体验；复杂性；便利性	36-系统的复杂性；33-操作流程的方便性	G16H20/60
229	CN202011257262.8	一种针对儿童喝水的智能监测提醒方法及装置	10	及时性；儿童	25-时间损失	G16H20/60
230	CN202010919652.0	医疗质量考核数据处理方法、装置及存储介质	10	获取；介质；复杂性	36-系统的复杂性	G16H40/00
231	CN202010922602.8	基于神经网络的腰椎病变诊断系统	10	自动化；效率；判读；精确性	38-自动化程度；39-生产率；28-测量精度	G16H50/20
232	CN202010921656.2	一种数据处理方法、装置、计算机设备及存储介质	10	准确性；患者；直观性；可靠性；疗效；诊断；医生	28-测量精度；27-可靠性	G16H50/30
233	CN202010943520.1	功能性体适能测试方法、装置及设备	13	体适；干预；标准；准确性；功能性	28-测量精度	G16H50/30
234	CN202011250091.6	医疗数据的分析方法、系统、介质及装置	10	获取；便利性	33-操作流程的方便性	G16H50/70
235	CN202010938312.2	无向关系至有向关系转换方法、装置、设备以及存储介质	12	时间	15-时间	G16H50/80
236	CN202011015236.4	针对疫情的智能交互方法、装置及存储介质	10	服务；清洁性；效率；速度；准确性；及时性	31-物质产生的有害因素；39-生产率；09-速度；28-测量精度；25-时间损失	G16H50/80

续表

序号	申请号	标题	权利要求数量/个	技术功效1级	技术功效TRIZ参数	IPC主分类
237	CN202011027596.6	一种传染病趋势预测方法、装置、电子设备及存储介质	18	准确性；解释性	28-测量精度	G16H50/80
238	CN202010837504.4	药物副作用关系预测方法、系统、计算机设备和存储介质	10	计算机；预测；介质；准确性	28-测量精度	G16H70/40
239	CN202010949541.4	事件监控方法、系统、装置、电子设备及存储介质	12	排查；复杂性	36-系统的复杂性	H04W4/02
240	CN201980029944.2	用于组织弹性监测和显示的剪切波幅值重建	20	确定性；效率；轮廓；刚性；清晰度	39-生产率；14-强度；28-测量精度	A61B8/08
241	CN201980029624.7	医疗设备及带粘接剂的涂层	23	耐受性；血栓；涂层；安全；摄入；自动化；确定性；耐久	30-作用于物体的有害因素；38-自动化程度	A61L27/34
242	CN201980029892.9	用于组学和/或行为内容处理的系统、装置和/或过程	20	复杂性	36-系统的复杂性	G16B50/40
243	CN201980029627.0	用药管理装置、用药管理方法及用药管理程序	12	复杂性	36-系统的复杂性	G16H20/10
244	CN201980029300.3	使用介入X射线图像和深度学习的交互式冠状动脉标记	15	报告；自动化；准确性；模型	38-自动化程度；28-测量精度	G16H30/40
245	CN201880089316.9	用于确定可植入医疗装置在血管结构中展开之后、在部署位置上的定位的方法	14	可靠性	27-可靠性	G16H40/63
246	CN201980030113.7	生物医学预测的可视化	18	速度；自由度；质量	09-速度；27-可靠性	G16H50/20
247	CN201510822292.1	基于传感器的运动活动测量	15	确定性；速度；体积；概念	09-速度；07-体积	G16H50/30

续表

序号	申请号	标题	权利要求数量/个	技术功效1级	技术功效TRIZ参数	IPC主分类
248	CN201680012315.5	带安装安全特征的配件装置	11	适合性；捕获；确定性；创建	35-适应性、通用性	G16H40/60
249	CN201611216325.9	一种健身监测方法及装置	10	可靠性；清洁性	27-可靠性；31-物质产生的有害因素	G16H20/30
250	CN201810281536.3	预警方法及电子设备	9	准确性	28-测量精度	G16H50/30
251	CN201810732558.7	临床能力评估方法、装置、存储介质及电子设备	10	数量；精度；清洁性；成本；全面性；客观性	26-物质或事物的数量；28-测量精度；31-物质产生的有害因素；39-生产率；35-适应性、通用性	G16H40/20
252	CN201910428537.0	一种泌尿外科护理支撑装置	9	安全；姿势；恢复；便利性；完成率；强度；保暖性；护理；转运；防护性	30-作用于物体的有害因素；33-操作流程的方便性；14-强度；17-温度	A61G7/047
253	CN202010082394.5	一种常温机械器官灌注液及其制备方法	21	长度；速率；稳定性；损失；副作用	03-长度；09-速度；13-稳定性；23-物质损失；31-物质产生的有害因素	A01N1/02
254	CN202010102480.8	网络诊断处理方法、装置、网络系统及服务器	10	可靠性；异常	27-可靠性	H04L12/26
255	CN202010511900.8	眼睛测试	19	确定性；透镜；算法；准确性；成本	28-测量精度；39-生产率	A61B3/00
256	CN202010700512.4	一种手术患者肺部感染例次数监测方法及系统	10	实用性；指导；监控；精确性	35-适应性、通用性；28-测量精度	A61B5/00
257	CN202011065303.3	动静态切换下的心肺功能评估方法、装置、设备、存储介质及系统	10	清洁性；稳定性；精确性	31-物质产生的有害因素；13-稳定性；28-测量精度	A61B5/0205
258	CN202010996451.0	用于通过阻抗测量来评价阻塞质量的造影剂	14	阻抗；改性剂；速度	09-速度	A61B5/053

续表

序号	申请号	标题	权利要求数量/个	技术功效 1 级	技术功效 TRIZ 参数	IPC 主分类
259	CN202010940415.2	使用机器学习算法识别跌倒风险	22	稳定性	13-稳定性	A61B5/11
260	CN202011064003.3	一种提高骨科术后康复速度的方法和装置	9	速度；准确性；实时性	09-速度；28-测量精度；25-时间损失	A61B90/00
261	CN202010977935.0	一种多姿态康复装置	10	劳动强度；血液；清洁性；姿势；舒适性；过程；疲惫感；康复；便利性；移位；环境；伸展；效率；压力；收叠；心情；稳定性；时间	39-生产率；31-物质产生的有害因素；33-操作流程的方便性；10-力；13-稳定性；15-时间	A61G7/057
262	CN202010978086.0	一种分段式姿态调整机构	10	舒适性；血液；清洁性；便利性；姿势；过程；环境；疲惫感；康复；劳动强度；移位；伸展；效率；压力；收叠；心情；稳定性；时间	31-物质产生的有害因素；33-操作流程的方便性；39-生产率；10-力；13-稳定性；15-时间	A61G7/057
263	CN202011078129.6	神经外科用头部固定装置	9	便利性	33-操作流程的方便性	A61G13/04
264	CN202010732361.0	胶质瘤患者生存预测的预后分类系统	10	精确性；试剂盒	28-测量精度	C12Q1/6886
265	CN202010503058.3	作为用于确定文档质量的指标的相关性	17	确定性；相关性；质量	27-可靠性	G06F40/205
266	CN202010817665.7	磁共振脑结构影像的分类模型构建、分类与可视化方法	10	自动化；准确性；精度；适用性；稳定性；发育；可解释性；主观；监测；儿童；时效性；鲁棒性	38-自动化程度；28-测量精度；35-适应性、通用性；13-稳定性；37-控制与测量的复杂性	G06K9/62

续表

序号	申请号	标题	权利要求数量/个	技术功效1级	技术功效TRIZ参数	IPC主分类
267	CN202010781629. X	诊断模型的诊断能力的评估方法、系统、设备和存储介质	10	标准；精度	28-测量精度	G06Q10/04
268	CN202010834804. 7	一种基于疾病诊断相关分组的评价方法及系统	10	主动；激励；汇总；一致性；整合；可控性；成本；标准；监控	37-控制与测量的复杂性；39-生产率	G06Q10/06
269	CN202010919015. 3	一种提高移动式体检效率的信息处理方法和系统	9	劳动强度；资源；充分性；费力；繁琐；便利性；复杂性；浪费	39-生产率；33-操作流程的方便性；36-系统的复杂性	G06Q10/10
270	CN202010664716. 7	I类切口手术患者例次数统计方法、装置、设备及存储介质	10	指导；实用性	35-适应性、通用性	G16H10/60
271	CN202010875448. 3	健康报告生成方法、装置、服务器以及存储介质	10	健康；复杂性	36-系统的复杂性	G16H10/60
272	CN202010807697. 9	用药指导方法、用药指导装置及计算机可读存储介质	15	完整性；速度；精度；信任度；精准性；效率；精确性；安全；信任	09-速度；28-测量精度；39-生产率；30-作用于物体的有害因素	G16H20/10
273	CN202010808467. 4	用药管理方法、用药管理装置及计算机可读存储介质	15	疗效；判断；速度；削弱；精度；效率	09-速度；28-测量精度；39-生产率	G16H20/10
274	CN202011062372. 9	一种三维医学影像标注方法、装置及相关产品	10	成本；复杂性；效率；预设	39-生产率；36-系统的复杂性	G16H30/40
275	CN202010933108. 1	一种创伤患者物资使用管理方法及系统	9	合理性；准确性	35-适应性、通用性；28-测量精度	G16H40/20
276	CN202010505130. 6	用于显示电子医疗设备的输出的显示系统和方法	14	确定性；输入；显示；速度	09-速度	G16H40/60

续表

序号	申请号	标题	权利要求数量/个	技术功效 1 级	技术功效 TRIZ 参数	IPC 主分类
277	CN202010919060. 9	一种基于远程协助的移动式查体方法及装置	9	项目；准确性；合理性	28－测量精度；35－适应性、通用性	G16H40/67
278	CN202010543754. 7	疾病检测模型的构建方法、构建装置及终端设备	10	准确性；区分	28-测量精度	G16H50/20
279	CN202010908623. 4	基于冠心病诊断神经网络模型冠心病诊断方法及系统	9	准确性；症状；精度	28-测量精度	G16H50/70
280	CN201980022302. X	弹性正畸矫治器	28	稳定性；材料；矫治器；支抗；力加载	13－稳定性；23-物质损失	A61C7/08
281	CN201980029470. 1	用于行为和/或生物状态处理的系统、装置和/或过程	24	复杂性	36－系统的复杂性	G06Q30/02
282	CN201980029522. 5	用于运行听力设备的方法及听力设备	26	消耗；标准	23-物质损失	H04R25/00
283	CN201610679911. 0	使用中意频段在第一便携式通信设备和第二便携式通信设备之间交换数据包的方法	13	功耗；帧延迟	19-能耗	H04R25/00
284	CN201710190109. X	高通量测序数据的平行比较分析	21	免疫力	30-作用于物体的有害因素	G16B30/10
285	CN201680036729. 1	具有组合式天线的助听器	18	延迟；能力；时延	25-时间损失	H04R25/00
286	CN201710465531. 1	药品规则记录更新方法、装置、计算机设备及介质	10	规则；效率；记录	39-生产率	G16H70/40
287	CN201680072559. 2	预测心力衰竭的恶化	15	光滑性；准确性；可检测性；心脏；事件；成本；干预；可靠性；诊断	12－形状；28－测量精度；39－生产率；27-可靠性	A61B5/00

续表

序号	申请号	标题	权利要求数量/个	技术功效 1 级	技术功效 TRIZ 参数	IPC 主分类
288	CN201810873293.2	超声图像亮度调节方法及调节系统	10	质量；满意度；诊断	27-可靠性	G16H30/20
289	CN202011084862.9	一种猪冷冻精液稀释液制备装置及其制备方法	10	及时性；精准性；轮轴；完成率；吸料量；携带；入侵；可控性	25-时间损失；37-控制与测量的复杂性	A01N1/02
290	CN202010979594.0	一种智能静脉补液袋存放柜	10	便利性；液袋；可控性；过期	33-操作流程的方便性；37-控制与测量的复杂性	A47B81/00
291	CN202010883011.4	一种移动式辅助洗浴装置及其操作方法	10	有害；复杂性；可控性；舒适性；床单；不适感	30-作用于物体的有害因素；36-系统的复杂性；37-控制与测量的复杂性	A47K3/12
292	CN202011050263.5	一种远程生命体征监控的方法和装置	10	安全；厌烦；实时性；舒适性；体验；效率	30-作用于物体的有害因素；25-时间损失；39-生产率	A61B5/00
293	CN202010886672.2	牙齿正畸所需间隙的确定方法、装置及存储介质	10	准确性；标准；确定性	28-测量精度	A61C7/00
294	CN202011048573.3	一种上车担架	10	复杂性；便利性；疗效；压迫；担架	36-系统的复杂性；33-操作流程的方便性	A61G1/013
295	CN202010800562.X	自动化医疗系统	10	完成率；自动化；确定性；有害；救治率；病人；效率；互换	38-自动化程度；30-作用于物体的有害因素；39-生产率	A61G1/02
296	CN202011048496.1	一种综合性的医疗护理设备	9	清洁性；自动化；脸部；便利性；不方便；接触	31-物质产生的有害因素；38-自动化程度；33-操作流程的方便性	A61G9/00
297	CN202010949444.5	一种智能化控制普外科创伤手术医疗装置	9	调节；安全；光滑性；耐磨性；磕碰；厚度；速度；清洁性；灰尘；劳动强度；实用性	30-作用于物体的有害因素；12-形状；03-长度；09-速度；31-物质产生的有害因素；39-生产率；35-适应性、通用性	A61G13/06

续表

序号	申请号	标题	权利要求数量/个	技术功效1级	技术功效TRIZ参数	IPC主分类
298	CN202011048866.1	一种多功能产床	10	安全；舒适性；效率；稳定性；速度；实用性；接生；适应性；便利性；角度；出力	30－作用于物体的有害因素；39－生产率；13－稳定性；09－速度；35－适应性、通用性；33－操作流程的方便性	A61G13/06
299	CN202011095082.4	一种可伸缩扇形麻醉头架	10	时间；成功率；适应性；复杂性；范围；空间；速度；效率；环境；安全；便利性；充分性	15－时间；27－可靠性；35－适应性、通用性；36－系统的复杂性；07－体积；09－速度；39－生产率；30－作用于物体的有害因素；33－操作流程的方便性	A61G13/10
300	CN202011081086.7	一种使用方便的医用引流装置	10	稳定性；适应性；管道；堵塞；安全；概率；规整性；速度；流出；流动性；速率	13－稳定性；35－适应性、通用性；31－物质产生的有害因素；30－作用于物体的有害因素；09－速度	A61M1/00